마나스

중앙아시아 유목민족의 구비 서사시

서양편 · 763

마나스

양민종 옮김

한국문화사

옮긴이 양민종

1962년생. 서울대학교 노어노문학과 졸업. 모스크바대학교 문학이론학과 박사. 주요 관심 분야는 '중앙아시아와 시베리아의 구비문학'과 '포스트 소비에트 시기의 러시아 현대소설'이다. 『알타이 이야기』(2002)와 『바이칼의 게세르 신화』(2008) 등을 펴냈다. 최근 '부랴트 네오샤머니즘의 제천행사 복원사례 연구'(2016), '시베리아 부랴트 네오샤머니즘 현상 연구'(2016), '스베틀라나 알렉시예비치 목소리 소설 시학'(2016) 등의 논문을 썼다.

한국연구재단 학술명저번역총서 서양편·763
마나스: 중앙아시아 유목민족의 구비 서사시

1판 1쇄 발행 2017년 2월 28일

원　　제	Manas
낭　　송	사금바이 오로즈바코프(S. Orozbakov)
옮 긴 이	양민종
교　　정	이지은
펴 낸 이	김진수
펴 낸 곳	**한국문화사**
등　　록	1991년 11월 9일 제2-1276호
주　　소	서울특별시 성동구 광나루로 130 서울숲IT캐슬 1310호
전　　화	02-464-7708
전　　송	02-499-0846
이 메 일	hkm7708@hanmail.net
홈페이지	www.hankookmunhwasa.co.kr

책값은 뒤표지에 있습니다.

잘못된 책은 구매처에서 바꾸어 드립니다.
이 책의 내용은 저작권법에 따라 보호받고 있습니다.

ISBN 978-89-6817-479-7　03890

'한국연구재단 학술명저번역총서'는 우리 시대 기초학문의 부흥을 위해
한국연구재단과 한국문화사가 공동으로 펼치는 서양고전 번역간행사업입니다.

차례

마나스 ·· 1

■ 해설
키르기스 민중 서사시 『마나스』 ································· 449
서사시 마나스 주요 이본들 ·· 498

• 일러두기 •

1. 이 번역서는 Epos Kyrgyzskogo Naroda: Manas, Vol. 1, (Izdatel'stvo) Vostochaya Literatura CCCP, Moskva, 1984을 원본으로 삼았다.
2. 두루 알려진 고유명사는 외래어 표기법을 따랐다.
3. 원전이 키르기스 서사시를 러시아에서 채록한 것이므로 그 발음을 옮길 때는 경음을 피하였다. (예) 뜨루드노(trudno) → 트루드노
4. 경구개음화되는 발음을 격음으로 표기했다. (예) 찌허(Tikho) → 치호
5. 모음의 경우, 악센트 유무와 관계없이 원문에 표기된 철자의 자모를 기준으로 했다. (예) 스빠시바(spasibo) → 스파시보
6. 자음의 경우, 단어의 마지막에 오는 경우 격음으로 발음되나, 원문에 표기된 철자의 자모를 기준으로 옮겼다. (예) 라트(lad) → 라드

마나스

옛날에 살았던 사람들이 전해준 이야기입니다. 알란치 한[1]의 계보에서 카라 한과 오구즈 한이 태어났고, 바이구르와 우이구르가 뒤를 이어 나왔습니다. 바이구르의 아들인 바브르 한에게서 투베이가 탄생했습니다. 투베이는 쿄교이를 낳았고, 쿄교이에게서 노고이, 쉬가이, 츠으르라는 세 아들이 생겨났습니다. 쿄교이의 세 아들에게는 호수를 메울 만큼 재산이 많았습니다.

노고이에게는 오로즈두, 우쇤, 바이, 자큽 이렇게 네 아들이 있었습니다. 크타이[2]의 세력이 이들을 갈라 뿔뿔이 흩어 놓았습니다. 자큽은 작은아버지인 츠으르가 사망한 뒤 츠으르의 부인 샤칸과 결혼했습니다. 자큽은 만주족[3] 출신 보욘의 아들인 차얀에게서 태어난 딸 바크도요로트[4]를

---

1 '한 khan', '칸 kan', '벡 bek' 등은 키르기스스탄을 포함한 중앙아시아 지역에서 지배자 혹은 높은 신분의 관리를 뜻하는 표현이다.
2 크타이(Kytai)는 러시아어로 중국을 지칭하는 키타이(Kitai)와는 구별되는 서사시 내의 상징적인 명칭이다. 크타이는 키르기스 사람들을 괴롭히는 이민족에 대한 경멸적인 표현으로, 구체적인 민족이나 국가를 지칭한다기보다는 포괄적으로 침입자를 의미한다. 하지만, 마나스 서사시 본문에 '베이징'이란 지역이 등장하기 때문에, 크타이를 중국과 동일시하는 연구자도 있다.
3 만주리아가 극동의 만주 지역을 의미하는지에 대해서는 현지의 '마나스' 연구가 사이에서도 이론이 분분하다. 12~13세기 유라시아 대륙의 정치적인 상황에서는 극동지역과 중앙아시아 지역 간의 인적 교류가 몽골을 통해 이루어졌을 것이라고 보여 서사시 '마나스'에서는 '만주리아'라는 단어가 극동지역을 포함한 더 광범위

아내로 맞았습니다. 하지만 자큽은 아내가 둘이나 되는데도 자식을 하나도 얻지 못했습니다. 재산으로 따지면 이 세상 그 누구보다 많았지만, 자큽의 나이는 이미 쉰을 넘기고 있는 터였습니다. 샤칸의 본명은 잊혔고 사람들은 첫 남편의 이름을 따서 츠으르드[5]라고 불렀습니다.

바로 이 바이[6] 자큽 본인이 무자식이라는 처지를 비관하여 눈물을 흘리며 신세 한탄을 하고 있습니다.[7]

⟨자손도 못 남기고 죽나 보구나.
말발굽[8]도 없이 어떻게 이 세상을 하직할 수 있을까?
자식이 없는 외로운 늙은이의
서글픈 탄식을 이제 누가 들어줄 수가 있단 말인가?
밤낮을 가리지 않고, 휴식도 모른 채,
하찮은 일을 위해서 부를 쌓아 왔구나.
불현듯 죽음이 내게 다가오면,

한 지역을 의미하는 것으로 볼 수도 있다. 반면, 막연한 적을 모두 크타이로 통칭하는 것처럼, 알타이를 기준으로 동쪽에 있는 낯선 지역을 보통 만주리아로 부르기도 한다.

4 바크도요로트는 자큽의 두 번째 부인이다.
5 '츠으르드'는 '츠으르의 아내' 혹은 '츠으르의 사람'이라는 뜻이다. 바이 자큽의 첫 부인인 샤칸은 '츠으르드' 혹은 '바이 비체'로 불린다.
6 바이(bai)는 키르기스와 카자흐 지역에서 성인 남성의 존칭어로 통용된다. 영어 'Mr.' 정도의 존칭에 해당한다. '부자'라는 뜻도 있고, '지배자'라는 의미도 있다.
7 마나스 서사시의 도입 부분에 나오는 마나스치의 사설 부분이다. 마나스치가 청중을 대상으로 이야기를 시도하는 부분은 경어체로 표현했다. 서사시 '마나스'의 주인공인 영웅 마나스의 아버지인 바이 자큽을 기준으로 선대 조상을 7대조까지 언급하고 있다. 중앙아시아의 알타이어계 투르크인들 사이에서는 가문의 조상을 7대조까지 기억하고 추모하는 것이 후손 된 도리로 인식했다.
8 '말발굽'은 후손을 의미한다. 키르기스와 카자흐인의 유목민적인 표현이다.

나는 떠나야 한다, 다른 세상으로.
내 뒤에 아무런 말발굽도 남지 않는다면
이 많은 호사를 다 어찌하랴?〉

불행한 자큽은 후손을 본 사람들을 마냥 부러워했습니다.
아이가 있는 사람을 보면,
자신에게 아들이 없음을 (상기하고는) 쓰디쓴 눈물을 흘렸고,
새끼 낙타[9]가 있는 이들을 보면
자신에게 새끼 낙타가 없어 한없이 울었습니다.
자큽은 부러워하며, 격정적으로 흐느꼈고,
그의 영혼은 괴로움에 지쳐갔습니다.
두 눈에선 하염없는 눈물이 솟구쳤습니다.
지성을 다해 유일한 신께 기도를 올리며,
큰 제물로, 단봉낙타와 코끼리를 약속하기도 했습니다.
바이 자큽은 길을 가다 마자르[10]를 보면
큰 소리로 외치며 발원을 하기도 했습니다.

〈만일 신께서 아들을 주지 않으시면 (저로서는) 어쩔 도리가 없습니다!
저는 다섯 종류의 가축[11]을 모두 모았습니다.

---

9 아들을 뜻하는 키르기스 사람들의 속어다.
10 마자르(Mazar)는 무슬림 성자의 무덤이다. 중앙아시아의 투르크인들에게는 단순한 무덤의 의미 이상이다. 마자르는 조상들의 영혼이 사는 곳으로 인식되어 하늘과 가까운 높은 언덕에 자리를 잡고 있는 것이 보통이며, 짐승의 두개골, 사슴과 산양의 뿔, 의복의 조각 등의 물건으로 장식된 큰 나무 등으로 멀리서도 쉽게 식별된다.
11 알타이어계 투르크인들은 부를 상징하는 다섯 가지의 가축으로 〈말〉, 〈양〉, 〈낙타〉, 〈소〉, 〈코끼리〉를 꼽는다.

정직한 방법으로 얻은 것들입니다.
안장을 얹고 말 위에 훌쩍 뛰어올라도,
목을 가리는 깃이 달린 모피 옷을 지어 입어도,
내게는 아무런 버팀목이 없습니다.
의지를 하려 해도, 내게는 말발굽이 없습니다.
이 세상, 그 어디에 있는 친척들 사이에서,
그리고 우리 종족 전체에서도 저처럼 불행한 사람은 없습니다.
헤쳐 나갈 방법은 없습니다. 죽음은 필연이기 때문입니다.
영원히 산다는 것은 상상조차 할 수 없는 일입니다.
제가 다른 세상으로 길을 떠나게 될 때
누가 저를 '아타케'[12]라고 불러주겠습니까?
저를 위해 울어 줄 자식이 없습니다.
세 살 난 준마들이 어슬렁거려도,
그들을 따라가 잔등에 안장을 올린다 해도, 제게는 아들이 없습니다.
그러니 이를 어쩌겠습니까, 그저 신께서 그렇게 점지해 주셨는데요.
갈기를 휘날리는 수말이 초원에 노닐어도,
수말들을 붙잡아 길들여 안장을 올리려 해도, 제게는 아들이 없답니다.
이제 무자식이 제게 운명이 되어버렸습니다.
그러니 이를 어쩌겠습니까, 그저 신께서 그렇게 점지해 주신 것을요.

이제 제 나이가 벌써 마흔하고도 여덟입니다,
그동안 모아 온 재물이 산처럼 쌓여 있지만,
다른 세상으로 제가 훌쩍 가 버린 뒤에는,

---

12 아버지를 부드럽게 부르는 키르기스어 단어.

금과 은을 비롯해서 남아 있는 수많은 보화는
과부가 될 제 아내의 차지가 될 터이고,
제가 모은, 헤아릴 수 없이 많은 가축의 주인이 될 자는
알타이에서 온 저의 노예들인 것입니다.
여기에 있는 공단과 비단과 주루요[13]를 보십시오,
그런데 제게는 자식이 단 하나도 없습니다.
얼마나 보물이 많습니까!
재물을 얻어서 한군데 쌓아 놓았지만 결국에는
가진 재물이 너무 많아 오히려 매일 매일 고통을 받고,
자식을 바라며 울기만 합니다,
유쾌한 아이들의 웃음소리를 그리워하며 비통에 잠깁니다.
공중에 날아가는 흰 솔개를 보십시오.
솔개를 잡아 사냥을 가르치려 해도, 저에게는 가르칠 사람이 아무도 없습
  니다.

아주 어릴 때부터 가축을 모으며 (정신없이 바쁘게 살아) 오면서,
자식들에 대해서는 별다른 생각을 하지 못했습니다.
그렇게 살아온 것이 이제 모두 헛된 것 같습니다.
저의 자식만이 (제가 가진) 모든 재물의 (진정한) 주인입니다.
제 뒤에 자식들이 남지 못하게 된다면
재산이 무슨 소용이란 말입니까,
그저 허물어진 성벽에 불과한 것입니다.
제 아버지 노고이는 한[14]이었습니다,

---

13 특별한 가공을 한 비단 옷감.

(하지만 그의 아들) 자큽은 어떤 사람이 되었습니까?
(자큽이) 소유하고 돌보는 말떼는 셀 수 없이 많고,
아일[15]에는 사람도 많습니다.
우리 아일에서는 모든 사람이 누구나 기름진 고기만 먹고,
능력이 없던 사람도 부자가 되었으며,
(겉에 입는) 갑옷과 (속에 받쳐 입는 그물처럼 생긴) 갑옷에 녹이 슬었습니다.[16]

말뚝에는 말이 잔뜩 매여 있습니다.
날랜 경주용 말들을 바라보면서도
바이 자큽은 미소조차 지을 수 없습니다.
말 위에 주인처럼 앉을 수 있는 아들이 없기 때문입니다.
그러니 이를 어쩌겠습니까, 그저 신께서 그렇게 점지해 주신 것을 말입니다.
(하늘의 신이시여!) 아들을 기다리는 것에 대해서
용맹한 바이 자큽도 이제 더는 별다른 미련을 두지 말아야 할 것 같습니다.〉

이렇게 말하면서 바이 자큽은 울기 시작했습니다. 슬픔 때문에 두 눈에서 눈물이 소나기처럼 쏟아졌고, 자신이 타고 가던 말과 낙타에게 불평하다 급기야는 신께까지 하소연을 늘어놓았습니다. 바이 자큽은 애마인 투

---

[14] '한', '칸', '카안' 등의 표현은 철자가 조금씩 다르지만 동일한 의미이다. 일정한 신분의 지배자를 의미한다.
[15] '아일'은 중앙아시아에서 마을, 촌락을 부르는 말이다. 시장을 뜻하는 '바자르'와 함께 중앙아시아 이외의 지역에서도 흔히 사용된다.
[16] 오랫동안 전쟁이나 분쟁이 없이 평화가 지속되었다는 의미이다.

우추낙[17]을 타고 천천히 달리며 자신의 아일을 향해 곧장 나아갔습니다.

아일에 거의 다 와서 바이 자큽은 열한 살 난 소년 멘지바이를 만났습니다. 멘지바이의 아버지 이름은 아큼벡이었습니다. 멘지바이는 머리에 삼각뿔 모양의 모자를 쓰고서 자큽에게로 뛰어왔습니다. 바이 자큽의 얼굴에 눈물자국이 말라붙어 있는 것을 보고서 물었습니다. 〈저어, 아케![18] 왜 우시는 겁니까? 아침에도 그렇고 저녁에도 그렇고 온종일 침울하신 까닭이 무엇입니까?〉 자큽은 이 질문에 아무런 대답도 하지 않았습니다. 슬프게 울면서 자신의 유르타[19]를 향해 그냥 걸음을 재촉할 뿐이었습니다. 자큽은 말뚝에다 말고삐를 매어놓을 생각도 하지 않고서, 아무에게도 관심을 보이지 않고서 유르타 안으로 터벅터벅 걸어 들어갔습니다. 대답을 하거나 누군가를 바라볼 힘도 없는 듯했습니다.

자큽은 바이 비체[20]가 기거하는 유르타에 들어갔습니다. 츠으르드는 바이 자큽이 유르타 안에 발을 들여놓는 모습을 보았습니다. '왜 저렇게 슬퍼 보일까?' 하고 속으로 생각하면서 츠으르드가 물었습니다. 〈무슨 일이 있었습니까? 당신이 왜 이렇게 우울해 보이시는지 우리에게 말씀을 해 주세요.〉

---

17 바람처럼 달리는 갈색 말을 뜻한다.
18 키르기스어로 아버지나 형을 부르는 말인데 대체로 손아랫사람이 연장자를 공손하게 호칭할 때 사용한다. 아저씨, 형님 정도로 번역할 수 있다.
19 유목민들의 이동식 주택이다. 몽골에서는 Ger 게르라고 부른다.
20 이 단어의 의미는 (1) 아내가 여럿일 경우 가장 연장자이거나 지위가 가장 높은 아내, (2) 집의 안주인, 정부인, (3) 나이가 든 여성으로서 종족 가운데 존경을 받는 여인에 대한 존경을 담은 호칭으로 구분할 수 있다. 서사시 '마나스'에서는 세 가지 의미가 모두 사용되고 있으며 문맥에 따라 구별해야 한다.

그제야 자쿱이 입을 열었습니다,
가슴속 오장육부가 부글부글 끓는 듯 화를 내며 자쿱이 말했습니다.
〈당신은 바보요?
다투기만 좋아하고, 믿음이라곤 눈곱만큼도 없는 여자 같으니라고!
내가 밖으로 나가면, 아침이든 저녁이든,
당신 혼자 집에 덩그렇게 남게 되는 것을 왜 모른단 말이오!
당신에게는 애정을 쏟을 자식이 단 하나도 없단 말이오,
(내가 죽으면) 누가 당신을 보살피겠어, 당신에게는 아무도 없다고.
(당신이) 아무리 애정을 주고 싶어도 애정을 줄 자식이 없잖아.
그러니 당신에게는 의지할 사람이 아무도 없다는 말이오.
나는 이 생각을 하기만 하면
내 몸에서 모든 힘이 일순간에 다 빠져나가 버리는 것 같소.
(나도 내) 자식들을 예뻐하고 싶소, 다른 소망은 내게 없단 말이오!
처음에는 아무것도 걱정하지 않았소.
(틀림없이 내게도) 자식이 생길 거라고 생각했었어.
오랫동안 아무런 근심 걱정 없이 살았지.
(그런데, 이제 잔치에서도) 자식 많은 자들에게 악담까지 들으니….
제기랄, 이놈의 세상 거꾸러져 버려라!

(잔치를 마치고 집으로 오는 길에 사람들이) 나를 '자식도 없는 자쿱'이
  라고 부르고 있었다오!

'나이가 점점 더 들어가시네요, 자식 없는 자쿱 영감님.' 하고 놀리더군.
그리고 당신에 대해서는 사람들이 죄다 이렇게 말하더라고.
'자쿱의 불모지나 다름없는 부인이 저기 가는구먼.'

이 망할 놈의 세상! (잔칫집에 갔다가 망신당한) 그 일이 머리에 떠올라서,
오늘 내가 얼마나 절망감에 빠졌던지, 집까지도 겨우 왔단 말이요.
당신의 전철을 밟아가려는지,
바크도요로트 역시 행복의 길에서는 거리가 너무나 먼 것 같아.
아내를 둘이나 얻었지만
자식은 여전히 볼 수가 없어요.
(그러니) 내가 혼자라는 사실을 떠올릴 때마다,
신께 하소연하고 울음을 터뜨릴 수밖에...〉
바이 자큽이 말을 마치자,
바이 비체도 비탄에 잠겼습니다.

〈나 같은 할망구를, 이런 할망구를,
신께서는 고통 속에다 냅다 던져 버리셨습니다.
이제 내 나이가 벌써 쉰 살이나 되어,
희망을 잃어버린 지 오래되었습니다,
자식에 대해서는 이제 나는 생각조차 하지 못하고 있습니다.
그런데, 당신이 그렇게 귀여워하시는 새 마누라께서는
왜 아직도 아이를 쑥 낳지 못하시나요?
사람들이 그녀를 바크도요로트[21]라고 부르니까,
마치 벌써 아들이라도 낳은 듯이
거만을 떨며 다니고 있어요.
(우리) 두 여자 다,
하나뿐인 남자인 당신에게만 의지하고 살지만,

---

[21] 사랑받는 아내라는 의미를 가진 말이다.

당신의 사랑을 듬뿍 받는 아내(바크도요로트)도
아직 자식 하나 낳지 못하더군요.
애당초부터 행복은 나를 비껴갔어요.
신께서 나를 그렇게 만드신 것이겠지요.
열매를 맺지 못하는 나무는 불쏘시개나 다름이 없고요.
아이를 낳지 못하면
그녀는 불행한 여자이지요.〉

비탄에 잠긴 채 바이 비체(가 일어서자)
바이 자큽의 마음도 슬픔으로 가득했습니다.
이때 바크도요로트가 (유르타 안으로) 들어오다가
그만 쿠구[22]에 걸려 꽈당 넘어졌습니다.
바크도요로트가 (바이 비체에게 화풀이하려는 심산으로) 말했습니다.
바이 비체의 마음에 상처를 주면서 말입니다.

〈제가 무슨 잘못을 했나요? (아이 낳지 못하는) 불행한 여자라고요?
저는 에제케[23]의 길을 그대로 따라왔고,
제 마음대로 한 것은 아무것도 없잖아요.
바로 에제[24]의 길을 따라서
시키는 대로 따르며 해온 것뿐이에요.

---

[22] 습지에서 자라는 식물로 버섯이나 부들, 향포 등의 일종이다.
[23] '에제케'는 키르기스, 카자흐어로 나이가 어린 부인이 연장자인 부인이나 정실을 부르는 호칭 '에제'에서 나온 말이다. '에제'가 공식적인 딱딱한 의미가 있는 반면, '에제케'는 상호 친밀성을 부각시키는 표현이다. 우리말로 하자면 '형님' 정도에 해당한다.
[24] '에제'는 '에제케'와 같은 말이다.

자식에 대해 말하자면, 저도 한탄스러워요.
아이를 낳지 못했다는 것이 말이죠.
하지만, 바이 비체 형님, 모욕을 받았다고 죽는 것은 아니거든요,
제가 거처하는 집에는 귀한 보석이 가득 있답니다.
저는 젊어서 아직은 희망이 가득 있답니다.
땅 한가운데에 있는 보즈도보[25]를
아시지요? 제가 (보즈도보에 다녀오면) 꼭 영험을 보게 될 겁니다.
츠으르드 형님은 신께 저주를 받으셔서,
(보즈도보에 다녀오신들) 신의 사자가 형님께 아무런 도움도 안 주실 거
　예요!
신께서는 앞으로 제게 (자식을 많이) 주실 겁니다!
제가 형님의 집에 들어설 때마다,
저승사자가 제 얼굴을 하고
형님 앞에 서 있는 것 같이 느끼시겠지요![26]〉

바크도요로트는 말을 마치고
자신의 집으로 돌아갔습니다.
바크도요로트에게 모욕을 당한 바이 비체는
대답할 말을 찾지 못한 채,
상념에 잠겨 그 자리에 잠자코 서 있었습니다.

25　키르기스인들의 성스러운 장소. 보통 땅의 가운데, 혹은 높은 산에 있는 것으로 묘사되며 외적과 싸워 물리친 전승지도 보즈도보라고 부른다. 자식을 원하거나 발원할 일이 있을 때 이곳을 찾는다.
26　아내를 여럿 거느리는 경우 모든 아내 각자에게 개별 거처(유르타)를 주는 것이 남자의 의무이다. 키르기스인의 저승사자는 이름이 아즈라일인데 아즈라일을 운운할 때는 보통 서로의 관계가 매우 악화되어 있는 상황임을 알 수 있다.

바이 비체의 영혼은 슬픔에 잠겼고,
두 눈에서는 눈물이 흘렀습니다.
바이 비체 몸에서 힘이 모두 빠져나갔습니다. 바이 비체는 쓰러졌고,
주크[27] 위에서 조그마한 콩만큼 작아져 버렸습니다.

〈신이시여, 제가 가진 것을 모두 가져가십시오,
네 종류의 가축 모두!
제 영감이 살아있는 사람 가운데 (얼굴 들고 떳떳하게) 다시 나서고,
저도 떳떳해질 수 있게 해주십시오.
모든 것을 다 가지신
분이시여, 저의 쓰라린 울음을 들어주소서!
알라께서 저의 간절한 기도를 들어주신다면,
저희가 무엇을 아까워하겠습니까!〉
이렇게 말을 하고서 바이 비체는
베개에 머리를 파묻었습니다.

바크도요로트의 마음 속에는
불화의 마음이 자라고 있었고, 영혼에도 (나쁜 생각이) 가득 깃들었습니다.
츠으르드는 눈물을 흘리며 자리에 누운 채,
머리가 어지러워 잠시 눈을 감았습니다.
눈에 졸음이 오는가 싶더니,
(깜박 순간적으로) 잠에 빠져들었습니다.

---

[27] 키르기스, 카자흐어로서 유르타의 입구 반대편에 놓여 있는 모피, 담요, 베개 등 침대와 관련된 물건의 총칭.

츠으르드의 팔은 퉁퉁 부어올랐고,
츠으르드는 금세라도 깨어날 듯 선잠을 자게 되었습니다.

(꿈속에서) 머리에 흰 두건을 동여맨
턱수염이 하얀 남자 하나가
그녀 앞에 서 있었습니다.
울면서 누워 있는 불행한 여자의 머리맡에서,
턱수염 하얀 남자는 츠으르드의 눈물을 가엾게 여기고 있었습니다.

《(우주의) 창조자이시며 전지전능하신 신께서
그대에게 울음을 그치라고 말씀하고 계십니다.
그분이 나를 이곳으로 보내셨습니다.
운명의 흰 사과를,
꿀보다 더 달콤한 꿀 사과를
알라께서 내려보내셨으니,
그대는 간절한 마음으로 흰 사과를 드십시오.〉 수염이 흰 남자가 말했습니다.
〈붉은 사과는 딸을(상징합니다),
우리는 모두 (알라의) 백성들이고,
(알라) 그분께서는 (츠으르드) 그대가 정의롭다는 것을 아십니다.
(알라의) 말씀을 깊이 새기십시오.
내가 말하는 것을 기억하십시오.
준마 대신, 예순 쿨라치[28]나 되는 용에게

---

[28] 중아아시아 지역의 전통적인 척도법의 단위인데, 현재 카자흐 등지에서 사용되고

안장을 얹으십시오.〉

바로 그 흰 사과를 바이 비체가 다 먹으니
바이 비체의 배가 꽉 차게 되었습니다.
바이 비체의 몸에서 무엇인가 쉬이 하는 소리를 내며 기어 나오는데,
글쎄, 그것이 바로 용이었지 뭡니까?
그 용은 휘파람을 한 번 휙 불더니 숨을 크게 들이쉬고,
온 세상을 (자신에게로) 잡아당기더군요.
이를 보고 바이 비체는 두려움에 그만 온몸이 (돌처럼) 굳었습니다.
바이 비체 자신의 키도 보통 때보다 훨씬 더 커졌습니다.
거의 백하고도 서른 척은 족히 되었지요.
바이 비체는 겁에 질려 잠에서 깨어났습니다.
여러 가지 생각에 머리가 복잡했습니다.
주위를 둘러보니 바이 비체와 나란히
바이 자큽이 잠들어 있었습니다.
어찌나 요란하게 코를 골던지 자큽의 머리가 들썩거렸습니다.
바이 자큽은 아무런 감각도 못 느낄 정도로 곯아떨어진 것 같았고,
바이 자큽은 계속해서 잠을 잤습니다.

'자큽을 깨우지는 말아야겠다.'
바이 비체는 생각했습니다.

〈바이 자큽과 바이 비체에게 무슨 일이 생긴 거야?〉

있다. 보통 손바닥을 쫙 펴서 제일 먼 손가락 두 개 사이의 거리가 1쿨라치이다.

그분들에게 말 한 마리를 말뚝에 묶어 둘 만한 사람이 없는 거야?
저런 돼지 같은(하인 놈들 같으니라고),
(자큡의 집안에) 말을 붙들어 맬 사람이 아무도 없다면,
(자큡의 아내인) 바이 비체나 토콜[29]이라도
나서서 말을 붙잡아야지.
아큼바이의 아들인 멘지바이가
말의 뒤를 쫓아다니잖아.〉
베르지케가 고래고래 소리를 질렀습니다.

〈(신께서) 자식을 점지해 주지 않는다고
(바이 자큡이) 창조자인 알라를
원망했다는 게 사실일까?〉 베르지케가 계속 혼잣말을 했습니다.

〈전지전능한 분은 (언제라도, 부모가 비록 늙었어도) 아들을 보낼 수 있지,
모든 것은 다 예정되어 있거든.
(자큡과 츠으르드) 두 분에게 말을 붙들어 맬 사람이 없으면
이 일은 우선 바크도요로트가 할 일이야.〉
베르지케는 이렇게 혼잣말을 마쳤습니다.

이 말을 들은 바크도요로트가 (발끈해서)
마치 샤이탄[30]이 그녀의 목에 달라붙어 있는 것처럼 (열을 냈습니다.)

---

29 젊은 아내 혹은 두 번째 아내를 지칭하는 말이다.
30 이슬람의 사탄의 일종인데 중앙아시아 지역에서는 악한 세력의 상징으로 지칭하는 경우가 많으며, 민담에서도 사람이 갑자기 화를 내거나 발을 동동 구를 때 샤이탄이 붙었다고 말한다.

〈수염을 허옇게 기르신 영감탱이들이
정말 그렇게 사기 치듯이 말을 내뱉으실 수 있어요?
우리 집에는 젊은 일꾼이 마흔 명이나 있단 말이에요.
말라이[31] 때문에 머리가 빙빙 돌 정도이고,
잘치[32] 때문에 평온한 날이 없었지요.
내가 언제 말을 잡아 본 경험이라도 있나요?
정말 아직도 물리지 않은 건가요,
그 교활한 노파(츠으르드)가 만든 음식에.〉
베르지케 영감에게 (바크도요로트가) 마구 소리를 질러 댔습니다.

〈제 할 일이나 잘할 것이지!〉
완전히 정신이 나간 것처럼 바크도요로트는
점점 더 악에 받쳐서 고함을 질렀습니다.
베르지케는 바크도요로트에게 아무런 대꾸도 하지 않았습니다.

멘지바이는 산맥을 타고 넘으며
없어진 말을 추적하면서 어디론가 사라져 버렸습니다.
날이 어두워지고, 밤이 다가왔습니다.
멘지바이는 (자쿱이 매어놓지 않은) 말을 찾으러 갔다가 함께 사라져 버
   렸습니다.
멘지바이는 어떻게 되었을까요?

---

31 자쿱에게서 일하는 노예 하인의 이름이다.
32 말라이와 잘치는 하인을 가리키는 말인데, 말라이는 보수를 받지 않는 노예 신분이
   고 잘치는 고용관계에 있는 일꾼을 의미하지만 실제로는 거의 차이가 없다.

멘지바이의 어머니(카늠잔)는
아주 싸움을 좋아하는 여자였습니다.
(카늠잔이 자큽의 유르타) 근처로 다가왔습니다.
(카늠잔이 유르타 안을) 들여다보았더니, 바이 자큽은
머리를 베개에 올린 채
(마치 기절한 듯이 깊은) 잠에 빠져 있었습니다.
카늠잔은 이를 보고,
이빨을 갈기 시작했습니다.
카늠잔은 츠으르드에게 말했습니다,
슬퍼하면서 악에 받친 큰 소리로 카늠잔이 말했습니다.

〈우리는 아주 오래전부터
이 집 하인이 아니었나요?
당장, 남편을 깨우세요.
(남편에게) 무엇을 말할지 생각을 해봐요.
당신이 평생 한 번도 아이를 가져보지 못했다고 해서,
이제 나까지도 당신처럼 만들고 싶은 거예요?
열한 살 먹은 내 아들이 없어져 버리면 어떻게 할 겁니까?
만일 사람들이 당신을 바이 비체라고 부른다면
(당신은) 여러 사람의 사정을,
입장을 헤아려 가면서 살펴봐야 하는 것 아닙니까?
내 아들이 없어진 지 벌써 오래되었는데,
당신은 그 일에 대해서 생각이나 하시나요?

(사방에) 도적들과 강도들이 들끓습니다.

만일 내가 하나밖에 없는 아들을 영영 잃게 된다면,
당신의 영혼을 편안하게 그냥 내버려 둘 것 같나요?
당신이 가진 수천 마리 말을 다 합쳐도
내 아들의 머리카락 한 올만 못합니다.
당신의 말떼가 언덕배기 초원을 모두 뒤덮는다 해도,
내 아들의 작은 손가락 하나만 못합니다.
만일 내 아들을 살아 있는 채로 데려오지 않으면,
죽을 때까지 당신을 내버려 두지 않을 겁니다.
바이 비체 당신에게는 가축 무리만 중요하겠지만,
내게는 제일 귀중한 것이 자식입니다.
내가 여기 있는 이유가 뭡니까,
당신과 울면서 말다툼을 하려고 왔겠습니까?

벌써 자정이 가까이 다가옵니다.
하늘에는 별들이 총총합니다.
하지만, 아직 (아들에 대한) 소식이 전혀 없습니다.
아무도 그를 찾아 길을 나서지 않았습니다.
(말을) 잡기 위해서라도 내 아들을 그렇게 사라지게 내버려 두면 안 됩니다.
내게는 여자들밖에 없어서 아무런 힘이 없습니다.〉

바이 자쿱은 아무 생각도 없이 말을 잃어버렸고,
허둥지둥 달려온 카늠잔은
츠으르드의 머리를 뒤얽히게 만들었습니다.
(이 어려운 상황에서도) 바이 비체는 우아하게 일어났습니다.

귀한 장식을 단 바이 비체의 모피 외투가 출렁거렸습니다.

〈도적들과 강도들이 곳곳에 떠돌고 있습니다.
그들이 만일 내 자식을 잡아간다면,
저주받은 할망구인 나는
나 자신을 파멸시켜 버리고, 바이 비체 당신도 용서하지 않을 겁니다.
내 영혼조차 용서하지 않을 것입니다.
만일 내 자식이 길을 잃고 헤매다 사라진다면,
당신이 가진 그 어떤 것으로도 (내 아들에 대한 보상이) 되지 않을 겁니다.
그러니, 자, 이제 당신의 남편을 깨우세요,
늑대와 여우들이 지천으로 깔렸습니다!
내가 바이와 함께 유목을 하고 있으니[33]
만일 내 자식을 잃어버리게 되면,
(온 세상의) 조롱이 내 머리에 떨어지게 될 겁니다.
곰이나 호랑이도 (어슬렁거리는데)
만일 (내 아들이) 뜻하지 않게 사나운 짐승들과 만나게 된다면,
그 짐승들은 내 자식을 그대로 두지 않을 겁니다.
만일 호랑이를 만나, 호랑이가 내 아들을 먹어치워 버린다면?
내 불행은 끝을 모르게 될 것입니다.
발톱이 날카로운 표범이 내 아들을 먹어치워 버린다면?

---

[33] 바이 자큽의 유목지에서 함께 유목을 하는 가난한 자신의 처지를 말하면서 동시에 은근히 자식이 없는 바이 자큽에게서 떠나지 않고 유목을 함께 해주고 있는 입장을 높이 평가해 달라는 뜻이다. 중앙아시아 유목민들의 경우 가족 단위로 유목지를 경영하나, 타인의 유목지에서 유목을 하는 가족들의 경우에는 유목지의 주인이 원할 경우 노동력을 제공하며 봉사를 하지만, 필요할 경우 주인의 가축을 사용하거나 도움을 청할 권리가 있다.

내 고통은 끝을 모르게 될 것입니다.
말을 매어 두지 않을 정도로 (바이와 당신이) 게으름을 피웠고,
바이 비체 당신은 (자신이 이미) 한창때가 아닌 것을 아마 아직도 모르시
　겠지만,
그래서 흰 암사슴처럼 도도하게 걸어 나오는 것일 테지만,
바이 비체 당신의 좋은 시절은 이미 지나갔습니다.
당신은 아직도 남은 날이 점점 짧아지고 있는 걸 모르는 것 같군요.
그러니까 아직도 새댁인 듯이 행세하려는 것이지요.
당신의 바람난 말을 잡으려다가
정녕 내 말발굽이 부서져 버리지는 않겠지요?
내가 하는 말을 죄다 흘려듣고 잊어버리시기라도 했나요?
당신은 나를 쳐다보려 하지도 않는 것 같네요.
내 아들이 벌써 초저녁부터 (거친 들판으로 말을 찾아서) 나갔어요.
그때부터 어둠이 밀려올 때까지,
아무도 그 애를 찾아 길을 나서지 않았단 말입니다.
당신네는 (내 아들이 실종된) 이 일은 전혀 생각을 하지 않네요.
말떼와 양떼들은
(걱정을 해주지 않아도) 스스로 행복하게 잘 산답니다.
낙타들과 소들은
(일꾼들이) 따라다니며 보살펴 줄 필요가 있겠지요.
여보세요, 바이 비체,
(당신은) 자식이 무엇인지 도대체 알지 못하는 사람이니!
언제부터 내가 당신에게 이 일을 말하고 또 말하고 있습니까?
그런데 저주받은 무자식의 여편네가
내 말을 모두 한 귀로 흘려버리고 있네요, 그냥 흘려버린다고요.〉

(바이 비체는) 작심한 듯이 (바이 자큽의 곁으로) 가서는,
아주 격렬하게 바이 자큽의 잠든 몸을 흔들었습니다.

〈유순한 말에라도 좀 앉아 보세요,
이제 이미 젊지 않다는 것을 아직도 모르시나요?
우리에게 이제 누가 주인인가요?
말도 안 듣고 제멋대로인 가축들의 주인이 누구냐는 말씀입니다.
이제 우리에게 불행이 다가왔네요, 당신의 말이
도망가서 어디론가 사라져 버렸답니다.
당신은 슬픈 모습으로 돌아와서는 (이렇게 잠만 주무시니.)
나는 어쩌란 말이에요?
카늠잔이 (저를 온통) 들쑤셔 놓았습니다.
카늠잔이 하지 않은 말이 있다면,
'아직 (제가) 죽을 시간이 되지 않아
아즈라일[34]이 제 영혼을 가져가지 않았을 뿐'이라는 말일 겁니다.
아이가 없는데도,
불행한 여자인 제가 도대체 왜 계속해서 흰 도포[35]를 입어야 하나요.
단지 실현되지 않은 희망을 저버릴 수 없어서 계속 입고 다니는 것인가
    요?
(카늠잔이) 와서 말합디다. '내 아이를 찾아내'라고요.
저는 수치스러웠습니다.
(밤이 새도록 카늠잔은) 제게 이를 갈았습니다.

---

[34] 이슬람의 죽음의 신.
[35] 결혼한 새댁이자 바이 비체를 뜻하는 도구이다.

저는 한 번도 이런 모욕을 겪은 적이 없습니다.
오늘 제게 일어난 일 같은 모욕을 말입니다.
찾아 주세요, 그녀의 아들을!
몸을 가누지 못한 채 누워만 계시지 마시고,
카늠잔의 자식을 찾아 주세요!
(아무리 깨워도 당신은) 게으름 피우고 (이렇게 마냥) 누워 계시는군요.
곧 해가 뜰 겁니다.
당신의 영혼을 슬픔이 갉아먹어 버렸나 보군요.
저녁에 와서 그렇게 (저를) 괴롭히시더니만,
그렇게 죽은 듯한 잠에서 무슨 (좋은) 것을 찾기라도 하셨나요?
투우추낙[36]이 죽기를 바라나요.
당신 말이 야산으로 도망갔답니다.
당신이 아끼는 것이 죽는다는 뜻이 아닌가요?
그럼, 마치 돼지처럼 죽으려고, 투우추낙이
날뛰며 사라져 버린 걸까요?
아마도 산으로 도망친 것일지도 모릅니다.
투우추낙을 잡으려고 (투우추낙의 뒤를 따라갔다가)
아큼벡[37]의 아들도 사라졌다는군요.
(제게) 온갖 소리를 다 퍼붓는
여자를 제가 상대했습니다.
달아난 말을 찾으려고 가 버린 아들에게서
이 여인은 아무런 무모함도 보지 못했지만,

---

36 사라진 바이 자큽의 말의 이름.
37 아큼벡과 아큼바이는 동일 인물. 아큼이 이름이고, 벡과 바이는 호칭이다.

이 여인은 보았습니다,
제게 자식이 없다는 사실을 말이에요!
당신은 슬픈 모습으로 와서 제멋대로 행동하셨지요.
그렇지요, 당신에게는 당신이 제일이고, 가치 있게 여길 것이 아무것도
  없겠지요.
하지만 이렇게 말할 수는 있지 않았어요? 〈마누라, 말 좀 매어 둬!〉
당신이 타고 다니는 말에조차 관심이 없군요.
(위험하다는 사실을 모르고서) 누군가의 자식이 그 말을 찾아 나서고 말
  았어요.
꼭두새벽부터 나를 못살게 굽니다,
그의 슬픔에 잠긴 어머니가.
이제 벌써 여명이 밝아 오는데,
그는 (아직도) 보이지 않습니다.
그녀의 아들을 가서 찾아보세요!
얼마나 시간이 많이 지났는데
당신은 여전히 코를 골고 계시니.
당신의 토콜도 심술을 부리고 나가 버렸답니다.
그리고 이 불행한 여자가 찾아온 겁니다.
'내 자식을 찾아줘요!'라는 카늠잔의 말은 내 머리를 온통 들쑤셔 놓았습
  니다.
(카늠잔은) 밤새도록 제게 욕을 해댔습니다.〉

바이 비체가 이 말을 마치자,
바이 자큡이 머리를 조금 들고서,
누워 있는 곳에서 움직이지 않고 (그녀에게) 말했습니다.

〈슬퍼하지 마시오, 바이 비체,
만일 전지전능하신 알라께서 명하기만 하시면,
당신에게 부족한 것도 받을 수 있을 거라오!
그러니, 너무 서글퍼하지 마시오, 바이 비체,
만일 당신의 소망이 성취된다면
(당신의) 매일 매일은 부족함이 없이 채워질 것이오!
(꿈에서 새를 한 마리 보았는데, 그 새가) 내게는 길조 같소.
내가 공연히 죽은 듯이 누워 있었겠소,
아무 소득 없이 잠을 잔 것이 아니라오.
나는 생생한 꿈을 꿨다오.
가령, 그 새가 독수리와 같은 울음소리를 내면,
그 새의 고유한 울음소리로 다른 새들과 구별이 되고,
머리끝에서 꼬리 끝까지 온몸이 환하게 빛이 나며,
그 새의 흰 깃털은 백조보다도 더 하얗고,
다리와 꼬리에 있는 부드러운 깃털은 순금과도 같으며,
다리는 금빛 털에 싸여 있고,
그 새의 부드러운 목 털은 완전한 순금이며,
그 새의 두 발은 무쇠와 강철이고,
(자신을) 공격하는 자를 민첩하게 쳐부수며,
전지전능한 신이 그 새를 지원하고….
그 새는 부리가 강철로 된 매이며,
그 새의 앞다리는 강철로 만든 큰 칼이었다오.
향기로운 풀을 띄운 물로 씻은
비단 천으로 그 새에게 옷을 입히고,
예순 쿨라치나 되는 비단 천으로

그 새의 다리를 감쌌으며,
달빛으로 그 새를 키우고
조심스러운 입김으로 그 새를 보살폈소.
은으로 만든 옷을 그 새에게 입히고,
그의 뒤를 (따라)다니며 그 새를 지켜보았는데,
하늘에 사는 털이 있는 새들은
그의 무시무시한 외모에 놀라 감히 날아오르지 못하며,
땅에서 걷는 모든 (동물은)
겁에 질려 단 한 발도 (그 새의 앞에서) 걷지 못했다오.
나는 그 새가 앉을 수 있도록 홰를 설치했고,
몸통이 얼룩덜룩한 흰색 매를
그 새의 옆에 묶어 놓았소.
나는 알 수 있었다오, 무엇인가 좋은 일이 생길 것이라는 사실을.
하지만 언제 좋은 일이 생길까?
그걸 알 수 없어 고통스럽다오.〉
바이 자큡은 자신의 꿈 이야기를 상세하게 말해 주었습니다.
바이 비체는 무엇인가 알아차린 듯했습니다.

〈(영감, 이제야) 신이 도와서
행복의 새를 당신의 머리에 앉게 한 것 같아요.
낯선 사람들에게는 그 내용을 절대로 알려 주지 마시고,
친한 사람들에게만 (꿈 이야기를) 하세요.
저 또한 길몽을 꾸었답니다.
틀림없어요, 신이 드디어 불을 지피는 거예요,
당신의 얼음 같은 심장에 말이에요!

셀 수 없이 이렇게 많은 불운한 가축을
우리가 아까워할 이유가 있나요?
내일 우리 종족 사람을 다 불러 모읍시다,
그리고 가축을 한 마흔에서 쉰 마리 정도 잡읍시다.
투우추낙을 뒤따라간 소년을 찾으면
아까워하지 말고 가축들을 잡읍시다.
누가 알겠습니까, 일이 어떻게 될지를!
우리가 조촐하게 토이[38]를 준비합시다.〉
이 말을 듣자 바이 자큡은 발끈 화를 냈습니다.
아마도 (구두쇠 같은) 그를 자극한 것 같습니다,
바이 비체가 (잔치를 벌이자고) 한 말이 말입니다.

〈뭐라고, 내가 망굴인[39]을 다 해치워 버리기라도 했단 말이요?
한꺼번에 그렇게 많은 가축을 다 잡자고?
당신은 재산 모으는 게 별일 아닌 것 같소?
아니면 내가 크타이 사람들을 죄다 정복하기라도 했소?
암말을 그것도 마흔 마리나 잡자니!
당신이 재산을 모으는 데 조금이라도 도움을 줬소?
아들은커녕 딸 하나도 아직 태어나지 않았는데,
불행에서 조금도 벗어나지 못했는데,
도대체 뭣 때문에 내가 가축을 그렇게 많이 잡아야 한단 말이오?
그리고, 가축이 다 없어지면,

---

[38] 토이 (Toi)는 '투르크인들 사이에 인기가 있는 전통 놀이'를 곁들인 잔치이다. 자식이 태어나거나, 생일, 장례, 결혼, 출정 등의 경우에 주로 연다.
[39] 서사시에서 보통 키르기스인의 적으로 나오는 종족이다.

당신의 자식을 어떻게 키우란 말이오?
자식도 생기고 가축도 그대로 있도록 내버려 둬요,
그냥 좀 내버려 둡시다,
사실 사람들이라는 게
자신의 분수대로 그냥 사는 것 아니겠소?〉

새벽 별인 금성[40]이
동이 터 오는 하늘에 나타났습니다.

  아직 자식 하나 낳지 못하고서도 암말을 마흔 마리나 잡아 잔치를 열자는 바이 비체의 (철없는) 제안에 화가 난 자큡은 밖으로 나와 바크도요 로트의 유르타[41]로 걸어갔습니다. 그런데, 기분 좋은 목소리가 어디선가 갑자기 들렸습니다.

〈왜 그렇게 슬퍼하시오, 아타케,
당신의 마음은 왜 그렇게 항상 고통스러워하는 거요?
강(계곡) 여섯 개를 당신은 (자신의) 가축들로 가득 채우지 않았소.
(아내로) 취한 여자의 마음을 상하게 해버렸군요.
재산 때문에 슬퍼할 이유는 없다오,
(그대가) 이 세상의 부를 모두 가질 것이니까!

---

40 금성을 중앙아시아 지역 언어로 '졸본' 혹은 '촐폰'이라고 부른다. 키르기스에서는 '촐폰 아타'라고 부르기도 한다. 중앙아시아의 투르크계 종족들의 민담과 서사시에는 하늘의 별 중 금성과 토성이 자주 언급된다. 금성은 사건의 변환, 새로운 운명의 도래 등을 암시하며, 어두운 현재에서 벗어나 밝은 미래로 주인공들을 인도하는 상서로운 상징으로 역할을 하는 경우가 많다.
41 유목민들의 이동식 주택.

재산 때문에 괴로워하지 마시오,
(그대가) 이 세상의 부를 모두 가질 것이니까!〉

(누군가의) 목소리가 그의 귀에 들려오면서
용사의 목소리처럼 울려 퍼졌습니다.
하지만 그의 앞에는 아무도 없었고,
이리저리 둘러보아도
아무도 눈에 보이지 않았습니다.
바이 자큽은 생각했습니다. '그래 지금 나가는 것은 좋지 않아….'
(자신이 몹쓸 말로 마음 아프게 한) 자신의 할망구를 기억해냈습니다.
바이 자큽이 몸을 뒤로 돌리자
눈물이 두 눈에서 용솟음쳤습니다.
(바로 이때) 바크도요로트가 그를 마중하러 나왔습니다.
(바크도요로트는) 자큽에게 다가왔습니다.

〈나의 바이, 제가 꿈을 꿨어요,
놀랄 만한 것이 제 꿈에 나타났답니다.
회색 얼룩무늬 매가 청동으로 만든 옷을 입고
세 척이나 되는 목 주위에 검은색 깃털을 두르고 있었는데,
당신은 오른손 위에 그 매를 앉히고,
하늘로 매를 날리시더군요.
(매가 다시 땅으로 내려오자 이번에는) 왼손에 매를 올리고
청둥오리가 있는 쪽으로 매를 날리셨습니다.
당신이 매를 부르고 휘파람을 불자,
질풍처럼 당신에게 날아와서 당신의 손에 앉는 것이었습니다.

당신이 어떤 짐승에게라도 매를 풀어놓으면
(그 짐승은 금방) 당신의 발 아래 놓였습니다.
당신의 바이 비체의 유르타에 있는
황금으로 만든 홰에서
그 매는 편안하게 앉아있지 못했습니다. 그 매가 날개를 퍼덕거리자
양 날개에서 나는 무시무시한 소리 때문에
많은 산짐승이 바닥에 넘어졌습니다.
저는 진실만 말씀드립니다, 거짓은 고하지 않습니다.
저는 당신의 할망구처럼 아무것도 없이 혼자가 되지는 않겠습니다.
바이 비체의 홰에 앉아있는 매는
목이 학과 같고, 날개는 청동으로 되었으며,
부리는 강철과 같았고, 온몸에 비단옷을 두른 듯했는데
갑자기 그 매가 유르타에서 날아오르자,
제 유르타에 있던 독수리 두 마리가
겁을 먹고 퍼덕거리며 뒤로 물러났습니다.
이 꿈이 뜻하는 바가 뭘까요?〉

바이 자큽은 소리를 내어 흐느껴 울기 시작했습니다.
그는 자식을 열망하던 사람이었습니다.
〈만일 당신이 그런 꿈을 꾸었으면,
알라가 당신을 도와줄 것이오!
당신의 어젯밤 일은 무슨 의미일까!
내가 겪은 어제의 일은 무슨 의미일까!
나는 불안했다오.
꿈 때문에 말이오.

나는 깜짝 놀랐소,
할망구가 내게 엉뚱한 제안을 하지 않겠소?
'가축을 많이 잡고,
이 사실을 널리 알립시다.'라고 말이오.〉
바이 자큽은 이렇게 말을 하고서
바크도요로트의 유르타로 갔습니다.

바크도요로트는 바이의 옆에서 나란히 걸으면서
바이 자큽에게 다음과 같이 말했습니다.
〈무엇을 아까워하시나요, 영감님.
행운을 가져다주지도 않는 셀 수 없이 많은 가축인 걸요.
바이 비체가 한 말들을
제가 잘 살펴보면,
우리 두 사람은 생각이 비슷한 것 같거든요.
그런데 말씀이에요, 계속해서 말해주세요,
바이 비체가 도대체 몇 마리나 잡자고 했습니까?〉

바이 자큽은 불같이 화를 냈습니다.

〈그 할망구가 그러더군, '새끼 밴 적 없는 암말 마흔 마리[42]를 잡으세요!
그리고 사람들을 모두 부릅시다.〉라고.

---

[42] 키르기스인들에게 40은 신성한 숫자이다. 키르기스 민족 구성 종족의 수를 40이라고 지칭하는 신화와 서사시가 있고, 키르기스 현대소설가이며 노벨문학상 후보로도 이름을 올렸던 징기스 아이트마토프의 현대소설 〈하얀 배〉에는 엄마 사슴의 전설과 40인 종족에 대한 이야기가 나온다.

바이 비체가 (쓸데없이 가축을 잡아서 사람들에게 나눠주자는) 그런 말을 하다니,

도대체 (바이 비체가) 왜 그렇게 가축을 미워하게 되었나 몰라!

그런데 당신도 '(가축을) 잡으세요'라고 말을 하니,

도대체 다들 아무 이유 없이 (우리 재산 아까운 줄 모르고) 왜 빈말만 하나 몰라!

가축을 잘 보살피면, 그 수가 늘어난단 말이오.

가축이 많으면 내가 '한(汗)'이 될 수도 있어요.

내 마음속에는 가축을 (쓸데없는 일로 단 한 마리도) 죽일 생각이 전혀 없소.

아직 자식조차 태어나지 않았는데 토이 벌일 생각부터 한단 말이오?

(요즈음은) 내 형편도 그리 썩 좋지는 않소.

요즘은 그 누구도 모든 사람이 다 참석하는 잔치를 열지는 않는다오.

나는 우리 종족을 가진 주인이 아니고 가축 떼의 주인일 뿐이오.

쓸데없이 가축들을 잡으면,

(우리에게는) 말이 단 한 마리도 남아나지 않을 거요.

나는 당신들의 제안을 받아들일 수 없소.

가축을 아까워하지 않는 사람이 되고 싶은 생각이 전혀 없단 말이오.

만일 내 손에서 모든 재산이 다 빠져나가 버리면,

(나와 당신들은 모두) 부족함에 끝없이 시달리는 가엾은 거지들이 되고 말 거요.〉

바이 자큽은 이렇게 말을 마치고서
바크도요로트에게서 등을 돌렸습니다.

바크도요로트는 갑자기 울음을 터뜨리며

바이 자큽의 발 아래 주저앉았습니다.

〈암말 마흔 마리를 잡으라고 했다면,
바이 비체가 아주 인색한 것입니다.
만일 바크도요로트에게 잘 판단하라고 하신다면,
나의 바이, 당신께서 승낙을 해주신다면,
저는 가축을 산만큼 잡으라 하겠습니다. 암말은 한 여든[43] 마리쯤 잡고,
(온 세상 모든 사람을) 손님으로 우리 집에 초대할 겁니다.
여덟 종족의 사람 모두를 불러,
풍성한 음식을 내놓을 겁니다.
당신은 머리에 기름을 칠하는 것도 좋겠습니다.
그런데 당신은 무엇을 원하는지, 무엇을 아는지도 전혀 이해하지 못합니다,
당신 나이가 벌써 오십 줄로 가고 있는데도 말입니다!
(우리에게는) 재산이 많아서 우리 집을 가득 채우고도 남습니다.
그런데 당신은 자식이 없다고 눈물을 흘리십니다.
만일 노예와 일꾼들이 지금
당신의 가축들을 잘 관리하지 않으면
어떻게 되겠습니까?
당신에게는 가축이 있지만 (당신 편을 드는) 사람들이 없습니다.
제가 보기에 당신에게는
사람을 부리는 분별력이 없는 것 같습니다.
그 누구에게도 재산을 나눠 주는 법도 없고,

---

[43] 키르기스인들에게 8과 80 역시 40과 더불어 신성한 의미가 있는 것으로 여겨진다.

그 누구를 기쁘게 만드는 법도 없지 않습니까.
그러니 당신은 바이 비체가 한 말대로,
아까워하지 말고 가축을 잡으세요.
당신은 어른이면서도 어린아이처럼 구시는 것 같아요.
당신이 아끼려는 것은 덧없는 겁니다.
당신은 점점 더 인색해지고 있어요. 아무리 제가 말을 해도,
마치 (허공에 부는) 바람에다 대고 말을 하는 것 같군요.
이제 죽음이 다가오면,
당신이 한 대로 받게 될 겁니다.
나의 지아비시여, 아마도 모욕을 받게 되실 겁니다.〉 이렇게 말한 뒤,
바크도요로트는 입을 다물었습니다.

바이 자쿱은 화가 잔뜩 난 채,
다시 바이 비체의 유르타를 향해 걸어가다가
또다시 발걸음을 돌려 이곳으로 돌아왔습니다.
걸어가는 도중에 바이 자쿱은 카늠잔을 만났습니다.
〈도대체 왜 그럽니까, 바이 자쿱 나리!
내 아들이 어디로 가버린 겁니까?
언제 내 아들을 찾을 겁니까?
내 아들을 도망친 말을 찾으러 (초원에) 보낸 뒤, 아예 찾을 생각을 않으
   시니….
당신 같은 사람은 내 일평생 한 번도 본 적이 없습니다!
어제부터 내 아들이 없어졌고,
당신은 내 영혼을 괴롭히고 있습니다.
당신은 강철로 날카로운 칼을 만들고 있는 것도 아니고,

흰색 활로 조준하며 발사를 하려 하시는 것도 아닌데,
여태까지도 내 아들을
찾으려 하지도 않고, 내 아들을 찾으러 말을 달리지도 않으십니까?
이제 당신을 부를 때 (바이라는 호칭을 빼고) 그냥 이름을 불러야겠습니다.
'아케'[44]라고도 부르지 않고 그냥 '당신'이라고 하렵니다.
당신은 자식들의 가치를 모르니
자신이 부리는 사람들을 야단만 치고,
말의 진정한 가치를 모르니
그를 찾아 떠난 자신의 일꾼과 노예들에게 욕만 해대고,
자식 없는 노인의 못된 심사만 부리고,
자식의 진정한 의미를 모르니
자식 없는 노인의 못된 심사만 부리고….
나는 (도움도 받을 수 없어) 내 자식을 걱정하며
간장이 다 녹아나고 있답니다.
나는 (밤새 잠시도 자리에) 눕지도 못했습니다.
눈을 붙일 수가 없었습니다.
당신의 두 눈에는 보이지도 않나요?
해가 벌써 저 하늘 높이 떠올라 있는 것 말입니다.
여러 종족이 모여 있는 키르기스 사람 가운데에서
그런 일을 보면 아이를 찾아 나서지 않을 사람이 어디 있겠습니까?
우리와 함께 섞여 사는 카자흐인 가운데에도
그런 일을 보면 아이들을 찾아 나서지 않을 사람이 어디 있답디까?〉

---

[44] 아버지 혹은 아저씨를 뜻하는 키르기스어 단어이다.

(청중 여러분) 정녕 이 여인이 이렇게 울고 길길이 날뛰지 않을 수 있을
 까요?
그렇습니다. 이 여자를 이해할 만합니다.
바로 그때, 드디어 자큽이 다음과 같이 말했습니다.

〈나는 이 불쌍한 여자를 이해할 수 있다.
착한 암컷 양과
말은 양치기에게서 발견될 수도 있을 것이다.
왜 말이 달아났는지 알아보겠다.
말을 한 마리 끌고 와서 등에 안장을 올려라.
내가 (아침에 일어나서 평화롭게) 수염을 빗고,
(카늠잔의) 목소리를 잠잠하게 하기 위해서라도
카늠잔의 아들을 찾아 나서 보겠다.
말을 뒤따라 간 카늠잔의 아들을
찾아내지 못한다면,
카늠잔이 우리를 (영원히) 헐뜯고 다닐 것이다.〉

양치기가 어두운 갈색 말에
안장을 올리자, 자큽이 말 등에 올라탔습니다.
(소년이 있는 곳을 짐작하게 하는) 먼지도 하나 없었고, 모래알도 하나
 없었으며,
(소년과 관련된) 그림자도 없었고, 흔적조차 전혀 없었습니다.
(소년이 어떻게 되었는지) 말해줄 수 있는 사람이 아무도 없었습니다.
산처럼 몸집이 커다란 바이 자큽은
눈을 찌푸리며, 길을 떠났습니다.

언덕에 이르러서는, 언덕의 이쪽 경사면에서 저쪽 경사면까지 샅샅이 뒤
 졌고,
좁은 길에서는 야생 양이 뛰어노는 후미진 곳까지 살펴보았으며,
모래언덕이 있는 곳에서는 눈을 부릅뜨고 주위를 두리번거렸고,
순록[45]이 사는 곳에서는 바위와 나무들을 하나하나 뒤졌습니다.
(바이 자급은) 사람들이 다닌 적이 없어 수풀이 빽빽하게 자란 숲을 지나
 가면서
혼자서 중얼거렸습니다. '이 개구쟁이 녀석에게 도대체 무슨 일이 생긴
 거야?
이 녀석이 투우추낙을 죽이기라도 했나? (그래서 무서워서 숨어버린 건
 가?)
도대체 어디로 달아난 거야?
이 개구쟁이 같은 녀석이,
세 살짜리 말을 탄 거야, 아니면 갈기 새로 올린 수말을 타고 간 거야?
(이런 말을 타고) 투우추낙을 뒤쫓았다면 절대로 따라잡을 수 없는데.
말이 쉴 만한 곳이나 있을 만한 데는 다 뒤져봤지만 헛수고고,
(주변에) 낭떠러지 같은 데도 없으니 어디 떨어졌다고 볼 수도 없고,
어두운 한밤중에 어린아이에게
멧돼지 같은 짐승이 달려들었나?
이 녀석을 찾지 못하면, 내게 몸값을 내라고 할 테고,
자칫하다 내 신세를 망치게 될지도 모르겠구먼.
길에서 호랑이가 이 녀석을 잡아먹었나?
불행한 사태가 일어났다면, 몸값을 내긴 내야겠지.

---

[45] 이 지역에는 순록을 비롯해서 마랄 사슴이라 불리는 몸집이 큰 사슴들이 서식한다.

그런데 내 재산을 모두 달라고 하면 어쩌지?'

발정기를 맞은 흥분한 낙타가 소리지르며 울부짖는 것처럼,
바이 자큽은 인적이 드문 곳에서
큰 소리로 '멘지바이'를 부르고 다녔습니다.
바이 자큽은 자신의 고함소리 때문에 머리통이 다 갈라지는 것 같았습니다.
바이 자큽은 작은 언덕이 점점 많이 있는 초원을 지나갔습니다.
그날 온종일 자신의 영혼을 괴롭히면서,
고통에 잠긴 바이 자큽은 쉬지 않고 말을 달렸습니다.
'이 아이에게 무슨 일이 생긴 거야!'라고 추측하고,
신음 소리를 내면서 바이 자큽은 계속 초원을 돌아다녔습니다.

'틀림없이 아이가 죽었을 거야!'
이렇게 생각하면서도 바이 자큽은 탐색을 포기하지 않았습니다.
풀 한 포기, 돌멩이 하나도 그냥 지나치지 않고
꼼꼼하게 살펴보았습니다.
바이 자큽은 (강이 있는 데로 가서, 퇴적 모래가 만든) 여섯 개의 섬, 모두를 다
검사했습니다.
아크-오초크[46]라고 불리는 섬에 도착해서,
바닥에서 물이 샘솟아 오르는 강물을

---

[46] 흰색 아궁이라는 의미가 있는 단어이다. 신성한 장소를 지칭할 때 신화와 서사시에서 흔히 사용하는 표현이다.

가로질러 건너가는데,
죽었다고 생각했던 투우추낙이
(갑자기 자큡의) 눈에 들어왔습니다. 투우추낙이 자큡에게 걸어오고 있
   었습니다.
(바이 자큡이) 말을 유심히 살펴보니,
흰 호랑이의 털가죽이
자신의 말 잔등에 덮여 있었습니다.
(이를 보고) 자큡은 얼마나 놀랐는지 모릅니다.
(마치) 정신이 혼미해진 것처럼 (자큡은) 몸을 부르르 떨었습니다.

〈호랑이가 애를 잡아먹어 버렸구나,
이제 내게 불행이 닥친 것이 틀림없나 보구나.
호랑이 녀석이 아이를 (말 잔등에서) 잡아먹고 있을 때,
(누군가가) 호랑이를 활로 쏘아 죽였나 보다.
이제 꼼짝없이 보상금을 물어주게 생겼네.
큰 재앙이 내게 닥친 게로구나!〉– (이렇게 혼자 말했습니다.)

(자큡은 생각에 잠겼습니다.) '(호피가 생겼으니) 원하는 대로 보상을 받
   으라지 뭐.
(사냥꾼이) 호피를 말 위에 놔둔 것이 틀림없어.
아마도, 호랑이가 아이를 잡아먹는 것을 보고서
명사수가 단방에 호랑이를 쓰러뜨렸을 거야.
다른 수가 없어, (호피를 가져가서) 보상을 해줄 수밖에.
(명사수가 이렇게 값진 물건을 두고 가다니) 이해가 잘 안 되는걸.
(호랑이를 죽인 그 명사수가) 말 위에다 호피를 얹어 놓았을 텐데,

(이 정도의 호피라면 죽은 아이에 대한) 보상으로 충분할 것 같구먼.
그런데 그 소란스러운 어미가 문제야,
쌈박질이나 좋아하고, 선뜻 (보상에) 동의하려 들지 않을 거야.
그래도 그 여자에게서 어느 정도의 수모는 감수하는 수밖에....
내 말이 흠집 하나 없이 깨끗한 것이 신기하네,
밤새도록 (흉악한 일이 벌어졌는데도) 이렇게 무사하다니 말이야!
간밤에는 고통스럽게 지냈지만
내 말을 털 하나 상하지 않은 채 발견했으니,
얼마나 다행한 일인지 몰라!
흰 호피가
말 위에 있는 것이 너무나 신기한 일이야!
말을 찾아 길을 나섰던 애가
말을 찾기도 전에 길에서 죽었을지 누가 알겠어?
그래서 뛰어다니는 말에
호랑이가 덮쳤는지도 모르지.
호랑이 녀석이 (말을) 잡으려고 달려들었을 때,
우리의 사나운 투우추낙이 앞발굽으로 호랑이의 심장을 걷어찼는지도
　모르지.
호랑이의 간이 부서져 버렸을 수도 있거든.
흰 호랑이가 말을 잡으려는 순간
죽어버렸을 수도 있어, 그냥 죽음의 시간이 그에게 닥친 거지.
누군가가 (길을 가다 우연히) 호랑이의 사체를 보고서,
재미 삼아 호피를 벗긴 것일 수도 있고.
그래서 말 주인이 말을 알아볼까 봐
말에다 호피를 씌운 것인지도 몰라.'

(바이 자릅은) 어떻게 해서 말이 이곳에 와서 서 있게 되었는지를
끊임없이 생각하고 또 생각했습니다.

'(말이) 이곳에서 밤을 지새운 것은 그렇다고 치고,
그렇다면 호랑이 고기는 어딜 가 버린 거야?
멘지바이의 어미는
소문난 욕쟁이에다 도대체 부끄러운 줄을 모르는 여자야!
지난밤 내내 우리 집에는 분란이 일고 시끄러웠지만
사실 그런 바보 같은 일을 누가 시킨단 말이야!
(우리 집에는) 달아난 말을 뒤쫓아 가라고
명령할 정도의 얼간이는 아무도 없어!
그런데 그 애가 왜 말의 뒤를 쫓아갔는지 모르겠어!
이 막돼먹은 녀석이 (항상) 일을 하지 않고 빈둥거린 것은 아닌가?
내가 없는 동안에 할 일이 없어 게으름을 피우고 있었을지도 모르지.
이제 내가 보상을 해줘야 하고 고통을 겪게 되었어,
세상에 나처럼 불행한 사람도 없을 거야!'
말의 (고삐를) 부여잡고,
(더는 이곳에 머물 미련을 버리고 집으로) 돌아갈 길을 떠날 결심을 한
  채
바이 자릅이 무심코 뒤를 돌아보았는데,
숲 속에서 서둘지도 않으면서
온 얼굴에서 밝은 광채를 풍기며
멘지바이가 걸어 나오고 있었습니다.
화들짝 놀란 자릅에게
소년은 인사를 했습니다.

〈어, 바이 자릅, 아타케 아니십니까?
아저씨는 이상한 분이세요.〉라고 소년이 말했습니다.
〈아저씨는 아일에서는 우두머리이신데,
어제 (제가) 길에서 뵀을 땐,
두 눈 가득 눈물을 담고 울고 계셨잖아요?
제게는 이상했어요, '왜 저분이 울고 계실까,
쓰라린 눈물을 참지 못하시고….'
(우시는 이유에 대해서) 제가 그때 여쭤봤지요?
하지만 (저는) 아저씨 옆에 서 있으려고 하지 않았어요.
잠시 제가 섭섭하기도 했지만, 아저씨를 이해했기 때문이에요.
금세 그 이유를 눈치챘으니까요. 아저씨는 아이 생각에 잠겨 있었어요.
아저씨는 바이 비체와 잠시 이야기를 나누신 뒤
곧 유르타에 들어가 자리에 누우셨어요.
아저씨가 타고 오신 투우추낙을
묶어 둘 사람이 아무도 없었어요.
아저씨의 말은 제자리에 있을 생각을 않고
자기 마음대로 나가버렸어요, 말고삐를 덜렁덜렁 달고서.
그래요, 그렇게 바로 산을 넘어가 버렸습니다.
'산등성이를 넘어 달아나 버린 말을 잡아 와야 하는데,
내가 말을 달리면 얼른 따라잡을 수 있겠구나.' 생각하고서
(제가 가진) 세 살 난 말을 타고 힘껏 달리기 시작했습니다.
노을이 하늘을 새빨갛게 물들일 때쯤,
산허리 너머에서 소리를 지르며 말을 타고 달려나왔답니다.
마흔 명의 소년이 (투우추낙을) 몰면서 말입니다.
그들은 소리쳤어요, '바이 자릅!'이라고요.

그들은 돌격할 때 함성을 질렀어요, '마나스! 마나스!'[47]라고요.
투우추낙이 달아나기 시작했지만,
마흔 명의 소년은 재빨리 그 뒤를 쫓았습니다.
그들이 지나간 자리에는
수없이 많은 작은 새가 죽은 듯이 땅에 떨어졌습니다.
처음에 (제 눈에는) 아저씨가 말을 타고 와서 아들을 데려가려 하시다가,
투우추낙만 산등성이 너머로 보내신 줄 알았습니다.
아저씨의 말이 거의 숲에 도착했을 때쯤
호랑이가 발톱으로 말을 낚아채려 했습니다.
(그 마흔 명의 소년 가운데) 누군가가
호랑이를 곤봉으로 내리치려 했는데,
그 순간 투우추낙이 깜짝 놀라 치켜든 두 발을 내리면서 호랑이를 쳤습니다.
소년도 곤봉으로 (호랑이를) 때렸습니다.
호랑이는 비명을 지르며 쭈욱 뻗었습니다.
저는 아직도 모르겠어요,
투우추낙이 호랑이의 간을 부순 건지,
아니면 소년의 공격으로
호랑이가 머리에 곤봉을 맞고서 숨지게 된 것인지 말입니다.
그들 가운데 한 소년이 호랑이에게서 (가죽을) 벗겼습니다.
그리고 아저씨의 말 위에다 던져 올렸지요.

---

[47] 아직 바이 자큽의 아들인 마나스가 태어나기도 전인데 마나스라는 이름이 나타났다. 이는 자큽에게 곧 아들이 태어날 것이고, 그의 이름이 마나스가 될 것이며, 장성한 마나스는 키르기스인의 우두머리가 되어 마흔 명의 무사를 장수로 거느리는, 유목민들의 영웅이 될 것임을 암시하는 대목으로 이해할 수 있다.

그 소년이 제게 말했습니다. '멘지바이,
나는 너를 그냥 보내주지 않을 거야.
나와 함께 (호랑이를) 먹고, 같이 놀자!
저리 가서 놀아 보자.'

(바이 자쿱의 자식이라는 소년들과 함께) 저는 살큰 강 연안을 따라 갔습
 니다.
밤이 새도록 놀았습니다.
단 한 숨도 잘 수가 없었습니다.
싸움을 하거나 욕을 하지도 않았습니다.
사실, 그들과 맞서 한판을 벌여 보려 해도,
제게는 그럴 만한 힘이 없습니다.
여기에 당신의 아들이 마흔 명이나 있는데,
아타케, 바이 자쿱,
아저씨가 울 이유가 도대체 뭡니까?〉
멘지바이는 격정적으로 말했고,
자쿱이 그에게 대답했습니다.

〈내 아들아, 부디 헛된 말을 하지는 말아라,
(내게 자식이) 한 명도 없는데 어디에 마흔 명이나 되는 자식이 있단
 말이냐?
자쿱은 (마치) 살아 있지 않은 사람처럼 굳어졌습니다.

〈내 아들아, 네 농담이 지금 적당한 것 같으냐?
그런 터무니없는 말을 우리가 왜 하는지 모르겠다.

내 아들아, 이제 나를 그만 놀리고,
함께 집으로 돌아가자꾸나.
너희 모친께서 소란을 피우셨다.
밤새도록 한숨도 잠을 못 자게 하시고,
(내게) 많은 고통을 주셨다.
(네가 한 말을) 거짓이라고 하기에는 호랑이의 가죽이 남아 있는 것이
　　이상하고,
아이 마흔 명이 실제로 있다고 믿기도 어렵고.... 설령 있다고 해도
정말 그들이 (너와) 친구가 되었는지도 사실 의심스럽구나!
사람들이 츠으르드를 나의 바이 비체라고 부르는데,
츠으르드는 아이가 없어서 (항상) 슬프게 운단다.
바크도요로트를 (사람들이) 나의 토콜이라 부르고,
내게는 재산이 넘쳐나지만,
자식이 없어서
아무런 (삶의) 즐거움도 느끼지 못하고 산단다.
만일 신께서 자식을 한 명이라도 주신다면
이보다 더 큰 행복이 (우리에게는) 없을 것이다.
지난밤 내내,
실제로 내가 아무도 볼 수는 없었지만,
(나를) 아타케라고 부르는 어린아이의 목소리가
내 귀에 들렸다.
(내) 목이 다 메고
내 심장이 터지는 것 같았다.
설령 신께서 내게 자식을 (하나 정도) 주신다 해도,
신의 보물상자가 너무나 커서

신의 재물이 조금이라도 축나기야 하겠느냐?
이제 더는 늙은이를 놀리지 말고
말을 타고 집으로 가자꾸나.〉

소년과 말을 데리고,
자쿱은 집으로 돌아왔습니다.
바크도요로트는 바이 비체와 함께
반색을 하며 그들을 맞으러 나왔습니다.
카늠잔이 (그들에게) 다가왔습니다.
(밤새) 마음고생을 한 카늠잔이 아들을 보았습니다.
카늠잔의 가슴에는 눈물이 용솟음쳤습니다.
카늠잔이 말했습니다. 〈애야,) 무서워서 많이 울었니?
밤중에 짐승들이 나오지 않았니?
낮에도 (네가) 오지 않으면
영원히 잠을 자게 될지도 모른다고 걱정하고 있었단다.
그래, (유르타도 없이) 한데에서 어떻게 밤을 지새웠니?
새벽 동이 틀 때까지 나도 한숨도 잘 수 없었단다.
(이렇게 무사한 줄도 모르고) 쓸데없이 소동을 벌였구나.
그래 호랑이한테서는 어떻게 피했니?
여기 있는 우리 모두를
네가 얼마나 걱정하게 했는지 알기나 하니?〉 그의 모친은
이렇게 끝도 없이 말을 늘어놓았습니다.
아마도 멘지바이가 대답을 하지 말아야 할지도 모르겠습니다,
그가 (간밤에) 보았던, 믿을 수 없고, (사람들에게) 비웃음거리가 될 일
  을….

멘지바이가 입을 열었습니다. 〈바이 자큽의 말이
(주인 몰래) 걸어나가더니만 아예 사라져 버렸습니다.
그래서 저는 말이 도망치려 한다고 생각했습니다.
투우추낙이 사라진 사실을 알게 된 순간
(저는) 제 앞에 있던 세 살짜리 밝은 밤색 말에 뛰어올라
자랑스럽게 투우추낙의 뒤를 쫓아 달려갔답니다.
진홍색 어둠이 땅에 내리깔리기 시작했을 때
투우추낙은 산등성이 뒤로 숨어버렸습니다.
제가 거의 말을 따라잡으려는 순간,
갑자기 산의 허리춤에서 마흔 명의 소년이 말을 타고 나왔습니다.
마흔 명의 소년은 투우추낙의 뒤를 따라가며
한쪽으로 몰아갔습니다.
마흔 명의 소년은 저의 친구가 되었고,
(험한 초원에서 밤을 새우며) 제가 살아남게 된 것은 거의 기적 같은 일입
 니다.
말 잔등에 있는 흰 호랑이 가죽은
바로 그 소년들이 던져 놓은 것입니다.
해가 뜰 무렵까지 우리는 먼지를 날리며
살큰두 산의 언덕을 달렸답니다.
거의 정오가 다 되어서 저는
바이 자큽께서 다가오는 것을 보았습니다.
바이 자큽은 아주 큰 소리로 제 이름을
부르고 또 부르셨습니다. '멘지바이!'
아저씨가 제 이름을 부르며, 저를 찾고 있었던 겁니다.
아저씨가 제 이름을 부를 때 (소년 중 한 명이) 중얼거렸습니다.

'불쌍한 우리 아버지 바이 자큽,
자식 때문에 울고 계시다니....
내가 아버지에게 가기 전까지는 이렇게
계속 슬퍼하시겠구나.'라고 말입니다.〉

바크도요로트와 바이 비체는
(멘지바이를) 바라보면서
멘지바이가 하는 말을 듣고 있었습니다.

〈멘지바이, 네 말이 진짜니? 아니면 거짓말이니?〉
두 사람은 멘지바이에게 물었습니다.

'멘지바이가 사람을 속이거나 교활한 성격이 아닌 것은 잘 알고 있으니,
거짓말을 했다고 보기도 어렵지.' 자큽은 혼자 생각에 잠겼습니다.
'정말로 멘지바이가 이 모든 것을 봤을 수도 있어.
이 기적 같은 비밀을
우리의 유일한 창조자인 알라가
벌써 어젯밤에 내 꿈속에서
알려주기 시작하셨거든!
여기에 있는 내 두 아내 모두
(잔치를 열어서 가축을 잡자고 조르며) 나를 괴롭히기 시작했다고.
글쎄, 아직 (자식이 생길 것이라는) 조짐이 전혀 없는데도,
벌써 나를 귀찮게 따라다니며,
'토이[48]를 열자'고 말한다니까....
암말을 산만큼이나 많이 잡자고 하는데,

내가 칼믹 사람들에게서 말을 그렇게 많이 빼앗아 온 것이라면
그렇게 쉽게 내어주고, 잡을 수도 있을 거야.
내 아내가 아들을 낳은 것도 아니고,
크타이[49]에서 (크타이를 평정하러 간 우리) 용사들이 돌아온 것도 아닌데,
왜 말을 그렇게나 많이 잡아서 잔치를 벌여야 하는지 알 수가 없어.
딸이 있어서 시집을 보내는 것도 아니고,
내가 명사수라 산등성이에서 산양 마흔 마리를 노획한 것도 아닌데,
무엇 때문에 그렇게 많은 짐승 피를 봐야 하는지 이해할 수 없다고.'

〈아크발투비이[50]를 청하도록 하지요.〉 (마침내 결심한 듯) 자큡이 말했습니다.
〈(우리는) 같은 아일 출신이고,
아크발투비이는 지혜가 많은 사람이지.
대화할 때나 충고할 일이 있으면 언제나 그는 올바른 말을 하거든.
그는 키르기스의 노이구트[51]족 출신이지.
(우리 종족의) 풍습도 아주 잘 알고, (무엇보다도) 사람이 좋아.
베르지케도 부르도록 해요,
이곳으로 오라고 말이오.

---

48 토이는 '잔치'를 뜻하는 키르기스어 단어이다.
49 크타이는 원래 거란을 뜻하는 단어였다. 중국을 뜻하는 것으로 이해된다.
50 이후 아크발타 영감으로 등장한다. '비이'는 키르기스인을 비롯한 알타이계 종족들 사이에서 족장급의 유력인사에 대한 호칭으로 '바이'와 함께 가장 많이 쓰인다. 알타이 지방에서는 아직 지역 원로에 대한 존경을 담은 호칭 가운데 하나로 내려오고 있다.
51 키르기스의 마흔 개 종족 가운데 하나로 현재 농업 중심지인 오슈 지방에 집단 거주하고 있다. 비교적 호전적이지 않고 종족의 구습을 적극적으로 전수해 온 종족이며, 서사시에서 긍정적인 역할을 하는 종족으로 나타나는 경우가 많다.

그리고 힘없고 가난한 사람들을 위해서 선물이나
나눠줄 만한 것을 좀 준비해 봐요.
가축들 가운데 캄바르보즈[52]를 준비하도록 하세요.
모든 말이 캄바르보즈와 함께
전쟁터로 나가지만,
(중요한 행사가 있으면) 모든 말을 대신해서
희생을 하는 것이 캄바르보즈라오.
어려울 때나 전시에 큰 전투를 힘겹게 수행할 때도,
캄바르보즈는 언제나 힘이 되지.
그리고 암말을 한 마리 끌고 오도록 해요,
그리고 나이든 암말 아홉 마리를 잡아서 끌고 오고.
나이든 양 아흔 마리를 잡아 오면 될 거고.
그렇게 준비를 하면 우리의 토이가 아주 풍성해질 겁니다.
그리고 머리가 하얀 낙타를 한 마리 잡지 뭐!
타고 올 말이 없는 사람들은 걸어서라도 오라고 하세요.
암소를 아홉 마리 잡고,
배를 주리고 가난한 사람들에게 실컷 먹을 수 있도록 배려하지요.

〈가축을 잡으면 (신께서) 자식을 준답니다.〉
내 바이 비체가 이렇게 말했습니다.

---

[52] 말 가운데 가장 뛰어나고 말떼 전체를 이끄는 대장 격인 말을 일컫는다. 키르기스와 카자흐스탄 등의 중앙아시아에서는 종족의 중대 행사에 신성시하는 말을 데려와서 사람들에게 자랑도 하고 여러 가지 놀이에 이용하는데, 이 말에 존칭어 '바이'를 붙여서 '캄바르바이'라고 하거나 말들의 원조라는 뜻에서 아버지를 뜻하는 단어 '아타'를 붙여 '캄바르아타'라고 한다. 여기서는 말떼의 보호자이며 지도자라는 의미에서 '캄바르보즈'라는 단어를 쓴 것으로 보인다.

〈토이를 열면 (신께서) 자식을 준답니다.〉
바크도요로트가 이렇게 말했습니다.

내가 그대들에게 성대하게 토이를 열어 드리리다.
그러니 이제, 내 아내들이여, 그대들에게 어떤 일이 벌어질지 봅시다!
쿨두르도 부르도록 하시오.
이제 내 아내들이 사람들을 모두 어떻게 놀라게 하는지 봅시다!〉

바이 자큽은 (토이를 연다고) 모든 사람에게 알렸습니다.
바이 자큽은 (자신이 아는) 모든 사람에게 기별을 보냈습니다.
자신의 가축을 잡으면서 (자신은 큰) 손해를 보았습니다.
자신의 말몰이꾼인 으이만에게 말했습니다.

〈어서 (말들을) 몰아 오너라.〉

자신의 소몰이꾼인 바이볼에게 말했습니다.

〈어서 (소들을) 몰아 오너라.〉

〈양치기 대장인 쿠바트야,
모든 사람에게 이 소식을 전하고,
어서 양들을 몰아 오너라.〉

(바이 자큽을 위해 일하는) 낙타 몰이꾼의 대장인 사르반은
낙타와 양, 말, 소 중 (토이에 쓸 만한 것을 가려오게 하려고)

가장 대담한 일꾼들을 보냈습니다.
(그 일꾼들은) 네 종류의 가축 떼에서
(토이를 위해) 필요한 가축들을 분리해서 몰아 왔습니다.
바이 자큡의 유목지에서는 자큡과 함께
일흔 가족이 유목을 하고 있었습니다.
바이 자큡은 오십 평생 내내,
그와 같은 (대규모의 토이의) 준비는 본 적이 없었습니다.
말 열 필과 양 아흔 마리를 잡았습니다.
얼마나 성대한 토이입니까!
그는 암소 일곱 마리를 잡았습니다.
낙타를 두 마리나 잡았습니다.

'(구두쇠) 바이 자큡이 음식을 이렇게 많이 준비하다니....' 사르반은 의
  아했습니다.
사람들은 모두 (믿을 수가 없어서) 두 눈이 휘둥그레졌습니다.
바이 자큡은 아궁이를 땅에 설치하라고 명하고,
(잔치에 쓸) 동물들을 죽 살펴본 뒤에
가장 큰 짐승 스무 마리의 머리를 잘라 오도록 했습니다.
(손님을) 접대하려고 (시중 들 사람을) 마흔 명 골랐습니다.
바로 그 날, 바이 자큡은
키르기스의 열두 종족 사람들을 모두 불렀습니다.
(잔치가 열리면) 여자들은 (일이 많아서) 수난을 겪습니다!

〈카자흐 사람들에게도 어서 알리시오!〉 하고 자큡이 말했습니다.

망굴 사람들에게도 이 사실을 알리고,
칼믹 사람들에게도 초청장을 돌렸습니다.
이틀 동안 고기를 준비해서
첫 번째로 온 손님들을 접대하기 시작했습니다.
(자큡은) 손님들에게 음식을 충분히 내놓으라고 말했습니다.
손님 모두 기름으로 목욕하듯 고기를 먹을 수 있게 식탁을 꾸미고
식사를 마친 뒤엔 풍성한 께식[53]이 남도록 했습니다.

카라샤아르 지역에 있는 칼믹 사람들에게서
젊은이와 노인들이 도착했습니다.
산 중턱에 사는 키르기스인 가운데
적지 않은 사람들이 이 토이에 참석했습니다.
알타이에 사는 카자흐인 가운데
많은 수가 이 토이에 참석했습니다.
이틀 동안 고기를 날라 왔고,
마상 경주 대회를 열었으며, (마침내) 손님들이 흩어져 돌아가려 했습니다.

《(아직) 돌아가지 마십시오, 내 친척 여러분.》
자큡이 사람들 앞으로 나서면서 말했습니다.
키르기스인들 중 바이바크트굴은
(바이 자큡의) 가까운 친척이었습니다.

---

53 투르크인들의 잔치에서는 젊은 여인들이 남성과 식탁에서 함께 식사를 할 수가 없어, 식탁에서 남은 음식이 있을 경우 이를 모아서 따로 먹었는데, 이때 남은 음식을 '께식'이라고 한다. 중앙아시아에는 우리나라의 고수레와 같은 풍습이 있는데, 이를 일부에서는 '께식'이라고 부르기도 한다.

카자흐인들 중 우이슌 영감이 왔고,
알친 사람들과 아바크 사람들을 포함해서
근처에 사는 모든 종족의 대표자들이 왔습니다.
키르기스인 '바이지기트[54]',
큽착인 '말 잘하는 타스',
노이구트인 '현명한 아크발타',
노고이인 '용감한 에슈쩨크',
투르크의 아들 '다물다',
투멘바이의 (아들) '압들다',
자큽은 이 사람들을 모두 불러서,
자신의 유르타로 모시고 들어갔습니다.

(바이 자큽은) 금색, 은색의 실로 짠 비단으로 만든 긴 겉옷과 모피 외투를
(이 자리에 온) 모든 남자 손님에게 (선물로) 입혀 주었습니다.
평범한 손님들을 위해서
바이 자큽은 삼백 벌의 사르파이[55]도 준비했습니다.
이 토이에 주린 배를 채우려고 참석한
가난한 사람들의 자녀들에게는
(천으로 만든) 허리띠를 선물했습니다.

---

[54] '지기트'는 말을 잘 타는 기수라는 뜻이 있는 키르기스어 단어이다. '지기트'라는 이름이 널리 퍼져있는 것을 보면 키르기스인들이 말을 잘 타는 사람을 얼마나 존경하고, 자신들을 말 잘 타는 사람들이라고 생각하는지 알 수 있다.

[55] 비단 겉옷보다는 못하지만 그에 버금가는 소재로 만든 겉옷으로, 알타이계 투르크인들의 축제 행사 때 입는 예복이다. 외지에서 손님이 왔을 때 우호의 상징인 '빵과 소금'을 접시에 담아서 권하는 사람들이 입는 옷을 중앙아시아와 알타이 지역에서는 사르파이라고 부른다.

선물을 미처 받지 못한 사람들에게는
오 텡가⁵⁶씩 은화를 주기도 했습니다.
(부모가 있는 아이들은) 고기를 배터지게 먹고,
기묘하게 생긴 뼈들과 (양의) 머리를 차지했지만,
부모가 없는 아이들은
두 눈에서 눈물만 흘리고 있었습니다.⁵⁷
바크도요로트와 바이 비체는
이런 고아 아이들을 근처로 불렀습니다.
주위에 몰려온 아이들을 보고,
아이들의 (눈에 글썽한) 눈물에 (바이 비체와 바크도요로트는) 가슴이 뭉
  클해져서
고아 모두에게 차례대로,
새 겉옷을 입혔습니다.
그들에게 양고기를 실컷 주었고,
그들이 바라는 대로 다 해주며,
토이가 벌어지는 마당에서 그들을 데리고 집으로 들어왔습니다.
어린아이들이 여기저기로 사라지자, 어른들은
모두 한데 모여서
바이 자큽의 유르타 안으로 들어갔습니다.

---

56 중앙아시아의 알타이계 유목민들과 정주민들 사이에 흔히 사용되던 은화로, '텡가'
  는 명칭이 '텡게'로 바뀌어 오늘날 카자흐스탄의 화폐 단위가 되었다.
57 짐승의 뼈와 양의 머리는 귀한 음식이니 보통은 잔치에 참석한 어른들이 먹도록
  되어 있다. 다른 음식들도 아들들 사이에서 배분되고, 어른들은 자신들이 받은 음
  식을 자식들에게 나누어준다. 따라서 자신들에게 음식을 나눠줄 부모가 없는 고아
  들은 귀한 음식을 먹을 기회가 매우 제한되어 있어 '부모가 없는 아이들이 운다'는
  표현이 중앙아시아 지역 서사시들에서 자주 사용된다.

종족들 중 유명한 사람은 모두 모였습니다.
바이 자쿱은 자신이 꾼 꿈 이야기를 했습니다.
하나도 빠뜨리지 않고 상세하게 설명을 했습니다.

〈내가 꿈에 독수리를 붙잡았는데,
그 독수리와 같이 사방을 다니면서 사냥을 했지 뭡니까.
(그 독수리가) 소리를 지르면,
다른 새들과 완연히 다른 느낌을 주는 겁니다.
머리부터 꼬리까지 빛이 나며,
그 새의 깃털은 백조보다 더 희었습니다.
그 새가 위엄을 갖추고 주위를 둘러보는 모습이
마치 알프카라쿠슈[58]와 흡사했습니다.
부드러운 깃털은 마치 순금처럼 빛나며 두 발과 꼬리에 나 있었고,
그 새의 부드러운 목 털은 금으로 짜서 만든 비단 같았습니다.
발톱은 강철과 무쇠로 만든 것 같았고,
그 새를 공격하는 자는 그 누구라도 살아날 수 없을 것 같았습니다.
위대하시고, 전지전능하신 신께서 그 새의 든든한 후원자이기 때문입니다.
그 새는 강철 부리를 가진 매였고,
그 새의 발톱은 쇠로 만든 큰 칼이었습니다.
향기 나는 풀을 담근 물로 빨아서 만든
비단 겉옷을 내가 그 새에게 입혔습니다.
예순 쿨라치나 되는 비단옷을

---

[58] 전설과 서사시에 등장하는 몸집이 엄청나게 큰 새. 이 새는 주인공이 어려움에 빠지면 도움을 주는 것이 일반적이어서, 이 새의 이미지에 따라 서사시의 영웅들이 알프카라쿠슈와 같은 새로 비유되는 경우가 많다.

그 새의 다리에 감싸 주었습니다.
새의 뒤를 따라다니며 돌보면서 (그 새를 내가 정성껏) 키웠습니다.
은으로 짠 옷을 내가 그 새에게 입혔습니다.
햇빛으로 그 새를 먹였고,
그 새의 뒤를 돌보았습니다.
하늘에 있는, 깃털이 난 새들은
그 새의 무시무시하고 위엄 있는 외모에 놀라서 감히 날아오를 수가 없었고,
땅에서 다니는 모든 짐승은
(두려움에 떨며) 단 한 발도 걸음을 옮기지 못했습니다.
나는 그 새가 앉을 수 있도록 홰를 설치해 주었습니다.
목이 울긋불긋한 흰색 매[59]를
그 새의 옆에 매어 놓았습니다.
무엇인가 좋은 일이 생길 거라는 것은 알지만,
내 절친한 분들이신 그대들이 (꿈을) 좀 해몽해 주셨으면 합니다.
날개가 은으로 된 흰 독수리가
언제쯤이나 (이곳으로) 날아와서 내려앉겠습니까?
그리고 내 불행한 바이 비체도 꿈을 꾸었다고 합니다.
신비스러운 것이 그녀의 꿈에 나타났는데,
그녀가 사과를 먹어버리자 그녀의 배가 불룩해졌다는 겁니다.
바이 비체의 입에서 '쉬이'하는 소리를 내며
예순 쿨라치나 되는 용이 나와서는
말 대신에 (바이 비체 앞에) 서 있더랍니다.

---

[59] 흰색 매와 흰색 독수리는 상서로운 일의 전조로 이해된다.

이것이 무엇을 뜻하는 것일까요?
(이 자리에) 앉아 계신 현명하신 여러분께서
제 꿈을 좀 풀어 주시길 바랍니다.
게다가 나의 토콜도 기적 같은 꿈을 꾸었답니다.
토콜은 자신의 유르타에서 매를 두 마리나 보았습니다.
(그 매들의) 가슴은 검은색이었고, 목만 어른의 키보다 더 컸으며,
발톱은 강철이었고, 청동으로 된 옷을 걸치고 있었는데,
유르타의 안쪽에 토콜이 홰를 만들어
두 마리 매를 나란히 앉도록 했답니다.
도대체 이것이 무엇을 의미할까요?
여러분께서 내게 해몽을 좀 해주십시오!〉
바이 자큡은 모든 것을 상세하게 설명했습니다.

바이 자큡은 계속 말했습니다. 〈잘 생각해 보시고
이 꿈을 잘 좀 풀어 주십시오.
여러분이 내게는 가장 가까운 분들이십니다.〉
바이 자큡은 이렇게 말을 마치고는 입을 다물었습니다.
(하지만) 친구들과 친척들 그 누구에게도
(바이 자큡은 속 시원한) 대답을 들을 수가 없었습니다.
그들은 턱수염만 만지작거리면서,
서로의 얼굴을 빤히 쳐다보고만 있었습니다.
그들은 당황해서
아무런 말도 할 수가 없었습니다.
음식이 끓어 넘칠 정도로 시간이 많이 흘렀는데도
아무런 소리도 나지 않았습니다.

단 한 마디도 입 밖에 내는 사람이 없었습니다.
다시 한 번, 음식이 끓어 넘칠 정도의 시간이 지나
모든 사람이 지쳤을 때,
바이지기트[60]가 말을 하기 시작했습니다.

〈베르지케, 다물다!
그리고 웅변의 재능을 타고난 타스[61]!
그대들은 어떻게 생각하시오? 바이 자큽의 꿈은 매우 중요한 것 같소!
바이 자큽은 자신에게 다가올 행운을 미리 본 것 같소!
만일 바이 자큽이 이런 꿈을 꾼 것이 사실이라면
그리고 바이 자큽이 다른 사람과 달리 성품이 훌륭한 것을 고려하면,
(꿈속에서 바이 자큽이 본) 독수리는 자식을 뜻하는 것이오!
특히 현재 아이가 없어서
바이 자큽의 영혼이 고통을 겪고 있는 것을 고려해서 보면 틀림없는 것
 같소!
달이 비추는 모든 땅이
바이 자큽, 그대의 자식을 인정하고 있음을
(나는) 확신할 수 있소!
태양이 비추는 모든 땅이
바이 자큽, 그대 자손의 소유가 될 것이며,
그대는 앞으로 틀림없이 만족하게 될 것이오!
예순 쿨라치나 되는 비단 겉옷으로

---

60 말을 잘 타는 젊은이 혹은 용사라는 뜻이다. 원로 혹은 현자를 뜻하는 표현으로
    활용되기도 한다.
61 베르지케, 다물다, 타스 등은 중앙아시아에서 흔히 발견되는 남자의 이름이다.

(독수리의) 두 발을 그대가 감싸 주며,
달빛으로 그를 키우고,
염려와 숨결로 그를 돌본 것은
(바이 자큽의 미래의 아들) 그가 예순 살이 될 때까지[62]
자신의 백성을 다스리게 될 것이라는 뜻이며,
온 세상이 그를 인정하고
그에게 영광이 돌아오며
알라의 축복이 그의 곁에 언제나 함께할 것임을 의미하는 것이오!
마치 말을 탄 것처럼 용을 타고
그대의 바이 비체가 다닌 것은
바이 비체가 낳은 아들의 영광이
햇빛이 닿는 세상의 방방곡곡에 이를 것이라는 뜻이라오!
마치 용과 같이 무시무시하고,
마치 사자와 같이 물러서는 법이 없는
용맹스러운 지도자로 그대의 아들은 자랄 것이오!
현재 세상을 지배하고 있는 통치자는 모두
그에게 복종하여 그의 백성이 될 것이고,
그의 권세하에 살게 될 것이며,
그대는 이 세상에서 비교할 수 없는 큰 영예를
갖게 될 것이오!〉

바이지기트의 말을 들은 뒤

---

[62] 서사시 내에서 유목민 중 예순 살을 넘기는 경우가 흔치 않았다. 따라서 예순 살은 여기서 장수를 의미한다.

바이 자쿱은 큰 소리로 울기 시작했습니다.
(독수리 옆에 매어 놓았던) 흰 매에 대한 생각이
바이 자쿱에게 떠올랐습니다.

〈(제가 본) 독수리가 아들을 뜻한다면,
그 옆의 홰에 제가 묶어 놓았던 매는 무엇을 의미하는 겁니까?
이것도 해몽을 해주십시오!〉

바이지기트가 설명했습니다. 〈차가운 날들이 이어지면 겨울이 오듯이
독수리의 옆에 있는 매를 보았다면 틀림없이 딸이 생길 것입니다.〉
신이 난 자쿱은 또 물어보았습니다.

〈제 토콜도 묘한 꿈을 꿨는데,
어서어서 해몽을 해주시길 부탁드립니다.
바크도요로트의 유르타에
매 두 마리가 묶여 있었는데,
이것은 무엇을 의미하는지 생각 좀 해주십시오!〉

이번에는 다물다가 입을 열었습니다.

〈바이지기트는 대단하십니다.
제대로 해몽하셨습니다.
바크도요로트도 두 명의 아들을 낳을 겁니다.
제가 들은 꿈에 대한 설명이 사실이라면,
두 아들이 태어나는 것은 시간문제입니다.

그들의 외모는 설명된 그대로이고
그들은 (바이 비체가 낳은) 장남과 비슷한 인물이 될 것입니다.
(오늘 듣게 된) 세 가지 꿈은
이 세상에서 가장 경이로운 꿈인 것 같습니다.
(이 꿈들은) 그대들의 가슴에 있는 슬픔을 깨끗이 날려 버리고
행복과 기쁨이 가득하게 할 것입니다.
성스러운 주습[63]도
이렇게 해몽할 것입니다.〉

참석한 사람들은 (한마음으로) 자큽을 축복하고 모두 흩어져서,
각자 집으로 돌아갔습니다.
사람들은 집으로 가면서 한목소리로 말했습니다.

〈자큽에게 벌어진 일을 한번 보시게,
슬픔에 잠겨 고통스럽게 살던 위인이
드디어 소원성취를 하게 생기지 않았나!
노고이의 아들인 자큽은
알타이산맥 인근에 있는
아랄의 상류에서 유목을 했었지.
악수 강과 쿠쵸르 강에서
차 끓일 물을 얻고서

---

[63] 주습은 보통 유수프(Jusuf)로 알려진 중앙아시아 민담 속의 전설적인 인물을 뜻한다. 유수프는 성경 속의 인물인 야곱의 아들로 알려져 있으나 행적은 성경의 기술과는 다르며 그 생존 연대 역시 추측하기 어렵다. 유수프는 탁월한 예언적인 능력이 있었고 특히 해몽에 능하다고 한다.

조용히 살아왔어.

일리[64]강의 상류에 살 때,

봄이면 카라샤아르 지역으로 가축 떼를 몰고 다니면서

압도적으로 머릿수가 많은 칼믹 사람의 박해를 받고도 꾹 참아냈지.

카자흐 사람의 (키르기스인에 대한) 멸시를 아는 사람들은,

칼믹 사람의 수탈을 겪은 (키르기스) 사람들은,

뿔뿔이 흩어져 모두 가난뱅이가 되어버렸지.

그리고 (시간이 흐르면서) 하나둘씩 자큽 근처에 모여 단결하기 시작했어.

많은 종족의 멸시를 받으면서도,

칼믹 사람의 압제를 받으며 고통을 겪으면서도,

오로즈두 한[65]의 아들 열 명은

오폴 산에 그냥 머물러 있었지만,

(압제의) 고통을 알게 된 바이 자큽은

노고이[66]의 종족들에게로 돌아가지 않았지.

바이의 두 아들은

카슈가르의 초원에 흩어져 헤매고 다녔어.

바이아케[67]는 '자큽은 그곳에서 어떻게 지낼까?' 하고

---

64 카자흐스탄 남동부의 강이다.
65 노고이의 아들
66 노고이는 마나스의 조부로 마나스의 부친인 자큽 이외에 오로즈두, 우숀, 바이 등 아들이 셋 더 있었다. 이 세 아들은 비옥한 지역에 살면서 타 종족의 압제를 감수하고 살았지만, 자큽은 자유를 찾아 험한 스텝 지역으로 이주했다고 하며, 자큽을 중심으로 다수의 키르기스인이 모여들면서 일정한 연맹체를 형성하게 되었다. 마나스가 성장하여 십대 초반에 키르기스인의 대장으로 추대된 이후 주변의 종족들을 정복하며 알타이와 예니세이 강의 상류지역에서 벗어나 차츰 서남진했고, 중앙아시아의 탈라스와 이식쿨 호수를 잇는 축을 중심으로 카자흐스탄과 우즈베키스탄의 일부, 키르기스스탄의 대부분을 포괄하는 독립국을 건설하게 된다. 여기서부터 기원후 12~15세기 마나스를 중심으로 하는 키르기스 독립투쟁사가 전개된다.

근심 걱정을 하지 않는 날이 없었다더군.
우숀은 이름을 바꾸어 코즈카만이라고 불렸다는데,
크타이 사람들이 사는 곳으로 끌려가, 그곳에서 그럭저럭 행복하게 지낸
 다더구먼.
티베트 고원의 저편 너머로,
만주리아[68]의 초원에서,
그저 그렇게 살게 된 곳에 적응하며
우숀의 아들들은 이방인으로 자라났지.
(그곳에) 산다고는 하지만 그들에게서는 아무런 소식도 없다네.
크타이 사람들이 (우숀의 아들들에게) 권력을 행사하고 있다더군.
바이 자큽도 자신의 땅과 자신의 우물에서 떨어져 나가
아무런 죄도 없이 고통을 겪었고,
칼믹 사람들의 박해를 견뎌 왔다네.
고통에 몸부림치던 자큽은 울기도 많이 울고, 통곡도 많이 했다네.
헐벗고 배고픈 사람들은,
어머니와 아버지에게서 영원히 멀어져 버린 사람들은,
여러 지역에서 박해를 받아 온 사람들은,
모두 함께 모여들어
자큽의 아일에 사는 가족들이 일흔 개로 불어났고,
(자큽의) 허락을 받고 인근 지역으로 진출해서

---

67 노고이의 아들 바이를 부를 때 '바이바이'라고 부르기가 어색해 '바이아케(바이 아저씨)'라고 부른 것이다.
68 만주와 티베트와 같은 지명들은 16세기 초에 채록되었던 마나스 타직 판본에서도 찾을 수 있다. 마나스의 가계가 만주 등지와 연결되어 있다는 것은 중앙아시아 지역과 극동의 교류흔적을 보여주는 자료라고 하겠다.

자신들의 땅을 조금씩 개척했다네.
일리 강 상류인 에키 아랄에서
사용할 수 있는 정도의 땅을 (자큽에게서) 분배받았다네.
이제 자큽의 여름 방목지는
아조오벨 근처의 야트막한 산들이라네.
이 모든 것을 다 말하자면 이야기가 너무 길어진다네.
그러니 이제 귀를 기울여 들어보세,
마나스 사자에 대한 이야기를....〉

토이가 끝난 뒤로부터,
꼬박 두 해가 흘렀습니다.
용감한 우리의 영웅 마나스가 수태된 날로부터,
석 달이 꽉 차서 지나갔지요.
바이 비체에게는 무엇인가
색다른 것을 먹고 싶은 생각이 간절하게 들었답니다.
바이 비체는 일상적인 음식을 마다했고
진귀하다는 요리조차도 쳐다보려 하지 않았습니다.
설탕이나 꿀도 그녀의 입을 즐겁게 하지 못했고,
정성껏 준비하는 온갖 음식도 그녀를 괴롭힐 뿐이었습니다.

'호랑이의 심장을 먹을 수만 있다면…' - 바로 이것이 바이 비체의 유일한 소원이었습니다.
다른 음식은 입에 대려 하지도 않았습니다.
그런데 호랑이의 심장을 도대체 어디서 구한단 말입니까?
충족하기 어려운 소망 때문에

바이 비체는 점점 이성마저 잃고 고통에 몸부림치기 시작했습니다.
(바로 이때) 말떼를 모는 목동이 마을로 달려와서 눈이 번쩍 띄는 소식을
 전했습니다.

〈칸가이 지역에서 명사수로 이름난 사냥꾼이
호랑이 한 마리를 활로 쏘아 잡았답니다.
그 사냥꾼은 호랑이를 잡은 뒤,
가죽만 벗겨 말에 싣고 갔고,
간과 심장 그리고 고기도,
임시로 만든 천막 곁에 남겨두었다고 합니다.〉

이 소식을 들은 츠으르드는
그 목동을 만나려고 서둘러 길을 나섰습니다.
눈 깜짝할 사이에 츠으르드는
목동을 찾아낸 다음, 길가에 (목동을) 불러 세웠습니다.
카라-쿨락[69]이라 불리는 커다란 은괴를
손에 쥐고 흔들며 츠으르드가 목동에게 말했습니다.

〈나의 믿음직한 목동이여,
지체 없이, 온 길을 되돌아 황급하게 말을 몰아가시오.
도중에 졸지도 말고 다른 곳에 마음을 두지도 말고,
곧장 가서 호랑이의 심장을 꺼내어
내게 가져오시오.

---

[69] 은으로 만든 덩어리, 은궤.

오는 즉시 큰상을 내리도록 하겠소.
그대의 부모 또한
나와 아주 가까운 사이니,
그대가 무엇을 원한들 아까울 리 없구려,
원하는 것은 다 말해 보오, 내 그대에게 드릴 것이오!〉
이렇게 말을 마친 뒤 바이 비체는
목동을 떠나보냈습니다.

호랑이의 심장을 가져온 상으로
잠비[70]를 준다는 말에 목동은 아주 놀라고 흥분이 되었습니다.
목동은 길에서 험한 칼잠을 자면서도
불편함을 참아냈습니다.
마침내 호랑이가 있는 곳에 도달해보니,
호랑이는 몸이 식고 사지가 뻣뻣하게 굳은 채 그 자리에 널브러져 있었습니다.
그는 얼른 심장을 꺼내 조심스럽게 챙긴 후에
온 길을 되돌아가기 시작했습니다.
마을로 돌아오는데, 길가에 암말 한 마리가 죽어 넘어져 있었습니다.
병에 걸려 쓰러진 것이 틀림이 없었습니다.
목동은 말의 곁에 다가가서는 짐을 내려놓고,
칼을 꺼내 말의 가슴을 열어젖혔습니다.

---

70 잠비dzhamby는 키르기스어로 은으로 만든 괴, 은괴를 뜻한다. 키르기스인을 포함한 알타이 지역의 여러 종족에게는 종족의 시조신을 모시는 전통의 축일을 맞게 되면 장대 끝에 가는 헝겊으로 은괴를 매달아 놓고 백 걸음 남짓 되는 거리에서 활을 쏘아 맞히는 경기를 하는데 이 경기의 상으로 수여되는 헝겊에 매단 은괴를 잠비라고 부른다.

그리고는 말의 심장을 꺼내 들고 생각했습니다.

'심장 두 개를 다 가져다줘야겠다.
바이 비체가 진짜와 가짜를 나란히 보고서
어떤 반응을 보일지 궁금하다...'

목동은 다시 길을 떠났습니다.
다음 날 해가 머리 위에 떠오를 때가 되어
마을에 당도할 수 있었습니다.

바이 비체는 두 눈에 눈물이 글썽한 채로 (목동을 맞으러) 나왔습니다.
이마 중간까지 푹 눌러쓴 에렉첵[71] 아래 삐죽 나온 눈썹이 눈에 들어왔습니다.
얼굴에 가득한 눈물을 닦을 생각도 않고서
바이 비체는 목동 앞에 다가왔습니다.
바이 비체는 목동을 발다바이라고 부르며
다가와 다소 놀란 듯이 말했습니다.

〈오, 내 아들과 다름없는 발다바이,
어째서 심장을 두 개나 가져온 것이냐?
길에 호랑이가 두 마리나 쓰러져 있던 게냐?
혹은 칸가이의 명사수가

---

71 키르기스인 여인들이 즐겨 쓰는 모자를 일컫는다. 결혼을 하지 않는 처녀들은 붉은색이 감도는 비단 모자를 쓰지만 결혼한 부인네들은 주로 흰색을 선호한다. 모자의 뒤편에 늘어뜨린 여러 색 줄이 여인의 신분을 나타내기도 한다.

한 번에 호랑이 두 마리를 잡았단 말이냐?
아니면 가축의 심장을 호랑이의 심장이라고 말하며
나를 속이려 드는 것이냐? 이 불행한 나를 말이다…
내 아들 발다바이야, 말을 해보아라,
진실을 알고 싶구나…〉
바이 비체는 간절한 염원을 담아(간신히 몸을 지탱하며) 말했습니다.

〈바로 이것이 호랑이의 심장입니다.
- 발다바이는 (더는 참지 못하고) 말했습니다. -
알라가 바로 진실의 목격자이십니다.
제가 거짓을 고해 올리고 있다면 당장 숨이 끊어져도 좋습니다.
설령 목숨이 붙어 있다 한들 바이 비체의 저주를 받아 살 수 있겠습니까?
이와 같은 독특한 음식을 그토록 귀하게 여기시며
드시려고 하는 까닭을 이해하기 어려워 두 개의 심장을 가져와 보았던
  것입니다.
보십시오, 아직 심장에서는
붉은 피가 용솟음치고 있습니다.〉

발다바이는 공연히 바이 비체를 시험한 것 같아서 죄스러운 생각이 들었
  습니다.
그리고, 할 수 있는 한 모든 성실한 말로 바이 비체를 안심시켰습니다.
바이 비체는 배를 앞으로 내밀고 천천히 걸음을 옮겨
큰 통에 물을 가득 길어왔습니다.
뚜껑 있는 무쇠솥에
두 개의 심장을 모두 넣고

고기가 채 다 익기도 전에
그 누구에게도 나눠줄 생각조차 하지 않고서 허겁지겁 먹기 시작했습니다.

〈이 얼마나 오묘한 맛이더냐! - 바이 비체가 말했습니다 -
삶고 있는 도중에 (기다리지 못하고) 그만 국물까지 다 마셔버렸구나!〉

(어른의 머리통만큼이나) 큰 나무 대접 두 개에 가득 담긴 국물을
한 방울도 남김없이 모두 마셨습니다.
그러자 바이 비체의 색다른 음식에 대한 열망이
충족되었고 바이 비체는 다시금 원래의 상태로 돌아왔습니다.
제정신이 들었던 것입니다.

자, 이제 (바이 비체와 호랑이 심장 이야기는 여기서 멈추고) 주의를 기울
  여서 들어 보십시오.
바이 자큽에 대한 (흥미로운) 이야기를 말입니다.

용맹스런 마나스가 수태된 이후로
아홉 달이 흘렀을 때입니다.
(정확하게는) 아홉 달과 아흐레가 지났습니다.
(요즈음의 주일로 살펴보면) 목요일 자정 때였습니다.[72]
(바이 비체에게) 산통이 시작되었습니다.

---

[72] 구비로 전해오던 서사시를 채록하면서 채록 당시의 언어적 특징과 채록자의 억양이 첨가되는 것은 자연스러운 일이다. 주일의 표시가 등장하는 모습은 '마나스'의 초기적인 모습에서는 없었을 것이나 20세기 초 동판본이 채록되던 당시의 표현인 '목요일'이 들어가 있는 것을 볼 수 있다. 즉, 이야기 전개 시점이 마나스치가 구연하는 시점보다 상당히 많이 선행한다는 사실을 짐작할 수 있다.

임신이 성사된 이후로
바이 자큡은 어떤 신에 홀리기라도 한 듯이 신명이 나 있었습니다.
(아내가) 순산하기만을 빌며 바이 자큡은
수많은 가축을 제물로 바쳤습니다.
자신의 아이가 잉태된 이후로
노인이었던 바이 자큡은 갑자기 강한 힘이 자신에게 내려오는 것을 느꼈습니다.
자식이 건강하게 태어나길 기원하며,
가축을 제물로 얼마나 많이 바쳤는지 모릅니다.
털이 회색이고 밝은 어린 암말을 바쳤습니다.
(유르타 안에 산모가 붙잡고 힘을 줄) 황금색 막대를 새로 설치했습니다.
바이 비체는 산통으로 계속 괴로워하며,
고통에 겨워 소리를 크게 질렀습니다.
순간, 이웃사람들이 바이 비체에게 몰려왔습니다.
바이 비체는 사시나무처럼 바들바들 떨면서
산고에 괴로워하며 큰 소리를 입 밖으로 냈습니다.
유르타 안에는 (여인들이) 차고 넘쳤습니다.
바이 비체는 연신 비명을 질렀습니다. 〈아!, 아!〉

〈도대체 얼마나 기다려야 아이가 태어난단 말인가?〉
자큡의 마음에 불안감이 엄습했습니다.
(뱃속에서) 아이가 움직일 때마다,
바이 비체는 온통 땀투성이가 되었습니다.
아이가 힘을 주며 요동치면,
바이 비체는 황금색 막대를 붙잡고 배에 힘을 주었습니다.

바이 비체의 출산을 돕고 있던 여인들도
맥이 빠져 기진한 모습으로 바닥에 드러누울 정도였습니다.
바이 비체의 배 속에 있는 것이
용인지, 호랑인지 사람들을 모질게 괴롭힙니다.
사람들이 감당할 수 없는 귀한 존재인지도 모르겠습니다.
다시 어린아이가 요동을 치자
바이 비체는 두 눈을 찔끔 감고 남은 기를 다 모아 힘을 주었습니다.
바이 비체의 손을 휘감아 황금색 막대에 고정한 흰 천으로 만든 줄이
다섯 조각으로 잘렸습니다.
바이 자큽은 이 소식을 듣고서
머리가 노란색인 흰 양을 한 마리 잡았습니다.
발이 달 모양인 어린 암말을 한 마리 잡아서, 제물로 드리고,
뿔이 달 모양인 암소를 한 마리 잡아다 제물로 드렸습니다.
쌍봉낙타 한 마리를 잡아다 제물로 드렸습니다.
하지만 바이 비체의 고통은 여전했습니다.
쉬지 않고 바이 비체는 소리를 질러댔습니다.

〈이 아이가 나를 죽이려나 봐!?
내 배를 가르고 아이를 꺼내는 게 더 나을 것 같아!
아이야, 네가 나를 죽이는구나.
네 아버지 바이 자큽이 홀아비가 되겠구나!
내 몸속에 무엇이 들었을까, 곰일까 아니면 사자일까?
내가 차가운 흙 속에 눕게 되지 않을까?
아이를 갖게 하려고 내게 죽음을 보내셨나 보다,
나의 창조주이시며, 전능하신 신께서…〉

황금색 막대를 잡은 손에 힘을 주며 바이 비체가 울부짖었습니다.
(바이 비체는) 박시[73]와 부부[74]들을 포함해서
영험한 능력이 있는 존재를 모두 입에 올렸습니다.
바이 비체는 자신의 두 팔을 하늘 위 수직이 되게 들어올렸습니다.
이 광경을 목격한 사람들은 모두 등골이 오싹해졌지요.
산통은 이레 동안 지속되었습니다.
주위 사람들도 그녀를 진정시키며 서서히 지쳐갔습니다.

사람들은 기대했다. 〈곧 출산 순간이 다가올 거야,
내일, 목요일에는 순산을 하겠지.〉

베르지케의 아내가
조산원으로 옆에서 (대기하면서 출산에 필요한) 준비를 다 마쳤고,
다물다의 아내 역시
준비를 하고 기다렸습니다.
아크발타의 아내도
벌써 만반의 준비를 마쳤습니다.
쿠투바이의 아내가
(바이 비체의) 배를 매만지며,
드디어 말했습니다. 〈하느님께서 이제 아기를 내려주십니다! 이제 곧 출
    산입니다〉
아크발타의 아내는 불쌍한 바이 자큡에게 냅다 달려가

---

[73] 키르기스인 남자 무당
[74] 키르기스인 마법사, 일종의 무당

출산이 시작되었다는 소식을 전했습니다.

아크발타의 아내가 〈당신의 바이 비체가 (이제 곧) 아기를 출산합니다〉라
 고 말하자,
바이 자큽은 감정이 복받쳐 올라 큰 소리로 울먹였고,
얼굴이 어두워지며, 소리를 지르기 시작했습니다.

〈만일 누군가 내게 '아들입니다'라는 소식을 전하며 뛰어온다면,
아마 내 심장은 터져버릴지도 몰라.
새끼 낙타가 없어서 그 많은 세월 울어온 나였으니까.
발정기의 낙타처럼 허리가 끊어져라 웃으며 소리를 칠지도 모르지,
만일 누군가 내게 '수윤치'[75]라고 외치며 다가온다면(얼마나 좋을까),
(사람들이 내게 와서 소식을 전해주도록) 회색 수컷 낙타 마흔 마리에서
 쉰 마리를 끌어다가
말뚝에 매어놓을 것이라오.〉

바이 자큽은 그렇게 말을 마치고 (마음속으로 생각했다.)
〈마을에 그냥 앉아있기보다는,
높은 언덕으로 차라리 올라가 있는 게 더 좋겠구나.
내가 (주위의 시선을 의식하지 않고 자식이 생겨난) 즐거움을 마음껏 누
 릴 수 있고,
모든 것을 속으로 참을 수 있기도 할 거야.
(그러니, 여기에 있기보다는) 차라리 인적이 드문 외딴곳에 가서,

---

75 키르기스어로 '기쁜 소식'이라는 의미이다.

멀리서 마을을 바라보며,
출산 기별을 기다리는 게 더 낫겠다.〉

바이 자큽은 아랫사람들에게 다음과 같은 명령을 내렸습니다.

〈털실을 꼬아 만든 올가미를 말을 맬 말뚝에 팽팽하게 둘러놓고,
검은 회색 빛깔 말 마흔 마리를 근처에 대기시켜라.
이 정도로 부족하면, 더 많은 말에 안장을 올려라.〉

바이 자큽은 살이 통통하게 오른 말 일곱 마리를 더 준비하라고 일렀습니다.

〈사내아이가 태어난다면, 용사가 틀림없으련만,
계집아이가 태어난다면, 이 일을 어찌할꼬.
계집아이라면, 아무도 마을을 뜨지 말고, 그냥 그대로 있도록 하라.
아무도 (어디로도) 움직이지 말라.
만일, 사내아이라면, 온 사방으로 파발을 보내라.
이 넓은 초원 어딘가에 있을 나를 찾도록 하라.
만일, 신께서 내게 기쁨을 주신다면,
그대들에게 마음에 드는 것을 뭐든 주겠다.
제일 살진 말들도 기꺼이 내놓을 것이다.
내 자식이 태어나면, 사내인지 계집아이인지,
확인을 하여라. 그리고 (나를 찾아서) 말을 달리도록 하여라.
산등성이에 와서 나를 찾도록 하여라.〉

바이 자릅은 이 말을 마치고 마을을 떠났습니다.

〈말들을 벌써 묶어두었습니다〉라고 대답하며,
마을 사람들이 기쁨에 차 자릅을 배웅했습니다.
바이 자릅은 혼자서 길을 떠났습니다.
느리게 걷는 회색 종마가 무리를 인도하며 함께 서성이는 말떼를
(바이 자릅은) 길에서 우연히 만났습니다.
갈기가 검은 말 한 마리가
몸을 이리저리 움직이며, 불편한 모습을 보였습니다.

자릅은 마음속으로 생각했습니다. 〈이 말떼가 어디로 가는 걸까?
그렇지, 오늘 내 암말이 새끼를 낳는 날이구나,
저 말은 도무지 쉴 생각을 않고, 산 정상 근처에서
서성거리는구나, 말이라기보다는 산 꿩이 걸어 다니는 것 같아.〉

자릅은 다시 마음속으로 생각했습니다. 〈이제 조금 진정한 다음,
내 적갈색 암말이 순산을 해서,
수컷 망아지가 태어나면,
내 아들을 위한 말이 될 것이야.
전능하신 나의 신께서
내 소망을 들어주시겠지?
내 아내가 사내아이를 낳아준다면,
그 아이를
느리게 걷는 종마라고 부르지는 않을 거야.
그 녀석을 캄바르보즈[76]라고 불러야지.

이 말떼에 있는 모든 암말을
감사의 표시로 (신께) 바쳐야겠다.
이 말떼에 속한 모든 종마를
전장에 보내는 전사용 말로 삼도록 하겠다.〉

바이 자쿱은 이렇게 결심한 뒤,
타고 있던 말에서 내려왔습니다.
말떼에 다가가서 찬찬히 동정을 살피기 시작했습니다.
말들은 차례로 꼬리를 물고
험난한 산길을 돌아갔습니다.
좁다랗고 긴 산길은
말떼가 남긴 말발굽 자국으로 가득했습니다.
선두에서 가던 말들이 걸음을 멈추었습니다.
여기저기서 풀들을 마구 뜯기 시작했습니다.
적갈색 암말은 절반쯤 자리에 주저앉았다가 일어서기를 반복했습니다.
이제 곧 출산의 순간이 다가오는 듯했습니다.
바이 자쿱은 이 순간을 목격했습니다.
적갈색 암말의 모습을 안타깝게 바라보면서 〈침착하게, 멈춰 서!〉라고 말
　했습니다.
바이 자쿱은 암말에게 이야기하는 게 아니라
마치 바이 비체에게 이야기를 하는 듯했습니다.

자 (청중 여러분) 이제 (이 이야기꾼의) 넋두리 기도를 한번 들어보시지요.

76　캄바르보즈는 의식과 전쟁에 나아가는 신성한 말이다.

바이 비체는 벌써 여드레째 산통을 겪고 있습니다.
그렇게 오래 지속되는 산고에 대해 들어본 분이 있으신가요?
바이 비체를 도와서 출산준비를 하던 사람들도 모두,
지쳤고, 손이 오그라들 정도가 되었습니다.
이제 그만, 우마이[77] 신께서 도와주셔서,
우리에게 현신하셔서 이 고통을 멈추시고, 어린아이의 엉덩이를 찰싹 때려 내보내 주소서.
우마이 신께서 엉덩이를 때리시면, 더 견디지 못하고,
어린아이가 자궁 밖으로 나올 겁니다. 세상에 모습을 드러내는 것이죠.

(여러분) 우마이 신께서 드디어 말씀하셨습니다. 〈신의 명령이다. 이제 나가거라!〉
어린아이에게 우마이 신의 명령이 떨어졌습니다. 〈내 말을 들어라!〉

그러자 어린아이가 대답했습니다.
〈나를 때려봐야 아무 소용이 없소.
때가 되면 내 자리를 찾아가는 법이니까.〉[78]

우마이 신은 어린아이의 엉덩이를 더 세게 때렸습니다.
(어린아이를 자궁에서) 내보내는 것이 신의 섭리니까요.

---

[77] 중앙아시아, 파미르, 남부 시베리아 지역에서 삼신할미의 역할을 하는 여신으로 출산을 하는 산모와 어린아이를 보호하는 것으로 믿어진다.
[78] 유목민들에게는 인간의 탄생과 일생이 신에 의해 미리 결정되어 있다는 믿음이 전해온다. 탄생 시기나 삶이 모두 신에 의해 예정되어 있다는 믿음을 반영하는 표현이다.

우마이가 말했습니다. 〈지상의 세계가 네 영역이다.
서둘러 (세상에) 나와야 한다,
좁은 곳에 아무리 머물러도
좋은 일이 하나도 없느니라.
네 영역은 이 초원에만 있는 게 아니다,
네 발길이 닿는 곳이 모두 네게 속한 영역이다.〉

마침내 어린아이가 (밖으로) 나갈 결심을 했습니다.
어린아이는 (뻣뻣하게 버티던) 자신의 몸을 버드나무 줄기처럼 휘게 했습니다.
어린아이가 밖으로 나오는 순간, 츠으르드는
고통을 참지 못하고, 목청을 다해 비명을 질렀습니다.
출산을 돕던 여인 한 사람이
말했습니다. 〈자 서둘러요. 다 같이 배를 밀어 봅시다.〉
여인네 열두 명이 달려들어 배를 힘껏 밀었습니다.
입으로 주문을 외며 산모의 배를 문질렀습니다. 〈신이여! 도와주세요!〉
요란한 소리를 내며 양수가 터져 흘렀습니다.
순간 어린아이의 우렁찬 울음소리가 울렸습니다.
힘껏 자궁을 박차고 나와서
피를 손아귀에 가득 쥐고서
어린아이가 드디어 밖으로 나온 것입니다.
바닥에 떨어진 아이는
모든 사람의 귀청을 멀게 할 정도의 큰 소리로 울었습니다.

〈사내아이일까? 계집아이일까?

언제 내게 말해줄까?〉

바이 비체는 두 눈에 흐르는 눈물을 닦을 겨를도 없이 상념에 잠겼습니다.

두 눈이 흐려지고, 잠이 쏟아졌습니다.

(정신을 차리고 어린아이를) 찬찬히 돌아보니,

틀림없는 사내아이였습니다.

아이의 몸에 고추가 서 있었습니다.

여인들이 〈사내아이예요!〉라고 하는 말을 들으면서,

츠으르드는 온몸의 감각을 잃었습니다.

바닥에 다시 쓰러져 혼절했습니다.

여인들이 소리쳤습니다. 〈바이 비체에게 무슨 일이 생긴 걸까요?

혹시 마르투우[79]가 (바이 비체의 몸에) 들어온 게 아닐까요?〉

산모 곁에 머물던 여인 모두가 다 겁에 질렸습니다.

(다행히도) 잠시 뒤 바이 비체가 정신을 차렸습니다.

마음이 진정된 다음, 바이 비체가 자리에 앉았습니다. 이제 넘어지지 않았습니다.

바이 비체가 입을 열었습니다. 〈여러분, 이제 걱정하지 마세요.

나쁜 영들이 온다 해도, 우리 법도에 따라 어린아이를 돌보면 됩니다.〉

바이 비체가 계속 말했다. 〈다뭏다의 부인께서는

어서 땅바닥에 누워있는 어린아이를 안으시고,

손수 탯줄을 잘라주세요.〉

---

[79] 마르투우(Martuu)는 중앙아시아와 남부 시베리아에서 출산을 방해하는 악령이다. 지역에 따라 Albastry, Albasty, Almasty, Almys와 같은 다른 이름으로 불리기도 한다.

(카늠잔이) 두 손에 포대기를 들고서,
어린아이를 감싸려고 했습니다.
그 순간 어린아이가
(카늠잔의) 오른손을 꽉 쥐었습니다.
여인이 놀라서 소리를 질렀지요. 〈아이고, 아이고! 내 팔 부러지네!
마치 서른 살 된 젊은이가
(있는 힘을 다해서) 손을 비트는 것 같네.〉

여인이 다시 소리를 질렀습니다. 〈아이고, 어쩌나, 이럴 수가 있나?
마치 마흔 살 먹은 남정네가
(있는 힘을 다해서) 발길질을 하는 것 같네.
여보세요, 형님네들, 그냥 서서 보기만 하지 말고,
나 좀 도와주소. 이 아이의 손을 좀 떼어놔 주소!〉
겁에 질린 카늠잔이 고래고래 소리질렀습니다.

〈여보시오, 카늠잔, 무슨 그런 불경한 소리를 입 밖에 내시는 거요?
어린아이 하나 보듬어 안을 힘이 없다면,
아직 온몸이 온전할 때 저리 멀리 달아나 버리시오.〉
힐난하듯 바크도요로트가 말을 하며 땅에서
몸부림치며 우는 어린아이를 들어올렸습니다.
체중이 마치 십오 세 청년 같았습니다,
바크도요로트는 어린아이를 들고서 무거워 어쩔 줄을 몰랐습니다.

〈신께서 우리에게 보내신 게 틀림없어
(우리를 인도할) 건강한 사내아이를!〉

바크도요로트는 어린아이를 안고서 몸을 부르르 떨면서 생각에 잠겼습니다.
말없이 어린아이를 안고서 입을 맞추었습니다.

쿠르트카의 아내인 카느쉬벡은
아이에게 젖을 물리려고
자신의 가슴을 아이의 입으로 들이밀었습니다.
아이가 젖을 빨기 시작하면서 소동이 벌어졌답니다.
카느쉬벡이 거의 기절할 뻔했거든요.
카느쉬벡이 간신히 정신을 차리고 입을 열었습니다.〈큰 그릇에 기름을 가득 채우고,
꿀을 넣어 잘 저은 다음,
양의 위장으로 만든 부댓자루 두세 개에 가득 담아오세요.
그리고 아이의 입에 물리세요.〉

한 여인이 기름과 꿀을 섞어 담은 부댓자루 세 개를 들고 와서는
세 번 만에 모두 (아이의) 입에 들이부었습니다.
어린아이가 기름 세 부대를 다 먹는 데
세 시간이 채 걸리지 않았단 말입니다.

츠으르드가 아이를 (두 손에) 받아 들었습니다.
오른쪽 가슴을 아이에게 물렸습니다.
한 번 쭉 빨아 당기니 젖이 솟아났습니다.
두 번 쭉 빨아 당기니 (젖이 사라지고) 물이 나왔습니다.
세 번 쭉 빨아 당기니 (물이 사라지고) 피가 나왔습니다.

바이 비체는 가까스로 고통을 견뎌냈지만, 거의 기절할 뻔했습니다.
바이 비체는 아이의 입에 물린 가슴을 떼어냈습니다.

바이 비체는 출산을 도와준 마을 사람들을 모두 불러 모아
젠텍[80]을 베풀었습니다. 먼저 살진 암말 여덟 마리를 내놓았습니다.
사람들은 반쯤 굶으며 살았던 것처럼 순식간에 음식을 다 먹어치웠습니다.
(잔치 온 손님을 섭섭하지 않게 하려고) 가축을 몇 마리 더 잡았습니다.
굶주리던 사람들이 배가 터지게 음식을 먹었습니다.
더 많은 가축을 잔치 음식으로 내놓았습니다.
자기 자식들을 데려온 여인들은
옷자락에 기름진 고기들을 싸갔습니다.
사람들은 배가 부른 다음에야 〈자큽은 어디에 있을까?〉라고 생각했습니다.
마을의 젊은이들이 자리에서 일어나
허둥대며 여기저기 자큽을 찾아다녔습니다.

(누군가 사람들에게 말했습니다) "어쩔 줄 모르는 사람들이여 잠시 행동
 을 멈추시고
자큽에 대한 내 이야기를 들어보시오.
자큽은 준마 마흔여덟 마리를 묶어두었소,
(이 말은) 모두 경주마처럼 날렵하고(자큽을 찾아 뛸 준비가 되어 있소)."

마을 사람들은 앞을 다투며,
서둘러 말 위에 앉았습니다.

---

[80] 젠텍(Dzhentek)은 출산 후 베푸는 잔치를 부르는 키르기스 말이다.

사람들은 하나같이 무엇인가에 홀린 듯 초원 속으로 달려갔습니다.
무리를 지어 산을 향해 말을 달렸습니다.
사람들은 서둘러서 야트막한 야산에 올랐고,
산을 넘어 초원으로 연결되는 초지에 나아가서 여러 방향으로 흩어졌습니다.
요란한 말발굽 소리가 초원을 뒤흔들었습니다.

〈바이 자큽이 어디로 가셨을까?〉- 사람들은 의아하게 생각했습니다.
시끌벅적 소리를 내며 말을 달렸습니다.

마을 남정네 가운데 자큽을 찾아 길을 나서지 않은 이가 단 한 명도 없었습니다.
아무도 말을 여분으로 두 필 끌고 나오지 못했습니다.
마구간에 남은 말이 없을 정도였으니까요.
술라이카가 서둘렀습니다만,
(마구간에) 도착한 다음 (텅 빈 말뚝만) 보았습니다.

〈아크발타도 (바이 자큽을 찾아서) 길을 떠난 게 틀림없다.
만일 그리했다면, 바른 행동을 한 것이다.
(텅 빈) 말뚝을 아무리 바라봐도 말을 찾을 수 없다. 차라리 집으로 가는 게 낫겠다!〉
술라이카는 (아크발타의) 유르타에 다가갔습니다.
유르타 안을 들여다보았습니다.
잔뜩 눈썹을 찌푸린 아크발타가
유르타 안에 앉아있었습니다.

술라이카는 아크발타를 발견하고 깜짝 놀랐습니다.
술라이카의 입에서 비명에 가까운 말이 튀어나왔습니다. 〈아니, 저런!
영감, 당신은 눈앞에 있는 행운을 잡으러 가지 않았소?
마을 사람들이 죄다 달려나갔는데,
당신만 이렇게 앉아있으면 어떻게 해요?
크즈르가 보호하고 있는 바이 자큽이
수윤치를 전해줄 사람들을 위해서
검은 회색 준마 마흔 마리를 (마구간에) 묶어 두었는데,
마흔 마리 가운데 단 한 마리도 건지지 못하고,
이렇게 인상을 쓰고 앉아있는 까닭이 뭐요?
게다가 살진 말 여덟 마리를 더 묶어 두었다는데,
여덟 마리 가운데 한 마리도 붙잡지 못하면 어떻게 해요.
이렇게 앉아 있는 게 창피하네요!〉

아크발타의 아내 (술라이카)는
머리끝까지 화가 났습니다.
술라이카는 입 밖으로 마구 말을 내뱉었습니다.
아크발타는 화가 난 채 앉아서
자신의 아내를 뚫어져라 쳐다보며 말했습니다.

〈이 요망한 술라이카 할망구,
할멈은 하늘에 있는 신이 두렵지도 않소?!
(우리 마을에) 밥을 굶는 사람이 있지요, 항상 가난한 사람은 있는 거요,
아무것도 갖지 못한 비렁뱅이도 많단 말이요,
위선자와 협잡꾼도 있소,

가축을 한 마리도 갖지 못한 사람들도 있고,
우리 마을 사람 중에는 가축 같은 사람도 있소,
양 우리에 사는 작자들도 있소,
이 사람들이 내가 차지할 말을 한 마리라도 남겨두었을 것 같소?
이 사람들은 아들이 태어났는지 딸이 탄생했는지 확인하지 않는단 말이오,
아무것도 돌아보거나 살피지도 않고서,
다만 〈용맹한 자쿱에게 서둘러 가야겠다.〉고 생각하고서
벌써 옛날 옛적에 말을 한 마리씩 차지하고 길을 나섰소.
내가 차지할 몫은 신께서 주시는 법이오.
아크발타가 자쿱에게서 (수윤치에 해당하는) 선물을 받지 못한다 해서
나쁜 일이 벌어지는 것은 아니지 않소?
신께 자신의 몫을 구하지 않는 자들은
노예들이란 말이오. 노예들이 자쿱을 찾아 허둥대며 길을 나선 것이지,
그자들이 자쿱에게서 수윤치를 받도록 내버려 두구려!
알라에게서 자신의 운명과 행운을 구하지 않고서
자쿱을 찾아 나선 자들은 그렇게 살라고 내버려 두시구려!
그냥 수윤치를 받고 만족하라고 하면 되지요!
나는 말을 타고 길을 나서 자쿱을 찾고, 수윤치를 받을 생각이 전혀 없소!
우리가 그렇게 가난하지도 않단 말이오.
지금 말에 기어오를 힘이
내게 남아있지 않소.
벌써 며칠째 당신이
(바이 비체)의 출산 시중을 들고 있소,
그런데 그 노력에 대한 보상을 무엇으로 받았소?〉
아크발타가 술라이카에게 열정적인 질문으로 말을 마쳤다.

'흰색 낙타 털로 만든 셔츠,
이게 술라이카에게 선물로 온 거랍니다.'
〈모자 두 개와 셔츠 한 벌,
이게 내가 받은 선물이거든요〉 술라이카가 말했습니다.
술라이카는 선물들을 남편 앞에 던졌습니다.

〈부자는 신께서 우리에게 보내신 선물이에요.[81]
지금이라도 자킵을 찾아서 길을 나서구려!〉
술라이카는 (단호한 목소리로) 남편을 재촉했다.
하지만 아크발타는 술라이카의 말을 들으려 하지 않았다.
아크발타는 술라이카에게 계속 저항하려는 태도를 보였다.
〈사내 마흔 명이 (자킵을 찾아) 달려가고 있소,
만일 사내 쉰 명이 모두 자킵에게 (상을 내놓으라고) 조르면,
아무리 자킵이라고 해도 견딜 수 있겠소?
말뚝에는 살진 말 여덟 필이 묶여 있었소,
아무거나 말을 한 마리 골라 안장을 올린 다음 타고 가 버렸소.
그래요, 자킵의 부인께서 아들을 순산한다고 합시다.
노년에 들어간 자킵은 자기 가축을 죄다 다른 사람들에게 나눠준 다음,
어떻게 살아가란 말이오!?
사내 쉰 명이 달려간 다음,
아크발타가 그 사람들 무리에 끼어 헐레벌떡 달려가서
수윤치를 내놓으라고 어떻게 말한단 말이오!?

---

[81] 중앙아시아 사람들이 부자와 재산에 대해 생각하는 일반적인 태도를 보여준다. 키르기스 사람들은 현실세계에서의 상황이 사후로도 연결된다고 믿고, 현실세계에서의 재산과 부자에 대해서 후하게 긍정적으로 평가한다.

(내 수중에는) 타고 다닐 수 있는 말이 코크촐로크[82] 한 마리밖에 없소.
이 말을 타고 어떻게 언덕들을 달려 내려간단 말이오?
게다가 (이 넓은 초원에서) 어디로 가야 자큽을 만날 수 있단 말이오?
내 말은 힘이 떨어진 코크촐로크 한 마리밖에 없는데,
험한 산을 넘고 언덕을 내려갈 수 있겠소?
노예 같은 자들은 벌써 여기저기 (자큽을) 찾아 헤매 흩어져버렸는데,
그자들의 흔적을 어떻게 찾아서 따라가란 말이오?
사냥에서 뒤처진 한 마리 개가 무리를 따라잡기 어렵듯
나 혼자서 어떻게 험한 초원으로 들어간단 말이오?〉
아크발타는 이렇게 말하며 자큽을 찾아 나서지 않겠다고 버텼습니다.

〈어쨌든, 당장, 떠나요, 떠나라고요〉
술라이카는 지지 않고 계속 재촉했습니다.
그러자 아크발타가 입을 다시 열었습니다.
화가 난 듯 큰 목소리로 말했습니다.

〈당신처럼 재물에 눈이 먼 여자는 없을 거요!
당신처럼 모두가 놀랄 정도로 자기 이익을 취하는 여자는 없을 거요!
"자큽을 찾아서 서둘러 출발해요!"라고 말하면서,
나를 잠시도 쉴 수 없도록 달달 볶지만,
지금쯤이면, 상을 받을 생각에 넋이 나간 노예들이 벌써 (자큽을) 찾았을
 거요,

---

82 유목민들은 자신들의 가축에 이름을 부여하곤 했다. 특히, 말에는 사람과 같은 이
   름을 주었다.

자쿱이 약속한 것을 벌써 받아갔을 거란 말이오.
일이 다 끝나고 모두 흩어져 돌아갔을 게 틀림없소.〉
아크발타는 말을 마치고 입을 꼭 다물었습니다.

그러자 그의 아내가 대답했습니다.
(술라이카) 역시 잔뜩 약이 올라 큰 목소리로 외쳤습니다.
〈말을 달려 간 사람 가운데 누가 상을 받을지,
멈춰 서 있던 사람이 상을 받게 될지,
(말을) 재촉한 사람이 상을 받을지,
피로에 절어 서 있던 사람이 상을 받을지,
오직 한 분, 신께서만 이 일을 정할 수 있거든요!
구름 속을 헤치고 날아가 봐요,
신께서 상 받을 사람으로 정해놓지 않았으면, 그 사람이 받을 수 있는가.
받도록 예정된 사람이 상을 받는 법이라고요.
말을 타고 달려간 사람들에게 아무것도 남지 않을 수도 있고요.
만일 신께서 미리 정해놓으셨다면,
그냥 누워있던 사람도 받을 수 있거든요!?
그러니 코크촐로크 잔등에 올라 서서 (자쿱을 찾아) 나서란 말이에요!
신께서 허락하시는 일이라면,
당신이 바이 자쿱을 찾을지 누가 알겠어요?〉

아크발타는 그 말을 듣고 〈나는 안 가겠소〉라고 말하기 어려웠습니다.
아크발타는 마침내 길을 떠날 결심을 했습니다.
아내와 말싸움을 해서 이길 수가 없었습니다.
코크촐로크는 마구간에 잘 매여 있었고,

제법 질주도 할 줄 알았습니다.
(마누라에게) 등을 떠밀려 초원으로 나온 아크발타 영감은
말을 타고 길을 나서면서도 계속 투덜거렸습니다.
아크발타는 마음을 긍정적으로 고쳐먹었습니다…〈유르타에 누워 빈둥
　거리는 데도 지쳤어,
그러니 이제 자큽을 찾아보는 것도 재미있겠어.〉
아크발타는 초원을 향해 힘차게 걸음을 내디뎠습니다.

마을에서 그다지 멀리 떨어지지 않은 인적이 드문 곳에,
좁고 험한 산길을 지나
말발굽에 의해 만들어진 가늘고 긴 길을 지나
옹달샘 근처에,
코크-아초크[83]라 할 만한 곳이 있었습니다.
(바로 그곳에 바이 자큽이 있었습니다. 자큽은) 갈기가 검은 암말 곁에서
밝은 회색 망아지를 안고서
망아지의 다리들을 곧추세우려고 노력하고 있었습니다.
얼굴을 문질러주면서 (망아지의) 첫걸음마를 돕고 있었습니다.
어미 말을 뒤따라 걸어가도록 밀었습니다.
바이 자큽은 (세상일을 다 잊은 채) 망아지 돌보기에 열중했습니다.

아크발타는 코크츌로크 잔등에 앉아서
침착하게 자큽을 바라보았습니다.

---

[83] 코크-아초크는 키르기스어로 푸른 계곡이라는 뜻이다. 이상적인 장소, 사람이나 동물이 거주하기 적합한 장소에 대한 은유적 표현이다.

자쿱 옆에는 아무도 없었습니다.
자쿱은 홀로 있었습니다.
자쿱은 (망아지를 살펴보는 것 이외에는) 그 어디에도 시선을 돌리지 않았습니다.
아크발타는 자쿱을 발견한 다음 소리를 치기 시작했습니다.
큰 목소리로 외쳤습니다. 〈수윤치!〉

바이 자쿱은 (이 소리를 듣고) 매우 기뻤습니다.
바이 자쿱은 (아크발타에게) 화답하는 목소리로 물었습니다. 〈자네, 지금 뭐라 했는가?〉
그러자, 아크발타가 이렇게 대답했습니다.

〈내가 드리는 말씀을 잘 들어보시오,
나의 사자, 자쿱이여. '수윤치!!!'
나이가 들었는데도, 바이 비체께서
(자쿱에게) 표범을 선물했습니다.
이미 지칠 만큼 지치신 바이 비체께서
(자쿱에게) 호랑이를 선물했습니다. 수윤치!!!
(자쿱이 세상에 하직인사를 하고) 영원히 떠나기 전에, 바이 비체께서
멋진 남자아이를 선물했습니다. 수윤치!!!
자쿱이 (자식이 없어) 슬퍼하기에, 바이 비체께서
자쿱에게 위로를 찾아주었습니다. 수윤치!!!
자쿱이 고통에 몸부림칠 때, 바이 비체께서
평온의 선물을 찾아주었습니다. 수윤치!!!〉
아크발타는 목이 터져라 큰 소리로 외쳤습니다.

바이 자큽은 아크발타가 전한 좋은 소식 '수윤치'를 들은 뒤
온몸에서 아무런 감각도 느낄 수 없었습니다.
(자큽의) 두 눈에서 눈물이 흘렀습니다. (눈물은) 열 개의 줄기가 되어
 흘렀습니다.
자큽이 소리를 쳤습니다. 〈정녕, 내게 아이가 태어났단 말이더냐?!
신께서 내게 자식을 허락하셨단 말이더냐!
창조주시여, 나의 신이시여,
내 아들에게 장수의 축복을 내려주소서!
아들이 태어나서 기쁘기 한량없지만,
신이시여, 내 아들이 무사히 살 수 있도록 보살펴주소서!
나는 그저 (자식이 없는) 슬픔에 싸인 채,
이 세상을 하직하게 될까 염려했습니다!〉

아크발타는 서두르지 않고 천천히 말을 몰아 (자큽에게) 다가왔습니다.
바이 자큽은 온몸의 감각을 잃고서 그 자리에서 쓰러졌습니다.
두 손으로 땅을 짚었지만 (소용이 없었습니다. 자큽은 쓰러지듯) 땅 위에
 나뒹굴었습니다.
(자큽이 기절한 줄 모르고 아크발타는) 천천히 자큽에게 다가왔습니다.
바이 자큽은 아크발타의 동년배였습니다.
(자큽의) 눈물이 아크발타의 마음을 움직였습니다.
자큽의 머리 위로 나비가 둥글게 원을 그리며 날았습니다.[84]
(아크발타가) 큰 소리로 불렀지만, 자큽은 아무런 대답도 하지 않았습니다.

---

[84] 투르크 사람들이 시를 쓸 때 흔히 사용하는 상투적인 표현이다. '자신을 희생하는 헌신적인 사랑'을 뜻하는 표현이다. 아들을 위해서는 목숨도 아깝지 않다는 자식에 대한 자큽의 사랑과 헌신의 표현이다.

자쿱의 몸을 건드렸지만, 자쿱은 미동도 하지 않았습니다.
아크발타는 순간 깜짝 놀랐습니다.
모자를 벗어 손에 들고서,
아크발타는 몸을 비틀거리며,
냇물가로 서둘러 갔습니다.
아크발타는 (자쿱이 쓰러진 곳으로 다시) 돌아와서
의식을 잃고 쓰러진 자쿱을 향해 서서
(자쿱의) 가슴 위에 물을 뿌렸습니다.
자쿱은 차가운 물 때문에 잠시 경련을 일으키고는 이내
제정신을 찾았습니다.

자쿱이 아크발타에게 물었습니다.

〈내 오랜 친구, 아크발타, 무슨 일이 벌어진 거지?
아크발타, 자네가 어디서 온 거야?
여기 와서 내게 무슨 일을 한 거야?
지금 보니 내 몸에 찬물을 뿌리고 있는데,
내 눈은 조금 전까지는 아무것도 볼 수 없었거든,
아무리 보려 해도 눈에 아무것도 들어오지 않았어.
내가 기절한 까닭이 뭐야?
머릿속에 아무런 기억이 나지 않아.
자네는 여기에 왜 왔어?
내 몸속에 불이 났던 것 같은데.
자, 어서, 내게 말해보게나,
자네가 하는 말은 언제나 듣기가 좋거든.

이것 보게, 아크발타 영감, 자네가 여기에는 왜 온 건가?
할 말이 있으면, 지금 어서 내게 말해보게나!〉

아크발타가 대답했습니다. 〈내가 금방 말했는데,
바이 자쿱의 부인께서 아들을 순산했다고 말이지요.
이제 내게 어떤 선물을 주시겠소이까?〉
아크발타는 이렇게 말하고 바이 자쿱을 물끄러미 바라보았습니다.

〈정말로? 지금 자네가 한 말이 진정인가? - 자쿱이 입을 열었습니다. -
내게 진실만 말해주게, 내 친구 아크발타.
내 자식이 사내아이란 말이지?
(나를 찾아서) 길을 나서면서 자네 두 눈으로 내 아들을 보았는가,
아니면, 직접 보지는 못하고 소문으로만(알게 된 건가),
(자네가 직접) 여인네들에게서 들은 건가?
자, 다시 한 번 말해주게, 내 친구 아크발타 영감.〉
바이 자쿱은 아크발타를 뚫어져라 쳐다보며 다시 물었습니다.

아크발타는 다시 말하기 시작했습니다.
자쿱은 더는 자신의 동년배인 아크발타를 재촉하지 않았습니다.
자쿱이 소식을 듣는 시간이 지속되는 만큼,
자쿱의 두 눈에서는 눈물이 더 많이 흘러내렸습니다.

〈바이 자쿱의 부인께서 아들을 낳으셨거든요,
자, 내 말이 들립니까, 자쿱 영감님? 내 말은 모두 사실입니다.
아드님의 귀를 찢는 듯한 목소리가

이 킬로미터 정도 떨어진 먼발치에서도 훤하게 들릴 정도였습니다.[85]
내가 집안에 앉아 있었는데,
(사내아이 우는 소리에 깜짝 놀라서) 하마터면 심장이 멎을 뻔했습니다.
심장이 몸 밖으로 튀어나오는 줄 알았으니까요.
(바이 비체의 출산을) 도운 여인들은,
집안 살림을 도맡아 해준 젊은 여인들은,
이 전에 (바이 비체를 도와준) 여인들은,
(바이 비체에게) 시중을 든 사람들은,
남녀노소를 불문하고 (다 같이 한목소리로) 말했습니다.

〈어린아이가 어미의 가슴을 세게 빨자,
(젖이 다 나오고) 피가 솟아났다.
포대기를 덮으려 하자, 아이가 손발을 뻗쳤는데,
아이의 힘이 얼마나 세던지,
서른 살 먹은 남정네보다 더 튼실했다.
그 아이는 바이 비체의 간장을
마치 진흙인 양 움켜쥐고 세상에 태어났어.〉

〈아크발타! 자네가 하는 말이 진정이란 말이지!
내 주머니에는 말일세,
황금이 가득 찬 자루가 하나 들어 있어,
(그것 말고 다른 것들도) 내가 자네에게 줄 것이야,

---

[85] 키르기스어 원문에는 거리가 'tai chabym'으로 표현되어 있다. 준마가 마음먹고 한 번 질주하는 거리를 뜻하며, 대략 2km 정도를 말할 때 쓰는 단어다.

목장에 뛰노는 가축 떼도 말이지.
자, 그러니 빨리 다시 말해보게. 〈수윤치!〉라고. 얼마나 듣기 좋은지.
나, 바이 자큽에게는 이보다 더 달콤한 말은 없어.
하지만 진실만 내게 들려줘야 하네.
내 재산을 다 준다 해도,
전혀 아깝지 않아!⁸⁶
자, 말해보게! 내 아이가 전사가 될 만하던가?
그러니까 들판에 붙은 불을 보면서 좋아하던가 말일세!?
자, 말해보게! 내 아이가 영악할 만큼 똑똑하던가?
우리 종족에게 큰 변화를 불러올 수 있을 만큼!?
아마도 그 아이는 강물을 피로 물들일지 모르지,
내 아내가 칸코르, 그러니까, 용맹한 아이⁸⁷를 낳은 거야!
자신이 속한 종족 구성원 모두의 마음을 설레게 할 거야!
바이 비체가 간교하리만큼 현명한 아이를 낳았는지 몰라!
어쩌면 나의 아내, 바이 비체가 이 아이 때문에 죽을지도 모르지,
자신의 죽음을 바이 비체가 낳은 거지!
온 세상이 두려움에 떨게 될,
희대의 영웅을 바이 비체가 낳은 거라고!
영웅이라고 뽐내는 자들을 멸망시키고,
세상에 그들의 피를 보여줄 테지,
다른 종족의 낙타를 잡아서,

---

86 채록본 원문에는 Botom!으로 기록되어 있다. '보톰'은 키르기스인들이 흔히 쓰는 감탄사다. '좋아', '내가 다 주지'와 같은 의미로 사용된다.
87 키르기스어 원문에는 칸코르(kankor)라 쓰여 있다. 칸코르는 몽골어 혼고르(xongor)의 차용어로 보인다. '용맹하다'는 뜻이 있다.

축배를 들 장본인이라고!
이 아이는 화려하고, 알록달록한 옷을 입은
처녀를 보면, 그 처녀가 누구든 자신에게 속하게 만들 거야,
이 아이가 태어나서 나는 무엇을 줘도 아깝지 않아! 그런데, 내 바이 비체
 는 살아있는가?〉

아크발타는 (바이 자쿱의 말을 한참 듣다가) 입을 열었습니다.
좀 화가 난 듯한 목소리로 말했습니다.

〈바이 자쿱 영감님, 여태까지 '나한테 자식이 없어'라고 탄식했고,
'나한테는 의지할 만한 지주가 없어'라고 한탄하지 않으셨습니까?
이제 자식이 태어났는데,
뭐가 문제입니까, 바이 자쿱 어르신?
내가 보기에는 가축들이 자식보다 더 귀중한가 봅니다.
이제 다시 인색한 분으로 돌아가시나 봅니다!
(이상한 이야기를 늘어놓으면서) 재산을 나눠주기 아까워하시는 걸 보면,
아마도 바이 자쿱 영감님은 돌아가실 때 고초를 겪으시겠습니다.
내게 뭔가 주시려는 마음이 조금이라도 있으시면, 그냥 주십시오.
주고 싶지 않으시다면, 바이 자쿱 어르신,
그냥 쉽게 말씀을 하세요. '자네에게 아무것도 줄 게 없네!'라고.
뭔가 주고 싶은 게 있으시면, 그 내용을 풀어 보십시오.
제게 줄 만한 가축이 없으시다면,
나는 그냥 집으로 돌아가렵니다.〉
아크발타가 이렇게 말을 하자,
바이 자쿱은 이 말을 곰곰이 새겨들으며,

선량한 미소를 지어보였다.

〈내 친구 아크발타, 자네 마음이 그러한가,
그렇다면 황금이 가득 들어 있는 이 자루를 가져가게,
튼실한 종마들은 내가 이미
전쟁을 대비해서 준비하고 있어,
암말들은 죄다
자선 사업하는 데 퍼 줬거든,[88]
이제 내 마장에 삼백 필 정도의 말이 남았는데,
죄다 일곱 살 정도야,
이 말 중에서,
아홉 마리 정도 가져가게,[89]
낙타는 말일세, 네 마리 가져가게,
네 종류의 가축은 말일세, 각각 종류마다 아홉 마리 정도 가져가게,
이 정도로 적다고 느낀다면, 내 친구 아크발타!
여자들이 받게 될 선물 가운데 자네가 좀 들고 가도 되네!
처녀들이 받게 될 선물 가운데 자네가 좀 들고 가도 되네!
젊은 여인네들이 받게 될 선물 가운데 자네가 좀 들고 가도 되네!
자네 마음에 드는 게 있으면, 뭐든 그냥 가져가게!

---

[88] 마나스가 태어날 태몽을 꾸고 난 뒤 열었던 토이에서 암말들을 손님에게 접대한 것을 말한다.
[89] 원문에는 토그즈(togyz)라고 되어 있다. 토그즈는 '아홉'을 뜻하는 키르기스 말이다. 하지만, 정확하게 9를 뜻하기보다는 '선물의 단위'를 뜻한다고 보는 게 옳다. 키르기스와 카자흐 사람들이 선물을 하거나, 결혼식에 지참금을 가져가거나 할 때, 토그즈라는 표현을 쓴다. 토그즈는 9라는 의미가 아니라 '한 사람이 가져가는 선물'의 의미가 있다. '아홉 마리 정도'라고 번역했지만 실제로는 '자네에게 일당에 해당하는 만큼의 말을 선물로 주겠다.'라고 이해하는 게 바람직하다.

자네가 갖고 싶은 게 있으면, 그냥 차지하면 된다네!
내 어머니 쪽 친척들에게서도 원하는 걸 가지게!
자네가 이런 기쁜 소식을 전해왔는데, 말일세,
이 정도로 만족하실 수 있겠는가, 아크발타 영감!
자, 이 황량한 초원에서 우리가 뭘 할 수 있겠는가?
이제 말을 타고 집으로 돌아가세,
내 아내 바이 비체에게 가세,
바이 비체가 낳은 아이의 머리를 한번 쓰다듬어 보세.〉
아크발타와 바이 자큽은
마을로 돌아갔습니다.

(바이 자큽을) 찾아 나섰던 사내 마흔 명이
갑자기 두 사람 앞에 나타났습니다.

〈수윤치! 바이, 수윤치!〉
모두 한목소리로 크게 외치기 시작했습니다.

〈그대들 가운데 누구를 선택해서 (선물을 줄 수 있겠나)?
내게 가까운 사람도 있고, 낯선 분들도 있구먼,
그러니 그대들이 타고 있는 그 말을 각자 가지시게,
지금 타고 있는 말을 말이네,
말을 얻지 못한 분은
자신의 불운을 신께 한탄하시게!〉

자큽의 목소리가 마을에 들리자,

카늠벡이 카늠잔과 함께
바이 자큽을 마중하러 나왔습니다.

〈여러분, 아주 튼튼한 나뭇가지로 요람 넣을 테두리를 만들어야 합니다!
쿤닥[90]도 튼실한 놈으로 준비하셔야 합니다.〉
바이 자큽은 이렇게 말한 뒤,
유르타 안으로 들어갔습니다.

너구리 모피를 두르고,
뜨거운 불 근처에 있었던 것처럼 땀을 뻘뻘 흘리며,
두 손에 어린아이를 안고 있는
자랑스러운 바이 비체가
집 안에 앉아있었습니다.
바이 자큽은 그 순간 말했습니다.
(바이 비체에게서 아기를 받아 안으라고 자큽은) 큰 소리로 바크도요로
트도 불렀습니다.

〈바이 비체 아이를 낳았구려,
드디어 순산을 했구려.〉

바크도요로트가 다가와서 (바이 비체에게) 손을 내밀었습니다,
바이 비체가 (바크도요로트에게 아들을) 건네주었습니다.
자큽은 두 손으로 (바크도요로트에게서) 아들을 넘겨받았습니다.

---

[90] 키르기스 말로 요람을 뜻하며, 요람을 묶는 줄을 뜻하기도 한다.

〈이 아이가 바로 내 아이란 말인가!〉
자큅은 큰 소리를 내며 흐느꼈습니다.
자큅은 행복한 눈물을 흘렸습니다.
자큅의 손에 안긴 어린아이가 몸을 움직였습니다.
어린아이의 입에서 귀가 멍할 정도의 큰 소리가 나왔습니다.
자식의 몸부림과 목소리에
아비가 놀라 온몸을 부르르 떨 정도였답니다.
아이는 울면서, 귀청을 찢을 듯한 큰 소리를 질렀습니다.
입술로 먹을 것을 찾고 있었습니다.
아이의 아비인 바이 자큅은
더는 (아이를 안고 있을) 힘이 없었습니다.
(바이 자큅의) 두 다리와 두 팔로는 (아이를 든) 자기 자신을 지탱할 수
  없었습니다.

〈자네, 대단한 아이를 낳았네그려!〉- 바이 자큅은 이렇게 말하며
바이 비체를 바라보았습니다.

자큅은 다시 입을 열었습니다. 〈자네는 왜 아이에게 젖을 물리지 않는가?
아이 하나도 배불리 먹이지 못한단 말인가?
자네한테 무슨 문제가 있는가?〉

바이 비체가 대답했습니다. 〈제게도 젖이 풍부하게 나왔거든요.
그런데, 아이가 젖을 두 번 빨자,
젖통에 아무것도 남지 않았답니다.
당신 아들이 얼마나 많이 먹는지나 아세요?

이제 먹을 것을 마련할 걱정을 해야겠어요.〉
바이 비체가 (자랑과 근심이 섞인 표정으로) 말을 마쳤습니다.

어린아이를 찬찬히 살펴볼 요량으로
바이 자큽은 아이의 외모부터 뜯어보기 시작했습니다.

〈이마는 광활하고, 눈매가 부리부리한 게,
몸 전체에서 강한 힘이 느껴지는구먼.
매부리코와 긴 속눈썹,
무시무시한 생김새, 뚫어보는 듯한 시선,
커다란 입, 두 눈썹 아래의 벼랑,
단단한 턱뼈, 긴 턱수염,
두꺼운 입술, 움푹 들어간 눈,
이 아이에게는 용사의 기품이 있거든.
두 손바닥을 펼친 모습을 보면, 이 아이가 얼마나 인심이 좋은지 알 수
  있어,
전쟁을 하러 나아가도 이 아이의 미래는 행운과 함께할 거야,
이 아이에게는 영웅의 용모가 있어,
딱 벌어진 넓은 가슴,
넓은 어깨와 균형 잡힌 몸매,
얼굴에 드러나는 엄정한 표정과 정의감,
이 아이는 코끼리를 닮았어,
목은 호랑이 같고, 손아귀 힘은 대단하며,
등은 튼실하고, 심장은 부싯돌처럼 단단하지,
부드러운 눈꼬리[91], 별 같은 눈동자,

늑대를 닮은 귀와 호랑이 같은 가슴,
이 아이의 용모는 (한눈에 봐도) 출중하거든.
만일 신께서 나를 축복하신다면,
나는 나의 신께 (내 아들의) 장수를 기원하고 싶어!
내게 고난을 준 (적들에게) 복수를 해주길.
내 눈으로 보복과정을 보고 싶어,
(내 아들이 장성할 때까지) 내가 죽지 않고 살아 있다면.
내게 고난을 준 (적들에게) 복수를 해주길.
내가 복수의 시간을 직접 보겠지,
만일 나 자신이 적에 의해 죽임을 당하지 않는다면.〉

조금 전까지의 (바보스러운) 모습이 사라지고,
바이 자큽은 완전히 딴 사람처럼 변했습니다.
바이 자큽은 "유일하신 신께서 (너를) 내게 보낸 거야"라고 말한 뒤,
어린아이의 볼에 입맞춤했습니다.
바이 비체는 어린아이를 받아들고서,
젖이 흘러넘치는 가슴을 아이 입에 물렸습니다.
아무것도 아끼지 않고 토이[92]를 열겠다고
바이 자큽은 결심했습니다.

(이야기를 듣고 계신 여러분) 이 세상에 아들이 태어난 것만 한 경사가
 어디 있겠습니까?

---

91 마나스는 몽골사람과 달리 눈꼬리가 찢어진 듯 하늘로 치켜 올라가지 않고, 둥글둥글했다고 전해져온다.
92 중앙아시아 키르기스, 카자흐스탄 유목민들의 잔치

그 당시 바이 자큽에게는 말들이 아주 많았습니다.
만일 (누군가) 그 수를 세어본다면,
대략 삼만팔천 마리쯤 되었을 겁니다.

〈알타이 땅에는 내 가축이 엄청 많아,
칸토 지역에 있는 가축만 해도 세기 어려울 정도이고,
스이쿠 땅까지 내 말떼가 널려 있어.
나는 양이 아마 팔만 마리 정도 있을 거고,
카라 샤아르 지역에는 내가 소유한 목초지가 있어.
이제 내가 토이를 베풀려고 해,
때 이른 봄을 위해서 말이지!
내가 가진 가축을 다 준비하겠어!
(내 목초지 인근에) 거주하는 키르기스 사람들은 현재 상황으로는
(그렇게 많은 손님을) 맞을 여력이 없을 거야.

안디잔[93]과 타쉬켄트[94],
그쪽으로도 기별을 전하고.
내 친척을 모두
함께 (토이에) 모셔 오도록 하자고.
키슐라크[95]에서 카슈가르[96]라는 이름으로 사는 사람들,

---

[93] 안디잔은 우즈베키스탄과 키르기스스탄 사이 지역이다. 현재는 우즈베키스탄의 땅이다.
[94] 타쉬켄트는 우즈베키스탄의 수도이다.
[95] 투르케스탄 지역 촌락의 이름
[96] 카슈가르는 신장지역의 카슈가르 강에 인접한 소도시의 이름을 일반적으로 kashugar라고 한다. 〈마나스 서사시〉에 자주 등장하는데, 맥락에 따라 민족의 명칭

카박-아르트와 사리-콜에 거주하는 우리의 먼 친척이라 할 수 있는 큽착
　사람들을
이곳으로 모셔와야지,
알친, 우이,
아바크, 타라크 그리고 아르근,
모든 사람을 토이에 모시겠네.
칼믹[97] 사람들 가운데 트르코오트[98] 사람들도 모셔야 하고,
내게 아들이 태어났다는 사실에 대해
아무도 들은 바도, 본 바도 없으니 (모두를) 모셔야 할 거야.
망굴[99] 사람들도 모두 모시고,
크타이 사람들 가운데서도 될 수 있는 대로 많이 모시고,
사르트 사람들은 당연히 (초청인사 명단에) 포함하고,
아무것도 아까워하지 않고서,
내가 가진 것을 모두 열어젖히고,
내가 가진 재산을 모두 나눠줘야지.
내게는 은이 많아서 은을 돌보듯 하고,
쌀도 넘칠 정도로 많은 데다가,
경마용 말떼가 초원을 가득 덮을 정도라서,
경마용 말에 안장을 얹어 타고 다니기에
키르기스 사람의 수가 턱없이 부족할 정도라네.

　으로 사용되기도 하고, 지역명으로 나타나기도 한다. 이 장면에서는 바이 자큽의 친척들이 카슈가르 민족이라고 불리기도 했음을 뜻한다.
[97] 칼믹인들은 칼막, 칼미크, 칼뭄 등으로 불린다. 몽골계이다.
[98] 트르코오트는 칼미크 민족에 속하는 사람들인 것으로 알려져 있다. 서 오이라트에 주로 거주했고, 오이라트인으로 불리기도 한다.
[99] 몽골계 유목민이다.

우리 집에는 황금이 돌처럼 굴러다니거든,
곡식 저장고에는 쌓아둔 밀이 여기저기 널브러져 있어,
살이 적당하게 오른 말이 너무 많아서,
말 잔등에 안장을 올리고 타고 다닐 만한
키르기스 사람이 우리 마을에는 너무 적거든.
크타이 사람들에게 모욕을 당한 이후로,
우리 사람들은 한데 뭉치지 못한 채,
망굴 사람들의 이웃사촌이 되었지,
우리 노고이 종족은 모멸을 느끼고 살지.
오폴에는 오로즈두가 아직 남았고,
수굼 상류 지방에는 아직 바이가 살고 있어,
코즈카만의 아들들이
거의 코이카프까지 다가갔거든,
(바로 이 때문에) 우리 민족 사람들이 (어디 사는지) 잘 안 보이지.
내가 보기에는 분명히,
이 세상이 현재 상태대로 지속될 수는 없어.〉
이렇게 입 밖으로 말을 내놓으며,
성대한 토이를 준비하겠다고,
바이 자큡은 결심했습니다.

(자큡은 흩어져 사는 키르기스 사람들을) 불러 모으려고,
전령 서른 명을 (각 지역으로) 보냈습니다.

〈이제 누구를 불러오냐 하면, ─ 자큡이 말했습니다. ─
크타이 사람들 가운데서 (모자에) 붉은 깃을 단 사람들을

마지막 한 사람까지 모두 모셔오고,
알타이 산맥에 거주하는 사람들 가운데서는,
제르케네츠[100] 사람들을 불러오시오.
토투[101] 사람들도 꼭 토이에 오도록 하시고.
카슈가르 사람들은 마지막 한 사람까지 데려오시고요,
(카슈가르 사람들에게) 코톤 지역 사람들과 함께 오라고 이르고.
마랄-바쉬[102]와 돌론[103]은 말이지,
그냥 지나쳐 버려.〉
사마르칸트와 지작까지 언급한 뒤,
바이 자큽은 (전령들을) 출발시켰습니다.

〈호드젠트에서 그리고 오라-투베에서,
타쉬켄트에서 그리고 아울리에-아타에서,
사람이 많이 사는 코간트에서 그리고 마르겔란에서
일리 강과 추 강 유역에서,
내가 보내는 기별을 듣는 (모든 이는)
부디 그냥 집에 머물러 있지 마시기를.
이르티쉬 강 유역에서부터
오롤 산까지 이어지는 전 지역까지(거주하는 모든 이가 소식을 알게 하고),

---

[100] 야르켄트 지역에 사는 야르켄데츠 사람을 뜻하는 것으로 보인다. 야르켄데츠 사람들은 위구르인으로 분류된다.
[101] 키르기스 민족의 일파로 알려져 있다.
[102] 카슈가르와 야르켄트 사이의 무역 요충지인 악수 지역을 뜻한다. 카슈가리아 지역을 방어하는 요충지다.
[103] 돌론은 키르기스의 지명이다. 천산산맥의 중앙 부분, 천산산맥 한가운데 있는 바이둘루 능선을 지나는 고개를 뜻한다. 돌론 강 유역에 있다.

칼믹 사람들이 카라-쿨마흐에 그냥 머물러 있지 않도록,
이 소식을 듣지 못하는 사람이 없도록 하시오.
티베트 고원 지역부터,
캄블 지역의 쿠나르에 이르기까지,
크타이 사람들이 사는 곳에서 동쪽 끝에 이르기까지(이 소식이 전해지게
 하시오).
내가 토이에 초대한 사람들은
내가 말한 모든 지역에서 다 오셔야 하오.
이 여름 내내 내가 토이를 베풀 것이오,
만일 토이가 어디서 마련될 것이냐고 사람들이 장소를 물어보거든,
우츠-아랄이라고 그분들께 대답하시오.
지금부터 넉 달 반이 지나기 전에 우츠-아랄로 오도록 부탁하시오.
혹시 허풍이 아닌가 하고 집에 앉아 머리를 굴리지 말고 그냥 오시라고
 하시오!
다섯 달 이상은 붙잡아 놓지 않을 거라고 하시오,
내 말이 모두 공허한 것일지도 모른다는 생각일랑은 아예 하지 마시라
 이르시오.
제일 손재주가 뛰어난 장인들에게 이곳으로 오시라 말씀 전하시오.
제일 힘이 센 장사들에게 이곳으로 오시라 말씀 전하시오.
그분들이 가진 경마용 말들도 함께 데려오라고 말씀 전하시오.
모든 경비는 바이 자큽이 부담한다고 말씀 전하시오.
이샨[104]들을 함께 모셔오라고 부탁하시오,
연설 잘하시는 분들을 꼭 데려오라고 부탁하시오,

---

[104] 중앙아시아의 이슬람 지도자의 한 명칭이다.

호자[105]들도 우리 축제에 함께하도록 하시오,
예언자들을 모시고 우리 축제에 함께하라고 하시오,
사전에 물라[106]를 대동하고 우리 축제에 오시라고 하시오,
이곳에 오지 않은 것을 후회하지 않도록
자신들이 가장 선호하는 동반자를 데리고 함께 오시라고 전하시오,
(토이에 참석하는 손님들을 위해) 최고의 상을 미리 준비해두겠소.
튼실한 단봉낙타[107] 오백 마리가 내게 있소,
낙타 두 마리 등에 가득 실을 정도의
순금이 내게 있다오,
살진 말 오백 마리와 양 천 마리,
그리고 정말 모든 사람이 반길만할 상이 내게 있단 말이오,
만일 사람들이 제일 나중에 주어질 상이 무엇이냐고 물어본다면,
거대한 소 여섯 마리와 양 여든 마리라 하시오.
(내가 준비하는 선물들이) 보잘것없다고 생각한다면, 오지 않아도 된다고 하시오,
내 아내가 아들을 낳았기 때문에,
내 종족을 위해 이 축제를 마련하는 것이라 전하시오.

---

[105] 중앙아시아 이슬람 지도자의 한 명칭이다. 19세기 중앙아시아 사마르칸트, 투르케스탄, 신장위구르 지역에서 벌어지는 민족주의운동을 비롯한 정치운동에 관여한 주도세력으로 알려져 있다.
[106] 중앙아시아 이슬람 지도자의 한 명칭이다. 이슬람의 성전인 코란은 아랍어로 쓰여 있고, 다른 언어로 번역하지 않는 것이 불문율이었다. 물라는 아랍어 해독력이 있어 코란을 읽을 수 있는 사람이다. 이슬람에서는 교사, 지식인으로 불리며, 율법학자와 사제의 역할을 하기도 한다.
[107] 사우디아라비아 일대의 낙타들이 쌍봉낙타인데 반해 중앙아시아지역의 낙타는 대부분 허리의 혹이 하나인 단봉낙타다.

(최고의 상과 제일 나중에 주어질 상 사이에) 어떤 상들이 더 있는지 궁금
 해하신다면,
살진 말 서른 마리를 상으로 줄 수 있게 준비하고 있다고 이르시오,
만일 누군가의 준마가 제일 먼저 (축제 장소에) 당도한다면,
(바로 그 누군가는) 사람들이 한 번도 본 적 없는 선물을 받을 것이오.〉

(자릅은) 소식을 전할 사람들을 떠나보낸 다음,
풀이 무성한 곳으로 자신의 유목지를 옮겼습니다.
다양한 열매와, 딸기와, 과일을 모으려고
(자릅은) 정확히 백 명의 사람을 보냈습니다,
그들과 함께 거세된 낙타를 사백 마리 보냈고,
힘이 천하장사인 투노고르를 (대장으로 삼아) 보냈습니다.

〈최고의 잔칫상을 마련해야 한다,
(잔치를 베풀어 놓고도) 세상의 온갖 험담을 받을 수도 있으니 말이다.〉

바이 자릅은 모든 일을 손수 살폈습니다,
바이 비체는 겉옷 바느질을 거의 마무리했습니다,
(바이 비체는) 가난한 사람들의 의복을 기워주었습니다.
젊은 아낙네들은 자신들의 헝클어진 머리카락을 손질했습니다.
(젊은 아낙네들은) 일꾼들을 위해 의복을 기워주었습니다.
처녀들은 머리카락을 매만지며
말했습니다. 〈이제 우리도 멋진 토이를 볼 수 있겠네!〉
(처녀들은) 조바심을 느끼며 잔칫날만 손꼽아 기다렸습니다,
대담한 젊은이는 모두

자신이 탈 준마의 갈기를 다듬으며,
조바심을 느끼며 잔치가 있을 달이 오기만을 기다렸습니다.

가을이 가까워지면서,
바이 자킵은 드디어 자신의 유목지를
우츠-아랄 평원으로 옮겼습니다.
(우츠-아랄은) 칸토 저지대에 있고,
카라-수 강 기슭을 따라 펼쳐져 있습니다.

자, 보십시오, 여러분!
자킵 칸[108]께서 마련한 토이를!
바이 자킵은 긴 장대 꼭대기에다 (키르기스인을 상징하는) 깃발을 단단히 맸습니다.
바이 자킵은 길일을 택해서 토이를 시작했습니다.
(토이를 연 바로) 그날, 목요일에
바이 자킵은 살진 말 아흔 마리를 잡았습니다.

〈내일은 금요일인데〉- 자킵이 생각에 잠겼습니다.
(한참 생각한 뒤) 〈좋아!〉라고 소리를 치며, (금요일에는) 말을 백 마리 잡도록 했습니다.

바이 자킵은 다시 생각했습니다.-〈살진 말 오백 마리를 내놓아야지,

---

[108] 키르기스 종족과 우호적인 이웃들을 대거 초청한 거대한 토이(잔치)를 마련한 자킵을 키르기스인들의 왕인 것처럼 묘사하고 있다.

신께서 내게 가축을 허락하셨으니까〉,

토요일에도 쉰 마리를 내놓았고,
일요일에도 쉰 마리를 내놓았으며,
월요일에도 쉰 마리를 베풀고,
화요일에도 쉰 마리를 대접하고,
수요일에도 쉰 마리를 잡았습니다.
목요일에는 (자큽이 입을 열었습니다.)

〈만일 신께서 내가 원하는 바를 허락해 주신다면,
밝은 회색 말 예순 마리를
캄바르보즈로 예정된 말떼 사이에서
끄집어내어 (모두) 제물로 바치겠습니다.
만일 신께서 우리의 토이를 흐뭇하게 받아주신다면,
내게 양떼 이천 마리가 있는데(모두 내놓겠습니다),
어차피 오래전부터
내가 (토이에 쓰려고) 정해 놓았던 양이라 내놓아도(아깝지 않습니다).
먹으려고 통통하게 살찌운 소 쉰 마리가 내게 있는데,
한 마리도 남기지 않고 다 내놓을 겁니다.
내 친척 여러분, 나이의 노소를 불문하고,
서두르지 마시고(마음껏 즐기세요), 근심 걱정 다 내려놓으십시오!〉

등에 짐을 잔뜩 실은 낙타 사백 마리가
온갖 종류의 과일, 산열매, 과실을 싣고 (당도했습니다.)
또한 이곳에 와야 할 만한 사람은 모두

벌써 토이 장소에 도착했습니다.
거세된 낙타 육백 마리 등에 가득 실린
희고 또 흰 쌀이 도착했습니다.
크타이 사람들을 위해서
사만 개의 가죽 부대에
검은색 건포도를 넣고
붉은색 아라크[109]를 만들었습니다.
(자큡이) 마련한 음식들은
그 누구의 음식과도 비교할 수 없을 만큼 훌륭했습니다.
(요리를 할 수 있는) 아궁이를 칠백 개 마련했습니다.

(바이 자큡과 같은 아일에 살고 있던) 키르기스인 일흔 개 분파들은
고기를 (일정한 분량으로 균일하게) 나누는 임무를 부여받았습니다.
육백 명의 아르근, 나이만 사람들은
나눈 고기를 (손님들에게) 나눠주는 임무를 받았습니다.
칼믹 사람들은 솥을 거는 임무를 받았습니다.
에제트[110] 사람들은 고기 삶는 과정을 지켜보는 임무를 받았습니다.
사르트 사람들은 수프를 젓는 일을 받았습니다.
땅 위에 아궁이를 설치하려고
(땅을) 파는 작업이 제르켄 사람들에게 주어졌습니다.
코무즈[111]와 두타르[112]를

---

[109] 유목민들이 즐겨 마시는 술의 일종이다.
[110] 서사시에 등장하는 키르기스인의 한 분파다.
[111] 유목민의 대표적인 악기다. 만돌린과 유사하며, 3현이 있다. 손가락이나 손톱으로 현을 뜯으며 연주한다.

손에 든 사람들은 풍악을 울렸습니다.
서른 가구의 노이구트 사람들은
땔감으로 쓸 통나무와 불쏘시개를 마련했습니다.
커다란 수르나이[113] 소리 장단에 맞춰,
가수들은 저마다 흥겨운 노래를 불렀습니다.
방문한 사람 모두 숙소를 배정받았고,
(말을 매어 둘) 장소를 받았습니다.
사람들은 모두 안장에 (자쿱이 선물한) 양을 한 마리씩 매달았습니다.
토이에 참석한 망굴 사람들은
기쁨에 찬 소리로 말했습니다. 〈자쿱, 이제 보니까 샤[114]가 되셨습니다!〉
(그렇게) 망굴 사람들은 아첨을 했습니다.
크타이 사람들 가운데 용사 사천 명이 (자쿱의 토이를) 찾아왔습니다.
칼믹 사람들 사이에서도 그 정도 수의 하객들이 참석했습니다.
카자흐 사람과 키르기스 사람이 대거 참석한 것은 말할 것도 없습니다.
투르크[115] 사람들에게서는 헤아릴 수 없을 정도로 많은 용사가
마치 온 세상을 가득 채울 듯한 기세로 떼를 지어 몰려왔습니다.

노고이가 남겨준 붉은 깃발[116]을

---

112 코무즈와 비슷하게 생겼지만, 2현이 있다. 연주방법은 코무즈와 같다.
113 피리를 닮은 유목민들의 악기다. 출정을 하거나, 출정에서 자신의 마을로 돌아올 때 말 위에서 흥겹게 부는 피리의 일종이다.
114 페르시아, 중앙아시아 등지에서 왕을 지칭하는 말 가운데 하나다.
115 서사시 내에서 투르크가 개인의 이름으로 사용되기도 하고, 투르크 사람들의 선조 이름으로 제시되기도 한다. 투르크어를 쓰는 민족들을 지칭하는 단어로 쓰일 때도 있다.
116 마나스의 조상들이 간직해온 가문의 깃발이 붉은색이다. 마나스를 노고이 가문의 후손으로 여기기도 한다.

(자큽은) 하늘 높이 들어올렸습니다.
(자큽은 깃발을 들어올리는 신호를 보내며) 친선을 위한 (씨름) 시합의
  시작을 알렸습니다.

칼믹 사람들의 전사인 카라스만과
카자흐 사람들 가운데 장사인 칼다르가
서로를 마주 보며 버티고 섰습니다.
경기가 시작되자마자 용맹한 칼다르가
마치 부맷자루를 들어올리듯 (상대방을) 냅다 잡아들고서
땅에다 내다 꽂았습니다.

자, 이렇게 사기가 등등해진 사람들을 한번 보십시오!
수많은 카자흐 사람이 자신만만해하면서
벽력같은 소리를 질러 댑니다.
말 여섯 필과 낙타 한 마리를
카자흐 사람들이 상으로 받았습니다.

망굴 사람들의 대표로 천하장사 초콘이 나섰습니다.
사람들이 말하기를, 〈그의 이름은 장사 초콘이다.
장사 초콘은 누구와 겨루어도 이긴다.〉
사람들이 말하기를, 〈망굴 사람들은 천성적으로 무시무시하다.
(무시무시한 망굴 사람들 중에서도) 제일 무서운 인물을 내세웠다.〉

셀 수 없이 많이 온 투르크 사람들 가운데에서
투골바이라는 이름의 장사가 앞으로 나왔습니다.

투골바이는 대적해서 싸우는 상대를 모두 제압한 바 있습니다.
투르크 사람들이 모두 이구동성으로 투골바이를 선택했습니다.
젊은이와 나이든 사람들이 모두 (투골바이를 선택했습니다.)

천하장사 초콘은 무시무시한 소리를 내며 다가왔습니다.
(말을 할 때마다) 초콘의 입에서는 연기가 피어올랐습니다.

〈투르크 하룻강아지의 멱을 따버릴 테다!〉
망굴 사람 모두가 소리를 질러댔습니다.

그 순간 (투골바이가) 앞으로 나설 채비를 했습니다.
(투골바이는) 몸에 걸쳤던 축제용 의복을 벗고,
시합을 위한 복장으로 갈아입었습니다.
조상님들의 영전에 기원을 드린 다음
바이 투골은 앞으로 나아갔습니다.
두 장사는 서로에게 가까이 다가서자마자
즉시 (상대방의) 바지춤을 움켜쥐고
(씨름) 시합을 시작했습니다.
두 사람은 서로 상대방의 손목을 붙잡았습니다.
바이 투골[117]은 벼락같은 순간적이고 강한 동작으로
(초콘의) 손아귀에서 자신의 팔을 빼냈습니다.
용맹하다고 불려온 초콘의
손목을 바이 투골이 잡았습니다.

---

[117] 투골바이와 바이 투골은 동일 인물이다.

장사라고 불려온 망나니(초콘)는
(바이 투골에게 두 손목을 잡힌 채) 손을 뺄 수가 없었습니다.
바이 투골은 (초곤의) 손을 자신의 손으로 붙잡은 채
뒤에서 (초콘의) 허리를 감싸 쥐었습니다.
거대하고 막강한 초콘이었지만,
몸의 균형을 유지하지 못하는 게 명백해 보였습니다.
많은 사람이 모여들어 (두 사람의 시합을) 구경했습니다.
거대한 초콘을
바이 투골이 붙잡아서 내동댕이쳤습니다.
바이 투골이 천하의 장사를 내던진 것입니다.
(바이 투골은) 황소 여섯 마리와 살진 말 다섯 필을
상으로 받았습니다.

(모자에) 붉은색 깃털을 단 크타이 사람들 사이에,
이름이 쿠노스라는 장사가 있었습니다.
(쿠노스는) 손가락의 긴장을 풀면서,
마치 천둥과 같은 괴성을 질렀습니다.
쿠노스는 말했습니다. 〈네 피를 모두 뽑고 말겠다.〉
쿠노스가 또 말했습니다. 〈네 영혼을 없애버리겠다.〉
쿠노스가 이어서 말했습니다. 〈너를 가루로 만들어줄 테다.〉
(쿠노스는) 이렇게 소리를 친 다음 마이단[118]에 올랐습니다.

---

[118] Maidan(마이단)은 키르기스 사람들이 씨름 경기를 하기 위해 준비하는 일종의 경기장이다. 고르게 풀이 난 장소를 뜻하지만, 마나스 서사시에서는 경기장과 상관없는 다른 뜻으로 사용되기도 한다.

〈투르크 민족에 속하는 사람들은
모두 썩 앞으로 나와 보시지그래!〉- 쿠노스가 말했습니다.

한[119] 바라크를 조상으로 두었고,
한 캄바르가 자신의 선조인,
한 사람이 카자흐 사람들 가운데에서 앞으로 나왔습니다.
그의 이름은 아이다르칸이었습니다.
(아이다르칸은) 무시무시한 표정을 지으면서 소리치기 시작했습니다.

〈너희가 크타이 사람들의 대표라면,
나는 구름떼만큼 많은 투르크 사람의 대표다.- 아이다르칸이 큰소리를
 쳤습니다.-
그대들이 비록 괴상망측해 보이지만,
용기가 있다면, 이리 가까이 와보라!〉

크타이 사람 모두는 (아이다르칸의 도전적인 말에) 동요했습니다.
겁을 집어먹은 크타이 사람은 (뒤로 도망치거나) 다른 사람의 몸에 걸려
 넘어지기도 했습니다.
(하지만) 크타이 사람들 가운데 있던 육만 명[120]의 (크타이) 전사들은
벽력같이 소리를 치기 시작했습니다. 〈타-타-타!〉
모욕을 받은 (크타이) 사람들은 집단을 이루어 앞으로 나왔습니다.

---

119 khan을 뜻한다.
120 현실적으로 보면, 잔치에 육만 명의 크타이 전사들이 참석했을 수가 없다. 마나스치가 숫자를 착각했을 수도 있고, 크타이 전사의 수가 많다는 것을 강조하려는 수사일 수도 있다.

〈내가 토이를 준비해놓고서,
분쟁을 만들어버린 격이 되었다〉라고 생각하면서
바이 자큽은 근심이 가득 찬 표정으로 입을 열었습니다.

〈카자흐 사람들과 키르기스 사람들, 그리고 우즈벡 사람들은
전쟁을 치르기 위해서 태어난 사람들입니다.
야비하기 그지없는 놈(쿠노스),
도대체 그놈이 (나의 토이를 망치려고) 무슨 말을 늘어놓는지 모르겠단
  말이야?!〉

큽착 사람인 엘레만,
(키르기스 사람들의) 먼 친척이자 수사가 뛰어난 타스,
타타르 사람들 사이의 영웅인 에슈텍,
제지게르[121] 사람인 바그슈
그리고 제트키르 아그슈 비이[122]의 아들이
망굴 사람들에게 크타이 사람들과 협의해서 갈등을 해결해달라고 부탁
  했습니다.
(중재에 나선 이들은) 용사들과 말들이 (전투대형으로) 전개되는 것을 막
  았습니다.
(중재에 나선 이들은) 토이를 중단시켰습니다.

(키르기스와 크타이로 나뉜) 두 진영의 언쟁은 멈출 줄 몰랐습니다.

---

[121] 제지게르(Dzhediger)는 키르기스 민족에 속하는 부족이다. 현 키르기스 공화국 남부의 천산산맥과 추이 지역에 거주했던 것으로 알려져 있다.
[122] 비이(bij)는 남성에 대한 일종의 존칭이다. 중앙아시아 지역에서 흔히 사용된다.

두 진영은 서로 떨어져서 이틀을 보냈습니다.
이틀 동안 그렇게 (냉각기를 갖고) 지냈던 겁니다.
사흘째 되는 날 (토이가 재개되며) 경기가 시작되었습니다.
(자큽은) 큰 상을 내걸었습니다.
말 오백 필과 양 천 마리를
자큽이 상으로 지정했습니다.
뛰어난 단봉낙타 오백 마리와
두 마리 낙타 등에 가득 실릴 만큼의
붉은색 황금을 바이 자큽이 세어서 내어 주었습니다.
거대한 가축 여섯 마리와 양 여든 마리를
바이 자큽이 세어서 내어 주었습니다.
간단히 말해 상으로 줄 만한 것은 다 내놓은 셈이었습니다.

이틀 동안 말 경주가 이루어질 곳으로 말들을 몰아왔습니다.
(토이에 모인) 사람들은 (다시 축제를 즐기며) 먹고 마셨습니다.
토이에 온 사람들은
사흘째 되던 날 말에 올라탔고,
자루를 여러 개, 안장에 고정했습니다.
경주 시작시각과 장소가 결정되었습니다.
(경주할 곳은) 칼칸[123]과 오구즈-케추[124] 지역이고,
이곳에서 (말들을) 출발시켰습니다.

---

[123] 현 카자흐스탄 남서부의 일리 계곡 지역으로 추정하는 연구자들도 있으나, 칼칸이 어디인지 명확하지 않다.
[124] 오구즈-케추는 가상의 지명으로 알려져 있다.

에슈테크의 말 젤타만을
끌어준 사람은 에레만이었습니다.[125]
(말의) 입은 넓게 열렸고,
쇠로 만든 검은색 재갈이
거의 땅에 질질 끌리다시피 했습니다.
말굽으로 땅을 박차고 달린 곳에는
작은 바위와 돌멩이가 부서져 모래가 되었습니다.
말은 전속력으로
재갈 주위에 흰색 거품을 물고
가슴에 거품을 휘날리며 달렸습니다.
밝은 갈색 말은 갈기가 검었고,
강 위에 떠 있는 구름처럼 하늘에 떠 있었으며,
바람처럼 허공을 가르고 질주했습니다! 세상에, 이런 동물이 어디에 또
  있을까요!

다른 갈색 말 한 필은 마치 시위를 떠난 화살처럼 달려서,
마침내 (젤타만을) 따라잡았습니다.
바스슈의 말 수르키이이크였습니다.
수르키이이크의 (네 발은) 거의 땅에 닿지 않는 듯했습니다.

(수르키이이크의) 뒤에서,

---

[125] 키르기스인들이 상품을 놓고 경주를 할 때 경주 참가자의 말을 경기 전에 지정한 친구나 친척이 끌어주는 규칙이 있다. 말이 피로를 느껴 제대로 달리지 못할 때, 지정된 친구나 친척이 경주 참가자의 말고삐를 끌어 도움을 주는 경우다. 지역에 따라 이러한 제3자의 개입이 금지되기도 한다.

칸가이[126] 사람들의 (말) 카라수르가(달렸습니다).
카라수르의 질주를 한번 보십시오!

카라수르의 뒤를 이어 (달리는 말은)
입담 좋기로 소문난 타즈의 토오카르였습니다.
가엾어 보이는 토오카르는 아직 지방 살을 제대로 빼지도 못했습니다.
숨을 힘겹게 몰아쉬면서 좌우로 고개를 연신 돌리고 있었지요.
(토오카르는) 말들을 끌어주는 곳에 도착해서 (자신을 끌어달라고) 큰 소
  리를 냈습니다.

(앞서가는) 말들의 뒤를 이어서
알타이 사람들의 (말) 나르카라가
전속력을 다해 달렸습니다.
알타이 사람들은 큰 소리를 질렀습니다.

(사람의) 맨눈으로 (말이 달리는 속도를) 따라잡지 못할 정도로
빠르게 두 살 난 밤색 말이 앞으로 달려나갔습니다.
이 말은 두 살을 훌쩍 넘어 거의 세 살에 가까워 보였습니다.
이미 말 경주에서 우승한 경험이 있는 칼믹인 카라조이가
말을 응원하려고 목소리를 높이며
자신의 세 살에 가까운 말의 질주에 흥겨워했습니다.

〈자 이것 좀 봐, 이제 시작이거든!-카라조이가 소리쳤습니다-

---

[126] 칸가이는 서사시 속에 등장하는 칼믹 사람들의 나라이다.

내 세 살짜리 말이 뛰는 걸 보시라는 말이지.
최고의 경주마가 될 거야,
자 이제 이 말을 좀 도와주자고!
이 세상에 이렇게 뛸 수 있는 말은 이제 찾아보기 어렵거든!〉

(카라조이의) 말 뒤쪽으로
안디잔에서 온 (말) 아키리크가
점점 힘을 더하며 달리고 있었습니다.
(아키리크는) 있는 힘을 다 쏟아부었습니다.
코누르 비이가 달려와 (자신의 말에게) 소리를 지르기 시작했습니다.

〈이런 지리멸렬한 녀석 같으니라고,
도대체 왜 이렇게 느린 거야?!〉 - (코누르 비이가) 소리를 치고 또 쳤습니다.
마치 코누르 비이의 외치는 소리를 들은 것처럼,
아크바카이[127]는 무엇인가에 놀란
토끼처럼 두 귀를 쫑긋 세우고,
하늘을 향해 날듯 달리기 시작했습니다.

〈크타이 사람들이 앞서가는 것은 있을 수 없어,
크즈르 사람들이 우리를 이길 수는 없어!
칸가이 사람들이 상을 타게 그냥 둘 수는 없거든,

---

[127] 아크발라이는 아킬리크와 같은 말이다. 아킬리크가 발목만 제외하고 온몸이 흰 눈처럼 하얀색 털로 덮여 있어 흰색을 뜻하는 키르기스 말 '아크'가 들어간 '아크발라이'라는 별명을 받았다.

신성한 정령께서 우리를 도우시니까!
젤타만이나 수르키이이크,
두 말 중 어느 말이든 상을 타면 된다!〉- 이렇게 말을 하면서,
말을 끌어주던 사람들이
경주선 밖으로 물러나 자신들의 말에 올랐습니다.

(제일 먼저) 결승점에 다가가던
젤타만이 불현듯 머리를 좌우로 심하게 흔든 다음
갑자기 그 자리에 멈춰서, 단 한 걸음도 앞으로 나아가지 않았습니다.
(그 덕분에 젤타만의 뒤를 따라오던) 바그슈의 말인 수르키이이크가
놀라운 질주능력을 보이면서 일등으로 결승선을 넘었습니다.
제지게르 사람들의 말이 승리한 것입니다.
수르키이이크가 우승한 것입니다.

사람들이 소리질렀습니다. 〈바그슈의 말이 우승했다!
자큽이 실시한 경마대회에서 (바그슈의) 수르키이이크가 승리자다!〉
(자큽의 토이에 참석한) 아시아 모든 민족에게
이 소식이 알려졌습니다.

사람들이 말했습니다. 《(여보게,) 우리 고향 사람 바그슈, 우리에게도 좀
　나눠주시게!》[128]

---

[128] 원문을 직역하면 '내 고향마을 사람 바그슈, 자네가 소오가트를 하게' 정도라고 할 수 있다. 키르기스인들은 뜻밖의 횡재를 하면 주위 친지들과 나눠 가지는 풍습이 있었다. '소오가트(soogat)'는 스포츠 경기나 내기에서 이긴 상품을 가까운 친지에게 나눠주는 것을 뜻하는 키르기스 말이다.

모두가 다 자네의 친구가 되도록 말일세!〉

바이 자큽은 상을 나눠주는 중심적인 역할을 맡았습니다.
아크발타 영감이 바이 자큽을 도왔습니다.

(여보십시오, 여러분) 서른한 번째로 들어온 말까지 상을 탔는데,
이런 일이 이 세상의 어떤 경주에서 가능하겠습니까?!

아크발타의 (말) 코촐로크는
(운이 좋게 상을 타게 된) 서른한 번째의 말로 판명되었습니다.
커다란 가축 여섯 마리와 양 여든 마리를
아크발타가 (상으로 받은 뒤) 자신의 거처로 몰아갔습니다.

〈여보시게, 자네한테 좀 나눠주고 싶어!
자 이제 내가 좀 나눠봄세.
말 오백 필을 (자큽 당신이 다시) 가져가시게,
양도 원하는 만큼 가져가시게,
우리는 사실 이 녀석들을 몰고 가기 어렵다네, 그러니 자네가 그냥 가지
　시게.
자네가 베푸는 토이가 신의 축복을 받도록
이 양떼도 자네가 다시 가져가시게.
뛰어난 낙타 오백 마리를 (준다고 했으니)
낙타의 수를 세어 (우리에게) 주시게나,
낙타 두 마리의 잔등에 가득 실린 금을 준다 했으니(주시게나).
우리 악사칼[129]들께 말을 내주시고,

각각의 분파에 모피 옷을 내주시게.
마을에서 오신 분들은
황금을 조금씩 챙기시고,
젊은 용사들은
서로 가진 것을 나눠 가지시기를.
(땅 위에 살면서도 세상 이치에 대해) 아무것도 모르는 우리는
이 덧없는 세상에 (영원히 살 것처럼 생각하지만)
(실제로는) 잠시 머물다 가는 것일 뿐이지.〉

영웅의 면모가 있는 바그슈는 이렇게 말을 한 다음,
바이 자큡에게 다가가서 다시 입을 열었다.

〈카자흐 사람들, 키르기스 사람들, 카타간 사람들,
우리 모두 같은 조상에게서 나왔소.
우리에게는 선조에게서 물려받은 언약들이 있는 거요.
(같은 조상을 모신 우리 사이에) 우즈벡 사람들도 (포함되어) 있소.
나이가 지긋하게 들어서야 아이를-
그것도 아들을- 바이 자큡이 보시게 되었다오.
이제 그 아들에게 이름을 지어줄 때가 되었소.〉

큽착 사람들 사이에서는 바이지기트,
키르기스 사람들 사이에서는 엘레만,

---

129 악사칼(aksakal)은 마을의 존경받는 원로를 부르는 키르기스 말이다. 현재는 그 의미가 바뀌어 '존경하는' 혹은 '중요한' 사람을 뜻한다.

안디잔 사람들 사이에서는 쿠르트카,
아르근 사람들 사이에서는 카라코조,
노이구트 사람들 사이에서는 아크발타,
노고이 사람들 사이에서는 에슈테크,
투르크 자손들 사이에서는 아브들다,
우즈벡 사람들 사이에서는 다물다,
우리 친척들이 이렇게 모두 한자리에 모여 있단 말입니다.

〈카타간 출신의 비이 무나르,
순금으로 장식된 옷 사르파이[130]를 입으시오,
흰 수염을 늘어뜨린 여섯 명의 손님이시여, 사르파이를 입으시오.
수염이 검은 손님들이시여, 이제 콧수염이 막 자라기 시작하는구려,
이 모든 분께 두루마기 외투를 한 벌씩 드리겠소.〉ㅡ(자큡이 참견하며
  말했습니다.)

(바이 자큡은) 사르파이 세 벌을 더 꺼내놓으며,
지체 높으신 손님들을 위해 예비해둔 것이라고 말했습니다.
옷이 손님들 앞으로 옮겨졌습니다.
(손님은 모두) 흡족해져서 서로 얼굴을 바라보았습니다.
바이 자큡은 아들을 손에 든 다음,
(외투를 놓은) 바닥에 (아들을) 내려놓았습니다.
츠으르드가 바이 자큡의 뒤를 따랐습니다.

---

[130] 사르파이는 두루마기처럼 겉에 입는 옷. 사르파이의 화려한 장식에 따라 신분이
  구분되기도 한다.

금실과 은실로 무늬를 수놓은 비단 두 필로 만든 옷 위에
순금으로 만든 쉰 개의 딜데[131]를 올려놓고서,
츠으르드는 두 손으로 (딜데를 담은 비단옷을) 들고 (자큽의 뒤에) 섰습
니다.

〈내 아들에게 이름을 주소서!〉-(자큽이 하늘로 두 손바닥을 펴 들어올리
며) 발원했습니다.
이 말을 마친 뒤, 아크사칼[132] 자큽은
사람들 앞에 섰습니다.

사람들이 생각했습니다. 〈이름은 신성한 것이야,
어떤 좋은 이름이 지어질까?〉

바이 자큽은 주위를 돌아보았습니다.
차례대로 한 사람씩 모두에게 눈길을 주었습니다.
앉아있던 남자들은 모두 얼굴에 무언가 말하고 싶은 표정을 잔뜩 떠올렸
지만,
그들 가운데 단 한 사람도 적당한 이름을 입 밖에 내지 않았습니다.
아무도 이름을 말하지 못하자, 모인 사람은 모두 초조해졌습니다.
(각 지역에서) 현자라고 불리는 사람은 다 모여 있었지만,
모두 그저 당황스러운 표정을 머금은 채 자리를 지키고 앉아있을 따름이
었습니다.

---

131 딜데(dilde)는 금화의 명칭으로 알려져 있다.
132 키르기스인의 장로, 관리 등을 지칭하는 경칭이다.

(난데없이) 흰색 모자 쿨레[133]를 쓴 거지 영감 두바나[134]가
손에 쥐고 있는 길쭉한 목동의 지팡이로 요란한 소리를 내면서
(모여 있던 각 가문과 종족의 대표격인 사람들 앞에) 불현듯 모습을 드러
 냈습니다.
거지 영감 두바나가 어디서 나타났는지는 아무도 알지 못했습니다.
거지 영감 두바나는 사람들을 쭉 돌아본 다음 (입을 열었습니다.)

〈그대들은 가장 좋은 의복을 입고 계시구려,
이렇게 그대들이 모두 한곳에 모여 계신 것을 보니,
무엇인가 그대들에게 아주 중요한 일이 있는가 보오?
그대들 모두 근심스러운 표정이신데,
대체 무슨 일 때문에 염려를 하시는게요?
내가 한번 들어보겠으니 이제 다 말씀해보시구려,
자, 내게 말씀들 한번 해보시지요!〉

거지 영감 두바나는 대답을 기다리는 표정을 지었습니다.
베르지케가 두바나의 물음에 대답했습니다.

〈만약에 그대가 어린아이에게 (아이의 운명에 합당한) 이름을 지어줄 수
 있다면,
그대에게 큰 보상이 있을 거요, 거지 영감 두바나 어르신.

---

133 중앙아시아식 키가 큰 모자. 모자가 말의 이미지를 닮았다.
134 투르크 사람들 사이에서 전설처럼 전해오는 '현명한 거지 영감'의 이름이다. 거지
 와 같은 행색으로 세상을 떠돌아다니지만, 현자로 인식되어 크고 작은 잔치에 빠지
 지 않고 초대되는 신비한 인물들을 뜻하는 말이다.

이 아이의 선조는 한 바브르[135]였소.
여기 계신 (아이 아버지 되시는) 분의 함자는 자큽이라고 하오.
얼마 전까지만 해도 자식이 없던 팔자였지요.
이분은 이 땅을 다 채울 만큼 가축을 많이 갖고 계시지요,
그러니, 그대가 (아이 운명에 합당한) 좋은 이름을 내놓기만 하신다면,
그래서 하늘 신들께서 (그 이름을 듣고) 기뻐하신다면(그대에게 커다란 상이 있을 거요).
벌써 이분의 연세는 쉰이나 되었소.
자식이라고는 이 아이가 유일한 독자라오.
우리 모두 여기 모여 머리를 맞대지만 아직도 합당한 이름을 찾지 못했소.
우리는 (이름 찾기에) 어려움을 겪고 있다오.〉
베르지케가 말을 마쳤습니다.

〈허락하신다면 제가
이 아이의 이름을 지어보겠습니다.〉
거지 영감 두바나는 조금의 망설임도 없이 대답했습니다.

모인 사람들은 한목소리로 외쳤습니다. 〈이 아이에게 영원히 지속될 이름을 주소서!〉
모인 사람은 모두 웅성거리기 시작했습니다.

〈자, 우선 이름의 첫 글자에 'Mim'[136]자의 'M'이 오도록 하지요,

---

[135] '바브르 한' 혹은 '바비르 한'이라고도 부른다.
[136] mim은 아랍어 단어. 아랍어 단어가 광범위하게 활용되는 것을 보면 마나스 서사시 낭송 당시 중앙아시아에 밀려온 아랍문화의 영향을 짐작할 수 있다.

예언자의 이름을 따서 그렇게 하는 겁니다.
이름의 가운데에 'Nun'[137]자의 'N'을 넣도록 하겠어요,
성자의 이름에 있는 느낌을 살리는 거죠.
마지막으로 이름의 끝에 'Sin'[138]자의 'S'를 넣어서,
(지상 최고의 용사를 표시하는 용감한) 사자의 이미지를 줍니다.
그러면, 이제 어떤 이름이
이 세 개의 음으로 만들어지나요?〉

거지 영감 두바나는 마음속으로 〈마나스[139]〉라고 발음한 뒤 이름을 이해
했습니다.
(마나스라는 이름이) 거지 영감 두바나의 입에서 나왔습니다.

---

[137] nun은 아랍어 단어.
[138] sin은 아랍어 단어.
[139] 세 개의 자음들 사이에 날숨의 음가가 있는 모음 'A'를 넣어 자연스럽게 발음하면 'MANAS' 즉, '마나스'라는 발음의 이름이 생겨난다. 마나스라는 이름을 짓는 과정은 사얀산맥-알타이산맥 자락에 거주했던 투르크계 민족들의 민담들에 나오는 내용과 일치해서 흥미롭다. 이름 짓기와 관련된 알타이 투르크인들의 민담들을 보면, 흔히 다음의 화소 혹은 이야기 흐름이 발견된다. 1) 새로 태어난 아이의 이름은 많은 사람이 한군데 모인 장소에서 선택된다. 2) 아이의 이름을 짓기 위해 모인 마을 대표 자격이 있는 사람들은 선뜻 아이의 이름을 짓거나 제시하지 못한다. 이름에 마법적인 힘이 있는 것으로 여겨졌고, 태어난 아이의 일생과 운명을 좌우하는 것으로 생각되기 때문이다. 따라서 이름을 짓는 일은 매우 중요한 일이고, 쉽게 결론을 내기 어려운 과제였다. 3) 이름 짓기에 어려움을 겪을 때 어디선가 홀연히 흰 수염을 길게 기른 나이 지긋한 할아버지가 나타나서 마치 운명처럼 아이에게 이름을 지어준다.
키르기스인들은 흔히 영웅이나 성자의 이름을 자기 자식의 이름으로 사용하는데, '마나스'라는 이름은 서사시가 키르기스인에게 신성한 역사로 각인되면서, 함부로 사용되지 않았다. 20세기 초까지만 해도, 키르기스인들은 자식의 이름을 지으면서 '마나스'라는 이름을 의식적으로 피했다. 서사시 영웅 '마나스'에 대한 극진한 존경의 표현이었다.

〈이 아이의 이름이 결정되었습니다. 그러니까, (아이의 이름은) '마나스'요.
가장 높으신 알라께서 (마나스를) 보호하실 겁니다!
(전지전능하신 알라께서) 마나스의 어려움을 모두 해결해주실 겁니다.〉

동석한 모든 사람이 (마나스를) 축복했습니다,
나이든 분이나 연소한 사람 모두가 다.
사람들이 입을 열고 말했습니다.〈좋은 이름이야,
듣기에도 고상하거든〉
마나스의 아버지와 어머니는 (새로운 이름에 만족하며) 기뻐했습니다.
(마나스의) 어머니는
순금으로 수를 놓은 비단옷을
거지 영감 두바나에게 던져주었습니다.

〈받으면, (결국) 돌려주어야 하는 법입니다.〉라는 말을 한 뒤,
거지 영감 두바나는
(마나스의 어머니에게서 자신이 받은 비단옷을) 돌려주었습니다.

카타간 사람가운데 우르마트바이가,
가장 나이가 많은 연장자였는데, (두바나가 던져놓은) 비단옷을 챙겼습니다.
그리고 카슈가르에서 온 칼마타쿤 역시
비단옷을 얻었습니다.
참으로 신기한 일은,
바로 그곳에 서 있던 거지 영감 두바나가
사람들의 눈에서 홀연히 사라져버렸다는 겁니다.

이름도 지었으니, 토이도 마무리되었습니다.
(잔치에 온) 사람들은 자신의 마을로 각각 흩어져 돌아갔습니다.

이윽고 일곱 해 세월이 (눈 깜짝할 사이) 흘렀습니다.
마나스가 여덟 살이 된 겁니다.
아직 어린아이에 불과했지만,
올해 벌써 여덟 살이 된 겁니다.
모든 면에서 마나스는 다른 사람들과 확연하게 달랐습니다.
어머니보다 힘이 더 세어서,
아버지가 마나스를 보호했습니다.
(아무리 힘이 센 아이라고 해도) 보호는 꼭 필요한 것이지요.
(마나스는) 바이 자큽에게 있는 유일한 낙타새끼이며, 혈육이니까요.
만일 마나스를 위에서 아래로 전체적으로 훑어보신다면,
마나스의 골격이 일반 사람과 확연하게 다름을 알 수 있습니다.
자, 한번 보시죠. 때때로 마나스가
자신의 (어리지만) 날렵한 몸매를 드러내고,
아침부터 저녁때까지 목욕을 하거든요.
가끔 가다가는 (어디로 가는지는 모르지만) 외출을 하기도 합니다.
머리에 떠오르는 일은 죄다 해보기도 하지요.
때에 따라서는 여기저기 떠돌기도 하고요,
한 달 내내 손조차 씻지 않을 때도 있습니다.
금지되었거나, 허용되었거나 하는 구분이 (마나스에게는) 중요하지 않습
  니다.
자신이 하고 싶은 대로 행동하기 때문이지요.
노인이라고 받들거나, 연소자라고 깔보거나 하지도 않습니다.

때때로 보면 얼마나 몸을 흔들어대는지,
마치 천방지축 날뛰는 경주마의 잔등에 안장을 올려놓은 듯도 합니다.
때로는 보면, 명상에 잠겨 있는데요,
마치 아무것도 개의치 않고, 딴 세상 사람처럼 (미동도 없이 오랫동안) 있기도 합니다.
보통 사람들이 존경하는 이슬람 성자의 무덤을 향해
아무렇지도 않은 듯 재미있어하면서 마치 (무덤에) 과녁을 놓은 듯 활을 쏘기도 합니다.
마나스의 머릿속으로 어떤 생각이 들어오면,
그 일을 해볼 때까지 안절부절못하는 상태가 되지요.
어쩌다 동년배 소년들을 보면, 커다란 무리가 될 정도로 소년들을 한데 모아서 놉니다.
어쩌다 신성한 나무를 보기라도 하면, 기어코 쓰러뜨리기도 합니다.

사람들이 (사고뭉치 마나스를 두고서) 말합니다. 〈바이 자큽의 아들은 항상 뭔가 사고를 치고 다닌다니까.〉
사람들이 (마나스에 대해서) 그렇게 험담을 하고 다녔습니다.

거지 영감 두바나를 볼 때마다 (마나스는 아무런 이유도 없이) 영감을 흠씬 두들겨 패주고,
거지 영감에게서 긴 지팡이를 뺏기도 했답니다.
아무런 이유나 까닭도 없이 그냥 장난으로 못된 짓을 영감에게 하는 겁니다.

(마나스가 저지르는) 장난들을 보면서, 마나스의 친지들은

이구동성으로 말하곤 했습니다. 〈결국에는 마나스가 큰 불행을 자초할 거야〉
사람들은 (마나스에 대해서) 그렇게 험담을 하고 다녔습니다.

(마나스가 길에서) 호자를 만나면, 호자를 깜짝 놀라게 하는 것은 다반사였고,
통에 가득 든 쿠미스[140]를
마나스의 손에 들려주면, 마나스가 (순식간에) 다 마셔버립니다.
전혀 취한 기색을 보여주지도 않는답니다.
아라카[141] 반 통을
혼자서 다 마셔도, 마나스는 숙취를 느끼지도 않는답니다.
(마나스는) 다르고[142]를 만나도 두려워하지 않고 막대기로 쿡 찌릅니다.
어쩌다 (마나스가 다르고의) 겨드랑이 아래를 (막대기로) 건드리기라도 하면,
(다르고는 야단을 치기는커녕) 기겁을 하고 부리나케 내빼버린답니다.
마나스는 재산의 가치에 대해서도 아무런 개념이 없습니다.

자식의 이런 모습을 보면서 바이 자큡은 비탄에 잠겼습니다.
바이 자큡은 (마나스와 관련된) 문제들을
바이 비체와 상의했습니다.

〈내가 보기에는 당신이 낳은 아이에게는 지혜가 없는 것 같구려,

---

[140] 키르기스 사람들이 흔히 먹는 발효된 말 젖이다. 알코올 성분이 들어 있다.
[141] 키르기스 사람들이 마시는 발효주.
[142] 마을에서 경찰의 역할을 하는 하급관리를 부르는 말이다.

마나스는 쓸모가 전혀 없는 아이인 데다가, (더 크면) 재산을 술로 탕진할
  가능성이 있고,
우리의 전통에 대해 불경한 데다가, 반항만 일삼고 있소.
다른 방도가 없으니 이제는 강제로라도
(마나스가 삶의 가치와 우리 전통을 존경하는 방도를) 깨우치도록 해야
  할 것 같은데,
(그래서 바이 비체가 동의하면) 여름철 내내 여름 목초지에 억지로 붙들
  어 매 놓든,
일꾼들에게 (마나스를) 여섯 달 정도 보내놓든 해야겠소.
(척박한 환경에서 노동으로 힘겨워하며) 스스로 자멸하든,
아니면, 행여나, 지혜를 깨우칠 수도 있을 거요!
(목동들과 함께 일하면서 남자다운) 대화를 나누는 법도 배우게 하고,
딱딱한 바닥에서 잠을 청하며, 삶의 어려움도 겪어야 하오.
가축의 소중함을 알 수 있도록 교육해야 하오,
마나스를 목동으로 만들어서
선한 것의 가치를 깨치도록 해야겠소,
(마나스가 눈치를 못 채게 준비해서) 순식간에 마나스를 데려다줍시다,
이름이 오슈푸르라는 양치기가 있는데,
(양치기 오슈푸르에게서) 지혜와 이성을 배울 수 있도록 해봅시다.〉

(마나스를 개과천선 시킬) 그러한 방도를 바이 자큽이
자신의 바이 비체에게 털어놓았습니다.

〈정말 좋은 생각이에요.〉- (어린 마나스를 위험한 곳에 보내는 것이 마음
  에 걸렸지만)

바이 비체는 이렇게 말한 뒤 바이 자큽의 제안에 동의했습니다.

바이 자큽은 아들을 불렀습니다.
바이 자큽은 소년 마나스가 새끼 양들을
잘 돌보는 사람이 되라고 당부했습니다.

〈내가 점점 더 나이를 먹어 가거든, 네 아비가 늙어간다고,
내 사랑스러운 새끼 낙타야,
우리에게는 말과 낙타를 포함해서 가축이 조금 있는데,
내가 이제 늙어 더는 가축을 늘리기가 어렵구나,
이제 어디서 내가 기력을 다시 회복할 수 있겠니?
우리에게 있는 양을 다 합해봐야 기껏 백 마리 정도거든,
이름이 오슈푸르라는 부자가 있는데,
만약 네가 (오슈푸르에게 가서) 양 치는 일을 여섯 달 정도 도와주면,
오슈푸르가 우리의 가축 수를 좀 늘려줄 것 같구나.
내 생각에는 우리 양의 수를 두 배정도 늘려줄 것 같은데.
(내가 오슈푸르에게 가서 일해야 하지만) 나로 말하자면, 이제 늙어빠진
　　자큽이 아니겠니,
내 아들아, 이제 너의 시대가 마침내 다가오고 있단다,
이제 오슈푸르의 목장으로 가서
(일을 도우며) 어느 정도 살아보도록 하여라.〉

아들이 아비에게 대답했습니다.
마나스가 엄숙하게 말하는 모습은 다른 사람들과 확연히 달랐습니다.

〈부자 오슈푸르가 어디에 살고 있습니까, - 마나스가 물었습니다, -
오슈푸르에게는 가축이 많지만 자식이 없다고 하니,
(아무리 부자라도) 참으로 불쌍한 사람이 아니겠습니까?
제가 (일하는 동안에 제가) 굶주리게만 하지 않는다면,
저를 그 사람에게 데려다주십시오.
부자라고 하는 그 사람에게 가축은 많습니까?
그 사람에게 가는 길이 먼가요?〉- 마나스가 물었습니다.

그러자 자큽이 대답했습니다.
〈하루 정도 걸리는 길이다.〉

〈만일 그 부자가 양을 (우리에게) 준다면,
제가 그 사람에게 가서 일을 하지 않을 까닭이 없습니다.
만일, 제게 기름진 음식이 주어지고,
만일, 거주하고, 잠을 잘 공간이 주어진다면,
저는 아직 병색 하나 없는 젊은 소년이니,
아버지의 말씀을 따르겠습니다,
즉시, 말씀을 따라 길을 떠나겠습니다,
내 걱정은 하지 마십시오, 아타케[143],
아버지께서는 아버지의 건강만 염려하시면 됩니다.〉

아들은 (비록 일하러 가는 길이었지만) 이번 일을 내심 반겼습니다,
바이 자큽은 안장을 올렸습니다,

---

[143] 아타케는 아버지를 뜻하는 키르기스 말이다.

세 살짜리 튼실한 말 위에 말입니다.
자큽은 자신의 뒤를 따라오라고
아들에게 일렀습니다, 아들은 자큽과 함께
자큽의 양치기 목동인 오슈푸르에게 갔습니다.
(아버지와 아들은 하루 밤낮을 여행하면서) 마침내 오슈푸르의 목초지에
  당도했습니다.

〈여보시게, 바이 오슈푸르, 여기 계신가? - 자큽이 큰 소리로 불렀습니
  다. -
살았는가, 죽었는가? 건강하신가? - 자큽이 문안 인사를 했습니다. -
바이 오슈푸르, 많은 사람이 그대의 목초지에 와서 일하고 싶어 한다고
  들었네,
여기, 내가, 그대에게 한 명 더
일꾼을 데려왔는데, 그대가 하는 목축을 도와주라고 말이야.〉

유르타에서 오슈푸르가 밖으로 나왔습니다.
오슈푸르는 자큽이 자신에게 던진 말을 들었습니다.

〈말에서 내리시지요.〉- 오슈푸르가 말했습니다,
오슈푸르는 바이 자큽에게서 말고삐를 받았습니다.
바이 자큽은 천천히 말에서 내렸습니다.
서두르지 않으면서 (바이 자큽은) 마을에 사는 다른 사람들의 안부를 물
  었습니다.
그 마을에는

카도오바이가 살고 있었는데, 그 사람의 아버지가 키르기스 사람이었습니다.
그 사람에게는 아들이 한 명 있었는데,
그 아들의 이름은 체게바이였습니다.

〈체게바이와 함께 우리 마나스가
일을 하면 좋을 듯합니다, - 바이 자큡은
그렇게 말했습니다.
둘이서 함께 일을 하도록 말입니다.〉
(바이 자큡은) 오슈푸르와 카도오에게
감시와 보호를 당부하며 아들을 (일꾼으로 내어 주었습니다).

〈가끔 굶주리도록 내버려 두게, 하지만 가끔 배불리 먹이기도 하고,
반항하거나 하면, 야단을 치고, 회초리를 들어,
이 아이가 좀 정신이 바짝 들도록 힘 좀 써 봐요.〉
바이 자큡이 바라는 바는 이런 것이었습니다.
이 말을 (아들이 모르게) 은밀하게 전한 다음,
바이 자큡은 편안한 마음으로 집으로 돌아갔습니다.

(여기에 모이신 청중님들!) 자, 이제, 이야기를 하나 들어 보실까요,
전능하시고 유일하신 알라께서 예정해 두신 이야기를.
자큡이 떠나고 난 바로 뒤에,
마나스가 어떻게 일을 하게 되는지를 한번 보시자고요.

(바이 자큡이 마나스를 오슈푸르에게 위탁한) 그때 이후부터,

이레가 지났습니다.

〈소년, 체게, 너는 나의 초로[144]다. - 마나스가 말했습니다. -
나의 유일무이한 친구다,
이제 함께 일하러 가보자,
때를 놓치지 않고, 일을 하러 가보자〉

두 소년은 끝없이 대화를 나누며 일을 했습니다.
대화를 나누다 보면 어느새 걸음이 산에 이르기도 했습니다.
둘도 없는 절친한 친구처럼 대화를 나누며,
(사이좋게 두 사람이) 나란히 걸었고,
덤불로 덮인 산까지 걸어갔습니다.
두 소년은 새끼 양들을 방목하고,
장난스럽게 꼬리를 붙잡기도 했습니다.
갑자기 소년들의 앞에
늑대가 뛰어나와서는 (새끼 양들을) 공격했습니다.
늑대라고 불리는 것에 대해서,
(마나스는) 실제로 보거나 듣지 못했습니다.
벌써 (마나스의) 나이가 아홉 살이 되었지만,
(마나스는) 그동안 집에서 떨어져 살아본 적이 없었기 때문입니다.
마나스는 (찬찬히 늑대의 모습을) 살펴보았습니다.
(늑대는) 새끼 양들을 눌러 죽인 다음,
기름기가 많은 양의 꼬리를 입에 덥석 물었습니다.

---

[144] 키르기스 말로 초로(choro)는 절친한 친구, 동지, 용사를 뜻한다.

〈저런 야만적인 동물이 도대체 뭘까?〉– (마나스는) 이렇게 생각하면서
늑대를 보고서 스스로 깜짝 놀랐습니다.
(마나스는) 묻기 시작했습니다.
열한 살 먹은 (자신의 친구 체게) 소년에게 말입니다.

〈저 짐승이 도대체 뭐야?〉– 마나스가 물었습니다.

체게바이는 (늑대를) 한 번 돌아본 다음 대답했습니다.
〈정말 무시무시한 놈인데 말이야!
사람들이 저놈을 늑대라고 불러,
저 늑대란 놈은 자기 마음대로 살거든,
산으로 달려가서,
새끼 양들을 마구 잡아먹기도 해〉

체게바이는 (말을 마친 다음) 큰 소리를 지르기 시작했습니다.

〈체게, 왜 큰 소리를 지르는 거야?
소리 지를 필요가 없어, 그만 해!
겨우 늑대 한 마리에 불과한데 왜 그래,
실컷 먹고 나면 갈 텐데.〉
마나스가 이렇게 말했습니다.

〈그래도 새끼 양들이 불쌍하잖아!
이 무서운 놈은 양을 모두 죽인 다음에도
자기 직성이 풀리지 않는 듯 날뛰거든〉

체게바이는 이렇게 말하면서 (늑대가 있는 곳으로) 뛰어갔습니다.

자신을 향해 뛰어오는 소년을
늑대가 발견했습니다.
늑대가 사납게 으르렁거렸고,
체게바이는 뒷걸음질 쳤습니다.
체게바이의 온몸은 (두려움에) 떨었습니다.

〈너 비겁하게 뒤로 내빼는구나,
완전히 체면도 다 잊어버렸어,- 마나스가
(친구의 모습을 보면서) 화를 내며 말했습니다.-
늑대 저놈의 두 귀를 잡아,
죽을힘을 다해서 붙잡고 놓지 않으면 되거든,
그러니까, 저놈이 늑대라 불리는 짐승이고,
늑대가 사람들까지 먹어치우는구나?〉

(늑대를 향해) 마나스가 뛰어갔습니다.
새끼 양을 (허리 위에) 둘러 업고서
늑대는 뒷걸음질 쳤습니다.
(마나스가) 늑대의 꼬리를 거의 잡을 뻔했지만,
(늑대가) 손아귀에서 벗어났습니다.

(청중 여러분!) 아직 아홉 살 먹은 소년의 힘으로는 쉽게 (늑대를) 잡지
   못하지요,

타고난 용맹함이 (마나스로 하여금 아무런 생각 없이) 늑대에게 덤비게
  하지 않았을까?

회색 늑대는 양을 자기 몸에 둘러업고서
산을 넘어 사라졌습니다.
(마나스는) 쉬지 않고 늑대의 뒤를 추적했습니다.
거대한 산들 사이에 평평한 계곡이 나왔습니다.
늑대는 바위틈에 숨었습니다.
양이 흘린 피의 흔적을 따라서
마나스는 (늑대를) 찾아다녔습니다.
마나스가 (흔적을 따라) 가다가 갑자기
한 동굴 안에 마흔 명의 사람이 있는 것을 발견했습니다.
평평한 동굴 바닥에는 사람이 가득했습니다.
이 사람들은 날개 달린 말들을 갖고 있었고,
아주 비범한 사람들이었습니다.
비호처럼 달리는 말을 타고 있었고,
화려한 의복을 갖추고 있었습니다.
(마나스는) 이 사람들을 유심히 살폈습니다.
절반쯤 먹혀버린 새끼 양을
이 사람들이 자신들 근처에 묶어 놓은 것을 발견했습니다.
새끼 양은 아직 목숨이 붙어 있었고, 힘없이 소리치고 있었습니다.
마나스는 새끼 양을 바라보았습니다.

《(늑대가) 새끼 양을 절반으로 자른 다음,
허리에 둘러 이고 도망치는 것을

〈내 두 눈으로 똑똑히 보았습니다.
도대체 새끼 양에게 무슨 일이 생긴 겁니까?
내 새끼 양을 이곳으로
늑대가 끌고 왔는데, 그 늑대는 도대체 어디로 간 겁니까?
여기 계신 여러분께서
내게 설명을 좀 해주십시오!〉
소년이 사람들에게 (계속해서) 물었습니다.

〈내 두 눈 앞에서,
새끼 양의 피가 흘러내렸는데,
그래서 벌써 새끼 양이 죽었을 거라 생각했는데,
이제 보니 새끼 양이 여기에 와있습니다,
그런데 작은 상처 하나도 입지 않았단 말입니다.
살아있는 새끼 양의 모습을 내 눈으로 지금 보고 있으니까요,
바로 여기에 있네요, 살아서 저렇게 서 있습니다.
바로 이것이 내가 여러분께 묻고 싶은 말입니다.〉
이렇게 말을 한 뒤 소년은 잠시 침묵했습니다.

앉아있던 마흔 명의 사람들은
일제히 소년에게 시선을 집중했습니다.
사람들은 말했습니다. 〈늑대가 자네의 새끼 양을 끌고 갔다면,
염려하거나, 두려워할 것이 없다, 소년아,
자, 보아라, 네 새끼 양에 작은 상처라도 하나 있느냐?
큰 상처를 하나라도 발견할 수 있겠니?
이제 네 두 눈으로 자신의 새끼 양이 온전한 것을 보았으니,

이제(말해보아라), 우리가 어떤 사람들인 것 같으냐?
너는 전쟁을 치르기 위해 신에 의해 만들어진 존재다.
네 몸속에 있는 힘을 느낄 수 있을 것이다.
자, 두려워할 것 없다, (우리가 하는) 말을 잘 들어보아라,
네가 찾던 양은 여기에 서 있으니(아무런 염려도 할 것 없고).〉
사람들이 이렇게 소년에게 말했습니다.

용맹한 마나스는 이 광경을 보면서
적잖이 놀랐습니다.
〈내가 방목한 새끼 양이 여러 마리인데,
그 가운데 한 마리를 골라서 끌고 온 것이
외모로는 회색 늑대였는데,
(늑대가 양들을 공격하는) 와중에 늑대가 새끼 양을 절반으로 두 동강
 냈고,
새끼 양은 내가 보는 앞에서 숨졌습니다,
늑대의 모습은 마치 개처럼 생겼고, 두 귀가 쫑긋하게 서 있었습니다.
순식간에 (양떼를 향해) 뛰어오른
늑대는 내 새끼 양을 공격했고,
새끼 양은 몸에 있는 피를 죄다 쏟았습니다.
그다음에 늑대가 새끼 양을 끌고 도망친 겁니다.
늑대는 돌멩이가 가득한 바위산의 산등성이 뒤로 숨었고,
내가 쫓아올까 혼비백산해서 달아났는데,
너무 놀라서 (그 늑대가) 혼이라도 빠졌는지 모를 정도입니다.
늑대가 (이곳에 숨지 않았다면) 어디로 도망쳤겠습니까?
그러니 내게 사실을 죄다 말해주십시오.

여러분께서 지금 무슨 일을 하는 겁니까?
늑대 뒤를 쫓아서 내가 (여기까지) 걸어왔습니다,
내게서 도망친 늑대는,
여러분께서 있는 곳까지 온 걸로 판명 났습니다.
내가 늑대 뒤를 쫓아서 (여기까지) 오고 보니까,
여기에는 (늑대는 안 보이고) 사람들만 가득하네요.
내 새끼 양을 이곳으로 데려와서,
상처 하나 없는 온전한 모습으로 (여러분 곁에) 묶어두었네요.
여러분은 한 분 한 분 모두 범상치 않아 보이십니다.
그러니 여러분은 도대체 어떤 분들이십니까? 여러분은 어디서 오셨습니까?
여러분은 그 늑대를 보셨습니까?
만일 보셨다면,
어떤 쪽으로 달아났는지 내게 알려 주십시오!〉

그러자 그 사람들이 마나스에게 대답했습니다.
〈자 이제 잘 보아라, 우리의 소년아,
늑대였던 존재가 바로 우리 가운데 한 명이란다.
그리고 너는 아주 비범한 사람이다.
크즈르 일리아스[145]라 불리는 사람이 있는데,
크즈르 일리아스가 너를 마흔 날이나 찾아다녔다.
우리는 '마흔 명의 친구'[146]라 불린다.

---

[145] '크즈르'라고 불리기도 하고 '흐즈르'라 불리기도 한다. 투르크인들과 이란인들의 전설 속의 예언자, 성자로 불리는 인물이다. 이슬람이 생겨나기 이전의 전설적인 인물이다. 길을 잃고 헤매는 여행자의 도움이 역할을 하기도 하고, 가난한 이들에게 도움을 주기도 한다. 사랑에 빠진 남녀에게 도움을 주는 존재로 여겨지기도 한다.

네 새끼 양을 누군가 해쳤다고 했는데,
자 잘 살펴보아라, 어디 이빨 자국이 하나라도 있느냐?〉

마나스가 다시 묻기 시작했다.
〈그렇다면, 어떻게 인간인 여러분께서
늑대가 될 수 있다는 말씀입니까?
여러분 가운데 늑대로 변한 분이 누굽니까,
자 어서 말씀해주세요, 누가 늑대였습니까?
자 어서 늑대로 변신해보세요, 내가 직접 봐야겠습니다,
그래야만 여러분이 하는 말을 믿을 수 있습니다.〉

(크즈르 일리아스의) 친구 마흔 명 가운데 한 사람이
온몸을 흔들었고, 바로 그 순간
그 사람은 늑대로 변신했습니다.

〈바로 그 늑대다, 그런데, (조금 전까지는) 사람이었는데,
정말로, 진정으로 기적이다!〉
소년 마나스는 마음속으로 이렇게 생각했습니다.

마나스의 뒤를 따라서
소년 체게바이가 뛰어왔습니다.

---

146 원문에는 'chilteny'라고 되어 있다. '칠텐' 혹은 '칠테니'는 알라가 지상에 보낸 마흔 명의 용사 혹은 신선으로 알려져 있다. 마나스 서사시에서는 '칠텐' 마흔 명이 마나스와 친구가 되고, 마나스가 어려울 때마다 도움을 주는 조력자의 역할을 한다.

마나스와 마흔 명의 친구들,
이 모두를 체게바이가 둘러보았습니다.
소리를 내고 있는 새끼 양이
살아있는 것을 (체게바이가) 보았습니다.
체게바이는 깜짝 놀랐습니다.

쓸데없는 말을 낭비할 필요 없이(직설적으로),
마흔 명의 친구들은 (마나스에게) 말했습니다.
〈이 소년의 이름은 체게인데,
지금부터는 체게라고 부르지 말라,
이 소년이 (마나스 네게) 행운을 가져다줄 사람이고,
(마나스 네게) 둘도 없는 친구로 항상 함께할 사람이니,
이제 이 소년을 쿠투비이라고 불러라,
신이 주시는 (쿠투비이라는) 이름이 체게에게 합당하기 때문이니라.
서른아홉 명의 동지가 (앞으로 마나스) 네게 있을 것인데[147],
그들의 이름은 벌써 정해져 있다.
이제 더는 여기에 머물지 말고,
길을 떠나도록 하여라.〉

이런 말을 남긴 다음 마흔 명의 친구는 홀연히 어디론가 사라졌습니다.
먼지조차 뒤에 남지 않았습니다.

---

[147] 키르기스스탄 사람들에게는 40이라는 숫자가 각별한 의미를 지닌다. 소설가 칭기스 아이트마토프의 소설 〈하얀 배〉에서 키르기스 신화를 보면, 키르기스 사람들을 구성하는 종족들을 보통 40종족이라 부른다. 마나스 서사시에서도 '칠텐'이 40명이고, 마나스와 마나스의 미래 동지들을 합하면 40명이 되는 것을 볼 수 있다.

이 마흔 명의 친구들이 떠난 자리에 말입니다.

두 소년은 걸음을 재촉해 (사람들이 떠났을 법한 곳을 살펴보았습니다.)
(죽은 줄 알았다가 다시 찾은) 새끼 양을 줄에 묶어 끌고서,
(가축들을 방목하던) 산의 정상을 향해 서둘러 돌아갔습니다.
그곳에는 많은 양이 (별일 없이) 노닐고 있었습니다.

〈우리가 보았던 그 사람들이
내게 경의를 표했어, - (마나스가) 말했습니다. -
그 사람들은 너를 쿠두비이라고 불러야 한다고 했어,
(그다음에) 흔적도 없이 사라져버렸지.
아주 비범한 사람들이 틀림없어.
그 사람들의 말은 천둥같이 무시무시하게 들렸어.
그 사람들이 직접 손으로 (이 새끼 양을) 만졌으니,
(이제) 이 새끼 양은 범상한 양이 아니야.
자, 이제 우리가 이 양을 잡아서,
이 양을 먹도록 하자, 이 양의 고기를 배터지게 먹자.
만일 어머니나 아버지께서 우리에게 물어보시면,
(이 사실에 대해서) 그분들께 말하지 말자.〉

두 소년은 그렇게 합의한 다음,
어린 양을 잡았습니다.
그런데, 불을 만들 부싯돌이 없었습니다.
두 소년은 아주 곤란한 입장이 되었습니다.
두 소년이 말했습니다. 〈새끼 양을 우리가 잡았는데,

잡은 것은 잡은 것이라고 해도,
(요리를 할) 불을 마련할 방도가 없네.〉

잔가지를 한데 모으고,
장작을 준비한 다음,
불이 없이 그냥 두 사람은 앉아있었습니다.
갑자기 어디서 나타났는지 알 수 없지만,
허리춤에 도끼를 차고서,
두 살짜리 송아지 다섯 마리를 몰고서,
어떤 노인 한 사람이 두 소년에게 가까이 다가왔습니다.
그 노인은 두 소년을 물끄러미 살펴본 다음 (말했습니다.)

〈이런 못된 아이들이 있나!
네놈들이 (어른들에게 허락도 구하지 않고) 함부로,
새끼 양을 죽여 버렸지?
내가 단숨에 너희 부모에게 가서 죄다 말해주겠다,
부모들에게 다 일러준 다음, 내가 다시 돌아오마.〉

노인은 길을 떠나려 했습니다,
그 노인에게는 부싯돌이 있었습니다,
노인이 걸음을 옮겨 돌아서려는 순간,
소년이 재빨리 앞으로 뛰어나와서,
노인이 탄 말의 고삐를 낚아챘습니다.

〈영감, 잠시 멈춰 봐요, 부싯돌은 주고 가셔야죠!〉

소년이 노인에게 달려들었습니다.

만일 (이 이야기를 듣는 여러분께서) 이 노인이 누구냐고 물으신다면, (말씀드리죠) 이 노인은 알타이 사는 칼믹 사람입니다. 트르고오트 출신
   이지요.

〈우투구뇨 쇼오다이!〉[148]
칼믹 노인이 욕지거리를 해댔습니다.

교활하고, 악의에 가득 찬 칼믹 노인은
소년에게 부싯돌을 빌려주지 않았습니다.
아홉 살 된 소년은
끓어오르는 분노에 사로잡혀서
(노인의) 허리춤을 손에 잡고서
노인을 말에서 아래로 끌어 내렸습니다.
노인을 땅에 내던졌습니다.
노인은 고개를 위로 하고 땅 위에 나자빠질 뻔했습니다.

〈저러다 늙은이의 간과 심장이 다 터져버리겠네!
비실비실하는 저 늙은이가 죽을지도 모르겠어!〉 - (쿠투비이는) 이렇게
   생각하면서,
노인의 옆에 서 있다가

---

[148] 칼믹어로 '저리 비켜, 못된 놈들' 정도의 뜻으로 알려져 있다. 마나스와 그의 친구, 그리고, 이 이야기를 듣는 청중도 이 말의 뜻을 이해하지 못하지만, 마나스치의 낭송을 직접 들으면 이 말의 강한 느낌을 받게 된다.

뒤에서 노인을 (땅에 넘어지지 않도록) 부축했습니다.

노인의 두 눈이 휘둥그레졌고,
허리에 찼던 복대의 끈이 끊어져서
노인의 부싯돌과 칼이 (땅에 떨어졌습니다.)
(마나스는 노인에 대한) 분노와 적개심을 참지 못하고,
노인에게서 (부싯돌과 칼을) 빼앗았습니다.
마나스가 (노인에게) 말했습니다.
화가 난 듯 큰 목소리로 말했습니다.

〈나는 당신께 부싯돌을 빌려달라고 부탁했을 뿐이오!
당신과 같은 어리석은 사람은 내가 본 적이 없습니다!
오슈푸르에게 가서 다 일러바치시오〉

(마나스는) 노인에게 더 화를 냈습니다.
〈두 살 된 송아지를 어서 몰고 가십시오,
하고 싶은 대로 얼마든지 해보십시오!
내 단숨에 두 살 된 송아지 두 마리 중 한 마리를 죽여 버릴 것이니까.
재미 삼아서라도 내가 그렇게 할 테니,
(송아짓값은) 바이 자큽에게서 받든지 말든지 하십시오.
내가 좀 더 화가 나면,
지금 즉시 당신을 저세상으로 보낼 수도 있습니다.
이 세상에서 어디를 가보아도
당신 같은 짐승에 대해서는 들은 적이 없을 정도입니다.
나의 주인에게 (그러니까 오슈푸르에게 가서) 다 말하세요.

(내가 분명히 경고하는데,) 당신이 그렇게 하는 날이면,
당신에게 죽음이 있을 것이고, 당신에게는 아무것도 남지 않을 것입니다.
노인 양반, 이제 말 위에 앉아서 길을 떠나시지요.
당신의 부싯돌, 칼 그리고 허리띠는
전부 다 우리의 노획품이 될 것입니다.
어서 일어나, 빨리 사라지십시오!〉

그 노인이 (혼잣말로 중얼거리듯 하늘을 보며 스스로) 물었습니다.
〈이 부루트[149]는 누구 아들인가? (노인 공경할 줄도 모르는 막돼먹은)
이 사람이 어떤 사람인지 (아는 사람 있으면 어디 한번) 말씀 좀 해 보시게〉

노인은 공포에 사로잡혔습니다.
겨우 말안장 위에 올라타고,
허리띠와 부싯돌을 빼앗긴 채,
우울한 표정으로 오슈푸르의 집을 향해
노인은 길을 떠났습니다.

(여러분, 노인이 간 뒤) 소년들이 무얼 하는지 한번 같이 보시지요!

(두 소년이 새끼 양을 방목해서 키우는 곳) 근처에 살라마트 마을이 있었
  는데요,
(그 마을에는 두 소년 가운데 한 명의) 부친인 카도오가 살았습니다.

---

[149] 키르기스 사람들을 부르는 다른 명칭. 주로 칼믹인들이 키르기스인을 부를 때 사용
  했었다.

(두 소년은) 새끼 양 이백 마리에게 충분히 물을 먹인 뒤
들판으로 나가 풀을 뜯도록 했습니다.
(두 소년은) 주위의 엉겅퀴와 풀을 베었습니다.
소년들이 머물고 있는 쪽으로
(낯선) 소년 넷이 다가왔습니다.
(낯선) 소년들은 서로 장난치면서 계곡에서 나와 들판 쪽으로 걸어왔고,
자기네끼리 서로 대화를 주고받았습니다.

〈이 들판은 우리 가축들을 방목할 (아주 적당한) 장소야,
들판이 시작하는 곳에 숲이 무성하고 말이지,
그러니 (저 두 녀석을) 숲 쪽으로 오지 못하게 하자고,
저 녀석들이 저쪽으로 가서
우리가 놓아 기르는 새끼 양들에게 다가가지 못하게 하자고,
두 녀석의 눈에서 눈물을 쏙 뽑아놓으면,
저 녀석들의 옆구리에 (불이 나게끔) 손을 봐주면,
저절로 자기네 집으로 (자기네가 이용하던 목초지로) 물러가겠지,
이 땅과 목초지에 대한
두 녀석의 관심도 사라질 거고 말이야,
자기네 목초지로 돌아가서
두려움에 떨면서 다시는 이곳을 범하러 오지 못하겠지.〉

소년 넷이 다가왔습니다.
이들 가운데 최고 연장자는 아이나쿨이었습니다.
(마나스) 옆으로 쿠트만[150]이 바싹 다가왔습니다.
(쿠트만은) 마나스 쪽으로 가슴을 가까이 하고 앉았습니다.

〈추레¹⁵¹가 이 상황에 어떻게 대처할까?〉
체게바이는 이렇게 생각하며 (마나스를) 바라보았습니다.
마나스를 추레라고 부를 생각이
(갑자기) 체게바이의 머리에 들어온 겁니다.

〈어이, 거기 있는 놈, 일어나!〉- 네 소년 가운데 누군가 소리쳤습니다.

나이가 어린 마나스가 (아이나쿨)에게 다가갔습니다.
(갑자기 아이나쿨이) 마나스에게 덤벼들어,
주먹을 휘둘러댔습니다.
(정신을 차린 마나스가) 아이나쿨의 머리를 향해
주먹을 날렸습니다.
아이나쿨은 상대가 되지 않았습니다.
마나스가 아이나쿨의 머리에 주먹을 한 방 날리자
아이나쿨의 머리가 몸통에서 떨어져 나가 멀리 날아간 듯했고,
(아이나쿨의) 두 눈에서 눈물이 쏟아졌습니다.
아이나쿨은 의식을 잃고 뻗었습니다.

〈아니, 너 왜 그래? 내가 좀 장난친 건데,
정신을 잃어버리면 곤란하잖아- 마나스가 말했습니다. -
이것 봐, 아무런 생각도 하지 말고, 아무 말이나 해봐,
네 혀에 걸리는 말을 아무 말이나 해 보라고.

---

150 쿠트만은 쿠트비이, 즉, 마나스의 친구인 체게바이를 부르는 다른 이름이다.
151 추레는 키르기스 말로 고귀한 신분, 지도자를 뜻하며, 여기에서는 '형님' 혹은 '보스'를 뜻한다. 체게바이는 마나스보다 연장자인데도 마나스를 추레라고 부른다.

자신이 한 만큼 되돌려 받게 되는 법이거든,
(이렇게 쉽게) 뻗으면 시시하잖아,
도대체 너는 뭐하는 인간이야?〉
용맹스러운 마나스는 이렇게 말하면서
아이나쿨의 옷깃을 붙잡고 아이나쿨을 일으켜 세웠습니다.

〈제, 제발, 아이고 나 죽네!-
소년은 네 손발을 싹싹 비벼 빌면서 말했습니다.-
내 머리통이 깨진 것 같아,
내 눈에서는 눈물이 멈추질 않고 흘러〉,

넘어진 자리에서 아이나쿨은 일어설 수가 없었습니다,

〈일어나!〉- 마나스가 말했습니다.
마나스는 아이나쿨의 손을 잡고 끌어당겼습니다.
마나스를 흠씬 패주려 했던 나머지 소년 셋은
마나스의 등 뒤에서 한꺼번에 달려들었습니다.
한 소년은 마나스의 오른쪽 몸을 붙잡았고,
다른 한 소년은 마나스의 왼쪽 몸을 붙잡았습니다.
세 번째 소년은 (마나스에게) 착 달라붙어서는
마나스의 등에서 내려올 생각을 하지 않았습니다.
마나스는 몸을 세게 흔들었습니다.
세 소년이 멀리 내동댕이쳐졌고, 옷과 머리카락이 찢기고 뽑혔습니다.
마나스는 세 소년을 한꺼번에 붙잡아서는
땅에다 냅다 던졌습니다.

소년들 네 명 모두 엉엉 울음을 터뜨렸습니다.
눈물을 닦을 생각도 하지 않고 계속 울었습니다.

〈이제부터 나를 추레로 불러,
(진정하고) 새끼 양 고기를 좀 먹어봐〉- 이렇게 말을 한 뒤,
마나스는 소년 넷 모두에게 고기를 대접했습니다.
새끼 양 고기로 샤슐리크[152]를 만들었습니다.
〈어서들 들어〉- 마나스가 권했습니다.
준비할 수 있는 모든 방법을 다해서
(마나스는) 소년 손님들을 배불리 먹게 했습니다.

〈어때, 이제 배가 부른가?
너희 모두 배부르게 실컷 먹었으면
지금 집에 (식사를 하러) 갈 까닭이 없을 것 같은데?
이제 우리 친구들 여섯이 모였으니,
여기서 함께 야영을 해도 좋을 것 같은데,
다 같이 알치키 놀이[153]도 하고〉
마나스가 제안했습니다.

(마나스는 두 무리의) 양떼를 하나로 모았고,
네 명의 소년은 마나스의 힘에 기가 죽어
아무도 반대를 하지 않았습니다.

---

[152] 샤슐리크는 양고기를 가는 나뭇가지에 끼워서 굽는 일종의 꼬치구이다.
[153] 키르기스인들이 사슴놀이나 제천행사를 할 때 흔히 여흥으로 즐기는 놀이다. 양의 뼈를 서로 뺏는 격렬한 경기다.

소년들은 모두 함께 들판에 남아 밤을 보냈습니다.
자정이 임박하자,
불현듯 마나스가 자리에서 일어났습니다.
(마나스는) 양을 한 마리 더 고른 다음,
소년들에게 양을 잡도록 지시하고는,
여섯 친구가 모두 포식하도록
샤슐리크를 만들었습니다.
친구들과 이렇게 사이좋은 관계를 만든 다음
마나스는 잠을 자지 않고 걸어 다녔습니다.
자신의 양떼를 지키는 것이었죠.
붉은 새벽노을이 하늘에 나타났을 때,
마나스는 새끼 양을 한 마리 더
골라서 잡았습니다.

〈내일은 아무것도 먹지 못할 것이다.〉- 마나스는 이렇게 말하며
소년들을 모두 깨웠습니다.
잠이 덜 깬 채로 다섯 소년이 자리에서 일어났습니다.
〈서둘러, 어서 (음식을) 준비해〉- 이렇게 말한 뒤
마나스는 소년들을 재촉하며 서둘렀습니다.

(소년들은) 샤슐리크를 준비한 다음,
새끼 양들을 들판에 풀어놓았습니다.
여섯 소년은 들판에 머물면서
이런 일을 했습니다.

마을에 사는 사람들은
어제 저녁부터
사라져버린 새끼 양들을 찾아다니느라 지쳐버렸습니다,
어미 양들은 (새끼 양들이 없어서) 소리를 내어 울었습니다.

〈도대체 어디로 새끼 양들이 사라져버린 걸까?
(틀림없이) 바이 자쿱의 아들,
마나스가 새끼 양들을 죄다 잡아먹었을 거야〉 – 사람들은 이렇게 생각하
　면서
초원과 산등성이들을 뒤졌습니다.

〈어쩌면 부실한 아이들이
길을 잃고서 마을을 찾지 못했는지도 몰라〉 –
오슈푸르가 걱정했습니다.
오슈푸르는 말 위에 앉아서
산등성이를 다니며 큰 소리로 소년들을 불렀습니다.

살라마트 마을 (전체가)
근심에 휩싸였습니다.
(모든 사람이) 자신들의 새끼 양들에 대해 걱정했습니다.
〈아이들 네 명에게 무슨 일이 벌어진 걸까?
이 아이들이 길을 잃고 헤매는 것이 아닐까?
틀림없이 (늑대가) 새끼 양들을 거의 다 먹어치웠을 거고,
아이들도 늑대가 해쳤을 거야〉 – 사람들은 이렇게 생각했습니다.

사람들은 말을 타기도 하고, 걷기도 하면서
허둥지둥하면서 아이들을 찾아다녔습니다.
모두 걱정이 태산 같았습니다.
목초지란 목초지는 다 뒤졌습니다.
알말르[154] 지역을 살펴보았고,
멀리까지 나가서 (아이들의) 흔적을 살폈습니다.
(사람들은) 새끼 양들의 뒤를 쫓는
늑대 여섯 마리를 (발견한 뒤 그 뒤를) 쫓았습니다.

사람들은 생각했습니다.〈신께서 우리를 벌하시나 보다.
새끼 양들에게 죽음을 내리셨구나.〉

사람들은 생각했습니다.〈이제 늑대까지 찾았는데,
우리의 심약한 아이들은 어디에 있는 걸까?〉

살라마트 마을 사람 모두가 다 달려왔습니다.
고함을 지르면서 한쪽에서
카도오 영감과 오슈푸르 영감이 뛰어왔습니다.
사방에서 말들이 히히힝 하고 소리를 내었습니다.
말들의 입가에 거품이 물리도록 (사람들은) 빨리 말을 달렸습니다.
정신없이 달려온 다음 (사람들은) 자신의 눈을 믿을 수 없었습니다.
늑대 여섯 마리가 어디로 사라졌는지 한 마리도 남지 않았기 때문입니다.

---

[154] 중앙아시아에서 유명한 지역이다. 현재 키르기스스탄의 케민스키가 서사시에 나오는 지명이라는 설이 있다. '알말르'라는 말은 사과를 뜻한다.

(그곳에 달려온) 열 명에서 열다섯 명 남짓한 마을 사람은 모두 허탈했습
    니다.
(마을 사람들은 소년들 곁에) 걸음을 멈추고 섰습니다.

〈너희는 왜 들판에서 야영을 했느냐?〉-
마을 사람들이 소년들에게 물었습니다.

소년들이 대답했습니다. 〈여기서 바이 오슈푸르의 일꾼들이
여러 가지 일을 많이 벌였거든요!
새끼 양을 세 마리나 잡았고요,
우리를 집으로 보내주지도 않았습니다.
〈여기 그냥 남아, 우리 함께 여기서 밤을 보내자〉라고
그 아이들이 우리에게 말했거든요.

여러 바이 가운데 한 사람인 살라마트 바이는
소년들이 하는 말을 주의 깊게 들었습니다.
그리고 깜짝 놀라서 말했습니다.
〈너희가 야영을 한 곳은 말이다. 사람들이 살지 않는 초원이다.
이제 (서로 섞여 있는) 양떼를 나누고, 몇 마리가 있는지 세어보아라〉
살라마트 바이는 이렇게 말하고 아이들이 야영을 한 곳을 유심히 살펴보
    았습니다.

〈다시 세어보니까〉- 살라마트가 말했습니다.
살라마트의 많은 양이
모두 한 마리 낙오도 없이 온전하게 있었습니다.

〈이제 자네가 자네의 양들을 한번 세어보시게나,
내 양들은
조금 전에 다 숫자를 헤아려보았네.〉
살라마트가 이렇게 말을 하자,
카도오와 바이 오슈푸르는
자신의 새끼 양들을 세었습니다.
카도오와 바이 오슈푸르가 대답했습니다. 〈마지막 한 마리까지 다 있는걸〉

네 명의 소년은 깜짝 놀라서 말했습니다.
〈마나스가 새끼 양들을 잡았다고요〉

하지만 네 소년의 말은 공허하기만 했습니다.
마을 사람들은 자신의 새끼 양들을 찾아 무리에서 떼어 냈습니다.
하지만 (마을 사람들은 늑대들이) 새끼 양들 사이에서 이리 뛰고 저리
　뛰는 모습을
모두 멀리서 보았기에 이 상황을 이해하기 어려웠습니다.

〈이게 도대체 무슨 조화일까? - 사람들이 수군거렸습니다. -
늑대 여섯 마리가 으르렁거리며
새끼 양들 사이를 뛰어다녔는데,
그리고 양들은 이리저리 도망 다니고.
우리가 이 광경을 두 눈으로 본 것은 분명한 사실인데,
우리가 가까이 왔을 때는 (늑대는 간데없고) 소년 여섯만 남아있었어!
정신없이 서두르면서
이곳까지 우리가 달려왔는데,

멀리서 우리가 볼 때는,
〈새끼 양들을〉 공격해서 붙잡는 늑대들이 틀림없이 있었는데,
〈양들을 습격한〉 배고픈 늑대들이 도대체 어디로 사라진 것일까?〉
노인들은 이렇게 서로 말을 주고받았습니다.

자신들이 돌보던 양을 모두 확인한 뒤
소년들은 마을로 돌아왔습니다.
〈틀림없이, 기적이 일어난 거야〉
소년들은 모두 완전히 넋이 나가 있었습니다.

노인들이 대화를 주고받으며 서 있는 곳으로,
〈마나스에게 혼쭐이 난〉 바로 그 칼믹 노인 바얀초르가 다가왔습니다.
바얀초르는 바이 오슈푸르에게 말했습니다.

〈그대가 자신의 일꾼을 찾아 헤맸다지?
그대의 일꾼이 엄청난 일을 저지르고 있단 말이야!
그놈이 겨우 아홉 살밖에 되지 않았다더군,
틀림없이 그놈은 나중에 커서 사람들이 저주하는 그런 인간이 될 거야!
이제 그놈이 곧 열 살이 될 테고,
그다음에는 죽음이 〈그놈을〉 기다리고 있을 거야!
그놈이 화를 낼 때는, 너무나 완고해서,
마치 루스탐[155]을 보는 듯하더구먼,

---

[155] 고대 소그드인의 전설적인 용사다. 현 이란, 아프가니스탄, 타지키스탄 인근에서 명성이 자자했던 인물이다. 타지키스탄 구비문학 작품에 자주 주인공으로 등장한다.

나는 일흔네 살인데,
내가 거의 죽을 뻔했어,
그놈이 나를 패대기쳤을 때 말이야,
그놈이 (나를) 말에서 끌어 내렸는데,
나는 땅에 떨어져 죽는 줄만 알았어,
그런데 말이오, 그놈 곁에 어떤 참한 총각이 한 명 서 있었는데,
고맙게도 그 총각이 나를 붙잡아줬소,
(내가) 거짓을 고한다고 생각하지 마슈,
그놈이 내 허리에 있는 복대를 강제로 떼어냈어.
그놈이 내 오른쪽 (옆구리를) 움켜쥐고,
(말에서) 나를 끌어 내린 다음 강제로 빼앗더라고,
부싯돌과 칼을 말이지.
자네 일꾼 놈에게서 그 물건들을 받아다가 내게 돌려줘요.
그쪽이 싸움을 좋아하면,
나도 직접 나서서 완력으로 빼앗을 수 있거든
여기 있는 사람들이 가진 것을 말이지〉
바얀초르가 이렇게 말했습니다.

오슈푸르는 (마나스에게로) 갔습니다.
새끼 양들을 우리에 가둔 다음
(마나스가) 그 옆에 서서 (양들을) 지켜보고 있었습니다.
(여러분!) 이제 한번 들어보세요, 무엇을 말하는지를
오슈푸르가 마나스에게 말입니다.

〈도대체 왜 이런 나쁜 짓을 한 거야!

네가 이곳에 온 지 이제 겨우 여드레가 지났다.
그동안 벌써 네가 한 나쁜 짓이 얼마나 많은지 스스로 아느냐?
칼믹 노인에게서
허리띠를 빼앗았다고 하더구나,
자 봐라, 칼믹 노인이 여기까지 왔다,
무시무시한 표정을 짓고서 말이다.
장난삼아 빼앗은 거라면, 이제 냉큼 돌려주어라,
칼믹 노인의 부싯돌과 칼을.
고집을 부리면
네게 뜨거운 맛을 보여줄 것이다, 고통이 어떤지 직접 느낄 것이다.
돌려주어라, 마나스야, 내 자식아,
내가 명예로운 이름을 계속 지킬 수 있도록 말이다.〉
오슈푸르 영감이 말했습니다.

마나스는 화가 잔뜩 난 채
오슈푸르의 얼굴을 정면으로 응시하며 말했습니다.

〈내 인생의 첫 번째 전리품을 겨우 어제 획득했는데,
내게 그 전리품을 어떻게 돌려주라는 겁니까?
전리품을 돌려주는 법도 있습니까?!
마나스가 그렇게 행동해야 하는 겁니까?
노인들은 (언제나) 노인들의 편입니다.
나는 이미 전리품을 나눴습니다.
나와 함께 있었던 아이들과 함께 말입니다.
그래도 바이 오슈푸르, 당신께서 '돌려주라'고 말씀하시면,

소동을 일으키는 수밖에 없습니다.
저 칼믹 노인을 죽이고
칼믹 노인의 몸값을 내겠습니다〉
어린 마나스는 이렇게 말하고
바얀초르에게 다가갔습니다.

마나스의 무시무시한 모습을 견디지 못하고서
(칼믹 노인 바얀초르는) 재빨리 말에 올라타고 쏜살같이 달아났습니다.
마나스는 칼믹 노인을 따라잡으려 뛰어갔습니다.
하지만 뛰어가는 마나스가 말을 탄 사람을 따라갈 수는 없었습니다.

(눈앞에서 상황을 보면서도) 오슈푸르는 감히 마나스 근처에 다가갈 수
   없었습니다.
마나스에게 말을 할 용기도 나지 않았습니다.
오슈푸르는 마음속으로 생각했습니다. 〈얼마나 못된 녀석인지!
바이 자큽이 내게
고통을 준 것이구먼!
내가 직접 바이 자큽에게 가야겠어,
마나스에 대해 모든 것을 다 말해야겠어.
이 버르장머리 없는 녀석에게서 벗어나야만
그때야 내 삶에 평온이 찾아올 거야.〉
바이 오슈푸르는 이렇게 다짐하면서
바이 자큽을 향해 길을 나섰습니다.

다음 날 저녁 무렵에

늦은 디게르[156] 시간 즈음해서,
바이 오슈푸르는 바이 자큡의 마을에 당도했습니다.
바크도요로트와 인사를 나누고, 츠으르드와도 인사를 나눴습니다.
바이 오슈푸르는 모든 사람과 인사를 나눴습니다.

〈내 아들은 잘 지내나요?〉라고 물어보면서,
바이 비체가 바이 오슈푸르에게 다가갔습니다.

바이 오슈푸르가 대답했습니다. 〈네, 아드님은 잘 지냅니다.
천방지축으로 자기가 하고 싶은 일만 하고 살지요,
나는 마님네 양들을 돌봐주면서
가난한 나는 그렇게 살고 있습니다요.
그런데 말입니다, 아드님에게 자유롭게 행동하도록 내버려 두면
아마도 마님네 양을 모두 죽이게 될 겁니다.
그래서요 아드님을 다시 데려가시기를 부탁드립니다.
마님네 양 가운데 단 한 마리도 살 수 없을 겁니다.
마나스가 마님네 양을 잡아먹기까지 합니다.
만일 계속 이렇게 아드님을 놔두시면, 마님께서 머잖아 이런 소식을 들으
  실 겁니다.
불쌍하게도 가련한 오슈푸르가 죽었다는 소식을요〉
오슈푸르가 (과장된 몸짓과 음성을 더해서) 말했습니다.

---

[156] 디게르는 이슬람의 기도시간이다. '늦은 디게르'는 오후 4~5시 사이의 기도시간을 말한다. 또한 키르기스인들에게 디게르는 해가 지기 직전의 시간을 뜻하기도 한다.

바이 비체는 모든 사실을 다 파악한 뒤
바이 자큽에게 갔습니다.
〈당신은 어째서 불쌍한 오슈푸르에게 맡겨놓은
당신의 하나밖에 없는 아들을 다시 데려올 생각을 하지 않는 겁니까?
나는 어디에 있어도 (마나스에 대한) 근심이 가득합니다.
우리 아이에 대한 생각이 내게서 떠나지 않습니다.
이제 한 번쯤 생각을 다시 해보실 때가 되지 않았나요?
우리의 대들보이자 하나밖에 없는 아들을 데려오도록 말이죠.
저는 (마나스가 사는) 동네 인근에
칼믹인이라 불리는 나쁜 사람들이 사는 게 마음에 걸립니다.
칼믹 사람들이 집단을 이루고 사는 땅에,
알타이 민족 가운데 하필이면 칼믹 사람들 사이에서,
당신의 양떼가 풀을 뜯고 있거든요, 투우샹[157] 산 중턱에서 말입니다.
당신의 유일한 독자인 아들이 (거기서) 망나니로 자라고 있습니다.
게다가 마나스가 우리를 그리워하며 향수병에 걸릴 수도 있고요,
내 심장은 마나스 걱정에 심하게 두근거립니다.
내 아들을 다시 데려오시면 안 될까요,
내 아들이 다른 사람들 땅에서 성장하는 걸 그냥 두고 볼 수 없습니다.〉
바이 비체가 이렇게 말했습니다.

바이 비체가 한 말에 대해 곰곰이 생각한
바이 자큽은 바이 비체의 말을 새겨들었습니다.
밤이 지났습니다.

---

[157] '투우샹'은 실제 위치를 확인하기 어려운 신화 서사시 속의 가상 지명이다.

다음 날, 날이 밝은 다음
(바이 자큽은) 아들을 (데려오기) 위해서 세 살짜리 말을 준비했습니다.
사람들이 마나스에 대해서 하는 말을 다 확인한 다음,
(결심했습니다.) 〈내가 가서, 직접 내 아들을 데려오겠다.
아들을 바이 비체의 품에 돌려주겠다.
(아직) 아들이 건강하게 살아있을 때.〉

바이 자큽이 말했습니다. 〈자, 함께 갑시다, 바이 오슈푸르!〉
자신의 결심을 번복하기 전에,
바이 자큽은 길을 떠났습니다.
길 떠난 바로 그 날 저녁이 다 되어서
바이 오슈푸르가 사는 마을에
바이 자큽이 도착했습니다.
아버지 바이 자큽이 아들 (마나스에게) 말했습니다.

〈내 아들아, 나의 대들보야,
이리 오너라,
사람들 말로는 네가 새끼 양들을 제대로 보살피지 않는다더구나.
아직 (이곳에 온 지) 한 달도 채 지나지 않았는데 말이다.
지난밤에는 새끼 양을 세 마리나 잡았다고들 하더구나.
칼믹 노인 한 사람이 나쁜 마음을 품고서
내게 불행을 안기려고 하는 것 같구나〉
바이 자큽이 하는 말을
마나스는 귀를 기울여 들었습니다.

(마나스가) 한숨 쉬며 말했습니다. 〈아버지, 어째서 그런 말을 하십니까?!〉
아들은 (아버지인 바이 자큽을) 바라보며 말했습니다.

〈영원히 계속해서 숨어서 사느니보다
차라리 죽는 게 더 낫습니다!
영원히 계속해서 몸을 숨기며 사느니보다
운명이 정해놓은 대로 겪으며 사는 게 더 낫습니다!
만일 알라께서 내게 죽음을 준비하셨다면,
어떻게 살든 나는 죽을 것입니다!
그러니 내가 칼믹 사람들을 무서워해서 도망갔다는 말을 듣게 하지 마십시오.〉

바이 자큽이 대답했습니다. 〈네 어머니께서 나를 들들 볶으면서,
강하게 주장하셨단다. '우리 아들을 일꾼으로 주지 말라고'.
그리고 사람들도 나를 놀리는구나.
그러니 만일 내가 너를 데려가지 않고 혼자서 집으로 돌아가면
네 어머니께서 나를 못살게 할 거다.〉
바이 자큽은 (아들의 심경변화를) 기대하면서 서 있었습니다.
(바이 자큽은 칼믹인들이 모여 사는 곳 근처에 사는) 아들의 미래가 크게 염려되었습니다.

〈안 가겠습니다.〉라고 말을 하기 어려워진 마나스는
바이 자큽의 제안을 거절할 수 없었습니다.
마침내 아들은 (아버지와 함께) 길을 나서는 데 동의했습니다.

바이 자쿱은 근심을 덜었습니다.

집으로 돌아오는 여행길은 하루 종일 걸릴 정도로 멀었지만,
아버지와 아들은 이 길을 지나야 했습니다.
멀리 앞에
아크-오초크 계곡이 눈에 들어왔습니다.
알트-수(강이 보였고), 알말르 (쪽으로 가는 길이 보였습니다.)
(바이 오슈푸르의) 마을에서 반나절 가량 말을 타고 가자
말떼를 방목하는 들판에 당도하게 되었습니다.
(바이 자쿱이 자신의 말을 돌보도록 고용한) 목동 가운데 가장 연장자인
   으이만을
두 부자는 아크-오초크 계곡에서 보았습니다.
하늘을 가릴 정도의 먼지가 공중에 가득했습니다.

바이 자쿱은 의아했습니다. 〈도대체 이 먼지가 어디서 생긴 걸까?〉
바이 자쿱은 깜짝 놀라서 그 자리에 멈춰 섰습니다.
바이 자쿱이 (먼지 사이로 벌어지는 광경을) 들여다보니
자쿱의 목동에게 뭇매를 퍼붓고 있었습니다.
여섯 개의 종족들로 이루어진 칼믹 사람들이 말입니다.
(폭행에 가담한) 칼믹 사람들은 열 명 남짓이었습니다.
(말떼의) 주위를 둘러싸고, (말들을) 강탈하고 있었습니다.
종마들이 여기저기로 뛰고,
세 살 된 말들이 방향을 잃고 제자리에서 뛰며 주위를 맴돌고 있었습니다.
(칼믹 사람들이 말들의) 꼬리를 붙잡았습니다.
종마들은 서로 싸움을 벌이기도 했습니다.

목동들은 날뛰기 시작한 말들을 진정시킬 수가 없었습니다.
목동들이 이미 (칼믹 사람들에게 매를) 맞고 있었기 때문입니다.
자큽의 말을 먹이는 목초지를 (마치 자신들이 주인인 양) 관리하는 칼믹
  사람들에게
자큽은 쏜살같이 말을 달려 갔습니다.

바이 자큽이 자초지종을 물었습니다. 〈무슨 일입니까? 여섯 종족의 칼믹
  사람들이시여!
그대들이 내 말들을 죄다 죽일 작정인 모양입니다!
도대체 무슨 일 때문에 그러시는 겁니까?
이제 먼지 소동을 좀 그치시고,
내게 (모든 일에 대해서) 설명을 좀 해주십시오.〉

자큽의 목동인 으이만이
자큽을 발견한 다음 전속력으로 말을 달려 자큽에게 다가왔습니다.
(으이만은) 흐르는 눈물을 참지 못하고서 울음을 터뜨렸습니다.
(으이만은 자큽에게) 좀 더 가까이 말을 몰고 왔습니다.
으이만의 머리는 온통 피투성이였습니다.
마나스는 이 모습을 보며 깜짝 놀랐습니다.
마나스는 놀라서 그 자리에 멈춰 섰습니다.

〈이 가축 떼는 도대체 누구 소유입니까? −
마나스가 자큽에게 물었습니다. −
도대체 어째서 칼믹 사람들이 으이만에게 매질을 하는 겁니까?
이 말들이 전에는 어디에 있었습니까?

도대체 무슨 까닭으로 칼믹 사람들이
이 불쌍한 사람을 모질게 때리는 겁니까?〉
소년 마나스가 이렇게 물었습니다.
바이 자큽은 더는 감추지 못하고,
마나스에게 모든 사실을 털어놓았습니다.

〈내 아들아, 이 말은 모두 우리 것이다, - 자큽이 말했습니다. -
말들이 쓰러지고 다쳐도, 지킬 사람이 없어,
오래전부터 나는 이 말들을 보호하느라 고초를 겪어오고 있다.
여섯 개의 종족으로 이루어진 칼믹 사람들이
목초지를 자신들의 것이라고 우기면서
암말 서른 마리와 수말 다섯 마리를
목초지를 사용하는 대가로 우리에게서 받아간다.
칼믹 사람들은 이 정도의 대가가 적다고 느꼈는지,
이렇게 내 말들을 강탈해가기 시작했다.〉
바이 자큽은 이렇게 말했습니다.

칼믹 사람들은 바이 자큽이 온 것을 발견하고는,
재빨리 말을 몰아와서
자큽의 주위를 둘러쌌습니다.

〈자, 바이 자큽의 주위를 둘러싸라!
만일 바이 자큽이 우리를 방해하거나 하면,
바이 자큽에게도 몰매를 주자〉 - 칼믹 사람들은 마음속으로 이렇게 생각
했습니다.

칼믹 사람들의 두목인 코르투크가 말했습니다.
〈내 장인이 칼다이[158] 신분이시다〉

코르투크는 자큽을 때리려 하면서
요란한 소리를 지르기 시작했습니다.
〈아미니네 우우다이!〉[159]

마나스는 ('아미니네 우우다이'라는 고함소리를 듣고서) 물었습니다.
〈아버지 이 사내가 무슨 말을 한 겁니까?〉
바이 자큽이 이렇게 대답했습니다.

〈내 귀한 아들아, 내 새끼,
지금 그 말이 무엇을 뜻하는지가 중요하지 않단다.
이제 큰 시련이
(바로 지금) 네 아버지 앞에 닥쳤단다.〉

자큽이 말을 채 마치기도 전에,
칼믹 사람 열 명 가운데 한 사내가
제일 먼저 자큽을(공격했습니다),
그 사내는 말채찍으로 자큽의 머리를 가격했습니다.
말채찍이 머리에 떨어졌습니다.
모자에서 먼지가 날았습니다.

---

[158] 칼믹 사람들과 크타이 사람들 사이에서 관직이 높은 서사시 내의 인물이다.
[159] 칼믹 사람들이 공격을 할 때 지르는 소리다.

칼믹 사내 열 명이 자큡의 주위를 에워싸고,
바이 자큡에게 한꺼번에 달려들었습니다.
어린 마나스는 아버지를 바라보았습니다.
마나스는 (칼믹 사내들과) 맞서 싸울 준비를 하기로 결심했습니다.
목동 으이만은
젊은 자작나무를 잘라서
바싹 건조한 다음
나무껍질 붙어 있는 그대로 길쭉한 지팡이를 만들어 갖고 다녔습니다.
이 단단한 지팡이의 끝에는 올가미가 달려 있었습니다.
(마나스는) 이 지팡이를 으이만의 손에서 잡아채 들었습니다.
자큡과 함께 집으로 돌아오던 길에,
집으로 오는 여정에서 이런 고난이 생겨난 겁니다.

어린 마나스는 칼믹 사람들에게
뒤에서 다가가 덤벼들었습니다.
지팡이의 한쪽 끝을 단단히 쥐고서,
칼믹 사람들의 두목인 코르투크를
어린 마나스가 공격한 겁니다.

코르투크의 정수리를 정확하게 마나스가 가격했습니다.
지팡이가 코르투크의 머리통을 내리치자,
코르투크의 이마에서 선혈이 뿜어나왔습니다.
이 칼믹 사람의 뇌가, 만일 좀 자세히 들여다보셨다면,
하얗게 된 다음 딱 달라붙은 것을(보셨을 겁니다),
지팡이의 한쪽 끝에 말입니다.

얼마나 세게 지팡이를 내리쳤던지
뇌가 지팡이에 묻어 튀어나온 겁니다.
칼믹 사람들은 (새파랗게 질려) '라이라말루!'[160]라고 소리질렀습니다.〉

칼믹 사람들은 허를 찔린 나머지 망연자실해서 그냥 그 자리에 서 있었습니다.
(코르투크는) 말에서 갑자기 미끄러져 내려오면서
쿵 하는 커다란 소리를 내며 땅에 떨어졌습니다.
코르투크의 아홉 명의 부하는
완전히 겁에 질려서 어쩔 줄 모르고 서 있기만 했습니다.

칼믹 사람들이 서로 속삭이듯 말했습니다. 〈어린아이가 지팡이로 내리쳤는데,
우리 두목인 코르투크가 죽어버렸어,
어린아이가 (코르투크의) 머리통을 부숴버린 거야.
우리가 함께 힘을 합쳐서 저 어린아이를 붙잡자고,
저놈을 붙잡아서 쉬리[161] 고문을 저놈 머리통에 해주자고.
그다음에 저놈을 우리 마을로 끌고 가서, 한없이 패 준 다음,
여섯 종족의 우리 칼믹 사람들을
모두 한군데 모이게 하자고.
칸가이 쪽에도 기별을 보내서

---

[160] 칼믹 사람들의 말로 '하느님'을 부르는 주문이다. '아이고 하느님' 혹은 '주여'와 같은 뜻으로 볼 수 있다.
[161] 쉬리는 유목민들 사이에 흔히 있었던 고문의 한 형태다. 머리 가죽을 벗기며, 최대한의 고통을 느끼게 하는 잔혹한 형태의 고문이다.

망굴 사람들을 모두 모이게 해서,
(이 기회에) 바이 자큽을 쳐서, 아무것도 남지 않도록
모든 것을 다 빼앗아 오자고.〉

아홉 명의 부하가 마나스를 붙잡으려 했습니다.
자신들을 뚫어져라 응시하고 있는 마나스에게 덤비려고
떼를 지어 움직이며 〈카이-카이!〉라는 소리를 질러댔습니다.
하지만 여전히 마나스의 손에는 지팡이가 들려 있었고,
누가 다음 차례로 지팡이 맛을 볼지 위협하는 듯했습니다.
칼믹 사람들이 마나스를 붙잡으려고 돌진해왔습니다.
사악한 칼믹 사람들이 마나스에게 몸을 날리자
어린 마나스는 조금도 동요하지 않고
씨름 동작에 돌입했습니다.
마나스의 손에 걸린 칼믹 사람은 곧장 머리를 하늘로 향하고 땅에 던져졌
　습니다.
마나스에게 일격을 당한 칼믹 사람은 피를 쏟고 쓰러졌습니다.
칼믹 사람들이 떼거리로 마나스에게 덤벼들었지만
칼믹 사람들은 무사히 살아남기가 불가능했습니다.
그 순간 마나스의 아버지 바이 자큽이 소리질렀습니다.

〈내 아들아, 싸움을 그쳐라!〉
바이 자큽은 소리를 지르면서 싸움을 떼어놓았습니다.

(자큽을 위해 일하던) 목동 다섯과 소년 한 명이
허풍을 치며 괴롭히던 칼믹 사람들을

멀리 내쫓아버렸습니다.
산언덕 너머로 내쫓아버렸습니다.

〈그만 멈추어라, 내 아들아!〉- 소리를 지르며
바이 자큽이 다급하게 (마나스를) 불렀습니다.

(마나스는) 칼믹 사람들의 뒤를 쫓아서
거의 칼믹 사람 마을 근처까지 달려가고 있었습니다.

〈내 유일한 아들에게 무슨 일이라도 벌어지면 어떻게 하나?〉
이렇게 생각하며, 아들의 뒤를 따라갔습니다.
바이 자큽이 큰 소리로 (마나스의 이름을) 외쳤습니다.
아버지가 부르는 소리를 듣고서,
네 살짜리 밝은 회색 말 위에 앉아있던
마나스가 말의 재갈을 당겼습니다.
아버지 바이 자큽은
마침내 아들을 따라잡을 수 있었습니다.

〈내 아들, 나의 대들보,
너는 좀 더 조심스러워져야 한다!
명예를 존중하는 우리의 키르기스 사람들이 이곳에 단 한 명도 없다.
물불을 가리지 않는 용기를 보여주는 것도 다 때가 있는 법이다.
칼믹 사람들과 대등해지는 때를 기다려야 하는 것이다.
너는 칼믹 사람들과 대적할 만하다고 말하지만,
아직 네 근육과 골격이 장성하지 않았다.

아직 네가 성년에 이르지 않았다.¹⁶²
(네가 전투에 나설) 시간이 아직 도래하지 않았다.
내가 하는 말을 잘 새겨듣기 바란다.
내 말을 분명하게 이해해야 한다, 내 망아지야.
너는 그 누구에게도 의존해서는 아니 된다.
너 스스로가 더 조심스러워져야만 한다.
칸가이에서 (우리를 해치려고) 큰 군사가 일어날 터인데,
이제 내가 나이가 들어서야 비로소,
내 불운한 영혼은 이제야 비로소 그 폭력적인 힘을 인식했다.
알타이에서 (우리를 해치려고) 군사가 많이 일어날 터인데,
이제 내 수염이 백발로 변한 다음에야,
내 고통받는 영혼은 이제야 비로소 그 폭력적인 힘을 알게 되었다.
붉은색 깃발들을 휘날리는, 인구가 많은
크타이 사람들이 나를 살려두기는 할까?!
검은색 깃발들을 휘날리는, 인구가 많은
칼믹 사람들이 정녕 나를 살려두기는 할까?
내 생각에는 나의 검은 눈동자를 도려내고 말 것이다.
네 나이 먹은 아비를
불한당들이 붙잡아서 도륙할 것이라 생각한다.
너를 위해서라면 내 불운한 영혼은 기꺼이 희생할 수 있다.
너는 내 희망이자, 나의 보호자다.
그런데 불현듯 너까지

---

162 키르기스 유목민들은 부족에 따라 열두 살 혹은 열네 살이 넘어야 독립이 가능한 성년이 되었다고 여긴다. 아홉 살 된 마나스가 이미 힘으로 보면 장사지만, 여전히 완전한 힘을 갖춘 성년이 되지 않았다.

불한당들이 살해할 수 있을 거라는 생각이 든다.
만일에 네가 죽지 않고 살아남으면, 나를 위해 복수를 해다오.
만일에 네가 죽는다면, 나의 희망아,
너는 진정한 너 자신이 되지도 못하고, 아무것도 이루지 못하게 된다.
만일 네가 이 세상에서 떠나지 않는다면, 나를 위해 복수를 해다오.
만일 네가 이 세상에서 떠나간다면, 내 망아지,
너는 진정한 너 자신이 되지도 못하고, 아무것도 이루지 못하게 된다.
머리통을 단 한 번 가격해서,
네가 먼저 여섯 종족으로 이루어진 칼믹 사람들의 두목을 죽이고서,
더 일을 벌이려는 게냐?
네가 이제 내게 큰 불행을 가져온 것이다.
서둘러 집으로 돌아가자.
칼믹 사람들을 조심스럽게 관찰하도록 하자,
그 불한당들이 어떤 일을 꾸미는지 말이다.
만일 그들이 원한다면, 죽은 사람의 몸값을 내도록 하자.〉
바이 자큽은 뒤로 돌아섰습니다.

어린 마나스가 말했습니다.
〈아니, 아버지! – 마나스가 말합니다. –
아마도 아버지께서 뭔가 오해하신 것 같습니다.
'몸값'이라니요, 도대체 무슨 말씀이신지요?〉

그러자 바이 자큽이 대답했습니다.
〈몸값이란 (죽은 사람을 위로하려고 그 가족에게) 가축으로 값을 내는
 것이다.

만일 가축을 주지 않는다면,
그자들이 불행한 우리 키르기스 사람들을 노략질할 것이다!
네가 저지른 잘못 때문에 그자들에게 가축을 주는 것이다.
만일 그들의 요구를 수용하지 않는다면,
그자들이 숫자가 얼마 되지 않는 키르기스 사람들을 능욕할 것이다!
그래서 마침내, 내 망아지야,
그자들이 결국은 너까지 죽일 것이 뻔하고,
네 두 눈을 파낼 것이 뻔하다.
그러니 내가 한 말을 잘 기억해 두어라!〉

바이 자큽의 아들, 마나스가 말했습니다.
〈아니, 아버지! - 마나스가 말합니다. -
그자들이 먼저 (아버지를) 공격했습니다.
아버지를 빙 둘러쌌고,
칼믹 사람들이 아버지를 폭행하기까지 하지 않았습니까?
만일 그자들에게 단 한 푼의 동전이라도 주게 된다면,
신께서 저를 탓하지 않으시겠습니까?
아버지의 가축들이 이 땅을 가득 채우고 있었습니다.
나의 아버지, 제가 가축의 수를 짐작해 보았습니다.
말 사만 마리를 아버지께서 갖고 계시더군요,
아버지의 목동 으이만이 제게 말해주었습니다.
아버지께서 으이만과 함께 나란히 서 계실 때 말입니다.
으이만의 입 밖으로 나온 말이 제 귀까지 들렸습니다.
으이만이 말하더군요. '칼믹 사람 한 명이 죽었습니다.

만일 (칼믹 사람들이) 원하면, 죽은 사람 대신 가축을 가져가게 하겠습
   니다.'
아버지께서 부리는 목동 으이만이 제 마음을 편하게 해 준 겁니다.
제가 칼믹 사람들과 전쟁을 벌이려 하자,
아버지께서 나를 돌려세우고, 싸움을 하지 못하게 금하셨습니다.
하지만 사실을 말씀드리면, 다음과 같습니다.
아버지께서 제 행운을 거둬들이신 겁니다.
계속해서 두려움 속에 살며,
우리 속에 갇힌 채 가축 수를 늘리는 일을 저는 하지 않을 겁니다.
누군가에게 계속 아첨을 떨면서
목초지에서 가축 수를 늘리는 일을 제가 할 수는 없습니다.
그렇게 살기보다는 사람을 규합해서, 나의 아일을 더 확장하겠습니다.
죽음이 불가피한 선택이 되었습니다.
명예를 위해서 저는 희생할 준비가 되어 있습니다!
가까운 이웃들을 제가 모으겠습니다.
정말 저도 무섭습니다. 하지만 사람은 단 한 번 죽는 겁니다.
조상님들의 영혼을 위해서도 저 자신을 제물로 바칠 수 있습니다.

〈네가 이제 조상에 대해서도 말을 하는구나?〉- 바이 자큽이 말했습니다.

〈제 조상의 계보에 대해서 말해주십시오.
아버지의 족보가 어디서 시작된 겁니까?
모두 말씀해주십시오, 모두에 대해서 다 말씀해주십시오.〉- 마나스가 말
   했습니다.

마나스는 자신의 족보에 관해 묻고 있었고,
바이 자큽은 그 자리에 서서 정신을 놓고 마나스를 바라보았습니다.
마나스는 자신의 조상들에 관해 묻고 있었고,
바이 자큽은 미동도 하지 않고서 서 있다가 마침내 입을 열었습니다.

〈내 아들아, 네 가계는 투르크계 키르기스에서 시작되었다.
(먼 옛날 한때) 우리 조상들이 (이 세상을) 지배했었다.
크타이 사람들을 (우리 땅에서) 물리친 다음.
우리 사람들이 멀리 퍼졌었다.
당시에는 여러 지역에서
우리가 왕처럼 행세했었다.
(이 세상을 호령하시던) 네 할아버지 함자가 '노고이'란다.
정녕, 노고이가 영광스러운 이름이 아니더냐?!
노고이 할아버지는 카슈가르 지역을 복속시켰다.
카라 샤아르 지역까지 이르는 땅을
네 할아버지이신 한 노고이[163]께서 통치하셨다.
노고이 할아버지는 사르-콜까지 지배하셨고,
노고이 할아버지를 공격한 적을 모두 무찌르셨다.
노고이 할아버지는 오폴[164] 산을 본부로 삼으셨다.
당당[165]에서 그다지 멀지 않은 곳이다.

---

[163] '한 노고이'는 '노고이 한'과 같은 의미다. 문헌에 따라 '노고이 한'으로 기록되어 있기도 하다.
[164] 오늘날, 키르기스와 중국 신장위구르 지역 접경지대에 있는 산 '오폴-토오'를 뜻하는 것으로 보인다. 현재는 신장 자치구에 편입된 지역이다.
[165] 당당은 서사시에 나오는 신화 속 지역명이다. 크타이 사람들과 칼믹 사람들이 사는 곳으로 알려져 있다.

(할아버지는) 수많은 투르크-키르기스 사람을 그곳에 정착시키셨다.
(할아버지는) 원한 대로 알라이[166] 지역에 (자신의 백성을) 정착시켰고,
많은 이를 자신에게 복속시키며,
수우나르[167] 호수 연안에도 (사람들을) 정착시켰던 거다.
내 아들아, 노고이 시절, 그러니까 네 할아버지 치세에는
할아버지와 전쟁을 치렀던 자들이 모두 죽어 나자빠졌었다.
노고이 할아버지 당신께서는 로프 호수 연안에 사셨다.
오이라트[168] 사람들 앞에서도 명예를 지키며 당당하셨다.
그때만 해도 우리의 신께서 우리를 보호해주셨다.
(하지만) 우리는 서로 합심해서 만드는 민족 공동체의 가치를 제대로 알
 지 못하고 살았다.
(방심한 채 적이 공격할 수 있다는 사실을 무시하면서) 우리가 너무나
 태평하게 사는 동안,
(우리 투르크-키르기스 공동체를 궤멸시킨) 에센 한은 (은밀하게) 군사를
 모았던 거다.
그 당시 우리는 보았다,
에센 한이 가진 권력의 힘을.
그 당시 우리는 (말할 수 없이 쓰라린) 고초를 겪으며 알게 되었다.

---

[166] 알타이 산맥에서 파미르 고원으로 이어지는 지역이다. 파미르 고원에 가까운 키르
기스 땅에 있다. 역사상 이 지역으로 다수의 키르기스인이 이주했고, 15~19세기에
걸쳐 몽골계 오이라트가 키르기스인을 공격했을 때와 코간트 한이 키르기스인을
박해했을 때 다수의 키르기스인이 알라이 산 지역을 거쳐 파미르 고원의 험한 지
역으로 이주해 들어가기도 했다.
[167] 수우나르는 원래 수우누르라는 단어의 변형이다. 수우(suu)는 투르크 말로 물을
뜻하고, 노르(nor)는 오이라트-몽골-부리야트 말로 호수를 뜻한다. '물이 가득한 호
수'라는 뜻이다.
[168] 몽골계의 한 종족이다.

얼마나 무상하게 그리고 느닷없이 변하는지를
변화무쌍한 이 세계가.

에센 한의 백성들로 이루어진
오만 명과 십만 명의 군사들이 들이닥쳤고,
군사들은 마구 약탈하며 죽였다,
수없이 많은 우리 사람들을 말이다.
우리는 벌벌 떨며 살았고, 이렇게 유랑하는 신세가 되었다.
우리는 벌벌 떨며 살았고, 이렇게 불행을 맛보게 되었다.
우리에게는 주의력이 너무나 없었다, 그 결과 우리가 걸리고 말았다,
수렁과 같은 (파멸의) 그물 속에 머리부터 처박히면서 말이다.

"우리의 영혼을 구원해 주소서, 유일하신 신이시여!" ‑
우리는 이렇게 창조주께 기도를 올렸다.

크타이 사람들이 우리에게 싸움을 걸었고,
많은 사람이 죽임을 당했다.
많은 사람이 크타이 사람들을 피해서 달아났고,
(머나먼) 바그다드 쪽으로까지 피신한 사람도 있을 정도란다, 내 아들아.
네 아비에게는 큰 마음의 고통이 있다.
(겉으로는 우리가 자유롭게 사는 것처럼 보이지만) 오늘의 우리는 예속된 사람들이다.
크타이 사람들이 우리를 지배하고 있다.
네게 이름이 '바이'라는 삼촌이 있는데,
바이 삼촌은 오폴 산 지역에 정착해 살고 있다.

알타이에 바이 삼촌의 여름 목초지가 있다는 소문을 내가 들은 적도 있다.

네 아버지인 나, 자킵은

가난과 수모를 겪으며

많은 시련을 겪었다.

네 삼촌 가운데 이름이 우숀이라는 분은

살아계시리라고 내가 부질없이 희망하는 건 아닌지 모르지만,

크타이 사람들이 있는 곳에서 남쪽으로 내려간 지역인,

단기르[169]에 살고 계신 것으로 알고 있다.

우리 쪽에서 가자면, 마흔 날 정도 여행을 해야 하는 거리지.

어두운 숲과 덤불 속에는, 사람들이 말하기를,

그쪽 숲 속에는

호랑이, 표범, 곰이 산다고 하더구나.

수없이 많은 사나운 짐승이 그곳에 득실거린다고 사람들이 말한단.

만일 그 숲들을 통과해 지나가면, 사람들 말로는,

많은 사람이 사는 곳이 나온다고 들었다.

그 사람들은 야생동물을 가축으로 집에서 길들인다고 하더라.

내가 봐도 세상에는 참으로 다양한 지역이 있는 것 같구나. —

누구라도 그쪽으로 가게 되면, '다시는 돌아 나올 수 없다'라고 말한다.

(네 삼촌 우숀이) 바로 거기에 간 거란다, 아주 멀리.

(네 삼촌 우숀이) 가는 걸 보거나 들은 사람들이 하는 말이다.

이 사람들이 무슨 말을 하느냐 하면?

이 사람들은 이렇게 말한다. "아마도 우숀을 다시는 보기 어려울 거요,

---

[169] 단기르라는 지명을 찾기가 어렵다. 하지만 돈가르라는 지명은 18세기에 존재했었다. 돈가르는 서부 중국의 신인 강 인근에 있던 도시로 티베트, 몽골, 둔간, 중국인들이 혼재해서 살던 곳으로 알려져 있다.

게다가 우숀은 자신의 본래 이름도 벌써 잃어버렸어."
그 동네에서는 (우숀 같은 이름이) 불경스러워 보이거든,
그래서 사람들이 삼촌 우숀을 코즈카만이라 부르기 시작했다고 들었다.
삼촌의 아들 가운데 장남의 이름은 코크초코즈인데,
(아들에 대한) 소문이 나한테까지 들렸다.
둘째 아들은 차갈다이,
둘째 아들의 흔적은 찾을 길이 없다고 한다.
셋째 아들은 아갈다이,
셋째 아들 있는 곳에 도무지 갈 수가 없어서 깊은 한숨을 내쉴 뿐이다.
넷째 아들은 도르볼도이,
넷째 아들이 정착한 땅은 무덤과 유사하다고 한다.
다섯째 아들은 아르발다이,
창조주이신 우리의 신께서는
여러 지방에다가 자신의 종들을 흩어놓으셨다.
여섯째 아들은 베케바이,
여섯째 아들에 대해서 생각을 하기만 하면
내가 참으로 심히 슬퍼진다.
일곱 번째 아들은 토크토바이,
일곱 번째 아들이 사는 것과 비교해보면 나는
내 땅에서 평온하게 사는 거라 할 수 있다.
노고이라는 이름을 가지신 네 할아버지에게는
참으로 용맹한 막냇동생이 있었는데, 이름은 스가이다.
스가이의 아들이 자파크다.
사르-콜과 우츠-아르트 지역에서
정착해서 살고 있다고 사람들이 말하더구나.

나도 그분이 살아계시다 들었다.
제르켄 지역의 서쪽 지역에서,
그러니까 자므르 산 지역에서 가축을 기른다고 하더라.
내 아들아, 네 친척들은 이렇게 흩어져 있다.
그래서 나는 지금 아무런 힘이 없고.
네가 고의는 아니지만 무심코 사람을 죽였으니,
내가 너 때문에 느지막한 나이에 고초를 겪게 생겼구나.〉
한 자큅[170]은 말을 마쳤습니다.

어린 마나스는 아버지의 심정을 이해하면서도 마음속으로는 다른 생각을 했습니다.
〈도대체 그 친구들이 어디로 사라진 걸까,
늑대 모습으로 있던 마흔 명은 어디로 간 것일까.
그 사람들은 어디에 있을까?〉 - 마나스가 생각했습니다.

〈이 모든 일이 단순하지가 않아〉 - 마나스가 생각했습니다.
(마나스는 두 눈으로 사방을 보며) 산의 등성이들을 하나 둘 차례로 유심히 살펴보았습니다.
자큅에게는 무엇을 찾으려 하는지 말하지 않았습니다.

마나스는 마음속으로 생각했습니다. 〈내가 칼믹 사람을 죽여서 불행을 초래했고,

---

[170] '한 자큅'은 '자큅 한'으로 바꿔 쓸 수 있다. 서사시에서 자큅을 '바이', '한' 등의 경칭으로 부른다.

실제로 문제가 생겼는데 (지금 내가 늑대 사람 이야기를 하면) 악마에
홀린 줄 알 거야.〉

마나스는 시선을 초원에 돌렸습니다.
붉은 깃발을 높이 들고서,
갑자기 마흔 명의 사람들이 말을 달려 오는 것이었습니다.
이 마흔 명의 사람을 보는 순간
(갑자기) 귀를 먹게 할 정도로
큰 소리로 어린 마나스가 웃음을 터트리기 시작했습니다.
자기 아들이 서서 웃고 있는 모습을 보면서
바이 자큡은 매우 놀랐습니다.

〈종족이 없으면, 누구나 불행하게 되는 법인데,
내 아들아, 너는 왜 웃고 있는 거냐?
사람을 죽이고,
나를 곤경과 고통에 빠뜨린 것은 네가 아니더냐.〉
바이 자큡이 이렇게 말했습니다.

마나스는 바이 자큡의 물음에 대답하고 싶었습니다.
그런데 그 순간, 서로 대화를 나누던 마흔 명의 친구들이
빠른 속도로 마나스에게 달려왔습니다.
마나스는 이미 아버지가 곁에 있다는 사실도 잊었습니다.
마나스는 (마흔 명의 친구들 말고는 주위) 모든 걸 다 잊어버렸습니다.
마나스는 마흔 명의 친구들과 안부를 물은 뒤 대화를 나누었습니다.
마흔 명의 친구를 모두 알아볼 수 있었습니다.

마나스는 자기 앞에 있는 마흔 명의 친구를 모두 분명히 보았습니다.
지금 죽어 나자빠져 있는 칼믹 사람이 한 짓에 대해서
마나스가 마흔 명의 친구들에게 설명하기 시작했습니다.

〈이 칼믹 사람이 막대기로 내 아버지를 내리쳤습니다.
가축 떼를 강탈해 가려 했지요.ㅡ마나스가 말했습니다.ㅡ
나는 이 칼믹 사람이 한 그대로 했습니다.
단 한 차례 지팡이로 이 사람을 내리친 겁니다.
그러자 보시다시피 이 사람이 죽었습니다.ㅡ마나스가 말했습니다ㅡ
나의 아버지는 겁에 질려서 그 자리에 서 있었습니다.
아주 이성을 상실하신 것처럼 말입니다.〉
이렇게 젊은이가 말했습니다.

〈자 이리 가까이 다가오너라, 내 아들아〉ㅡ이렇게 말한 뒤,
마흔 명의 친구들이 계속 말했습니다.

〈자, 진정하도록 해라,
아들아, 잠시 두 눈을 감아 보렴.〉
마흔 명의 친구들은
마나스에게 이렇게 말했습니다.

마나스는 두 눈을 감았습니다.
바로 그 순간 마나스에게 꿈같은 모습이 보였습니다.
검푸른 쇠 갑옷으로 무장한
용사가 많이 서 있었습니다.

머리 주위에 황금빛 후광을 두른
수염이 흰 사람이
이 용사들 앞에 서 있었습니다.
마나스의 눈은 여전히 감겨있었습니다.
마나스는 물어보고 싶었습니다.
마흔 명의 친구들에게 말입니다. 묻고 싶었습니다.
마나스가 마흔 명의 친구들에게 물었습니다.

〈많은 용사가 검푸른 쇠 갑옷으로 무장하고 있습니다.
누구의 군사입니까?〉- 마나스가 물었습니다.

그러자 마흔 명의 친구들이 대답했습니다.

〈이제 설명을 해 주겠다. - 마흔 명의 친구들이 말했습니다. -
신께서 우리를 직접 움직이고 계십니다.
이 용사들 모두 그대의 군대이지요.
그대에게 승리를 가져올 것입니다.
여기 죽어 누워있는 칼믹 사람의 아들은
(운명적으로) 자네의 동지가 될 것이고.
그대의 동지가 될 이 칼믹의 아들은
만주 출신이라서
만지베크라는 이름을 가지게 될 것입니다.
만지베크에게 카라 토코라는 종족이 있습니다,
만지베크는 용감하고 담대한 사람입니다.
자 이제 내가 하는 말의 의미를 마음속 깊이 새겨보도록 하십시오.

'만지베크의 아비가 그대에 의해 죽임을 당했지만,
(그럼에도) 언제나 어떤 일에 있어서나
그의 아들 만지베크는 그대와 한 편이 될 것입니다,
그대의 강한 팔이 될 것이고,
전쟁에 나서게 될 때면, 그대에게 승리를 가져올 거고.
모든 것을 볼 수 있는 그대의 두 눈이 될 것이며,
그대 마음 속의 사물의 이치를 판단하는 이성이 될 것입니다,
죽어 넘어진 칼믹 사람의 대들보가 바로 그의 아들입니다,
그 아들이 그대와 친분을 쌓게 될 것이고,
서로를 신뢰하는 둘도 없는 친구가 될 것입니다.〉

마나스는 다시 물었습니다.
많은 것에 관해 묻고 또 물었습니다.

〈머리 주위에 황금빛 후광을 두른 분께서
용사들 앞에 서 계신데요,
저분은 누구십니까?〉 - 마나스가 물었습니다.

〈용사들 앞에 나서서 서 있는 사람은
지금 열다섯 살입니다,
하지만 (어린 나이에 비해서) 저 사람은 아주 현명하지요,
저 사람의 아비가 바로 (마나스의 삼촌이신) 바이랍니다.
키르기스 민족 전체를 위해
저 사람이 밝게 빛나는 달이 될 것입니다.〉
마흔 명의 친구들이 이렇게 말했습니다.

〈이제 눈을 뜨시오!〉- 마흔 명의 친구들이 말했습니다.

마나스는 두 눈을 떴습니다.
주위를 둘러보았습니다. 하지만 마나스의 아버지인 바이 자큽은
벌써 말을 달려 집을 향해 가버린 뒤였습니다.
목동들의 대장인 으이만은
말들을 한곳으로 모으고 있었습니다.
마흔 명의 친구들은 시야에서 사라져 갔습니다.
주위를 둘러보니, 마나스 혼자서 초원에 서 있었습니다.
소년은 배신감을 느끼고 흐느끼기 시작했습니다.
소년은 쓰라린 눈물을 참으려 하지 않았습니다.

불행과 문제에 직면한 소년은
스스로 물었습니다. 〈나의 아버지께서 도대체 어디로 가신 것이냐?
사람이 살지 않는 초원에서 나 혼자 어떻게 헤쳐 나가란 말이냐?
붉은 깃발을 높이 들었던 마흔 명의 친구들은
흔적도 없이 사라져버렸다.
주위를 둘러보아도 헐벗은 초원과 거친 황야뿐이다.
나를 혼자 내버려 두었구나.- 마나스가 혼자 중얼거렸습니다.-
내가 직접 내 말들을
칼믹 사람들에게 몰고 가야겠다.- 칼믹 사람들이 나를 반기지 않겠지만,
그래도 내가 직접 몰고 가서 (문제를) 해결해야겠다.
으이만 아저씨, 자 이제 출발합시다.
자 함께 말떼를 몰고 갑시다.〉- 마나스가 이렇게 말했습니다.

마나스와 목동은 천천히 말떼를 몰기 시작했습니다.

〈마나스 네가 또 한 번 소동을 만들 것 같구나.
살해당한 칼믹 사람의 땅에서 말이다.
마나스 네가 일부러 직접 가는 것 같은데.
너무 고집이 센 것 같아 염려가 된다.
지금 네가 아주 오만방자한 모습이지만,
칼믹 사람들이 떼를 지어 달려오면,
그때는 상황이 완전히 달라질 것이다.〉
으이만은 이렇게 말을 하면서도 (마나스의 말을 듣는 것 말고는) 달리
  방도가 없었습니다.
마나스가 몰고 가는 말은 모두 자큡이 소유한 말이기 때문이었습니다.
마나스와 함께 말들이 가도록 내버려 두는 수밖에요.

목동 으이만은 생각했습니다. 〈칼믹 사람들이 지키는 목초지가 어디쯤
  일까?
어쩌면 별다른 위험 없이 말들을 몰고 갈 수도 있겠구먼.〉

땅을 지키던 칼믹 사람들 가운데
(일곱 명을) 마나스가 벌써 쓰러뜨렸지만,
여섯 명은 아직도 온전한 모습이었습니다.
(마나스에게 당한) 칼믹 사람들의 말들을 (바이 자큡의) 말떼에 합류시
  켜서,
으이만쿨[171]이 모두 몰고 갔습니다.
칼믹 사람들은 회색 진흙과 먼지 구덩이에 널브러져 있었습니다.

붉은 피를 온몸에 칠하고서,
정신을 놓고 쓰러져 있던 칼믹 사람들이 제정신을 차렸습니다.
흐릿하긴 했지만 감각이 제자리로 돌아왔습니다.

〈푸른 하늘[172]이 우리에게 벌을 주었어!〉- 칼믹 사람들은 이렇게 생각하며,
두서없이 입 밖으로 말을 뱉었습니다.
코르투크가 죽은 채 누워있는 모습을
칼믹 사람들은 직접 보았습니다.
용감무쌍한 소년 마나스와
대적한 결과를 (제정신으로 돌아온 칼믹 사람들은) 있는 그대로 받아들였습니다.
결과를 인정하지 않는다 해도 (초원 한복판에서) 이 사람들이 어떤 일을 할 수 있겠습니까?
말도 없이, 터벅터벅 걸어서,
칼믹 사람들은 집을 향해 갔습니다.
두 사람은 팔에 골절상을 입었습니다.
한 사람은 다리가 부러졌습니다.

---

[171] 서사시 낭송자인 마나스치가 '으이만쿨'은 목동 으이만에게 '쿨'이라는 칭호를 붙여 '으이만쿨'이라고 부르고 있다. 이렇듯 마나스치는 서사시 내의 모든 등장인물에게 상황과 신분에 적합한 신분과 명칭을 부여하고 있다. '쿨'은 '건장한 남자', '책임자', '장정' 등을 뜻하는 것으로 알려져 있다.

[172] '푸른 하늘'은 '후헤 문헤 텡그리'로 알려진 몽골과 부리야트, 사얀산맥 지역의 최고신이다. 칼믹 사람들뿐 아니라 몽골과 부리야트 사람들, 그리고, 키르기스 사람들 투르크 사람들, 중앙아시아 거주민들은 '푸른 하늘'을 무의식중에 최고의 하늘신으로 여긴다. 마나스 서사시에서는 키르기스 사람들이 이슬람을 받아들여 알라를 최고신으로 모신 것으로 되어 있지만, 이는 표면적인 구도이고 실제로는 전통적인 신앙과 신화가 이면에 장치되어 있다.

세 사람은 머리에 찰과상을 입었습니다.
분노를 삭이며, 힘겹게 숨을 몰아쉬면서,
칼믹 사람들은 집으로 돌아갔습니다.
카르스만 강 인근 지역으로 말입니다.

서두르지 않고 말떼를 몰면서,
어린 마나스도 길을 가고 있었습니다.
말떼가 방목되던 초원을 가로지르고 있었습니다.

(여러분!) 이제 이쪽 이야기는 여기서 잠시 접고요,
마나스의 아버지인 자큽에 대해서,
한번 말이 나왔으니, 자큽 소식에 대해서 한번 알아보겠습니다.

슬픔에 잠긴 불쌍한 자큽은
자신의 아들에게 실망한 다음,
이렇게 생각했습니다. 〈나쁜 영혼이 마나스의 몸에 들어가 있는 게 틀림
  없어.
내 아들 마나스가 미쳐버린 게 분명해,
내가 얼마나 많이 소리질렀는데, 마나스는 내 말을 듣지 못했어,
마나스는 머릿속으로 들어오는 생각을 무의식적으로 입 밖에 내보낼 뿐
  이었지.
마나스가 미친 듯 발광을 할 때면,
내가 아무리 소리를 질러도 듣지를 못해.
어떤 나쁜 영이 마나스에게 들어가 스스로 하는 일을 제어하지 못하는
  걸까?〉
바이 자큽은 이렇게 혼잣말을 하면서 아내에게 갔습니다.

〈만주에서 온 칼믹 사람을 말이야,
마나스가 머리를 내리쳐서, 죽여 버렸어.
내가 마나스에게 '아들아, 내 아들아'라고 소리를 질렀는데도, 마나스는
 내 말을 듣지 않았어.
이제 나는 아들의 행동을 어떻게 할 수 없어, (내 인내가) 목까지 차오르
 게 지쳤어.〉

바이 비체는 깜짝 놀랐습니다.
바이 자큡이 마나스를 책망하며 탄식조로 하는 소리에 말입니다.

〈이제 나는 어떻게 살아요,
나의 대들보이고, 유일한 위안이 고통을 겪게 되었는데 말입니다.
아무런 생각도 머리에 떠오르지 않습니다. 혼을 놓을 것만 같습니다.
전능하신 창조주께서
어째서 이렇게 감당하기 어려운 아이를 제게 주신 건지요.
아직 마나스의 모습도 보지 못했는데,
이제 어떻게 해야 합니까?
마나스를 홀로 초원 한가운데에 두고 오신 다음,
제가 어떻게 하길 바라시나요?
당신께서 마나스를 목동으로 만드셨고, 마나스의 신분을 낮추셨으니,
이제 내 자식의 흔적이라도 보여주시길 간원합니다.
차라리 당신의 말떼와 함께 당신도 멀리 떠나 버리세요!
당신이 어디선가 싸움을 벌이고,
칼믹 사람을 한 사람 죽인 다음,
허둥지둥 말을 몰아 이곳으로 도망쳐 와서는

내 아들이 그런 일을 벌였다고 말하고서,
내게 (거짓으로 이야기를 꾸며서) 불행한 소식을 전하는 건 아닌지요.
(게다가 죽었다고 하시지만) 당신 스스로 그 칼믹 사람이 진짜 죽었는지
를 확인했어야지요.
유일신이신 알라께서 강림하시도록 빌고,
신의 뜻에 공손하게 따르셨어야지요,
아니면, 혼자 도망치시지 않고, 마나스를 내게 데려왔어야지요.
당신이 "자 당신의 대들보에게 이런 일이 생겼소."라고 말하지 마시고,
그냥 내 아들을 내게 직접 데려다주실 수는 없었단 말입니까?
당신은 내 아들을 홀로 초원에 버려두셨단 말입니까?
나는 불행한 여자입니다.
내 아들을 정신 나간 사람 취급하는 사람과 살고 있으니까요.
칼믹 사람이 죽은 건, 죽은 거지요.
그다음에 칼믹 사람들이 거기 와서 죽은 사람을 보게 된다면 그다음에는,
아 이를 어쩌면 좋을까요! 그 칼믹 사람이 정말 죽었다면,
아마도 벌써 나의 대들보를 해쳤겠지요.
아직도 어린 아이인데, 복종하지 않는다고 그 아이에게
칼믹 사람들이 달려들어, 내 아이를 죽이겠지요.
정녕 칼믹 사람들이 나를 불행하게 만들고 말겠지요?!〉
바이 비체는 기도하듯 말을 하면서
쓰라리게 흐느꼈고, 목소리를 내면서 울었습니다.

바이 비체는 (유르타의) 문으로 가서 (천으로 만들어 놓은) 출입문을 활
짝 열었습니다.
자신의 두 눈으로 사방을 두리번거렸습니다.

자큽이 온 길을 살펴보았습니다.
아무리 보아도 아이의 모습은 없었습니다.
바이 비체는 더 기다리지 못한 채 문밖으로 나가서
언덕 위로 올라갔습니다. 주위를 둘러보았습니다.
바이 비체의 머릿속에는 온갖 상념이 떠올랐습니다.

〈좋아, 그렇다면 내가 바이의 말을 타는 게 좋겠다.
내가 직접 가봐야지!
(내 아들이) 살았는지 죽었는지,
내가 직접 가서 확인하겠다.
나의 유일무이한 아들이 온전한지,
내가 직접 가서 눈으로 봐야겠다.
만일 내 아들이 칼믹 사람들의 손아귀에 붙잡혀 있다면,
내 아들의 고통을 보는 것보다 차라리 내가 죽는 편이 더 나을 것이다.
캄바르보즈들 가운데에서
보즈타일라크[173]를 선택해서 안장을 올려야지,
보즈타일라크를 타고 가야지,
내 망아지에게 무슨 일이 생겼는지 직접 확인하고 말 거야.
아들의 아비가 와서 한다는 말이 고작해서,
"아들에게 나쁜 영혼이 들어간 거야, 악마가 말이지" 이런 것이고,
무슨 일이 벌어졌는지 죄다 파악하지도 못한 채

---

[173] '보즈타일라크'는 바이 자큽이 타고 다니는 말 '투우추낙'을 부르는 다른 표현이다. 바이 비체가 남편의 준마 '투우추낙'을 타고 길을 나선 것이다.

아들의 아비라는 사람이 꽁무니를 빼고 내게로 도망쳐왔으니 (이를 어쩌면 좋아.)〉
바이 비체는 마음속으로 이렇게 생각했습니다.
바이 비체는 이렇게 생각하면서,
보즈타일라크에게 다가가 말뚝에서 고삐를 풀었습니다.

갑자기 목소리가 들렸습니다. 〈누가 지금 내 말의 고삐를 풀고 있어?〉
(유르타의) 밖으로 바이 자큽이 성큼 걸어 나왔습니다.

〈당신, 지금 내 말을 타고 어디로 가는 거요?〉- 자큽이 말했습니다.
자큽은 말고삐를 낚아챘습니다.
츠으르드는 강제로
(자큽에게서) 말고삐를 다시 빼앗았습니다.

츠으르드가 말했습니다. 〈나는 벌써 불행할 만큼 불행해졌고,
당신은 자식에게 싫증이 났습니다.
당신은 쓰러진 칼믹 사람이 죽었는지 살았는지 확인도 하지 않고서,
마치 자기 자식에게 나쁜 일이 생기기를 바라는 사람처럼,
어린아이를 (거칠고 또 거친 위험한) 초원에 홀로 버려두었습니다.
당신처럼 행동하는 사람이 세상에 어디에 있는지 한번 말씀해 보세요?!〉

몸에 살이 조금 붙은 바이 비체는 보즈타일라크의 잔등에 앉아,
엄숙하게 길을 나섰습니다.

(여러분!) 바이 비체가 길을 떠나고 있습니다.

자, 이제, 바이 비체를 이 정도에서 놔두고,
말떼와 함께 길을 나선 어린 마나스에 대해서 말해보십시다.
마나스가 어떠한 상황에 있는지 한번 소식을 들어보십시오.

마나스는 말떼를 몰아서,
칼믹 사람들이 지키는 목초지까지 갔습니다.
마나스는 그곳에서 침착하게 말들에게 풀을 뜯게 했습니다.
그리고 (마나스에게) 치욕을 당한 바로 그 칼믹 사람들은
절망스러운 비명소리와 함께 집으로 돌아갔습니다.
비명소리에 놀라서
모든 사람이 쑥덕거렸습니다.

〈바이구르가 욕을 먹고, 우리가 능멸당했습니다.
이전에 한 번도 본 적이 없는 세력이 나타났습니다.
키르기스 사람이 우리를 욕보이고, 능멸한 것입니다.
무지막지하게 힘이 센 자가 틀림없습니다.
그자가 우리 마을의 두목을 죽였습니다.
그리고는 자신의 말떼를 몰아서
우리가 지키는 목초지로 들어왔습니다.
우리 모두를 능멸하며, 우리 목초지에서 말떼를 먹이고 있습니다.
단 한 놈도 살려두지 맙시다.
만일 우리에게 손을 댄다면, 죽여 버립시다.
이름이 자큽이라는 그 늙은이를 말입니다.
그다음에 그 늙은이의 가축을 모두 **빼앗아옵시다.**〉 이렇게 말하면서,
(마을로 살아 돌아온 칼믹 사람들이) 온 동네에 말을 타고 다녔습니다.

마을로 살아 돌아온 칼믹 사람들은 자기편 사람들에게 이 소식을 전했습
니다.

살라마트의 막냇동생인
이름이 사르바이라는 사람이
바이 자큽에게 말을 달려 갔습니다.

사르바이가 (바이 자큽에게) 보고했습니다. 〈칼믹 사람들이 벌써 준비를
하고 있습니다.
내일 오전, 거의 정오가 가까울 때,
칼믹 사람들이 이곳을 궤멸시키러 달려올 겁니다.〉

바이 자큽은 집 밖으로 나왔습니다.
바이 자큽은 유일하신 신께 기도하면서 밖으로 나왔습니다.

〈이 소식을 아크발트에게 전하라,
베르지케에게도 사람을 보내라,
내 이름으로 이 소식을 전달하라.
우리가 개죽음을 당할 수는 없다!
그러니 할 수 있는 대로 모두 대비를 하라!
다물다는 어떻게 하고 있나?〉- 바이 자큽은 이렇게 물어보았습니다.
바이 자큽은 분주하게 움직였습니다.

바이 자큽이 말했습니다. 〈다물다는 어디로 갔나?
게다가, 바이 비체도 위험한 상황이야,

(이런 때 내) 할망구까지 나를 몰아붙이는구나.
내 할망구가 보즈타일라크의 잔등에 올라타고,
내 말을 듣지 않고서 길을 나섰어.
내가 제일 먼저 죽음을 맞이한다고 해도,
나의 전지전능하신 알라께서
내게 보내시는 모든 것을 받아들여야 해.
내 가축 떼와 재산을 다 가져가더라도,
내 자식이 살아있기만 하면 좋을 텐데.
칼믹 사람들은 자신들의 명예를 지키려고,
모두가 다 마치 한 사람처럼 전쟁에 나설 텐데.
칼믹 사람들은 불행한 일을 보고서는
여섯 개의 종족 사람 모두에게
이 소식을 알리게 될 것이 틀림없어.
만일 내가 죽고서, 정녕
키르기스의 모든 아들이 긴박한 이 모습을 보지 못한다면,
정녕, 나를 불쌍해하면서도, 내 장례를 치러주지 않는다면,
정녕, 내가 세상에서 하직하는 그 순간을 알아차리지도 못한다면,
투르크의 많은 아들들이
분노를 느끼면서도, 정녕, 내 장례를 치러주지도 못한다면?
살라마트와 오슈푸르에게
모든 것을 다 말하라.
카자흐 사람들의 비이인 카라베크에게도 말하라.
카자흐 사람과 키르기스 사람은 한 가족이라고.
칼믹 사람들이 우리 (키르기스) 사람들을 위협하는 이때
정녕 카자흐 사람들이 그냥 집에 앉아있을 수가 있냐고?

나이만 사람들의 용사인 조로에게도 소식을 전하라,
정오까지 서둘러서 돌아오라고.
콘그라트 사람들 가운데 바이바크 영감에게도 소식을 전하라,
용맹한 젊은이인 아이다르칸에게도 소식을 전하라,
어서 서둘러 돌아오라고.〉-
그렇게 바이 자큽은 사르반에게 일렀습니다.

타고 있던 지친 말을 활력 넘치는 말로 바꿔 주었습니다.
지시사항을 모두 말한 뒤
바이 자큽은 전령을 출발시켰습니다.
사르반은 가혹하게 말을 몰아서
해가 떠오를 무렵 도움을 청할 사람들에게 당도했습니다.

사르반이 다급하게 말했습니다. 〈바이 자큽 부자 어른이 죽었습니다.
칼믹 사람들이 자큽 어른의 가축 떼를 빼앗아서는 자기네끼리 나눠 가졌
  습니다.
아직 열 살도 채 되지 않은 아들,
별로 쓸모도 없는 마나스도
자큽과 함께 죽었습니다.
두 사람이 죽는 모습을 내 두 눈으로 똑똑히 보았습니다.〉[174]-
사르반베크가 이렇게 모든 사람에게 소식을 전했습니다.

---

[174] 아직 죽지 않은 자큽과 마나스를 죽었다고 전하는 것은 과장된 표현인 것으로 보인다. 죽을 만큼 어려운 처지에 있음을 강조하는 표현이며, 서사시 내에서도 죽었다고 이해하지는 않는 것으로 보인다. 마나스 서사시의 판본에 따라서 '죽었다'는 표현 대신 '위험하다'는 표현을 쓰기도 한다.

이 소식을 들은 다음,
카자흐 사람들, 키르기스 사람들, 다수의 투르크 사람은
모두 매우 놀라고 분노했습니다.

모두 최고로 뛰어난 말을 골라 탔습니다.
사람들은 갑옷을 입고, 무장을 했습니다.

사람들이 말했습니다. 〈자큽은 크즈르 지역이 인정한 바이였다.
바이 자큽이 이룬 훌륭한 일이 모두 덧없이 쓰러져버렸다.
소리만 지를 줄 아는 칼믹 사람들이
진실로 우리보다 더 용맹하다더냐?〉

말을 탄 사람들은 창을 번뜩이며 달리기 시작했습니다.
대담한 사람들의 눈에는 살기가 등등했습니다.
말을 달리는 용사들은
오백 명 정도 되는 부대를 형성했습니다.
씨족 단위로
깃발을 올렸는데,
깃발 수를 보니 다섯 개 혹은 여섯 개였습니다.
오백 명 혹은 육백 명의 용사들이 달려가고 있다는 뜻입니다.

(여러분!) 용사들이 이렇게 달리도록 놔두고,
츤즈르 지역에서 서둘러 길을 떠난 용사들은,
이제 그냥 놔두고,
츠으르드에 대한 소식을 한번 살펴보십시다.

츠으르드에게 어떤 일이 벌어졌는지를 한번 들어보십시다.

보즈타일라크 위에 올라타고서, 전속력으로 질주하면서,
츠으르드는 계속 눈물을 흘렸고, 가슴팍이 모두 눈물에 젖었습니다.
츠으르드가 생각했습니다. 〈나의 유일무이한 아들에게 무슨 일이 벌어진
  걸까?
도대체 어디로 나의 대들보가 간 것일까?〉-
말떼가 지나간 흔적을 따라갔습니다.
살아있는 사람을 단 한 사람도 만나지 못하면서,
바이 비체는 자신의 길을 계속 재촉했습니다.
바이 비체가 말떼 근처에 다가갔을 때,
갑자기 어디선가 그녀의 아들이 나타났습니다.

〈무슨 일이십니까, 에네케[175]?
제정신이십니까 어머니?
혼자서 길을 떠나시다니요,
울고 계셨던 것이 틀림없어 보이는데요, 어머니 얼굴을 보십시오.
어머니의 두 눈이 (울어서) 퉁퉁 붓었습니다.
보즈타일라크를 타시고,
갑자기 어머니께서 이곳에 오셨으니(놀라지 않을 수 없습니다).
이곳에 오신 까닭이 무엇입니까, 어머니?
어머니께서 슬픔에 잠기신 것 같은데요.
눈물만 흘리신 게 아니고, 피도 나셨네요,

---

[175] 에네케는 키르기스 말로 어머니를 뜻한다.

눈을 보니 어머니께서 틀림없이 울고 계셨군요.
제 아버지의 말에다 안장을 얹으시고,
경황없이 길을 나서신 걸로 보입니다.
에네케, 어머니, 말씀해 주십시오.
어머니께서 무엇인가 아시게 된 게 틀림없는 모양이네요.〉
아들이 이렇게 물어보았습니다.
바이 비체가 말하기 시작했습니다.

〈네 아버지께서 비명을 지르며 집에 오셨다.
계속 큰 소리를 질러대셨어.
"칼믹 사람들이 우리 말들을 강탈해간다.
땅을 지키던 칼믹 사람들 가운데
여섯 명인가 일곱 명이 죽었다.
칼믹 사람들이 죽는 모습을 내 두 눈으로 똑똑히 보았다.
목동 다섯 명과 자네 아들이
칼믹 사람들의 뒤를 쫓아서 달려갔다.
나는 막으려고 노력했지만,
이제 신만이 아신다.
한 사람이라도 목숨을 부지할 수 있을지.
내가 뒤를 돌아서 바라보니까,
아크-투즈와 알트-오죤 지역에
살해당한 칼믹 사람이 가득했다.
나는 도무지 이유를 짐작할 수 없었다. 어쩌다가
우리 아들이 돌아버렸는지를.
내가 아무리 소리를 질러도 아들은 내 목소리를 듣지 못했다.

아무런 까닭도 없이 (아들의) 머리가 돌아버린 거다.
내가 "출발하자"라고 말했지만, (아들은) 출발하지 않았다.
도대체 무엇 때문에 넋을 잃었는지 모르겠다."
그래서, 마나스 네게서 떠나서
근심에 싸인 표정으로 네 아버지가 집으로 왔다고 하더라.
그리고, 아버지가 말했다. "마나스가 완전히 미쳤다.
내가 하는 말을 전혀 듣지 않았어."
칼믹 사람들을 놀라게 한 사람이 자큡인지 아닌지를
나는 알 수 없었다. 나는 아무것도 이해할 수 없었단다.
어쩌면 돌이킬 수 없는 어떤 불행이
닥쳐왔을 수도 있는데, 나는 아무것도 이해할 수 없었단다.
이게 나와 네 아버지와의 사이에 있었던 일이다.
그래서 네 어머니인 내가
허둥지둥 이곳으로 말을 타고 오게 된 거다.〉-
어머니는 모든 사실을 다 말해주었습니다.
아들은 어머니의 말을 경청했습니다.

〈아직 네가 온전하니, 서둘러서 이곳을 떠나자!
황량한 초원에서 우리가 할 수 있는 일이 어디 있겠니?〉
어머니가 아들에게 말했습니다.
목동 으이만에 대해서
아들은 불현듯 생각했습니다.

〈으이만, 어디 있습니까?〉

마나스는 언덕 위로 뛰어오르면서 큰 소리로 (으이만을) 찾았습니다.
으이만은 마나스가 부르는 소리를 들었습니다.
말떼의 끝자락에서
〈나, 여기 있어〉라고 소리를 치며 으이만이 모습을 드러냈습니다.

〈다른 목동들은 어디에 있습니까? - 마나스가 물었습니다. -
말떼를 강가로 몰고 가십시오.
(언덕을 지나면서) 산사태라도 나면 칼믹 용사들이 눈치를 챌 수 있으니,
항상 조심하십시오. - 마나스가 말했습니다. -
칼믹 사람들은 (아무 때라도 우리에게) 달려올 수 있습니다.
만일 칼믹 사람들이 원한다면 (언제라도) 우리 말들을 빼앗을 수 있습니다.
목동들을 데리고 가시면서,
항상 어떤 길을 택할지 미리 결정하십시오.
다섯 사람이 모두 일정한 간격을 유지하고,
발자국이 없는 곳을 택해서 몸을 숨기도록 하십시오.
내게 숫자를 말해주십시오.
으이만 아저씨가 먹이고 있는 말들의 숫자를 말입니다.
싸움을 좋아하는 칼믹 사람들과는
여기서 으이만 아저씨가 싸운다고 해도
그들을 물리치기가 불가할 겁니다.〉
마나스는 이렇게 말했습니다.
목동 으이만은
마나스에게 몸을 돌리며 말했습니다.

〈말은 전부 해서 팔천오백 마리야〉 -

으이만이 말한 말의 숫자입니다.

〈만일 빼앗아간다면, 말들을 전부 다 빼앗아가겠지요,
하지만 내 말들을 가져간다면,
스스로 자신에게 고통의 운명을 지우는 겁니다.
자, 이제 출발하시죠, 에네[176]!〉 - 마나스는 이렇게 말했다.

마나스는 어머니를 옆에서 잘 모셨습니다.
자신이 (어머니를 보호하는) 남자가 되었다 느끼면서 길을 나섰습니다.
자기 자신의 아들을 찾아 이곳까지 온
바이 비체가 남긴 발자국을 따라서 (집을 향해 떠났습니다.)

저녁이 아직 채 이르지 않은 시각에,
아직 태양이 채 다 지기 전에,
살해당한 칼믹 사람을(찾아서),
칼믹 사람의 시신을 수습하려고,
낙타를 뒤에 달고서,
칼믹 사람 일곱 명이 달려왔습니다.
바이 비체와 그녀의 아들이 지나가는 길목으로
바로 그 칼믹 사람들이 들어왔습니다.

칼믹 사람들이 생각했습니다. 〈이 여자는 어디서 왔을까?〉
칼믹 사람들은 여인을 유심히 바라보았습니다.

---

[176] 에네는 키르기스 어로 어머니를 높여 부르는 말이다.

이름이 타르븐이란 칼믹 사람이
어린 마나스를 알아보았습니다.

〈바로 이 녀석이 칼믹 사람을 죽인 장본인이다.〉-
타르븐은 다른 칼믹 사람 여섯에게 이 사실을 말했습니다.

〈이렇게 길에서 만났으니,
저놈을 잡아서 끌고 가자.
어미와 아들을 함께 묶어서,
매운 맛을 보여주도록 하자.
텡기르[177]께서 우리에게 이렇게 보내셨도다,
죄를 지은 아이놈을 말이다.
이제 찾았으니, 저놈을 놓치지 말자.
이제 저놈을 꽁꽁 묶어 끌고 가자,
사람을 죽인 살인자 놈을,
저놈과 함께 어미도 끌고 가자.〉

칼믹 사람들의 일행 가운데 한 명이 낙타 옆에 남고,
나머지 여섯 명은 급하게 말을 몰았습니다.
거의 전속력으로 질주를 했습니다.
어린아이 근처까지 말을 몰아왔습니다.

---

[177] '텡기르'는 하늘 혹은 하늘신을 뜻한다. '텡게리', '텡게리네' 혹은 '텡그리'라고 불리기도 한다.

바이 비체가 마음속으로 짐작했습니다. 〈저자들이 내 아들을 잡으려는
　구나.〉
바이 비체가 슬프게 울기 시작했습니다.

〈이제 나는 어떻게 살아요,
나의 대들보이고, 유일한 위안이 고통을 겪게 되었는데 말입니다.
내 자식은 내가 나이가 들었을 때
나의 유일한 희망이자, 나의 위안!
나의 대들보, 아들아 너는 (이 상황을) 아는지 모르는지,
'우리를 붙잡아서 끌고 가려고
칼믹 사람들이 여기에 왔다는 것을?!'〉

마나스가 대답했습니다. 〈칼믹 사람들이 여기에 왔다고 대수로운 일이
　생기겠어요?
그러니 염려 마세요. 나의 어머니.
(여기 온 칼믹 사람들을) 다 합쳐봐야 기껏 여섯 명 정도인데요 뭐,
여섯 명이 (저를) 힘으로 제압할 수 있을 것 같으세요?
설령 예순 명이 온다고 해도
제가 굴복한다면 마나스는 마나스가 아닙니다.〉

여섯 명의 칼믹 사내가 다가와서는
마나스 일행의 주위를 둘러쌌습니다.
(마나스가 탄) 말의 고삐를 낚아채려고
칼믹 사람들 가운데 한 사람이 팔을 내뻗었습니다.

〈불한당 같은 녀석들, 손으로 건드리지 마라.
어서 그만둬! 그렇지 않으면 죽음이 있을 것이야!〉 이렇게 말을 한 뒤,
마나스는 고삐를 당겼습니다.
마나스의 어머니인 츠으르드는
비명을 질렀습니다. 〈아, 이제 나의 운명은 어떻게 될 것인가?〉

(마나스의 경고를) 새겨듣지 않고서
다시 칼믹 사람 한 명이 팔을 뻗었습니다.
용맹한 마나스는 불같이 화를 내면서
칼믹 사내의 어깻죽지를 손으로 붙잡았습니다.
마나스는 칼믹 사내를 허공으로 번쩍 들어올린 다음
앞쪽에 서 있던 타르븐을 향해
냅다 던졌고, 정확하게 명중했습니다.
타르븐과 칼믹 사내는 아주 심하게 충돌했습니다.
(허공을 날아가던) 칼믹 사내는 〈라이라말루!〉라고 소리쳤고,
죽음이 그에게 찾아왔습니다.
(마나스의 경고를 무시한 벌로) 이 사내도 목숨을 잃은 겁니다.
칼믹 사내가 절명한 것을 이번에는 마나스도 분명하게 보았습니다.

감히 어린아이에게 덤벼들 생각을 하지 못하고서
나머지 칼믹 사람들은 허겁지겁 뒤로 물러섰습니다.
완전히 겁에 질려서
살아남은 칼믹 사람 다섯은
시신 두 구를 낙타 등에 실었습니다.

〈세상에 이렇게 힘이 장사인 어린아이가 있다니!- 칼믹 사람들이 말했습니다.-
이 아이에게는 어찌해 볼 도리가 없는 것이 틀림없어.
마을의 두목 말고도,
(시신을 수습하러 온 칼믹 사람들 가운데) 또 한 명이 더 죽었으니,
그냥 돌아가는 게 좋을 것 같아.〉- 이렇게 말하면서,
칼믹 사람들은 왔던 길을 돌아서 갔습니다.

마을로 돌아온 칼믹 사람들은
자신들의 두 눈으로 본 사실을 이야기하기 시작했습니다.

마나스와 어머니 역시 자신들의
마을로 돌아왔습니다.
바이 자큽은 아들을 보면서
(반가워서) 크게 소리질렀습니다.

〈네가 살아서 건강하게 돌아왔구나,
내가 정신을 놓았지,
너를 다시 만날 수 있으리라는 희망을 버린 지 오래였는데,
내가 얼마나 큰 비탄에 빠졌었는데!
내 아들이 어머니와 함께 무사히 돌아온 것을 보니
이제야 내가 제정신을 찾을 수 있겠구나.
내가 '칼믹 사람들이 뭔 일을 저지르겠다.'라고 생각하고서
공포에 질려, 온 세상 방방곡곡에
긴급한 소식을 전해놓았단다.〉

바이 자큽은 이렇게 말했습니다.

바이 비체가 바이 자큽에게
아들 마나스가 한 일을 상세하게 말해주었습니다.
돌아오는 길에 칼믹 사내 한 사람이
싸움을 걸어왔고, 큰 소동이 일어났는데,
마나스가 그 칼믹 사내를 말에서 번쩍 들어서
타르븐을 향해 내던졌고,
두 칼믹 사내들이 크게 부딪혀서 두 사람 가운데 한 명이 절명했으며,
나머지 사내들도 감히 덤벼들려고 하지 못한 채
대경실색하여 (시신들을 수습해서) 도망쳤다는 내용이었습니다.

그러자 바이 자큽이 소리를 지르기 시작했습니다.
〈이교도이며 불한당 같은 칼믹 놈들이,
내 재산을 탐하여 공격을 하는구나!
키르기스 민족도 그렇게 작지만은 않다.
내가 저놈들과 대적해서 이제 한번 겨뤄보겠다.
내게는 튼실한 말이 사만 마리 있다.
많은 키르기스 사람들을 위해
말을 나눠주겠다. 키르기스 사람들이 말을 타고 이용하도록 하겠다.
그래서 칼믹 놈들이 내게서 빼앗을 말이 없도록 하겠다! 남는 것은,
여기에 있는 모든 것 가운데에서
말 팔천 필이다.
내가 칼믹 놈들을 용서하지 않고, 복수해 줄 것이다.
내 아들아, (만일 내가 죽고) 네가 살아남게 된다면,

나중에라도 나를 위해 원수를 갚아다오.〉

바이 자큽은 원기가 충천했습니다.
바이 비체도 이제 안도의 숨을 내쉴 수 있었습니다.
바이 자큽은 느낄 수 있었습니다.
자기 아들의 엄청난 힘을 말입니다.
(하지만 정작 마나스는) 먼저 죽은 칼믹 사람은 벌써 잊었습니다,
마나스의 두 눈에는 불꽃이 타오를 뿐입니다.
오늘 칼믹 사내를 한 명 죽인 것에 대해서도
마나스는 벌써 생각하지 않게 되었습니다.

자, (청중 여러분!) 이제 칼믹 사람들에 대해서
이야기를 좀 드려보겠습니다.
칼믹 사람들은 남자 두 명이 연이어 죽임을 당했습니다.
코르투크 한 사람이 죽은 것 때문에
벌써 칼믹 사람 칠백 명이 모여들었습니다.
(마을에) 사는 (칼믹) 사람들은
가축을 많이 잡았습니다.
(멀리서 온) 칼믹 사람들이 (이 마을에서) 밤을 보냈습니다.
계속해서 (알타이에 사는 칼믹 사람들의) 전투부대들이
살해당한 사내가 살던 마을로 왔습니다.
(마을에 살던 칼믹 사람들이) 가축을 얼마나 많이 음식으로 내놓았는지
　　모를 정도입니다!
거대한 (가축의) 도살이 이루어졌습니다.

〈투르크 놈들을 이번에 끝장내자. - (모인 사람들이 말했습니다) -
재산을 모두 빼앗고 아무것도 남겨두지 말자.〉

사람들이 말했습니다.〈그놈이 사는 마을이 어디요?
투르크 부랑자가
대체 어느 지역에서 온 자요?
여기서 그자가 부자가 되었다던데.
자큽이라는 자가 부자라는 사실 때문에
여러분께서 자비를 베풀어서는 안 될 것이오.
땅과 관련한 시비로 사람이 죽었으니,
현명하신 여러분께서는 생각을 한번 해주십시오.
우리가 죽은 사람의 몸값을 어떻게 받아야 할까요?
어떻게 그자들을 혼내줄 수 있을까요?
어떻게 보상을 받을 수 있겠습니까?
보상금을 받은 뒤에도 그냥 둘 수는 없습니다.
그러니 어떤 고통을 그놈들에게 주어야겠습니까?
바이 자큽이나 그놈의 아들놈 가운데,
한 놈이라도 죽이지 않는다면,
그때는 우리가 남자도 아니라는 소리를 들을 겁니다.〉-
이런 대화를 칼믹 사람들이 나누었습니다.

자정이 가까운 시각에
고함과 비명이 일었습니다.
여자들이 큰 소리를 질렀습니다.

〈바로 그 마나스라는 자가
(시신을 수습하러 갔던) 일곱 명 가운데
한 명을 잡아 죽였다.
(낙타 등에) 시신을 싣고서
남은 사람들은 (살아서 겨우 집으로) 돌아왔다.
길에서 칼믹 사람들의 일행을 발견하고는
(마나스가) 길목을 지키고 있다가
지난번에 멧돼지처럼 (난폭하게) 우리 사람들을 죽인 바로 그놈이 또 한
  명을 공격했다.
그놈이 또 한 명을 때려죽여 버렸다.
그놈을 잡으려 했다가,
잡으려 한 사람들이 비극을 맞았다!〉

군사를 이끌고 (마을에 온) 칼믹 사람들과
어떻게 자큽을 완전히 초토화할지에 대해서
어떻게 (키르기스 사람들을) 완전하게 약탈할지에 대해서
(본격적으로) 상의하기 시작했습니다.
군사를 이끌고 온 사람들을 손님으로 접대하는 마을의 칼믹 사람들이
  말입니다.
마을에 사는 칼믹 사람들은 충고를 들었습니다.
군사를 이끌고 마을을 찾은 칼믹 사람들에게서.
아침에 날이 밝으면 공격을 하기로.
아랄 지역에 거주하는 자큽을 치고,
자큽의 백성들을 약탈하기로 했습니다.
이 결정이 내려졌을 때는,

벌써 여명이 밝아왔고, 날이 훤해졌습니다.

활을 어깨너머로 두르고,
칼믁 사람들은 줄을 지어 앞으로 나아갔습니다.
화살통에 화살을 가득 채우고,
칼믁 사람은 모두 함께 앞으로 나아갔습니다.
밤새 켜놓았던 불을 끄고서,
백 명씩 혹은 쉰 명씩 그룹을 만들어
칼믁 사람들은 원정길에 올랐습니다.

카이은드 계곡의 분지에서
수많은 말이
무리 지은 모습을 칼믁 사람들은 보았습니다.

칼믁 사람들은 말했습니다.〈이 말떼 역시 자큡의 가축이다!
이 말떼 모두를 우리가 차지할 운명이다.〉

칼믁 사람들이 (말떼를) 급습했습니다.
이천 마리 혹은 천오백 마리 (말을)
포획한 뒤, 말떼를 몰기 시작했습니다.

(으이만쿨은 칼믁 사람들의) 군사를 보고서 깜짝 놀랐습니다.
(자큡의) 목동인 으이만쿨은
협곡 속으로 몸을 숨겼습니다.
칼믁 사람들은 〈칸가이!〉라고 함성을 지르면서 달려들었습니다.

(공격하는 사람들은) 검은색 자갈[178]을 입고 있었습니다.
모두 자갈을 입었습니다.

〈만주에서 유목하던 우리 (칼믹) 사람이 살해되었다.
그런데 당신들 알타이 (칼믹) 사람들은 무슨 일을 하는 건가?
당신들 알타이 사람들은 모든 것을 다 차지하려 한다, 아무것도 남기지
　　않고서,
우리는 그대들 (알타이 칼믹 사람들에게) 자유를 주었다.[179]
그런데도 그대들은 우리에게 대가를 치르려고 하지 않는다!
우리 사람이 살해되었다.
그대들이 얼마나 큰 손실을 가져올지 아시는지?
알타이에서 온 칼믹 사람들은
'운명이 우리를 이곳으로 이끌었다,
바이 자큽의 가축을 받기 위해'라고 생각할 것이다.
하지만, (알타이 칼믹 사람이 아닌) 만주 출신의 칼믹 사람이 죽었다!
그런데도 그대들이 노획물을 자신들이 몽땅 차지하려고 하는가?
바보 같은 영광을 위해서 잘못의 원인을
그대들은 우리에게 돌리고 싶으신가?
바이 자큽의 말을
모두 약탈하려고 계획하고서
말 팔천 마리를 죄다 강탈해가는 건가.
그대들 알타이 칼믹 사람들이 말을 다 약탈해가면,

---

[178] '자갈'은 칼믹 사람들이 흔히 입는 검은색 상의다.
[179] 만주 칼믹 사람들이 이전에 알타이 칼믹 사람들을 도와준 일이 전설처럼 전해오는데, 알타이 칼믹 사람들이 이에 대한 보상이나 감사가 없었던 것으로 이해된다.

이 모든 일에 대한 원인을 제공한 죄는
고스란히 만주 칼믹 사람들에게 남게 되는 거니,
스스로 이익을 취하려고 하시거든,
(자신이 하는 행동의) 결과에 대해서 곰곰이 생각을 먼저 해 보셔야 할
　　것이다!
이 땅에 사는 사람들에 대해서
'이 사람들은 사람이 아니다?'라고 생각하고 있는 것 같다,
그대들에 대해서 이곳 사람들이 하는 말을 듣지도 않고 있는 것 같다.
알타이에서 온 칼믹 사람들은
자신들의 오만함을 전혀 감추려 들지 않고서
이곳에 사는 사람들에 대해서
'산 사람이 아니라 죽은 사람이다'라고 (이곳 사람들은) 생각하고 있다.
바이 자큽의 말을
마지막 한 마리까지 다 가져가도, 그대들은 여전히 부족하다고 생각할
　　것이다.
정녕 욕심을 제어할 수가 없는가?
주인을 잃고 외롭게 된 가축들에서
한 이천 마리 정도만 가져가면, 정녕 충분한 정도가 되지 않겠는가?
정도를 지켜야 하지 않겠는가?〉
이렇게 말을 하고서
마을의 수장인 아타쿨이 (자기 마을 사람들에게) 소리질렀습니다.

〈만주 칼믹 사람들이여, 그대들은 모두 죽은 사람들이오?!
이런 모습을 두 눈으로 못 보신단 말씀이오?
바이 자큽의 말들을

정녕 알타이에서 온 사람들에게 다 내어줄 참이오?
이 키르기스 사람인 (자큽은) 자신의 민족에게서 떨어져 살고 있지만,
내일 우리에게 복수를 하러 오리라고 정녕 생각하지 못하신단 말이오?
정녕 우리가 불행을 당하지 않을 수 있다는 말이오?
만일 (우리가) 바이 자큽을 (계속해서) 괴롭힌다면,
바이 자큽이 힘으로 우리를 이기지 못한다 해도,
언젠가는 한번 (우리를 제거해달라) 호소하고 다닐 수도 있지 않겠소?
(바이 자큽이) 우리에게 고통을 줄 수 없을 것이라 생각하시오?
이렇게 바이 자큽의 가축을 다 빼앗아 간 다음,
우리에게 화가 미치지 않을 것이라 생각하시오?
'죽은 사람에 대한 몸값을 우리가 취한 것이다'라고
알타이에서 온 칼믹 사람들은 말합니다.
이 일이 정녕 우리에게 화가 되지 않을까요?〉-
이름이 도곤이라는 만주 칼믹 지도자가 말했습니다.
이백오십 호 정도 되는 만주 칼믹 사람들을
인도하는 지도자였고,
도곤에게는 삼백 명 남짓한 용사가 있었습니다.

바이 자큽의 말들은
아직 올가미를 걸거나 재갈을 물리지도 않고
사람이 잔등에 탄 적도 없었습니다. 말들이 옆으로 물러섰습니다.
도곤이 소리를 지르며 달려와서
말떼가 움직이는 방향을 돌렸기 때문입니다.

알타이 사람들도 말을 몰아오며 소리를 질렀습니다.

이름이 도마빌이라는 알타이 칼믹 사람들의 우두머리가
소리를 질렀습니다. 《(말들을) 건드리지 마라!
몸값은 받을 능력이 있는 사람에게 가게 되는 법이다.
키르기스 놈이 싫어해도 상관없다!
내가 키르기스 놈에게서 빼앗은 것은 모두 내 것이다,
몸값이란 그것을 요구할 수 있는 사람에게 가는 법이니까.
키르기스 놈들은 다 꺼지라고 해.
그놈들에게서 내가 빼앗는 것은 모두 내 소유가 된다고!
그대들의 만주 사람이 죽었는데, 그대들이 무슨 일을 하는 건지 알 수
 없어.
'죽은 사람을 위한 몸값을 치르시오'라고 했어야지,
당신네가 어제 우리에게
이런 말을 한 적이 있기나 해?
정신없이 말을 달리고, 옷이 해어지도록,
멀리서 이곳으로 우리가 단숨에 달려왔어.
여러분 스스로 우리를 부른 것이야.
그러니 쓸데없는 일을 시도하지 마.
자쿱은 키르기스 사람이다, 그는 부루트[180]란 말이다. - 도마빌이 말했습
 니다. -
말떼를 두고 우리와 분쟁을 해야 할 이유가 어디에 있단 말이냐?
그대가 말떼의 방향을 바꾸려 하는 걸 보니,
그대 스스로 말떼를 강탈해가려는 것이 틀림없어 보이는구나!》 -
도마빌은 이렇게 말하고, 욕설을 하면서 덤볐습니다.

---

[180] 부루트는 칼믹 사람들이 키르기스인을 부르는 말이다.

도마빌은 도곤에게 비난을 퍼부었습니다.

도마빌이 말했습니다. 〈그대의 만주 사람이 죽은 게 사실이다!
키르기스 사람들에게 복수를 하도록
그대들이 부탁을 했고, 그래서 내가 이곳에 왔다.
그대가 직접 나를 부른 것이다!
쓸데없는 고집을 버리시라.
이미 나를 불렀고, 그리고 그 결정도 옳은 것이니,
내가 쓴 비용에 대해 치르는 것이라 보면 좋다.
우리가 말을 급히 몰아야 했고, 우리 옷도 다 해어졌으니,
그대가 우리를 곤란하게 만든 것 아니겠는가.〉- 도마빌이 말했습니다.

도곤은 이 말을 들은 뒤
불같이 화를 냈습니다.
자신의 외설스러운 신체 부분을 가리키면서
〈자, 한번 가져가 보시지!〉라고 도곤이 말했습니다.

〈네놈이 외설스러운 신체 부분까지 가리키며 내게 (모욕을 한다는 거지)!
내가 이 노예 놈의 쓸개를 뽑아버릴 테다!〉- 이렇게 소리를 치고서
(도마빌은 자신이 탄) 말에 채찍질을 하며,
도곤에게 달려들었습니다.

도마빌은 도곤에게 도끼를 휘두르기 시작했습니다.
(도마빌이 휘두르는) 도끼에 맞은 다음
(도곤은) 비명을 질렀습니다. 〈알타이 놈이 네 아비를 죽이려 든다!〉-

도곤은 큰 소리로 울부짖었습니다.
만주 사람들이 달려와서 함성을 높였습니다.

〈어디에 있어요?〉- 서로가 있는 곳을 물으면서
만주 사람들은 알타이 사람들을 공격했습니다.

한쪽은 사백 명이고, 다른 쪽은 삼백 명이었습니다.
도끼가 머리통 위에 떨어지는 소리가 났습니다. - 스툭! 스툭!
철퇴가 머리통 위에 떨어지는 소리가 났습니다. - 툭! 툭!
창으로 가슴을 찔렀습니다.
대부분의 만주 사람들은
자신들의 마을이 있는 쪽으로 쫓겨 갔습니다.
도마빌을 우두머리로 한 알타이 사람들이
쉬지 않고 만주 사람들을 몰아갔습니다.
칼믹 사람들은 서로에게 원수가 되었습니다.
누구에게 도움을 받아야 할지 알지 못한 채 만주 사람들은 두려움에 떨었
  습니다.
무시무시한 의미가 있는
도마빌의 말 때문에 (만주 사람들은 두려움에 떨었습니다.)

〈저 불한당들을 (만주놈들을) 모두 쓸어버려라!
저놈들에게 피바다의 전쟁을 보여주자.
저놈들의 마누라들과 딸들을 전리품으로 가져가자.
그래야만 우리 마음이 풀릴 것이다!〉-
도마빌은 이렇게 말을 한 뒤

벽력같이 소리를 쳤습니다.

만주 사람은 모두 달아났습니다.
자신들 가운데 가장 연장자인 도곤의 지휘하에
만주 사람들은 자신의 마을로 피신했습니다.
알타이에 있는 마을들에서
이백 명의 군사가 더 도착했습니다.
이들은 모든 사태에 대해서 벌써 어제 전해 듣고,
죽은 사람의 몸값을 받으려고 이곳에 도착한 것입니다.
자신들의 땅을 가득 채우고 있던 장정들을 소집해서
알타이에서 이곳으로 달려온 것입니다.
알타이 칼믹 사람의 수가 불어나서, 이제 군사가 팔백이 되었습니다.

(여러분께서) 만일 〈누가 이들의 우두머리냐?〉고 궁금해하신다면,
(알타이 칼믹 사람의 우두머리는) 그중 연장자인 도마빌입니다.
(만주 사람들은 알타이 사람들의 공세에) 더는 견딜 수 없었습니다.
만주 사람들은 현장에서 도망친 다음 몸을 숨겼습니다.
(자신들이 사는) 마을 인근에 말입니다.
전리품으로 만주 칼믹 사람들의 아내들과 딸들을 붙잡아서
자신들과 함께 끌고 가려고
알타이 칼믹 사람들은 작정했습니다.

만주 사람들은 〈차가, 차가!〉라고 소리를 질렀습니다.
자신들의 마을에 몸을 숨기고서 말입니다.
자신들의 총기에 화약을 충전하고,

심지에 불을 붙였습니다.[181]
만주 칼믹 사람들이 짐승들이라고 부르는 알타이 칼믹 사람들의
얼굴에 피가 튀었습니다.
만주 사람은 모두
공포에 질린 나머지 공황상태에 빠져서
한탄했습니다. 〈우리 모두 죽고 말 거야!〉
이미 일어나 버린 일에 대해 후회하면서
자신들의 거처를 요새로 만들려 노력했습니다.
(만주 칼믹 사람들은) 알타이 사람 수가 불어나는 것을 보면서,
〈이제 곧 삶과 작별하게 되겠구나.〉라고 생각하면서
과연 (자신들 가운데) 누가 살아남을 수 있을지 걱정했습니다.
완전히 포위당한 채,
아내들과 딸들까지 포함하여 만주 사람은 모두
긴 칼과 짧은 칼을 손에 들었습니다.
(절망을 느낀 만주 사람들은) 장대를 붙잡고
분명하지 않은 주문을 중얼거리며
목숨을 보전할 수 있게 해달라고 (기도를 올렸습니다.)
만주 사람들이 도망칠 곳은 아무 데도 없었고, 그 어디에도 보호자가 없었습니다.
갈 곳도 없었고, 숨을 곳도 없었습니다.
그래서 불명확한 주문을 중얼거리면서

---

[181] 마나스 서사시에서 이 부분은 마나스가 유목지를 알타이-예니세이 지역에서 현재의 키르기스 영내로 옮기기 전이다. 대략 12세기 이전으로 추정되는데, 작품 내부에 심지로 불을 붙여 발사하는 소총이 등장하고 있다. 소총과 같이 당시에 흔하지 않았던 무기는 마나스치에 의한 낭송시에 잘못 첨가된 것으로 이해된다.

방어에 최선을 다할 수밖에 없었습니다.

밤새도록 (말을) 달렸습니다.
말들의 고통을 애써 무시하면서 오랫동안 달렸습니다.
투르크 사람들의 거주지에서 (자큽을 도우려고) 떠난 사람들은
이제 거의 (목적지에) 도착했습니다.

사람들이 말했습니다. 〈자, 용사가 얼마나 많이 왔는지 보라!〉-
도와주러 온 사람들은 자큽에게 (전령을 보내서) 소식을 전했습니다.
동이 틀 무렵에 원병이 도착했습니다.

바이 자큽을 중심으로
바이 자큽 곁에 있던 아크발타 영감과
예순 명의 (마을) 장정들은 말 위에 올랐습니다.
바이 자큽은 흐뭇했습니다.
자신들의 말이 방목된 곳으로 갈 결심을 한 뒤
바이 자큽은 길을 나섰습니다.

〈아버지, 저도 가겠습니다〉- 이렇게 말을 한 뒤,
밝은 회색 세 살짜리 말에 안장을 올리고,
마나스 역시 길을 나섰습니다.

(현장에 도착한 뒤) 말들을 방목한 곳으로,
칼믹 사람들이 모여든 바로 그곳으로,
바이 자큽은 긴장된 시선을 던졌습니다.

(바이 자큽은) 마음속으로 생각했습니다. 〈내 가축 떼가 온전해 보인다.
그리고 칼믹 사람들의 병사가 너무 많은 것 같다.
만일 칼믹 병사들이 한꺼번에 우리를 공격한다면,
현재로는 내가 저들과 대적해서 싸우기가 어렵다.〉
(바이 자큽은) 멀리서 칼믹 병사들을 알아보고서 두려움을 느꼈습니다.
(바이 자큽은) 멀리서 칼믹 병사가 많은 것을 눈치채고서 어쩔 줄을 몰랐
  습니다.
적들의 수가 너무 많은 데 놀라서
바이 자큽은 망연자실했습니다.
바달두182 지역의 저지대에
바이 자큽은 멈춰 섰습니다.

살해당한 코르투크의 아들은
모든 사람에게 현명한 인물로
잘 알려져 있었습니다.
이 젊은이의 이름은 샤쿰이었습니다.
이 총명한 젊은이는 다음과 같이 생각했습니다.

〈동족에게서 모욕을 당하는 것보다
차라리 낯선 사람들의 웃음거리가 되는 편이 낫다.
인색한 놈들 앞에 머리를 조아리는 것보다
차라리 인심 좋은 사람들에게 머리를 조아리는 편이 낫다.

---

182 바달두는 키르기스 말로 '나무와 풀이 우거진 숲'을 뜻하지만, 키르기스스탄의 여
  러 지역에서 발견되는 지명이다. 서사시에서는 지명으로 사용된다.

내가 가야겠다,
자큽에게 내 마음을 전하러,
나 자신이 생각하는 바에 대해서 모두 자큽에게 말하리라.
내가 직접 바이 자큽을 찾아가서,
그곳에 자큽의 아들이 있으면,
젊은 마나스 청년이 있으면,
그가 어떤 사람인지 한번 보리라!〉
이렇게 생각한 소년은,
언제나 사려 깊은 소년 샤쿰은,
전투 현장을 떠났습니다. (자기 마을 사람들에게서) 떠났습니다.

(샤쿰이 탄) 이름이 쿠우차브다르라는 말은
날아가는 새를 닮았습니다.
소년 샤쿰은 말을 달려 (자큽에게) 도착했습니다.
바이 자큽을 보는 순간
샤쿰의 두 눈에서 눈물이 솟구쳤습니다.
샤쿰은 말에서 뛰어내려 고개를 숙여 인사했습니다.

〈알타이 사람들이 우리를 죽이고 있습니다. ─ 샤쿰이 말했습니다. ─
우리 마을을 약탈했습니다.
아크사칼 자큽 용사시여,
알타이 사람들로 이루어진 군사들이 도착했고,
이제 다시 우리 마을을 짓밟을 겁니다. ─ 샤쿰이 말했습니다. ─
아무도 살려두지 않고 다 죽일 것입니다.
사악하게 소리를 질러대는 불한당들이 말입니다.

나의 부친께서 그대들에 의해 살해되었습니다.
우리 마을은 만주에서 온 (칼믹 사람들이 사는) 작은 집단입니다.
우리에게는 다른 출구가 없습니다.
다른 사람들에게 도움을 청하는 것 이외에는.
그대들은 키르기스 사람들을 떠나 이곳으로 오셨고,
우리는 크타이 사람들을 피해서 이곳으로 왔습니다.
알타이 사람들은 우리를 살육하려 합니다.
많은 사람이 이미 죽었고, 우리는 기진맥진해 있습니다!
"필요 이상의 가축을 가져가지 마라!"라고 제가 (알타이 칼믹 사람들에게) 말했는데,
이렇게 말한 것이 우리에게 불행이 되고 말았습니다.
"네놈이 부루트 키르기스 놈들과 한패로구나"- 알타이 칼믹 사람들이 이렇게 말하고서는,
우리 마을을 부수고 약탈하기 시작했습니다.
우리는 마을의 집터를 진지로 만들어,
우리 지도자들이 겨우 버티고 있지만,
지금 우리가 볼 때,
결국에는 우리 모두 죽게 될 겁니다.
그러니 자쿱 아버지시여,
우리가 그대의 보호에 들어가서,
그대의 친척이 되고, 그대의 이웃사람이 되겠습니다.
우연히 살해당한 나의 아버지의 몸값으로
그대에게 아무것도 요구하지 않겠습니다!
우리가 그대의 마을로 유목지를 옮기고,
그대의 친척이 되어, 그대와 힘을 합하겠습니다.

죽음의 순간을 맞이한 나의 아버지에 대해서
아무런 몸값도 받지 않겠습니다!〉
소년 샤쿰은 이렇게 말하며
자큡을 바라보았습니다.

바로 이 시각, 츤드즈르 지역에서 출발한
육백 명의 군사들과 함께
깃발들을 휘날리면서
캄바르의 아들 아이다르칸은
산등성이를 넘어 (자큡을 도우러) 달려오고 있었다.
바이 자큡은 (먼발치에서) 아이다르칸의 일행을 발견하고서,
〈자, 어서, 빨리 오시게!〉- 라고 말한 뒤,
큰 소리로 함성을 지르기 시작했습니다.
아이다르칸의 일행도 자큡을 발견하고서,
더 빨리 달리기 시작했습니다.
바이 자큡이 또다시 소리쳤습니다.
〈자, 어서, 빨리 오시게!〉- 이렇게 말을 한 뒤,
바이 자큡은 말 위에 올랐습니다.
깃발을 땅에 끌릴 정도로 흔들면서,
(아이다르칸과 일행들은) 사방에서 원군들이 오는 것을 느끼면서
말을 재촉해서
바이 자큡에게 도착했습니다.

아이다르칸 일행의 뒤를 이어 자큡에게
온 사방에서 원군이 도착했습니다.

용사들이 서른 명 더 합세했습니다.
온 사방에서 용사들이 달려왔고,
용사 수는 칠백여든 명에 이르렀습니다.
그 용사들 가운데에는
(바이 자큽과) 함께 일을 한 노이구트 사람들이 있었고,
(바이 자큽에게서) 도움을 받았던 키르기스 사람들이 있었고,
자큽이 후원한 적이 있었던 크즈르 사람들이 있었고,
자큽이 도움을 주었던 나이만 사람들이 있었고,
(자큽과 함께) 이웃에서 살았던 콘그라트 사람들이 있었고,
이웃인 우이슌 사람들이 있었고,
자큽과 함께 사는 알친 사람들이 있었고,
아르근 사람인 카라코조가 있었습니다.
도움을 주러 달려온 사람들을 보면서 자큽이 말했습니다.

〈돌아가신 (코르투크는) 우리 사람입니다.
다른 지역에 사는 칼믹 사람들과는 아무 관련도 없습니다.
(만주 칼믹 사람들이) 죽은 이에 대한 몸값을 받길 원치 않는데,
어째서 (알타이 사람들이) 만주 칼믹 사람들을 해치며, 나쁜 짓을 하는지
 모르겠습니다!
돌아가신 칼믹 사람은 우리 사람입니다.
그런데 이 사건이 다른 지역의 이해관계가 없는 칼믹 사람들에게 무슨
 상관입니까?
(알타이 칼믹 사람들이) 죽은 사람의 몸값을 차지하는 것을 넘어서,
어째서 (이 만주 사람들을) 박해하고 짓밟는 겁니까?
여기 이 소년은 자신의 아버지가 돌아가셨습니다.

이 소년이 내 마음을 아프게 합니다.
내 두 다리를 붙잡습니다.
소년이 애원합니다. "아버지, 우리를 (알타이 사람들에게서) 살려주십시
　오!"
소년은 쓰라린 눈물을 흘립니다.
고통에 가득한 모습으로 흐느끼면서 바로 내 앞에 서 있습니다.
만일 (우리가) 이 소년의 간청을 들어주지 않으면,
이 소년의 마을이 도탄에 빠지게 되고, 우리는 비겁한 자들이라는 불명예
　를 받으며,
이 젊은이는 어려움에 처하게 됩니다.
불한당 같은 알타이놈들에게
이 소년의 마을이 짓밟히게 내버려 둔다면, 우리에게 오명이 될 것입니다.
(이 소년과 마을을 알타이 놈들에게) 약탈하고, 전리품으로 가져가도록
　허용하면
언젠가 우리에게도
알타이 놈들이 느닷없이 들이닥쳐 약탈을 자행할 겁니다.
우리 모두 일순간에 공격합시다.
가서 (알타이 놈들을) 모두 쳐부수고,
(만주 사람들을) 구출합시다.
"그대의 친척이 되어, 그대와 힘을 합하겠습니다."라고 (젊은이가 내게)
　말했습니다.
나의 동지 여러분, 이 문제를 한번 고민해 보십시오!〉
바이 자큽이 말했습니다.

〈그렇군, 그 (알타이) 칼믹은 나쁜 사람들이군.〉 －

아이다르칸이 말했습니다.

〈그렇다면 알타이 사람들을 어떻게 무찌르면 좋겠습니까?〉-
그 순간 마나스가 말했습니다.

(안장을) 바로 고치고, 갑옷을 입은 뒤, 말에 올라탔습니다.
자큽의 용사들은 알타이 사람들과 일전을 치를 결의를 했습니다.

〈만일 싸움에 나선다면, 반드시 이겨야 한다,
그런데, 돌격구호는 뭐로 하는 게 좋겠습니까?〉-
이곳에 모인 용사들이 서로 물었습니다.
사람들은 어린 마나스를 바라보았습니다.
마나스는 두 손에 푸른색 창을 들고서
밝은 회색의 세 살짜리 말을 타고 있었습니다.
마나스는 말채찍을 자신의 말에 내리치고 (달려나가며)
별다른 말을 하지 않고,
〈마나스!〉라고 외쳤습니다.
〈마나스! 마나스! 마나스!〉라고 외치며
용사 (마나스는) 순간적으로
전투를 하러 앞으로 달려나갔습니다.
모든 용사가 마치 한 사람처럼 함성을 외치며
곡물에 붙은 수염뿌리같이 창을 몸에 밀착했습니다.
용사들의 혀에는 다른 돌격구호가 떠오르지 않았습니다.
용사들은 〈마나스, 마나스!〉를 연호했습니다.
흰색 깃발과 붉은색 깃발이

펄럭이며 긴장된 소리가 났고,
푸른색 깃발과 붉은색 깃발은
하늘까지 울려 퍼지는 거대한 소리를 냈습니다.
무기들을 정조준하고,
귀로 함성을 들으며,
알타이 사람들에게 자신들의 창끝을 겨누었습니다.
깃발은 땅을 향해 굽었고,
산등성이 가득 먼지가 일었습니다.
도마빌에게 불행을 안기기 위해,
커다란 소리를 지르며 달려간 다음,
마나스와 용사들은 커다란 싸움을 벌였습니다.
(알타이 사람들의) 말들은 급하게 방향을
아제밀 쪽으로 틀었습니다.
알타이 사람들은 말을 달리며 퇴각했습니다.
칠천 명[183]이 한꺼번에 알타이 사람들을 공격했습니다.
(적의 무리에서) 두 사람 가운데 한 명은 칼이나 창에 찔렸습니다.
(적의 무리에서) 일곱 사람 가운데 세 명은 죽었습니다.
단번에 알타이 사람들을 물리친 키르기스 사람들은
알타이 사람들의 뒤를 쫓았습니다.
알타이 사람들의 정수리를 도끼로
내리치면서 뒤를 추적했습니다.
먼지가 곧추 하늘로 일었고,
산등성이의 넓은 면이 피에 얼룩졌습니다.

---

[183] 실제로는 칠천 명이 아니지만 다수라는 뜻으로 사용되는 것으로 보인다.

수없이 많은 (알타이) 사람이 절명했습니다.
케름에 있는 카라 벨 쪽으로
알타이 사람들을 몰아가며 추적했습니다.
알타이 사람들에게 징벌을 내리면서
마나스와 용사들은 알타이 사람들의 뒤를 추적했습니다.
알타이 사람들의 턱수염과 콧수염을 뽑아내면서
카자흐 사람들도 키르기스 사람들과 함께
알타이 사람들의 뒤를 쫒았습니다.
산의 능선 위쪽으로
알타이 사람들이 달아났습니다.
알타이 사람들은 혼비백산 달아나면서
이런 패배를 단 한 번도, 그 어디에서고 본 적이 없다고(생각했습니다).
(키르기스 사람들의) 앞에는 젊은 마나스가
모든 사람을 이끌며 말을 달렸습니다.
(마나스는 적들의) 목을 베어 쓰러뜨리며,
적들을 사방에서 궤멸시키며 말을 달렸습니다.
전나무 장대로 만든 창을
언덕을 기어 올라가는 알타이 칼믹 사람들에게
말을 달리면서 동시에 던졌습니다.
자신의 강한 힘을 보여주면서
젊은 마나스는 말을 몰았습니다.
마나스가 탄 밝은 회색 빛깔의 말은
전속력으로 질주했습니다.
산의 언덕을 겨우 넘은 알타이 사람들은
경사면의 아래쪽으로 도망쳤습니다.

팔백 명의 알타이 사람들이 왔다가,
알타이 사람들의 추레인 도마빌이 전사하고,
사백열세 명의 사람들이
스러지고, 그들의 피가 뿜어 나왔습니다.
알타이 사람들을 반나절 말을 달릴 거리 정도 추격했습니다.
(마나스가) 말에서 떨어뜨린 사람들은
납작 땅에 엎드려 뻗었습니다.
죽은 사람은 수를 헤아릴 수 없을 정도였습니다.

〈이 불행을 이제 우리는 피할 수 없다!〉라고 생각하면서,
알타이 사람들 가운데 생각 있는 사람들은 한탄했습니다.
전열 앞부분에 있던 사람들은 공포에 사로잡혀 도망을 쳤습니다.
그 사람들은 두려운 나머지 알타이 땅 너머 (더 멀리) 달아났습니다.
많은 알타이 사람이
캄블 지역까지 도망쳤습니다.
자신의 유일한 아들의 뒤를 따라
아들의 안위를 걱정하면서
투우추낙을 전속력으로 몰면서
자신이 쓴 모자를 바람에 휘날리지 않도록 꼭 묶고,
바이 자큽은 소리를 지르며 질주했습니다.

〈내 아들아, 이제 그만 멈추어라!〉라고 자큽이 소리쳤습니다.
깃발을 흔들면서 자큽은 아들을 불렀습니다.

〈아들의 말이 다섯 살배기가 아니고, 세 살밖에 되지 않았어.

그런데도, 다른 말보다 더 잘 달리거든.
피로함도 전혀 느끼지 않는 듯 달리는
이 말에 얼마나 힘이 남아있는지 모르겠어!〉-
바이 자큽이 말했습니다.

아이르슈 지역의 노란 꽃이 만개한 곳에서
바이 자큽은 아들을 따라잡고 멈추게 했습니다.
마나스가 달리는 것을 멈춰 세운 다음,
적들의 뒤를 쫓아서 추적하지 못하도록 했습니다.
아무도 적을 쫓아 알타이로 들어가지는 않았습니다.

〈성공을 축하해, 행운이 깃들기를, 나의 추레 마나스!〉라고 말하면서
코르투크의 아들이 말을 몰아왔습니다.
(마나스의) 아버지인 자큽은 매우 기뻐하며
왔던 길을 돌아서 갔습니다.
알타이 사람들의 의복과 무기를
보통의 서민들이 나눠 가졌습니다.

(여러분 한번 들어 보시지요 패배한) 알타이의 칼믹 사람들이 불만을 표출하고 있습니다.

〈용이 나와서(우리를 공격했다),
(그 용은) 이름이 마나스라는 장사인데,
그런데, (알타이 칼믹의 지도자인 크타이의) 에센 한은 무엇을 했는가?
에센 한은 아직도 마나스를 그냥 놔두고 있지 않은가,

에센 한은 제정신인가?〉

칼믹 사람들은 장중[184]에게 하소연했고,
칼믹 사람들은 칼다이[185]를 찾아가 은근히 호소했으며,
칼믹 사람들은 다오타이[186]에게 읍소했습니다.
칼믹 사람들은 두우두[187]를 찾아가 호소했습니다.
칼믹 사람들은 크타이 사람들을 찾아가 이렇게 보고했습니다.

〈이제 곧 우리가 마나스 일행을 쳐부수겠습니다.〉
지금은 잠시 그대들의 땅에 머물게 해 주십시오.

(알타이에서 온) 칼믹 놈들을 물리치고, 만주 사람들과 함께
알타이 사람들의 의복과 말들을 전리품으로 싣고서,
(키르기스 사람들은) 마을에 도착했습니다.

정말 큰 전투가 있었습니다.
만주에서 온 칼믹 사람들 사이에서
마흔네 명의 용사가 숨졌습니다.
숨진 용사들의 시신을 수습하면서
만주 사람들은 목을 놓아 울며, 통곡했습니다.

---

184 장중은 알타이 칼믹 사람들의 전투사령관과 같은 서사시 내의 인물이다.
185 칼믹 사람들과 크타이 사람들 사이에서 관직이 높은 서사시 내의 인물이다.
186 칼믹 사람들 사이에서 중요 직책을 맡은 서사시 내의 인물이다.
187 칼믹과 크타이의 관직이다.

〈울지 마십시오. 이제 통곡을 멈추십시오.〉 이렇게 말하면서
(만주 사람들 가운데) 살아남은 사람 모두에게
(마음에서 우러나온) 위로를 했습니다,
카자흐 사람들과 키르기스 사람들이 말입니다.

〈우리는 그대들의 친척이 되겠습니다.
그대들이 우리의 목숨을 건져주셨습니다.
이제부터 우리는 형제가 되는 겁니다.
우리가 어려움에 처해있을 때,
그대들은 우리를 도우러 오셨습니다.
우리가 하는 말의 진실성을 믿으셔도 됩니다.〉-
칼믹 사람들 가운데 원로가 이렇게 말을 하고서,
한에게, 바이 자큽에게 걸어서 다가왔습니다.
칼믹 사람 모두가 함께 왔습니다.

〈죽은 사람들의 시신을 어떻게 해야 좋겠습니까?〉-
사람들은 (뒤처리와 관련된) 상의를 했습니다.

소년 마나스가 말했습니다.
〈만일 모든 문제를 순리적으로 해결하길 원하신다면,
그리고 제게 결정할 권한을 부여해 주신다면은,
(만주 칼믹 여러분께서) 우리를 친척으로 여겨주신다고 한다면,
땅을 파고, 돌아가신 분들을
모두 마지막 한 분까지 매장해드리는 게 좋겠습니다.〉-(마나스가) 말을
 마쳤습니다.

〈우리는 동의합니다.〉- 이렇게 말한 뒤
(모든 사람이 힘을 모아) 땅을 깊게 파고서,
돌아가신 분들에게 장례식을 치러주었습니다.

자기가 데리고 있는 목동을 불러오라고 명령한 뒤
바이 자큽은 그 목동을 자기에게 가까이 오게 해서(목동 으이만에게 말
　했습니다).
〈나이가 많이 든 말 가운데에서
사백 마리를 골라 몰아오도록 하게,
아버지가 살해당한 그 소년에게,
(마나스와) 겨루다 숨진 사람들의 (가족인) 칼믹 사람들에게
공평하게 말 사백 마리를 나눠주도록 하게.〉

(칼믹 사람들은) 자신들에게 주어진 말들을 나눠 가졌습니다.
(칼믹 사람들은 이 결정에) 아주 만족해했습니다.

그리고 자큽은 자신이 소유한 말떼 가운데에서
스물세 마리를 선별한 다음,
이곳에 모여 있는 사람들을 위해 잡도록 했습니다.
카자흐 사람들에게, 키르기스 사람들에게 그리고 만주 사람들에게
(자큽의 호의가) 무척 큰 만족감을 주었습니다.
만주에서 온 사람 모두 (이구동성으로)
아버지를 여읜 젊은이를
(자신들의) 비이[188]로 선포했습니다.
카라 토코 출신의 마지크라는 이름으로

젊은이가 나중에 유명해지게 됩니다.
바이 자큽은 아직 마음에 걸리는 일이 있어서
카자흐 사람과 키르기스 사람 모두에게
그리고 만주 칼믹의 도곤 영감에게도 부탁을 했습니다.

〈만일 (그대들에게) 재산이 필요하다면, 내게서 가져가시게나,
어떤 종류의 가축이든 내게 있는 것을 말일세,
붉은색 황금이든 노란색 순금이든 내 것을(가져가시게나),
내게 있는 모든 것은 (그대들이) 가져갈 수 있다네,
다만, 내 아들을 지원해주시길 부탁드리네.〉

이 전투를 위해 이곳에 온 모든 사람은
말했습니다. 〈자, 마을로 돌아갑시다!〉

자큽은 자신의 뒤를 따르도록 명했습니다.
조금 전에 비이 칭호를 받은 젊은이에게 말입니다.

〈자, 함께 갑시다. 단 한 사람도 뒤에 남지 마시구려!〉
(모든 사람에게) 자신의 뒤를 따르라고 자큽이 말했습니다.

〈내게 큰 곤경이 생기지 않을 거야,
내가 (모든 사람을) 세심하게 살펴보기만 한다면.〉
바이 자큽은 이렇게 생각하면서

---

188 비이는 지도자를 의미한다.

자신의 마을로 돌아왔습니다.

유르타 칠십 호 정도로 이루어진 바이 자큽의 친족 마을 사람들은
바로 그 날 칠백 명의 용사가 밤을 보낼 준비를 했습니다.
용사들이 실컷 먹고, 마실 수 있게 했습니다.
그다음 날 정오 즈음해서,
바이 자큽은 사람들이 모두 모이도록 명한 뒤, (모인 사람들에게) 말했습
   니다.

〈여러 씨족과 가문의 아크사칼이시여,
전통에 따라 제가 드리는 말을 한 필씩 꼭 받아주시길 바랍니다.〉
(아크사칼 이외의) 다른 사람 모두에게는
바이 자큽은 값비싸고 좋은 의복을 한 벌씩 선물했습니다.

〈이제, 말에 올라들 타십시오. 그리고 편안히 잘 돌아가십시오,
건강하게 오래 사시길 기원합니다!〉- 바이 자큽이 말했습니다.

씨족과 가문들의 대표들은 각각 말을 한 마리씩 받아들고,
나머지 사람들은 모피 옷을 한 벌씩 받아들고,
흩어져서 각자 다른 목적지를 향해 출발했습니다.
용사들이 자신의 마을로 각자 돌아갔습니다.

이때 이후로 여섯 달이 흘렀습니다.
다시 봄이 찾아왔습니다.
(여러분!) 이제 한번 보실까요, 어떤 일을 다시 했는지요,

바로 그때 그 소년 마나스가 말입니다.

이제는 마나스의 나이가
벌써 열한 살이 되었습니다.
마나스가 생각했습니다. 〈암말들이 새끼를 낳기 가장 적당한 때가 되었어,
내가 가서 그 모습을 한번 지켜봐야겠거든.〉
마나스는 아이반보즈라는 말의 잔등에 올라탔습니다.
아이반보즈는 태어난 지 여덟 해가 지난 말이었습니다.
아이반보즈의 키가 커서 거의 낙타와 비슷했습니다.
말 위에 앉아서 전속력으로 말을 몰았습니다.
마나스는 아아반보즈에 올라 질주를 한 겁니다.
소년 마나스는 자신에게 어떤 일이 생길지 미리 알지 못하고서,
무슨 일을 하게 될지 예상치 못한 채 질주를 한 겁니다.

길에는 (말들이) 많았습니다.
길의 양쪽 가장자리에 말들이 방목되어 있었습니다.
말 귀에는 다른 도장들이 새겨져 있었고, 가축의 낙인은
마나스가 소유한 말들에 있는 것과 일치하지 않았습니다.
말은 모두 회색이었고, 이마에 흰색 점이 있었습니다.
말은 족히 수천 마리가 되어 보였습니다.
젊은 마나스는 이 말들이 누구의 소유인지 알고 싶어
말떼의 정면으로 나아갔습니다.
차근히 살펴보면서 금방 알아볼 수 있었습니다.
(언젠가 마나스가) 네 명의 소년과
친해진 적이 있었는데, 바로 그 목동들이었습니다.
마나스는 전에 이 소년들과 함께 밤을 보내고, 새끼 양을 잡아

이들에게 기쁨을 주며 (음식을) 대접한 적이 있습니다.
이들 가운데 연장자는 아이나쿨이었습니다.
마나스는 이들 가운데 두 소년을 알아보았습니다.

마나스가 말했습니다. 〈둘 다 나와 함께 가자!〉
마나스는 두 소년에게 자기를 따라오도록 했습니다.

〈잘 지내는구나, 건강하니?〉- 소년들은 서로에게 인사를 하고, 안부를 물
  었습니다.
그리고 서로 경쟁하듯 빠르게 말을 몰았습니다.

(질주하다가) 마나스가 바이 자큽의 말떼를
발견하고서, 큰 소리로 말했습니다.

〈자, 이쪽으로 말을 몰아오세요,
제게 좀 더 가까이〉

유목민의 숙소로 마나스가 말을 달려 와서는,
말을 치는 목동들 앞에 멈춰 섰습니다.
(마나스는 목동들에게) 이것저것 상세하게 캐물었습니다.

〈새끼를 낳지 못하는 암말들을 높은 산 위에 있는 목초지로 데려갔고,
곧 출산이 임박한 암말들은 이천 마리 정도 되는 것으로 판단됩니다.
출산할 암말들을 평평한 초원으로 데려갔습니다.〉
목동들은 마나스에게 이렇게 대답했습니다.

암말 이만이천 마리가 목동들과 함께 있었습니다.
(마나스는) 이 암말을 모두 한곳으로 모았습니다.
막 갈기를 자른 수말과 새끼를 배지 못하는 암말 가운데에서
마나스는 세 마리를 잡았습니다.

〈자 한번 실컷 먹어 보시지요〉- (마나스는) 이렇게 말한 뒤,
모든 사람에게 충분하게 음식을 마련했습니다.
마치 마나스 본인도 예전에 목동이었던 것처럼
목동들과 친숙하게 살기 시작했습니다.
유르타들을 근처에 마련하고,
(마나스를 포함한 모든) 목동은 한 가지의 일만 탐닉했습니다.
시간 가는 줄 모를 만큼 재미있는 게임만 하며 지낸 것입니다.
(초원의 한군데에 있던) 나리새 풀들을 죄다 뽑아내고서,
그곳에다 작은 말뚝을 하나 박은 다음,
양의 무릎뼈에 있는 구슬처럼 둥근 작은 뼈를 다섯 개씩 세어 각자 나눠
  가진 다음,
목동들이 말했습니다. 〈자 이제 한번 제대로 오르도[189] 경기를 해보자〉

목동들은 땅바닥에 선을 그었습니다.
선을 그으며 준비하는 과정이 너무나 재미있었습니다.
땅 위에 둥근 원을 그렸습니다.
목동들 모두 아주 흥분하기 시작했습니다.
넓은 초원에 뿔뿔이 흩어진 수없이 많은 말 가운데에서

---

[189] 키르기스 사람들의 놀이. 일종의 구슬치기다.

매일 수말 한 마리를
붙잡아서 음식으로 만들었습니다.
목동들이 놀며 하는 행동들로만 보면,
이들이 모두 한[190]의 후손인 것처럼 보였습니다.
평평한 나무판을 만들어 (땅에다 둥글게 그려놓은 원 위에) 놓고서,
나무판 위에다 조그맣고 오목한 구멍을 (열여덟 개) 팠습니다.
나무판의 한쪽에는 아홉 개의 오목 구멍을 만들고,
나무판의 다른 한쪽에도 아홉 개의 오목 구멍을 만들었습니다.
목동들은 오목 구멍을 만든 다음,
침착하게 근처 바닥에 앉았습니다.
목동들은 (멀리 떨어져) 오목 구멍에 (뼈로 만든) 구슬을 굴려 넣으며,
토구스 코르골 게임을 하기 시작했습니다.

(여러분) 이 게임은 〈오르도〉라 불리기도 하고, 〈토구스 코르골〉이라 불리기도 합니다.
젊은 마나스가 처음으로 시도한 게임입니다.
마나스에게서 처음으로 오르도가 시작된 거랍니다.
〈오르도〉라는 명칭의 게임을
마나스가 우리에게 유산으로 남겨준 것입니다.
아홉 개의 구슬들을 (오목 구멍에) 굴려 넣으면(이기는 것이지요).
이런 규칙은 마나스가 정한 것입니다.
(마나스가 오르도 게임을 창시했다는) 내 말이 맞는지 틀린지는

---

[190] 키르기스를 포함하는 중앙아시아의 정치 지도자가 '한'이다. 알타이에서는 '한'을 '카안'이라 하고, 몽골, 키르기스 지역에서는 '한'을 '칸'이라 부른다.

오직 한 분, 알라께서만 아십니다.

길에서 (소년 목동들이) 오르도 게임을 즐겼습니다.
오르도 게임을 하는 목동들은
마나스의 서른두 명의 친구들이었습니다.
열여섯이 한쪽 편이 되고,
그리고 또 다른 열여섯은 반대쪽 편이 되고요,
두 집단은 오르도를 하면서 아주 흥분이 되어, 잔뜩 열이 오르게 되는
  겁니다.

이제 마나스와 목동들에 대한 (이야기는) 이 정도에서 그만 놔두고,
멀리 있는 거대한 베이징에 대해서,
베이징 소식에 대해서 잠시 들어보시지요.

수없이 많은 사람을 자신의 휘하에 복속시킨
에센 한이 그곳 (베이징의) 대왕님[191]입니다.
(에센 한은) 장중에서 그곳에서 일어난 일들을 들었습니다.
칼다이에게서 소식을 접할 수 있었습니다.
그곳의 권력을 장악하고 있던 에센 한은
(자큽이 알타이 칼믹 사람들을 제압한 사실을) 매우 언짢아했습니다.

---

[191] 서사시의 원문에는 '페디 샤 padishakh'라는 명칭을 쓰고 있다. '페디 샤'는 아프가니스탄의 왕이나 옛날 터키-페르시아 왕의 칭호라서, 베이징과는 어울리지 않는다. 따라서 연구자들 사이에서는 서사시에 등장하는 베이징이 중국의 베이징이 아니라는 견해도 있다.

(에셴 한은) 생각했습니다. 〈이름이 자큡이라는 투르크 사람이
재산만 가지고 따져보면, 이 세상에서 제일이라고 하는데,
바로 그 자큡이 알타이 땅 어디선가 가축을 유목하고 있다고 들었어.
스이카와 소오샹에 자큡의 땅이 있다고 들었어.
카라 샤아르 마을 인근이지.
그곳에 자큡이 들른다고 들었어.
재산만으로 말을 한다면,
자큡이 가진 것을 따라잡을 사람은 많지 않아.
아마도 이 자큡이라는 자는
키르기스 사람인 부루트이면서, 교활하고 음험한 자일 거야.
쉰 살을 넘길 때까지도
자큡에게는 자식이 한 명도 없었다고 했지,
자식이 없으면, 아무리 가축이 많이 있어도,
가난뱅이에 다름없어. 그래서 자큡이 마음고생을 했지.
올해 벌써 정확하게 여섯 해[192]가 되었다고 하지,
거대한 울음소리를,
자식의 목소리를 자큡이 듣게 된 지 말이지.
자기 자식을 땅에서 사람들이 듣게 되면,
아비와 어미는 (기뻐서) 정신이 하나도 없게 되는 거지.

---

[192] 조금 전까지 마나스가 열한 살이라고 알고 있었는데, 뜬금없이 여섯 살이라는 말이 나온다. 이런 차이는 낭송자 마나스치의 실수라고 보는 연구자도 있지만, 낭송을 하면서 자연스러운 소리 리듬을 유지하기 위해 일부러 이런 차이를 말하는 경우도 있다고 한다. 원인이 어떠한 것이든 서사시 내에서 숫자나 나이가 착오로 나오거나, 틀린 표현, 문법상 잘못된 내용, 완전히 앞뒤가 맞지 않는 표현이 등장하는 경우가 많다. 이는 구비문학 특성상 연행현장에서 구술되는 내용을 채록하며 생기는 오류라고도 볼 수 있다.

(아들 탄생을 축하하고 이름을 짓기 위한) 토이를 열려고
자큡은 암소를 오백 마리 이상 잡았어.
아들의 이름을 마나스라고 지었지.

(우리의) 현자들이 이구동성으로 말하기를,
"마나스가 이 세상에 큰 소동을 몰고 올 겁니다.
거대한 베이징을 공격할 겁니다.
마나스가 장성하게 되면."-(현자들의) 이야기라고.

(내게 충성하는) 현명하게 앞날을 보는 예언자들은
다음과 같이 말했어.
"페디 샤 대왕님이 명령하시는 목소리가 들리는 듯합니다!
군사들을 지휘하여, 우리에게 달려오고 있습니다."

현자들은 내게 또 이런 말도 했어.
"(우리가 살려면 마나스의) 뿌리를 잘라야 합니다."라고.〉

에센 한은 놀란 듯한 표정을 지으며 서 있었습니다.
백성들은 무엇인가를 기다리는 듯한 표정으로 에센 한을 지켜보았습니다.
에센 한이 사람들에게 말하기 시작했습니다.

〈오, 나의 백성들이여, - 에센 한이 말합니다. -
투르크 사람의 아내가 아이를 낳은 것이 특별한 일이 아니다.
투르크 여인이 낳은 아이 가운데 단 하나가
내게 소동을 가져오기에 충분할 수 있겠는가?

창구[193]의 아내들은 자식을 낳지 않는다는 말인가?
창구 여인 가운데 한 여인이 아들을 낳았다고 해서,
이 일이 나를 혼란스럽게 만들기에 충분하다는 말인가?
망굴[194]이 어떤 종족 사람들 앞에서 아양을 떨었다.
망굴은 알타이 산맥을 따라 흩어져 사는 자들이다.
알타이 산맥에는 여섯 종족의 칼믹 사람들이 사는데,
칼믹 사람들 가운데 누군가가 자신들을 보호해줄 존재를 찾아다녔다.
아마도 어떤 부루트 한 명이 바로 그 보호자가 되었던 모양인데,
그는 벌써 나이가 예순 살을 넘겼고,
현재로서는 우리에게서 독립된 존재로 살고 있다.
그자의 아내가 사내아이를 한 명 낳았기 때문에,
우리 칼다이가 혼란에 빠졌다고 한다.
고작 어린아이 하나가 얼마 전에 태어났다는 사실 때문에
사람들이 혼란에 빠져 있다고 들었다.
이제 막 태어난 아이 때문에
두려움에 휩싸여 있는 꼴이 된 것이다.
그자들이 제정신을 잃어버린 꼴이라 하겠다.
나는 모든 사람에게 내가 진정한 한임을 보여주겠다!
어린아이 한 놈이 얼마 전에 이 세상에 태어났다고 해서
사람들이 나를 불편하게 만들어야 하는 까닭이 도대체 무엇인가?
모든 사람에게 내가 페디 샤 대왕님이라는 사실을 보여주고 말 것이다!

---

193 이슬람을 믿는 크타이 사람들과 칼믹 사람들을 부르는 말. 신장위구르 지역에서는 이슬람을 믿는 중국인들을 둥간, 동간 혹은 퉁간이라 부른다. 둥간과 창구가 서로 같은 의미라고 지적하는 연구자가 다수 있다.
194 여기에서 망굴은 만주에서 온 칼믹인, 즉 만주 칼믹 사람들을 뜻한다.

하지만 내가 모든 사람을 동요하게 할 까닭은 없지 않겠느냐?
그자들이 들어올린 깃발을 단 한 번도 본 적이 없다.
그자들이 지르는 함성을 단 한 차례도 들어 본 적이 없다.
그자들이 만든 다수의 군사가 포함된 군대를 단 한 번도 본 적이 없다.
그러니 페디 샤 대왕님 군대가 자큽 그자를 치러 갈 까닭이 없다.
내가 보기에는 필요성이 아직은 없구나.
그런 식으로 대응하지 않는 것이 더 좋을 것 같다.
면밀하게 생각해본 다음, 일을 하는 게 좋을 것 같다.
우선 칼믹 사람 몇 명과 사르트 사람 몇 명을 (절반씩 섞어서 보내보면 좋겠다.)
자큽이라는 자가 얼마나 마음이 너그러운 자인지(알아봐야겠다.),
자큽이라는 자가 마치 자신이 페디 샤 대왕님이나 된 듯 가축을 그렇게 많이 내놓았다 하니.
스무 명이나 서른 명 정도의 사내들을 선발하고,
국고에 있는 단봉낙타 가운데에서
마흔 마리나 쉰 마리 정도를 고르고,
크타이 사람들 가운데 여섯 명 정도의 관리를 정해
호위무사로 뽑아서 (일정 규모의 상단을) 만들어 보아라.
국고에 있는 귀금속들을
골라놓은 낙타의 등에 잘 싣고서,
사람 사는 계곡과 산을 다니면서 장사를 하라고 일러 주어라.
어느 지방에 자큽과
자큽의 용맹하다는 아들 마나스가 사는지를(알아보라).
장사하러 보내는 사람들을 통해서 자큽과 마나스에 대해서 상세하게 알아보도록 하라.

(그곳에 사는) 어떤 민족이
으르렁거리고 있는지, 그리고 그들이 우리를 공격하려는 의사가 있는지
를 말이다.
아니면 그냥 재산을 지키기 위해서라면 업신여김당하는 것쯤은 달가워
하는지를 말이다.
그 정도 경멸을 받을 만한 자들이라면 내 관심을 끌기에 합당하지도 않지
않겠느냐?
어째서 그들에 대한 소식이
이곳으로 내게까지 전해지는 것이더냐?
그 사람들에게 가서, 물건들을 팔도록 해라,
알타이의 산을 모두 돌아다니면서
칸가이 사람들에게 더 가까이 접근한 다음,
그곳 민족들 가운데 스이투[195] 족이 어디에 사는지 잘 찾아보아라.
탕산[196]이라는 산을 잘 살펴보고,
그곳의 산세와 능선들을 잘 확인해 보도록 하라,
케베즈[197] 산에 대해서도 염탐을 하도록 하라.
오폴 산도 잊지 말고 살펴보라고 하라.
하지만 절대로 안디잔[198]에는 들어가지 말라고 당부하라.

---

[195] 서사시에 등장하는 민족의 명칭이다. 간혹, 특정한 나라의 이름으로 서사시에서 사용되기도 한다.
[196] 서사시에 등장하는 지역 명칭이다.
[197] 서사시에 등장하는 산의 명칭이다. 현재 케베즈-토오라는 산일 것으로 추정된다. 케베즈-토오는 카슈가르 지역에 있는 산의 이름이다. 바타-토오라 불리기도 하며, 현지인들에게는 몽블랑 즉, 백산(白山)으로 이해되는 신성한 산이다.
[198] 현 우즈베키스탄 영토이다. 우즈베키스탄과 키르기스스탄의 접경지이며, 이슬람 세력이 전통적으로 강한 곳이다.

카슈가르에 간 뒤에 그냥 뒤로 돌아 나오라고 당부하라.
나라의 보물창고에 있는 재산목록에서
귀중한 것들을 아끼지 말고 내어주도록 하라〉
한은 이렇게 말하면서 상거래를 할 사람들을 떠나보냈습니다.

(먼 길을 떠나는 사람들은) 항상 일을 하면서 조심하도록 당부를 받는 법입니다.
베이징에서 사람들이 출발했습니다.
이들은 길을 나선 뒤 다섯 달 동안 여행을 했습니다.
알타이 산맥의 자락에 들렀고,
아제밀 강의 연안에 도착해서는
휴식을 취하고 여유를 가졌습니다.

(대상들은 자신들이 오르도 게임을 하는 줄도 모르고) 오르도 게임을 하게 되었습니다.
(무슨 일을 하는지도 모르고) 대상으로 길을 나선 사람들이 오르도 게임에 도전한 겁니다.
(여태까지는) 대상으로 온 이 중 사고로 죽은 사람이 한 사람도 없었습니다.
대상들은 에센 한에게서 출발해서
이 지역을 정찰하러 도착한 직후에
길에 오르도 게임을 하려고 그린 둥근 원형을 보고서도,
오르도 게임을 하고 있는 목동아이들에게
별다른 관심을 보이지 않았습니다. (그냥, 오르도 게임을 하는 아이들을 지나치려 했습니다.)

(목동아이들도 이방인 대상들을 주목하지 않고) 구슬을 치는 경기에 몰두했고,
구슬을 원형 안으로 쳐서 넣었습니다.
구슬을 치는 막대기를 원형의 한가운데로 던졌습니다.
마나스는 원형에 다가가면서 무릎을 꿇은 자세로 막대기로 구슬을 쳐 구멍에 넣었습니다.

〈낙타가 원형 안으로 들어오지 못하게 하세요!〉-
(오르도 게임을 위한 원형 주위에) 서 있던 목동아이들이 (대상들에게) 말했습니다.

〈낙타들을 끌고 지나가지 못하면 대체 우리가 뭘 할 수 있단 말이더냐!
그냥 (원을 통과해서) 지나가자! 목동아이들이 갖고 노는 구슬이 총알이나 된다고 하더냐?
목동아이들이 (우리를 모두 제압할) 힘이라도 있겠나?〉- 대상들이 생각했습니다.

사르트 사람들이 낙타들을 이끌고 원형에 다가갈 즈음,
칼믹 사람들은 그들과 함께 다음과 같이 생각을 했습니다.

〈사실 우리는 한이 보낸 사람들이다.
저 녀석들이 우리에게 무슨 짓을 할 수 있겠나?〉

대상들의 낙타들은 한 마리, 또 한 마리, 차례대로
오르도 게임을 위해 그어놓은 원형을 지나갔습니다.

마나스는 구슬을 치는 막대기 쪽으로 손을 뻗어
두 손으로 막대기를 움켜잡았습니다.
산양의 뼈로 만든 구슬을
(막대기로) 쳤습니다.
막대기 끝부분으로 구슬을 때려 날려 보낸 겁니다.
마나스가 막대기로 구슬을 쳤던 힘이 얼마나 셌던지,
구슬은 제일 먼저 지나간 낙타에게 날아가,
마치 거대한 총에서 발사된 총알처럼,
낙타의 다리를 부숴버렸고,
낙타는 그 자리에서 꼬꾸라졌습니다.
그리고 산양의 뼈로 만든 구슬이 하나 더 허공을 가로지르고,
제일 먼저 지나간 당나귀의 다리에
첫 번째 구슬과 마찬가지로 명중했습니다.
당나귀는 땅에 쓰러졌고, 사르트 사람은 이제 걸어야 하는 처지가 되었습니다.

사르트 사람이 말했습니다. 〈내가 아주 곤란한 처지에 놓이게 되었다.〉
이렇게 사르트 사람은 크타이 사람들에게 불평을 했습니다.

크타이 사람이 말했습니다. 〈아니 이렇게 힘 좋은 소년이 있단 말인가!〉
한의 명령을 받고 이곳에 온 크타이 사람들은
바로 이 자리에서
마나스를 때려죽이겠다고 결심했습니다.

〈낙타의 다리가 부러졌고,

우리 동료가 이제 걸어야 하는 상황에 처했다.
(마나스를) 잡아라, 잡아라, 잡아라, - 크타이 사람들이 소리를 질렀습니다. -
어서 (저놈을) 포박해라! 서둘러라!) -
크타이 사람들이 함성을 질렀습니다.

마나스를 붙잡으려고
여섯 명이 한꺼번에 공격했습니다.

〈마나스를 붙잡지 못하게 우리가 나서자!〉-
마나스와 함께 있던 서른 명의 목동 소년이 이렇게 말하면서
모두 함께 (크타이 사람들에게) 덤벼들었습니다.
칼믹 사람들과 사르트 사람들과 크타이 사람들을 대적해서
목동 소년들은 다 함께 싸움을 시작했습니다.

제일 먼저 용맹한 마나스가
크타이 사람들의 대장을 붙잡았습니다.
크타이의 대장은 자신을 천하장사라고 부르던 인물입니다.
마나스와 크타이의 대장, 두 사람은 서로 마주 잡고 한바탕 엉켜 들었습니다.
(크타이 대장의) 허리춤에 있는 황금으로 장식된 허리띠와 허리를
(마나스는) 단단하게 손아귀에 붙잡았습니다.
(마나스는 크타이 대장을) 공중으로 번쩍 들어올렸다가 땅에다 내리꽂았습니다.
허공에 떠올랐던 크타이 대장의 몸통이 땅에 쾅 부딪혔습니다.

(마나스는) 크타이 대장의 가슴팍 위에 올라타고서,
아, 사람의 힘으로 어떻게 이런 일이 가능한지 모르겠습니다.
(마나스는) 크타이 대장의 머리통을 (손으로) 몸에서 떼어냈습니다.
자고새의 머리통처럼 생긴 크타이 대장의 머리통이 몸에서 떨어졌고,
머리통에 감겨 올라갔던 식도가 밖으로 나왔습니다.
크타이 대장의 인후가 심하게 수축했고,
몸통은 아무렇게나 땅에 던져졌으며,
머리통은 마치 공처럼 여기저기 나뒹굴었습니다.
크타이 한이 보낸 대상의 우두머리가 처참하게 죽게 되자,
(마나스의 근처에) 서 있던 사람들은
대경실색했고, 어쩔 줄을 몰라 했습니다.

〈얼굴을 찡그리거나 놀랄 필요 없어. 나의 용맹한 친구들이여, - 마나스
  가 말했습니다. -
아직 저자들에게 해줄 일이 많으니까! - 마나스가 말했습니다. -
낙타 마흔다섯 마리의 등에 실린 물건을
전리품으로 잡도록 하고, - 마나스가 말했습니다. -
열 명 남짓한 칼믹 사람들을 하나도 놓치지 말고,
여기 서 있는 크타이 사람 다섯은
하나도 남기지 말고 없애야 한다.
사르트 사람 열 명 남짓은 살려 두고,
낙타 마흔 마리에 있는 모든 재산은
전리품으로 너희가 가지도록 해.〉- 이렇게 말하고,
(마나스는) 붉은 피로 오르도 게임을 위한 둥근 원형을 그렸습니다.

사람들은 이 모습을 보면서 놀란 나머지 열린 입을 다물 수가 없었습니다.
결국, 불한당 열여섯을
마나스가 해치운 것이었습니다.
칼믹 사람과 크타이 사람은 모두가 다 죽임을 당했고,
겁이 나서 벌벌 떨던 사르트 사람은 모두
애원을 했습니다. 〈제발 저희를 죽이지는 말아 주십시오!
우리 영혼을 파멸시키지 말아 주십시오. - 사르트 사람들이 말했습니다. -
우리는 투르크 선조를 모시고 있는 사람들입니다.
우리가 눈물로 매달립니다. "제발 우리의 영혼을 파멸시키지 말아 주십시오!
애원하며 그대에게 간청 드립니다."
값비싼 물건들이나 귀한 비단과 같이
낙타 등에 가득 실은 물건들을 우리가 가져왔습니다.
순금과 귀금속들이 여기 있습니다.
값이 나가는 물건이 많이 있답니다.
이 모든 것이 이제 보니 신께서 그대에게 주라고 마련한 것이 틀림없습니다.
그대의 마음에 흡족할 만한 물건이 많이 있답니다.
이 재산을 모두 가져가십시오!
크타이 한이 보내서 우리가 여기에 왔습니다.
"제발 (오르도 게임 선이 그어진) 이 길로는 가지 말도록 합시다."라고
저희가 (크타이 사람들에게) 간청했었습니다.

"루스탐과 같은 (영웅의) 경우가 있었어,

아주 어린 나이에 영웅의 면모를 갖추었었지,
이름이 마나스라는 소년도 (그와 유사하다던데)
가서 마나스에 대해, 마나스의 모든 것에 대해 상세히 알아보게."
우리는 에센 한에게서 이런 명령을 받고 왔습니다.
그러니 우리가 마나스 그대를 만나게 되어 얼마나 반가운지 모릅니다!
(마나스의) 부친이 누구인지? 부친의 이름이 무엇인지?
그 가계의 혈통이 어찌 되는지? 어떤 민족에 속한 사람인지?
우리는 이 모든 것을 자세하게 알아보아야 한답니다.〉— 대상들이 설명했
 습니다.
한 사람이 말을 한 것이 아니라, 모두 한목소리로 말했습니다.

그제야 마나스는 어떤 상황이었는지 이해했습니다.
그제야 마나스는 우호적인 느낌의 웃음을 지어 보이며 말했습니다.
〈내 부친은 자큽이시오, 그리고 내가 바로 마나스입니다.
내가 "낙타를 옆으로 몰고 가십시오."라고 말했을 때, 그대들이 내 말을
 듣지 않았습니다.
여러분께서 지혜를 드러내지 못하신 거지요.
그대들이 "우리 낙타의 다리가 부러졌다."라고 말씀하시는데,
도대체 내게 책임을 돌리는 것이 가당한 일이라고 보시나요?
크타이 사람들과 칼믹 사람들이
자신들이 지은 잘못에 대한 대가로 죽음을 받은 겁니다!
(내) 목동 서른둘에 대해서
그대들이 나쁜 감정을 갖지 않기를 바랍니다.
그리고 이제 그대들은 아무것도 두려워할 필요가 없습니다!
여기에 누워있는 자들의

다리를 죄다 묶어서
좁고 험한 길을 따라서 (산으로) 끌고 간 다음,
이번에는 이자들의 손을 죄다 묶고서
높은 산의 계곡에다 던져버리십시오.
이 자들의 옷을 여러분께서 모두 벗기시고,
이 자들의 몸에 아무런 물품이 남지 않도록 하십시오.
내가 말한 대로 즉시 시행하도록 하십시오.〉
마나스가 사르트 사람들에게 말했습니다.

사르트 사람들이 대답했습니다. 〈네, 알겠습니다. 미르자[199]님.〉
사르트 사람은 모두 (마나스의) 뜻에 따르기로 했습니다.

(사르트 사람들은) 마나스가 일러준 대로,
(바닥에 누워있는 사람들의) 다리를 묶고서,
산으로 올라가는 좁고 험한 길을 따라 끌고 갔습니다.
열 명의 사르트 사람은 넋이 나간 표정으로 서서
초점 없는 눈을 하고서 생각했습니다. 〈우리는 무사할 수가 없을 거야!〉

〈자 목동 여러분 가운데 (누군가) 말을 달려서
바이 자큽이 어디에 계신지 찾아봐, ─ 마나스가 말했습니다. ─
아크발타가 계신 곳도 알아보고,
베르지케에게도 소식을 전하고,

---

[199] 미르자는 키르기스를 비롯한 중앙아시아 유목민들 사이에서 존경을 받는 사람을 지칭하는 말이다. 영어의 'Mr.' 정도에 해당한다.

여기로 어르신들을 모시고 오도록 해.
다물다가 어디에 계신지도 알아보고,
그러니까 모든 분께서 여기로 오시라고 말을 전해.
그리고 수염이 흰 자큡 영감님도 꼭 여기 오셔야 하고.
양치기들에게도 내 말을 전해,
한 사람도 빠짐없이 모두 여기로 오라고 말이야.
오슈푸르도 살라마트와 함께
오슈푸르가 사는 마을에 거주하는 사람 모두
이곳에 모이라고 말을 전해.
마나스가 획득한 값비싼 물건들을
모두 와서 보고 나눠 가질 수 있도록.〉- 마나스가 말을 마쳤습니다.
마나스는 이렇게 자신의 민족 사람들에게 소식을 전했습니다.

〈만주 사람들의 마을에 있는 사람들에게
이분들 모두에게 이 소식을 전해,
그리고 젊은 마지크 미르자에게도 말하고,
주민 모두 이곳에 모이라고 말을 전해.〉
마나스는 목동들에게 이렇게 부탁을 하면서 온 사방으로
전령 여덟을 보냈습니다.
그다음 마나스는 자신이 해야 할 일들을 계속했습니다.

다음 날 오전 시간이 지나간 뒤,
정오를 막 넘긴 시간에,
바이 자큡이 (말을) 몰아서 이곳에 도착했습니다.
아크발타도 베르지케와 함께 도착했습니다.

〈도대체 무슨 일이 벌어진 거야?
마나스가 자신의 감정을 억누르지 못하고,
누군가와 싸움을 벌인 게 아닐까?〉라고 사람들이 생각했습니다.

다물다와 투네게르도
이곳에 도착했습니다.
말 그대로 마을에 사는 사람 모두
마지막 한 사람까지 다 이곳으로 모여들었습니다.
오슈푸르와 살라마트도 왔고,
오슈푸르 마을의 사람 모두 왔습니다…
도곤과 마지크도 왔고,
만주 칼믹 마을에 사는 사람들이
모두 마지막 한 명까지 이곳에 모여들었습니다.
서둘러 그곳에 모인 사람들은
크타이 사람들이 끌고 온 낙타 마흔다섯 마리와
그 옆에 서 있는 열 명의 사르트 사람을
바라보았습니다.
바이 자킵은 이들을 본 다음,
깜짝 놀라게 되었습니다.
낙타 마흔다섯 마리가 눈에 들어왔고,
그 옆에 다수의 사르트 사람이 서 있었기 때문입니다.
마나스가 초청한 사람들은
모두 말을 달려 이곳으로 왔습니다.
아크사칼들 가운데 원로들은
서로 이 일을 해결할 방안을 상의했습니다.

〈이렇게 많은 낙타와, 이렇게 많은 물건을
도대체 어디서 마나스가 손에 넣게 되었을까?
사실 마나스가 보여주는 물건들은 도무지 적다고 할 수가 없을 정도야.
여기에 서 있는 사르트 사람들은
사람을 닮았다고 하기가 곤란하고,
주인이 끌고 온 낙타와 흡사하다는 느낌을 주기도 하고.
낙타에 실려 있는 화물은
순금과 귀중품들인 것이 틀림없어 보이지 않나요?
그밖에도 낙타의 등에 실린 물건은
여러 가지 값비싼 상품이 틀림없지 않나요?
그런데 이 물건들의 주인은 보이지 않고요,
그 주인들에게는 무슨 일이 벌어진 것일까요?
이제 우리가 사르트 사람들에게 무슨 일이 벌어졌는지 상세하게 물어봅
  시다.
우리가 모두 이곳에 모였으니,
사르트 사람들이 가져온 값비싼 물건들이
어떤 부자의 소유인지 확인해 봐야지요? 그리고 그 부자가 어느 민족에
  속하는지도?
우리가 다시 불행한 사태를 맞이하지 않도록,
마나스가 저지른 일 때문에 말입니다!
정말 이렇게 많은 재산을 찾으러
사람들을 보내지 않는 것이 이상하지 않습니까?
우리가 이 물건들을 가지는 게 옳습니까 아니면 그렇게 하지 말아야 하
  나요?
혹은 그냥 "자, 너희는 떠나라,

너희가 출발했던 곳으로"라고 말하는 게 좋을까요,
아니면, 여기에 서 있는 사르트 사람들을
다시 돌려보내지 않는 게 더 나을까요?
공허한 토론으로 시간을 헛되이 보내지 말고,
사르트 사람들에게 이게 무슨 일인지를 직접 물어봅시다.〉
모든 사람은 저마다 의견을 말했습니다.

아크발타와 자쿱 영감은,
둘이서 잠시 의견을 나눈 다음에, 물어보기 시작했습니다.
대상으로 와있는 사르트 사람들에게.

〈자, 말씀들 해보시오,
그대들 본인이 이 물건을 소유할 만한 부자들은 아닐 것 같은데요?
사실에 대해 자초지종을 상세하게 설명해 보시오.
다른 지방에 있는 나라들을
그대들이 본 적이 있지요?
그대들이 듣고 본 것을 모두 남김없이 우리 모두에게 말해주시오.
그대들 자신은 어디에서 이곳에 온 거요?
그대들의 바이가 혹시 크타이 사람은 아니요?
아니면 이 세상에 알려지지 않은 사람이 그대들의 바이입니까?
지금 보니, 그대들에게는 기가 막히게 좋은 낙타들이 있군요,
낙타들의 등에 실린 화물에는
값비싼 물건이 가득한데,
이 물건들이 도대체 어디서 난거요?
이 모든 일에 대한 진실을 우리는 알고 싶은 거요.〉

카자흐 사람들과 키르기스 사람들, 그리고 모든 민족 사람들과
바이 자큽 어르신까지 모두
사르트 사람들에게 물었습니다. 그들이 어디서 왔고, 누구인지를.
사르트 사람들은 공포의 고통을 겪은 뒤라
두 손을 잡고서 조심스럽게 서 있었습니다.

〈우리는 우이구르 사람들입니다.
우리 민족들을 투르크계라고 하지요.
쿠물[200] 쪽에 있는
샤아순그[201]라는 도시에서
우리가 일하며 살고 있습니다.
(어느 날) 에센 한에게서 기별이 왔는데요.

"장사를 아는 사람 가운데서,
가난하게 사는 사람 가운데서,
지금 영위하는 생활이 고단한 사람 가운데서,
말솜씨가 뛰어난 사람 가운데서,
굶어본 경험과 실컷 포식한 경험이 있는 사람 가운데서
사르트 사람을 열 명 골라 내게 보내라,
대략 다섯 해에서 여섯 해 정도
우리에게 와서 일하게 될 것이다."라는
에센 한의 기별이 우리에게 온 거랍니다.

---

[200] 신장지역에 있는 것으로 알려진 신화와 서사시 속의 지명이다.
[201] 신장지역에 있는 도시이며, 서사시 속에서는 크타이 사람들이 지배하는 지역으로 알려져 있다.

준둔[202]에게서 (우리에게) 파발사가 달려왔습니다.
그곳에 사는 우이구르 사람을 다 모으면
아흔네 가구가 됩니다.
파발사가 "이 사람들이 가도록 하면 되겠다."라고 했고,
우리가 선택된 겁니다.
우리는 크타이 사람들의 뜻을 거역할 수 없었습니다.
우리는 감히 "가지 않겠습니다."라고 말할 수 없었습니다.
우리가 말했습니다. "우리는 심지가 분명한 사람들이지만,
실제로는 아무런 힘을 갖지 못한 사람들입니다."라고요.
우리가 말했습니다. "그대들에게 지혜로운 사람이 많지만,
우리는 겨우겨우 살아가는 사람들이고,
우리 여인네들과 아이들을 위해 사는 정도라서
열 명이나 데려가면 모두 살기 어려워집니다."라고 말하긴 했습니다.
하지만 "우리는 가지 않겠습니다."라고 말할 수가 없었습니다.
에센 한의 명령은 확고했습니다.
만일 에센 한이 진노하게 된다면, 우리를 죽여 버릴 것입니다.
우리 모두를 에센 한이 살육하게 될 것입니다.

"너희는 가지 않을 수 없다.
이것이 에센 한의 말이기 때문에,
누구든 에센 한의 명을 따르지 않고서 온전할 수가 없다."라고
우리 민족 사람들이 우리 열 명에게 말했습니다.
에센 한의 준둔은

---

[202] 크타이 사람들의 지방 관리 명칭이다.

말했습니다. "왜 이렇게 꾸물거리느냐?"
그리고는 우리를 재촉하기 시작했습니다.
아흔네 가구 가운데에서
우리 열 명을 차출하여, 데려간 겁니다.
우리는 걸어서 갔습니다. 오랫동안 걸어서 갔습니다.
일흔 날이나 걸리는 먼 여행이었습니다.
그리고 마침내 에센 한이 사는 곳을 우리 눈으로 보게 된 겁니다.
거대한 도시 베이징에서 말입니다.
우리는 "에센 한이 무슨 일을 시키려는 걸까?"라고 생각하면서
우리 목숨이 위험해지겠다고 생각했습니다.
우리는 허리를 숙이고 선 채 바라보았습니다.
우리는 에센 한에게 서약을 할 수밖에 없었습니다.
이렇게 서 있는 우리는 불쌍한 영혼일 수밖에 없었습니다.
크타이 사람 여섯 명과 칼믹 사람 열 명을
최고의 용사 가운데에서 에센 한이 직접 골랐습니다.
(에센 한은) 나라의 보물 창고에 있는 단봉낙타들을
준비시켜 데려오라고 명령했습니다.
낙타들의 등에 촘[203]을 설치하라고 명령했습니다.
낙타의 등에 설치된 촘에 여러 가지 물건을 실으라고 명령했습니다.
나라의 보물 창고에 있는 물건들을 말입니다.
값비싼 물건들을 낙타 등에 실었고,
황금으로 만든 물건과 금과 은을 함께 세공한 물건을 실었습니다.

---

[203] 촘은 중앙아시아에서 흔히 쓰이는 표현으로, 낙타나 코끼리의 등에 물건을 싣기 위한 가마처럼 생긴 평평한 안장을 말한다.

비단을 비롯한 귀한 물건들과
다양한 직물을 낙타의 등에 가득 실은 다음,
대상의 일행이 길을 떠나기 전에 에센 한이 말했습니다.

"알타이와 칸가이 땅을 모두 다녀라,
앙기르 땅을 샅샅이 살펴라.
그곳에는 에르트슈라는 강이 있는데,
장사를 하면서 그 강을 건넌 다음,
카슈가르로 향해 가거라.
모든 물건을
거대한 가축에 싣고서 말이다.
칸토 산의 자락에 가면,
사나르 계곡에 가면,
자신들을 알타이 사람들이라고 부르는 민족이 있다.
그곳에는 새로운 땅이 있는데,
여섯 종족으로 구성된 칼믹 사람들이 사는 곳이다.
거기에 칼믹 사람들과 이웃해서 사는 사람들이 있다고들 하더라,
투르크 사람들에게서 온 민족이 그곳에 있는데,
그 민족에 속한 사람 가운데
이름이 자큽이라고 하는 용맹한 자가 있다고 한다.
그의 아들이 어떤 자인지 궁금하다,
자큽의 아들인 마나스가 어떤 자인지 궁금하다.
마나스가 불안과 소란의 씨를 뿌리는 자인지 아닌지를 살펴보아라.
그자가 선동을 일삼는 자라는 것이 명백하다면,
그자를 엄정하게 벌하도록 하라.

그자에게 물건들을 외상으로 주어라,
그다음에 그자에 대해서 낱낱이 알아보아라.
키르기스 사람들 사이에서 좀 더 오래 머물도록 하여라.
그리고 주의 깊게 그자의 동태를 살펴보아라.
정녕, 진실로 그자가 불안과 소란의 씨를 뿌리는 자라면,
즉시 내게 다시 돌아오도록 하라.
마나스에 대한 모든 종류의 소문의 진상을 다 파악한 다음,
내게 와서 모든 일을 다 고하라.
거짓으로 말을 한다면, 죽음을 부르는 말이 될 것이다.
거짓을 고한다면, 추악한 말이 될 것이다.
아무에게도 불행을 초래하지 않으려거든
단지 풍문으로 떠도는 말을 알아내는 정도를 (내게) 고할 생각을 하지
　　말라,
너희 두 눈으로 직접 본 것이 아니라면,
이곳에 돌아온 뒤에도 떠들고 다니지 마라,
누가 틀림없이 이 말을 했다고 나불거리면서 말이다.
(마나스의) 아버지인 바이 자큽을 정탐하고,
알타이의 계곡들을 죽 돌아본 다음에,
바이 자큽의 아들인 마나스에 대한 소문을 수집한 뒤,
너희 두 눈으로 직접 마나스를 만나보아라."라고 말을 한 뒤,
에센 한은 우리를 격식을 갖추어 떠나보냈습니다.
우리가 이 지역들에서 벌어지는 사실을 모두 염탐하도록 독려하기 위해
　　서 말입니다.

대상 행렬에서 우리에게 주어진 일을 수행하면서,
우리는 멀고도 먼 길을 여행해 왔습니다.

우리는 여행을 하면서 흥미로운 일들을 (아주 많이) 보았습니다.
여행을 시작한 이래로 다섯 달이 흘렀습니다.
아마도, 여기에 계신 나이드신 분이나 젊으신 분 가운데
베이징이란 도시에 대해서 들어보신 분 계시지요?
여섯 명의 크타이 사람은 길 안내원이자 관리자들이었습니다.
실제로 장사를 벌인 사람들은
열 명의 칼믹 사람이었고, 칼믹 사람들은 크타이 사람들의 조수라고 보면
 됩니다.
우리는 그 사람들을 따라다니며 시중을 드는 하인들이었습니다.
우리는 아무도 속이지 않고, 정직하게 시중을 들어왔습니다.
어제 우리가 이곳에 당도했을 때,
길을 돌아서 가지 않고, 앞으로 직진했었을 때,
"오르도 게임을 하려고 그린 원을 돌아가라"라고 마나스가 말했을 때,
우리는 (주인들에게 저 사람의 말을 존중해서) 돌아가자고 말씀드렸습니다.
우리는 길에서 벗어난 게 아니었습니다.
마나스가 (길에 있던 잡풀들을 제거하고) 길을 평평하게 만들어 놓은 것
 이었습니다.
길 한복판에다가 게임을 할 장소를 만들어 놓은 것이었습니다.
사실 우리는 마나스의 말에 그다지 큰 신경을 쓰지 못했었습니다.
우리가 (길을 가고 있었지,) 길에서 벗어나려고 한 게 아니었거든요.
그런데 알고 보니까 마나스가 길에서 풀을 뽑고 평평하게 만들어 놓았더
 군요.
게임을 하려고 길 일부를 준비한 것이었습니다.
우리 일행을 선도해가던 첫 번째 낙타가
오르도 게임을 하는 원형에 발을 들이댄 겁니다.

"돌아서 가라고 했는데, 내 말을 듣지 않으시는군요!"라고 말한 뒤,
마나스가 손에 막대기를 집더군요.
그러고 나서 뼈로 만든 커다란 둥근 구슬이 낙타에게까지 날아들었고,
마침내 낙타의 다리에 명중하고서는
낙타의 다리를 부러뜨렸습니다.
낙타의 다리가 부러지자마자,
우리 추레가 명령했습니다.
"저놈 잡아라!" - 이렇게 말하면서,
칼믹 사람은 모두 한군데에 모였습니다.
칼믹 사람들은 소년에게 동시에 달려들었습니다.
서른 명의 사람이 (마나스를 도우려고 우리에게) 달려들었고,
(마나스는 서른 명이 돕지 않았어도 자신을 공격하는) 모든 사람을
물리칠 준비가 되어 있었습니다.
크타이 사람 가운데 가장 힘이 센 장사가
소년을 대적하려고 앞으로 나아왔습니다.
그러자 소년이 크타이 장사를 손에 움켜쥐고서는
그 사람을 허공에 번쩍 들어올렸다가 땅에다 메다꽂았습니다.
그리고서는 크타이 장사의 가슴팍에 올라타고서는
눈 깜작할 사이에 그 사람의 머리통을 뽑아버렸습니다.
열여섯 사람을 모두 죽인 뒤에
마나스는 아무런 일도 없었다는 듯 침착하게 서 있었습니다.
우리는 지금 아무것도 알지 못합니다.
마나스가 우리에게 어떤 일을 하려는지를.
마나스가 우리에게 함께 밤을 지새도록 허락해주었고,
우리를 손님으로 여기고, 잘 대해주었습니다.

이제 우리의 미래가 어떻게 될지 우리도 모릅니다.
어떤 미래가 우리를 기다리고 있을까요?〉
사르트 사람들이 이렇게 말했습니다.

이 모든 일에 대해 곰곰이 생각하면서 바이 자큽은
어떻게 해야 좋을지 참으로 난감했습니다.
자큽이 말했습니다. 〈여보시오, 나의 나이드신 형제와 젊은 형제여,
지금 들으신 이 말에 대해서 잘 좀 살펴봐 주시오.
이제 다시 내게
아주 커다란 불행이 생겨난 듯싶소.
내 나이 예순 살인데,
내 자식 때문에, 결국에는
내 머리가 고통에 싸이고, 회복할 수 없는 지경에 이르게 될 것 같다오.
사람들이 베이징은 난공불락의 요새라 했소.
사람들이 말하기를, 크타이 사람은 다섯 종족으로 이루어져 있고,
크타이 사람들과 싸워서 몸을 온전하게 보존한 자가 없다고 하오.
(그곳 베이징에는) 카칸친이라는 민족이 사는데,
그 민족에는 얼마나 장사가 많은지,
그곳을 공격한 용사들을 모두
붙잡아서 절멸시켜 버렸다고 합니다.
그렇게 인구가 많은 민족의 심기를 건드려놓았으니,
이제 나는 어려운 상황에 처하게 된 것이 틀림없습니다!
한을 모신 민족을 건드렸으니,
그리고 내가 그 논쟁의 한복판에 서게 되었으니,
자신의 머리를 보전하려면

내가 이제 어떻게 하는 것이 좋겠습니까?
이 물건들은 에센 한의 재산인 것으로 판명되었고,
이 화물에 얼마나 금은보화가 많은지 알게 되었습니다!
정말 이 물건들을 건드릴 수 있겠습니까?
그리고 페디 샤 대왕님을 건드린 자가 목숨을 제대로 보전할 수 있겠습니까?
정녕, (페디 샤 대왕님의) 백성들을 비록 평범하다고 해도 건드릴 수 있겠습니까?
에센 한을 건드리고서 그 사람이 정녕 무사할 수 있겠습니까?
여기에 서 계신 나의 형제여, 나이 많으신 형제와 나이 젊은 형제여,
우리가 어떻게 행동해야 좋을지 말씀을 좀 해주십시오.
이제 내게서 나온 후손은 지상에 존재할 수 없을 것 같은 생각이 듭니다만,
이런 위중한 사태를 어떻게 해결할 수 있겠습니까?〉-
바이 자큽이 이렇게 말했습니다.
바이 자큽은 비탄에 잠겨서 오랫동안 서 있었습니다.

(그때) 아크발타 영감이 말했습니다.

〈여보게, 재산가 자큽이여,
아들은 원래, 개구쟁이로 키워야 하는 법이 아닌가,
아들이 개구쟁이가 아니라면, 차라리 아들이 없는 것보다 못한 것이야,
신께서 자네 아들에게 정해놓으신 일들을 겪지 않을 수는 없는 것일세.
게다가 아직 크타이 사람들이 이곳에 몰려오지도 않았고,
크타이 사람들이 우리를 모두 죽이지도 않은 상황이니,
우리 저 물건들을 가져가세나,

실컷 저 물건들을 쓰도록 하세나.
알타이 산맥의 험준한 곳에 피난처를 찾아보도록 하면 될 것 같으이.
사실 지금까지도 우리가 몸 성히 다친 데 없이 이렇게 살아있지 않은가?
우리가 벌써 붉은 피를 보았으니 (다시 원래대로 돌릴 수는 없는 것 아닌가)
베이징까지는 다섯 달이 걸리는 먼 길이고 보면,
베이징으로서도 우리를 쉽사리 공격할 결심을 하기는 어려울 것이 아니 겠는가?
베이징까지는 여섯 달이 걸리는 먼 여행길이고 보면,
맹세를 지키지 않는 기회주의자인 크타이 사람들이 우리에게 큰 화를 가져올 수 있겠는가?
여섯 종족으로 이루어진 칼믹 사람들을
최소한 사백 명 정도나
그대의 아들 마나스가 저세상으로 보내지 않았던가.
(알타이 사람들과 싸움이 끝난 이후로) 곧 여섯 달째가 된다네,
그런데도 알타이 사람들이 군사를 모아서 우리를 다 죽이러 왔다던가?
(크타이 사람들의) 교활함 때문에 오히려
우리가 목숨을 보전할 수 있을지도 모른다네.
자 이제 기다려보세, 신께서 우리에게 어떤 운명을 주시는지를,
신께서 우리에게 주신 운명과 우리가 어떻게 조화를 이룰 수 있을지를.
아무런 까닭도 없이 작은 일에 노심초사하지 말고,
어서 결정을 내리게 그리고 우리가 다 함께 길을 떠나면 그만이네!〉
이곳에 모인 사람 가운데 가장 연장자인 아크발타가
이렇게 모든 사람의 마음을 풀고 격려해주었습니다.
그곳에 앉아있던 사람 모두가
〈아크발타가 사리에 맞는 말을 했다.〉고 생각했습니다.

〈정녕 죽은 자가 다시 살아날 수 있겠는가?
(죽은 자들에 대해서) 가슴 아파한들 정녕 무슨 도움이 된단 말인가?
정녕 (이 세상에서) 떠나간 사람이 다시 이 세상으로 돌아올 수 있다는
  말인가?
(죽은 자들에 대해서) 아무리 슬퍼한다 해도 조그마한 도움이라도 된다
  는 말인가?
한탄으로 무슨 이익을 구할 수 있겠는가?
이제 쓸데없이 슬퍼하고 있을 필요가 없다.〉-
아크발타 영감이 이렇게 말을 하고 입을 다물었습니다.

용맹한 마나스가 불같이 화를 내면서
아버지 자큽의 앞으로 달려나왔습니다.

〈이것은 아주 황당한 상황입니다, 아버지!
아버지의 현명하신 판단이 어디에 있는 겁니까?
죽음은 신께서 내리시는 것인데,
아버지께서 죽음을 피하기를 원하시는 것 같습니다.
덧없고 무상한 이 세상을 끝까지 살면서도 정녕
자신이 구하는 바가 없이 사라지길 원하십니까?
그냥 헛되이 모든 것을 두려워하기만 하신다면,
아마도 슬픔에 잠겨서 이 세상을 하직하시게 될 겁니다.
이 썩어 없어질 무상한 세상에서
아버지는 모든 것을 두려워만 하신 채 돌아가시게 될 겁니다.
덧없고 무상한 이 세상을 끝까지 살면서도 정녕
자신이 구하는 바가 없이 사라지길 원하십니까?

공포에 휩싸여, 자신을 낮추고 살면서,
아버님은 (모든 종류의) 모멸과 업신여김에 익숙해지셨습니다!
도대체 지금 우리가 한탄하고 슬퍼할 것이 무엇이라는 말씀이십니까,
(그러시다면 차라리) 저를 잡아다가 (에센 한에게) 갖다 바치십시오,
만일 에센 한에게서의 위협이 현실적인 것이 되어 다가온다면 말입니다.
전능하시고 세상의 모든 힘을 가지신 알라께서
아버지께 많은 가축과 엄청난 부를 주는데도,
아버지께서는 스스로 (자신의 재산만 지키려는) 탐욕스러운 분이 되셨습
　니다!
칼믹 사람들이 크타이 사람들과 함께
내게 적대적인 행위를 하고 있습니다.
칼믹 사람들을 두려워해서 벌벌 떨고 있을 바에는,
크타이 사람들을 두려워해서 벌벌 떨고 있을 바에는,
이렇게 사느니 차라리 나는 신이 주시는 벌을 받고 싶습니다.
(나도) 이제야 듣고 알게 되었습니다.
여기에 있는 사르트 사람들이 하는 말을 통해서 말입니다.
이 물건들이 보물 창고에서 나온 것이 틀림없네요,
에센 한 바로 그자의(창고에서 말입니다).
칼믹 사람들과 크타이 사람들이 서로 연합을 해서
나를 대적해서 적대감을 키워가고 있습니다.
이제 나도 누구와 대적해 싸우다 죽어야 하는지 알게 되었습니다.
여러 어르신도 직접 이 말을 들으셨습니다.
사르트 사람들이 하는 말을.
만약 신께서 예정한 것이라면
독자인 아버지의 아들 마나스를

아버지께서 버리셔도 됩니다.
낙타들을 공평하게 여러분께서 나눠 가지시고,
이제는 공허한 말씀은 하지 않으시길 바랍니다.〉

낙타 마흔다섯 마리의 등에 실린 물건을
마흔 개의 서로 다른 종족 사람들이 나눠 가졌습니다.
사람들은 전리품에 아주 만족해했습니다.
사람들은 저마다 더 좋은 것을 차지하려고 노력하면서
멀쩡한 낙타를 가져갔습니다.
그래서 다리가 부러진 붉그스레한 낙타는
바이 자쿱의 몫이 되었습니다.
바이 자쿱은 낙타의 등에 실린 짐짝을 땅에다 내려놓고서
낙타를 잡은 다음 가죽을 벗기고 내장을 제거했습니다.
짐짝을 풀어서 내용물을 확인해보니
에메랄드와 보석이 짐 속에 들어 있었습니다.
그리고 흰색 진주가 있었습니다.
각각의 낙타 등에 실려 있던 귀중품은 모두
값으로 따지면 각각이 다 비슷했습니다.
낙타 마흔다섯 마리의 등에 비슷한 가치의 귀중품이 고르게 나뉘어 실려
  있었습니다.
귀중품의 가치를 가늠할 수 있는 사람이라면
도시 하나 전체가 가진 재산 정도와
이 물건들의 값이 비슷한 것을 알 수 있었습니다.
다이아몬드, 빛이 나는 보석들,
그리고 값비싼 원단들이(들어 있었습니다).

(바이 자큽은) 말 네 마리 위에 물건을 가득 싣고서
두꺼운 펠트 천으로 물건들을 잘 감쌌습니다.
바이 자큽은 (전리품을 챙겨서) 출발했습니다.
이곳에 온 사람은 모두
귀한 물건을 아주 많이 받았습니다.
나이가 열두 살 하고도 여섯 달인 마나스는
함께 놀이를 하던 서른 명의 젊은이와 함께
그곳에 머물렀습니다.

이제 마나스 일행에 대한 이야기는 이쯤에서 잠시 접읍시다.
노고이 오로즈두의 아들에 대한
이야기를 이제 해 볼 테니 들어보십시오.

이름이 오로즈두라는 사람에게
아들이 열 명 있었습니다.
아들 열 명의 면면을 들여다보면,
아들 열 명 모두 순순히 말을 잘 듣는 사람이 아니었습니다.
이들 가운데 가장 나이가 많은 형이 차가타이입니다.
둘째 아들은 체게테이,
셋째 아들은 코보타이,
넷째 아들은 보보타이,
다섯째 아들은 베게타이,
여섯째 아들은 바바타이,
일곱째 아들은 사바타이,
여덟째 아들은 카바타이,

아홉째 아들은 토보타이
열 번째 아들은 오르도바이입니다.
(이들은) 오폴 산의 반대쪽 기슭에(살았습니다).
이들이 사는 곳 인근에 당둥이 있고,
이들은 으란드 지역에 흩어져 살았습니다.

아들 열 명은 아버지 오로즈두를 중심으로 살면서
젖을 짜는 암말 예순 마리를 우리에 가두어 길렀습니다.
형제들은 다섯 명씩 혹은 여섯 명씩 무리를 지어 살기도 했고,
서로 다투거나 (사이가 소원해지거나) 하면, 여러 날
서로에게서 떨어져 지내기도 했습니다.
(형제지만 사이좋게 지내기보다는) 끝없이 반목할 때가 더 많았습니다.
(형제지만 서로) 욕설이 가라앉는 날이 없고,
(형제지만) 끝도 없이 서로를 미워했습니다.
멈추지 않고 계속해서 서로의 심기를 불편하게 약을 올렸고,
다섯 명씩 서로 갈라져서
서로를 치고받기도 다반사였습니다.
서로의 머리와 얼굴을 때려 상처를 내지만,
그 정도에 만족해서 조용해지는 법이 없이,
벡[204]에게 불평을 하러 달려가곤 했습니다.
(관리) 벡을 (매수하려고) 자신의 가축을 (뇌물로) 바치기까지 하곤 했습니다.
그 결과 자신들에게 손해가 생긴 것은 당연한 일이었습니다.

---

[204] 중앙아시아 키르기스 사람들 사이의 관직 명칭이다.

그들의 아버지 오로즈두는 (옛날에 한때) 한이었습니다.

형제들이 아직 나이가 청년이었을 때,

한때, 얼마나 많은 사람이 오로즈두 한의 백성이었는지 헤아릴 수가 없을 정도였습니다.

자기 자식들 사이의 불화와 반목 때문에

자식들이 아버지에 의해 통제되지 않았기에

오로즈두 한은 나이보다 더 빨리 늙어버렸습니다.

오로즈두 한에게는 동생이 있었습니다.

동생의 이름은 바이였습니다.

바이에게 아들이 둘 있었는데요,

이제 이 두 아들에 대한 이야기를 들어보시지요.

오로즈두는 〈크타이 사람들이 높은 자리를 차지한 뒤,

우리는 우리가 데리고 있던 백성의 대부분을 잃게 되었어.

예전에 우리 백성이던 사람들이 우리에게 남아있지 않게 된 것이야.

우리에게 저주가 떨어진 게 분명해.〉라고 한탄하며,

바이가 살고 있던

오폴 산자락에 와서 정착해서 살았습니다.

오로즈두의 이웃집에

바이가 살았는데요, 흥미로운 일이 있었습니다요!

바카이는 (바이의 두 아들 가운데) 장남의 이름입니다.

바카이는 자신이 들은 일을 다 이해했고, 머릿속에 고스란히 기억할 수 있었습니다.

막내아들의 이름은 타이라크였는데,

타이라크는 자기 마을에서 가장 사랑받는 사람으로 유명했습니다.
바이의 두 아들은
많은 재산을 벌어 모았습니다.
하지만 오로즈두의 아들들은 바카이와 타이라크가 재산을 소유하지 못
　하도록 했습니다.
두 형제는 자신들이 모은 재산의 주인이 될 수가 없었습니다.
두 형제에게는 탈출구가 없었습니다. 더는 멀리 유목지를 옮길 수도 없었
　습니다.
게다가 이제 두 형제에게는 지탱할 만한 힘도 그다지 남지 않았습니다.
(어느 날) 바이가 바카이에게 말했습니다.

〈내 아들아, 잘 한번 들어봐라,
오로즈두의 아들은 모두 불한당 같은 사람들이다.
주위 사람들이 "그렇게 행동하면 안 된다."라고 말하지만 이들은 절대로
　말을 듣지 않으며,
끊임없이 우리를 괴롭힌다.
이 사람들은 스스로가 서로에게 평안을 주지 않고,
우리를 박해하며, 편히 살 수 없게 하며,
서로 끊임없이 분쟁을 일으킨다.
이들은 단 이틀 사흘 정도도 평온하게 살지 못하는 사람들이다.
서로 별일 아닌 것으로 말다툼을 일삼아서,
엿새를 말싸움 없이 지낸 적이 없다.
이들은 마치 굶주린 이리들처럼 서로를 헐뜯는다.
(언제나) 서로 맞붙어 싸울 준비가 된 사람들이다.
서로 주먹질을 하지 않고서 닷새를 보낸 적이 없는 사람들이다.

막대기와 말채찍을 손에 들고서
도대체 왜 싸우는지 그 이유도 모르면서
막무가내로 서로를 때리기 시작한다.
서로 피가 튀고,
한에게 불평을 고하러 달려간다.
나중에 집으로 돌아온 다음에는
"바이의 두 아들이 어디에 있어?"라고 물어보곤 한다.
"바이의 자식 놈들이 가진 가축을 이곳으로 냉큼 끌어와!"라면서
우리에게 불행을 가져다준다.
내게 두 아들이 있는데, 바로 그들이 너희다,
나는 이제 힘없는 늙은이에 불과하고 말이다.
오로즈두에게는 아들이 열 명 있는데,
이 사실에 대해서 잘 생각해보아라, 내 자식들아.
그자들이 우리에게서 가축을 얼마나 많이 가져갔는지 헤아릴 수 없다,
그자들의 핏값으로도 충분할 만큼 희생을 우리가 이미 치렀다고 본다.
이제 네가 열여덟 살이 되었다.
초원의 유목지에는 네 가축도 많다.
네가 키우는 말들이 살이 올랐고, 낙타들은 기름지다.
내 아들아, 내 말에 안장을 올려다오, 내가 말 위에 앉겠다.
반달 모양의 도끼를 내가 허리춤에 찔러 넣고,
알라의 이름으로 성공을 기원하며 길을 나서련다.
나는 알타이의 산들을 돌아볼 생각이다.
내가 듣기로는 그쪽 지방에
스이쿠라 불리는 땅이 있다고 하더라.
나는 스이쿠까지 여행을 할 작정이다.

거기 (사는 사람들이) 설마 우리에게 필요한 만큼 땅을 주지 않겠느냐?
이 세상에 함께 살 만한 민족이 단 하나도 없겠느냐?
그곳에 평범한 계곡이 어디 없겠느냐?
우리를 받아들일 만한 바이가 그곳에 한 분도 어찌 없겠느냐?
그곳에 우리가 살 만한 곳이 없겠느냐?
나의 막냇동생인 자큡은
죽었느냐 아니면 숨이 붙어 있느냐?
자큡은 여러 사람 가운데 자신이 혼자라는 사실 때문에
고통을 겪고 눈물을 흘리지 않느냐?
자큡이 그곳에서 살아 있는지 내가 직접 확인하겠다.
"꼭 자큡과 만나게 해 주소서"라고,
나는 유일하신 우리 주님께 기도를 드릴 예정이다.
만일 자큡이 이 세상을 떠났다면, 나는 꼭 그 까닭을 알아내겠다.
자큡을 위해서 곡을 한 다음, 다시 이곳으로 돌아오겠다.
내 아들들아, 만약 너희가 내가 하는 말에 동의한다면,
내가 알타이 산악지대를 가서 보고 오마,
나는 지금 당장 출발할 생각이다.〉
바이는 이렇게 말했습니다.
전혀 서두르지 않으며, 자신의 생각을 다 말했습니다.

바이의 아들이 아버지에게 대답했습니다.
〈다녀오십시오, 아버님,
저도 알타이 땅에 부유한 사람들이 살고 있다는 소문을 들었습니다.
가축을 방목하기에는 기름지고 좋은 곳입니다.
아버님께서 직접 그들의 땅을 살펴보십시오,

만일 그곳에 좋은 땅이 있거들랑
오로즈두 큰아버지께도 말씀드리도록 하지요.
오로즈두 큰아버지께 기별을 해서
우리에게 오시도록 하면 됩니다.
올해 벌써 열세 살이 되는 (훌륭한 젊은이가)
자큽에게 있다고 하더군요, 자큽은 그 젊은이에게 모든 희망을 걸고요,
저도 다음과 같은 소문을 들어서 압니다.－

"츠으르드는 이전에 츠으르의 아내였는데,
자큽에게 아들을 낳아주었다네.
(자큽이 사는) 그곳을 다녀온 사람들에게서 들었다네.
'우리가 그곳에 다녀왔지'라고 주장하는 영감들에게서 들었다네.
(토이에서) 상품과 선물을 아주 많이 받은 사람들에 대해서
내가 들었거든,
(마나스와 친구들이라는) 작은 아이들에 대한 이야기도 말이지."

(아버님 그곳에 가셔서) 정말 주의 깊게 (이 소문이 사실인지) 살펴볼 가
  치가 있습니다.
만일 자큽이라는 분이 실제로 그렇게 계신다면
아버님께서 이 사실을 확인하시는 게 정말 중요한 일입니다.
네 떠나십시오, 아버님, (가셔서 손수) 살펴보십시오.
"알타이라고 불리는 그곳이 도대체 어디쯤일까?"라고 머릿속을 생각하
  실 필요도 없습니다.
아버님, 걱정을 하지도 마시고, 염려도 하지 마십시오.〉－
바카이는 이렇게 말했습니다.

여행을 다녀오기로 결심을 굳힌 뒤,
바이는 길을 나섰습니다.
키 낮은 산들이 점처럼 빼곡하게 들어선 땅을 지나,
메아리가 울리는 소금 늪을 지나,
거대한 곰 산에서 남쪽으로 난 길을 따라,
예순아홉 살인
바이는 여행을 했습니다.
(여행에 나선 이후) 이틀 밤을 보냈습니다.
세 번째 날의 정오 무렵이었습니다.
끝없이 황량하고, 거친
황무지에 바이가 도착했습니다.
관개수로를 만들고 있는 육천 명 정도 되는 사람들 근처로
바이가 접근했습니다.
이 지역을 가로질러 여행하는 사람들을
느닷없이 붙잡은 다음, 지체 없이
붙잡힌 사람들을 수로를 파는 공사에 강제로 투입하고,
붙잡힌 사람이 타고 온 말은 잡아먹어 버리는 곳이 바로 여기였습니다.
관개수로 공사를 책임진 십장은
이름이 바산쿨이라는 사르트 사람이었습니다.
이곳에서 일하는 사람 모두에게
바산쿨은 심장에 박힌 가시 같은 존재였습니다.
(사람들을 붙잡아서 노예처럼 부리고) 수로를 파게 하는 자는
이미 악마가 그자를 그렇게 만들었는데,
다름 아닌 이름이 네즈카라는 힘센 장사였습니다.
타고 다니던 말을 빼앗긴 사람들은

(아무 데도 못 가는 신세가 되었고) 그중 많은 사람이 거기 남았습니다.
타고 다니는 말들과 짐을 싣는 가축을 잡아먹으며,
관개수로 공사판에서 집어던지며 살았습니다.
죽어가는 사람들을 말입니다.
곡괭이 부딪히는 소리가 날카롭게 들렸습니다.
(일꾼들을 감시하는) 십장인 바산쿨은
쉴 사이 없이 입을 놀리며 소리를 질렀고,
모든 일꾼은 단 한 명의 예외도 없이
바산쿨을 두려워하며 벌벌 떨고 몸서리를 쳤습니다.
이 상황이 어떠한 영문인지 짐작조차 못 한 채, 가엾은 바이는
천천히 말을 달리며 그곳으로 (바산쿨을 향해) 다가갔습니다.
노인을 목격한 뒤
바산쿨은 순간적으로 즉시 노인을 붙잡았습니다.
〈이 땅을 구경해봐야지〉라 생각하며 이곳에 왔다가, 말에서 공중으로 떠
　오른 다음
그만 불행한 상황에 떨어져버리게 되었습니다.
자신들의 아이들에 대해 염려하면서, 바이는 쓰라리게 아파했습니다.
(강도 같은 놈들이 달려들어) 바이의 말을 죽였습니다,
(강도 같은 놈들이 달려들어) 바이를 불행하게 만들었습니다,
(강도 같은 놈들이 달려들어) 바이의 두 손에 곡괭이를 쥐여주었습니다.

자, 이제 제가 말씀드리는 이야기를 더 들어보십시오.

그곳의 사람들이 바이에게 수로를 파라고 명령했습니다.

바이가 〈나는 지쳐있습니다〉라고 말했지만, 아무도 바이가 하는 말에 신
경을 쓰지 않았고,
〈서둘러서 파도록 해라!〉라는 말을 하면서 바이를 내몰았습니다.
이렇게 이틀하고도 반나절이 지났습니다.
이제 노인에게는 어떤 운명이 다가올까요?

〈나는 지쳤어, 이제 더는 아무것도 할 수 없어〉라고 모기만 한 목소리로
말하면서
노인은 (땅에) 죽 뻗어 누우며 조용해졌습니다.

일꾼들이 말했습니다. 〈자, 저기 좀 봐, 노인이 죽었어,
관개수로의 한쪽 끝으로 노인을 끌고 가,
(노인을) 땅에 파묻고 흙을 덮어줘.〉
(관개수로의 한쪽) 끝으로 일꾼들이 노인을 끌고 갔습니다.

〈이 땅을 한번 구경해봐야지〉라고 (한 노인이) 생각하며 이곳에 왔다가
그 노인은 지금 이런 상황에 처하게 된 겁니다.
일꾼들은 조금 파인 땅에 마른 가지를 깔고 (그 위에 노인을 뉘었습니다.)
노인의 가슴팍 위로 흙을 덮었습니다.
바이는 여전히 두 눈을 뜨고 있었습니다.
바이는 아직은 정신을 놓지 않았던 것입니다.
신께서 어쩌면 바이에게 (이곳에서 벗어나 살아날) 행운을 보내실지도
모릅니다.
(신께서 정해 두신) 시간이 되면, 바이에게 행복이 다시 찾아올 수도 있습
니다.

좌우간, 이 관개수로의 주인은 네즈카라였는데요,

이 자에 대해서 좀 더 주의 깊게 내 말을 한번 들어보십시오.

이 자에게는 이름이 차브다르라는 말이 있었습니다.

그런데, 이 짐승은 주인과 대화를 할 수 있었답니다.

지혜와 이성을 (네즈카라가 차브다르에게) 가르친 거지요.

이 짐승은 겉으로는 말처럼 생기고 행동하지만

(실제로는) 사악한 영혼들과 진[205]이 말 속에 들어앉아 있다고 사람들이 말했습니다.

여섯 악마가 이 말 속에 살고 있다는 겁니다.

아무리 살펴보아도, 사람의 눈에는 (이 악마들이) 보이지 않는답니다.

손을 뻗어 잡으려 해봐도, 아무런 소용이 없답니다.

네즈카라를 보호하는 자들은

힘이 천하장사인 쉰 명의 디브[206]였습니다.

하루에 두 번씩 매일 아침과 저녁마다,

디브들은 네즈카라에게 유혹적인 말들을 늘어놓는답니다.

하지만 디브들은 인간의 눈에는 보이지 않는답니다.

사람들은 〈디브들은 보이지 않아도 존재하고 있어〉라고 생각합니다.

게다가 네즈카라 본인이 디브들의 말을 신뢰한답니다.

〈황금을 녹여 신의 형상을 만드십시오. - 이렇게 디브들이 말합니다 -

---

[205] '진'은 중앙아시아 일대에서 초자연적인 힘이 있는 사악한 영혼이나 악령을 지칭하는 말로 쓰인다.
[206] '디브'는 중앙아시아의 신화와 전설에 전해오는 인간의 형상을 한 악마다. 온몸에 털이 나 있고, 머리에 뿔이 하나 달려있으며, 인간처럼 생긴 악마이고 힘이 아주 센 것으로 알려져 있다.

그리고 항상 신의 형상 앞에 경배하세요,
그 신의 형상이 바로 신께서 이 세상에 보이는 모습이니까요,
신의 형상이 명령하는 것을 그대로 행하도록 하십시오.
신의 형상이 말하는 것은 모두 이루어질 것입니다.
신의 형상을 해치는 사람은 온전할 수 없을 것입니다.
나쁜 날들이 닥쳐오게 되어도
믿음을 지키고, 신의 형상에게 나아가 기도를 하십시오.〉

(네즈카라는) 얼굴이 둥글고 오동통한 신의 형상을 뜬 틀에 주물을 부어
  넣은 다음,
목 부위를 불룩하게 만들었습니다.
머리통을 황금으로 다지고,
(주물로 만든 둥근 얼굴에) 우씨마[207]를 사용해서 눈썹을 그리고,
값비싼 보석으로 두 눈을 만들고,
신의 형상 전체를 화려하게 장식한 다음,
순금으로 신의 몸통을 만들었습니다.
이빨을 넣을 자리에 진주를 박아 넣고,
신의 형상이 (자기에게) 무엇인가 좋은 것을 해주도록
에메랄드로 두 입술과 코를 만들고,
해가 진 다음부터 동이 틀 때까지 자기가 하는 일을
게으름피우지 않고 계속했습니다.

〈우리가 네즈카라에게 한 말을 네즈카라는 다 지킨다.〉라고 생각하면서

---

[207] '우씨마'는 중앙아시아 지역에 거주하는 여인들이 눈썹을 그릴 때 사용하는 식물로 만든 물감의 일종이다.

악마는 모두 기뻐했습니다.
(이는) 디브, 샤이탄, 진[208](등의 장난이었습니다).
손으로 금속을 불려서 만든 물건이 신이라고 불렸습니다.
이제 누가 과연 이 엉터리 신의 형상을 부술 수 있을까요?!

(우상을 만드는) 이야기는 잠시 옆으로 밀어두고,
말이 무슨 말을 (계속) 하는지 한번 들어보십시오.

〈용맹한 네즈카라 용사이시어,
그대는 나의 주인님이십니다, - 말이 이렇게 말합니다. -
(주인님은 횡사를 하게 되어 있는데요) 주인님께서 죽음을 면하려면
미리 조심하고 또 조심을 해야 합니다.
현재 만들고 있는 관개수로들을
주인님께서 그런 일을 하고 있다고 나는 알고 있는데,
주인님은 직접 사용하지 않는 게 좋겠습니다.[209]
제가 주인님께 하는 말을 잘 들으셔야 합니다.
현재 땅을 파서 만들고 있는 관개수로를 따라서
악수[210]에서 발원한 물이 흐르고 있습니다.

---

[208] '디브', '샤이탄', '진'은 모두 악마나 나쁜 영혼을 뜻한다.
[209] '관개수로를 직접 사용하지 않는 것이 좋다'는 표현은 직접 양이나 말을 방목하는 유목업을 하지 말라, 즉, 경제활동을 직접 하지 말라는 뜻으로 이해된다.
[210] '악수'는 '아크-수'라고 표기될 수도 있다. 키르기스말로 직역하면 '흰색의 물'이라는 뜻이다. 중앙아시아, 카자흐스탄, 키르기스스탄, 카프카즈, 중동 지방에 '악수'라는 명칭이 있는 강들이 있을 정도로 '악수'는 유라시아지역에서 아주 흔한 강의 이름이다. 강 유역에 있는 도시들이 '악수'라는 이름인 경우도 있다. 예를 들어, 현재의 신장위구르 지역인 카슈가르 땅에는 악수 강 인근에 악수라는 이름의 도시가 있다.

알타이 산악지대에는 방목으로 자라고 있습니다.
많은 말이 말입니다.
제가 주인님께 드리는 이야기의 요점은
주인님을 잡으려고 혈안이 된 사람들이 있다는 겁니다.
그자들은 노고이의 후손이라고 불리는데, 지금 잔뜩 기가 살았습니다.
(노고이의 후손이라는) 사람들 사이에 특히 큰 함성을 지르는 자가 있는데,
그자가 아직은 완전한 힘을 기르지 못한 상태입니다.
그자의 이름은 마나스라고 합니다.
내가 하는 말을 주인님은 꼭 기억하셔야 합니다.
서른 명의 누케르[211]가 마나스와 함께 있는데요,
올해 마나스가 열세 살이 되었습니다.
그자가 아제밀 강의 상류지역에 살고 있습니다.
노고이의 후손들이 가진 말들을 빼앗으세요,
주인님의 뒤를 노리는 바로 그자를
주인님께서 직접 얼음 같은 눈초리로 한번 보십시오.
그 말들의 주인은
자큽이라고 불리는 늙은이랍니다.
자큽은 그냥 내버려 두시고, 그자의 아들인
마나스를, 자큽의 유일무이한 씨를
절대 놓치지 말고 꼭 붙잡으세요, – 말이 계속 말했습니다. –
만일 주인님이 마나스를 놓치시면, 이제 주인님은 끝장이 나게 됩니다.
이것은 진실입니다. 내 말에 추호의 거짓도 없답니다.
만일 주인님이 마나스를 놓치시면, 주인님께 고통이 찾아오게 됩니다.

---

[211] '누케르'는 키르기스 말로 호위 무사, 자신을 보호해주는 용사들을 뜻한다.

주인님은 자신의 영혼과 작별하시게 됩니다(이 세상을 하직하시게 됩
니다)!
마나스의 장딴지에 아직 근육이 강해지지 않은 상태입니다.
(마나스가) 영웅적인 과업을 이룰 시간이 아직 도래하지 않은 상태랍니다.
진짜 전투가 무엇인지 마나스는 아직 맛도 보지 못한 상태죠.
싸움의 기술들을 아직 마나스가 제대로 흉내를 내지도 못한 상태란 것입
니다.
아직 눈에서 잡티도 제거하지 못한 애송입니다.
정말 진정한 의미의 전쟁에 나서 본 일이 없는 자이죠.
(전장에서) 일어나는 먼지 구덩이에 굴러본 적이 없다는 겁니다.
싸움의 법칙들을 아직 이해하지 못해요.
그자를 지금 붙잡지 못한다면,
지금 그자와 싸움을 벌여 때려누이지 못한다면,
그자는 주인님의 눈알을 둘 다 뽑아버릴 겁니다.
내가 한 말에 대해 곰곰이 생각을 해 보세요!
바로 이 마나스가 결국에 가서는
주인님을 파멸시킬 것입니다.
내가 하는 말을 들으세요, 네즈카라 님.
서둘러서 모든 계략을 짜도록 하세요.
가세요, 그리고 마나스를 죽이세요, – 말이 말했습니다. –
그자의 말떼를 끌어와서는
주인님이 여태까지 파오신 관개수로에 데려다 놓으세요.
관개수로를 파온 사람들에게 마나스의 말떼를 죄다 잡으라고 하십시오.
사람들 모두에게 실컷 음식을 들게 하세요,
만일 주인님 손에 마나스가 들어온다면

그자의 두 눈알을 파내세요.〉
그렇게 악마가 말했습니다. 마치 자신이 말 차브다르인 척 행세하면서.
악마가 네즈카라에게 명령을 하는 겁니다.
알라의 일들을 잘 보살피십시오!

네즈카라는 밖으로 나가서
규모가 육천 명이 넘는 사람들에게,
모든 일꾼에게,
젊은이나 나이든 사람을 가리지 않고,
마나스 한 명을 공격해야 한다고 말했습니다.

자큡은 상념에 잠겼습니다. 〈종마들이 모두
벌써 검은색의 귀를 갖기 시작하는구나[212],
기름진 말들은 더욱더 기름지게 되고,
벼 이삭들이 벌써 바싹 말랐구나.〉

콜란-자일로와 쿠우-테제 지역에 이르기까지
그 당시의 바이 자큡은 말을 방목했습니다.
이른 봄의 끝자락인데도
자큡에게 말이 얼마나 많은지를 한번 보십시오.
누구라도 쉽게 짐작할 수 없을 겁니다.
(자큡이 이토록 가축이 많다는 것이) 사실인지 거짓인지를 말입니다.
자슬-콜[213]에 자큡의 여름 유목지가 있었습니다.

---

[212] '말들의 귀가 검어졌다'는 표현은 말들이 튼실하게 성장했다는 뜻이다.

(겨울이 되면) 자큽은 유목지를 쿨란-자일로의 야트막한 구릉지로 옮깁
  니다.
그곳은 가축에게 따뜻하고 안락한 장소입니다.
쿨란-자일로에서 남쪽 방향에는
이름이 '쿠우-토즈'라는 계곡이 있답니다.

자큽은 〈쿨란-자일로로 가볼까〉라고 생각하기도 했지만 (마음을 바꾸었
  습니다.)
자큽은 이렇게 생각했습니다. 〈아들에게서 통 기별이 없어,
내 아들에 대해서 그리고 가축에 대해서
내가 직접 가서 한번 알아봐야 하겠구나.〉- 이렇게 생각하면서
투우추낙에 거대한 몸을 싣고서,
존경을 받는 우리의 자큽은
말에 올라타고서,
아랄[214]을 떠나 여행길에 올랐습니다.

엿새 동안의 행군을 마무리하고,
안기르 쪽의 길로 접어든 다음,
육천 명이 넘는 군사를 대동한
네즈카라가 모습을 드러내었습니다.

---

213 '자슬-콜'을 글자대로 번역하면 '푸른 호수'이다. 카자흐스탄 동부지방과 파미르 고원에 이와 같은 이름을 가진 호수가 있다고 전해지고 있다.
214 '아랄'이 어디인지는 확실히 알 수 없다. 현재의 '아랄 해'와는 무관한 것으로 보는 연구자가 많다.

구름떼와 같은 사람들을 발견하고서,
바이 자쿱은 두려워졌습니다.
〈이게 무슨 일인가?〉- 이렇게 생각하면서
바이 자쿱은 몸을 숨겼습니다.
〈맨 뒤에 처진 한 두 사람에게 가서
무슨 영문인지 내가 직접 물어봐야 쓰겠다!〉- 이렇게 생각하면서
군사들의 뒤를 따라가면서, 눈치를 보면서
자쿱은 주위를 살폈습니다.
〈지나가는 사람 가운데 누구라도
나와 눈이 마주친다면,
내가 물어볼 텐데, 이 군사들이 왜, 어디로 가는 거냐고,
내가 물어보고 알아볼 수 있을 텐데.〉
자쿱은 (군사들을) 유심히 살펴보았습니다.
육천 명의 군사와 함께
(네즈카라)는 벌써 길을 한참이나 지나갔습니다.
자쿱은 알 수 있었습니다. 이 사람들이 가는 곳이
카이웅드 지역에 있는 알트-수라는 것을 말입니다.
그쪽으로 군사들이 행군방향을 잡고 있었습니다.
그 군사들의 후미에서
분명치 않은 어떤 희미한 윤곽을
바이 자쿱이 막 발견했습니다.
〈틀림없이 사람인 것 같은데,
저 남자는 혼자서 외롭게 비틀거리고 걷고 있구먼,
아마 저 사람도 나처럼 불행한 늙은이가 아닐까?
내가 한번 알아봐야겠어, 저분이 누구인지를?

뭐라고 말을 하는 것 같은데, 한번 귀 기울여 들어봐야겠어.〉
이제 자큽에 대한 이야기는 여기서 잠시 멈추도록 하겠습니다.
불쌍한 우리 바이에 대해서, 관개수로에 파묻혔던
바이에 대한 소식을 한번 들어보시지요.

차브다르라는 말이 말을 할 때,
네즈카라가 차브다르가 하는 말에 귀를 기울일 때,
바이 영감은 땅에 묻힌 채 보았습니다.
자신이 어떤 처지에 놓였는지를 말입니다.
(잠시나마) 자신이 정신을 잃었던 것을 알았습니다.
바이는 마른 나뭇가지들 위에 누워있었습니다.
자 한번 보십시오, 어떤 일이 일어나는지를!
바이는 자신의 힘을 모두 모아서
모래수렁에서 빠져나왔습니다.
말 차브다르가 하는 이야기를
바이는 땅바닥에 누워서 침착하게 엿들었습니다.
네즈카라가 자신의 사람들을 끌고서
자큽에게서 말들을 노략질한 다음,
관개수로를 팠던 사람들을 위해 노략질한 말들을 잡아서,
배고픈 자들에게 실컷 음식을 먹게 하려고
무엇인가 하려고 떠나려 계획하는 것을 (바이는 누워서 다 들었습니다.)
두려움과 격정이 밀려오는 것을 참으며 바이는(들었습니다).

〈가자! 어서 말에 올라타라!〉라는 고함과 함께
모든 사람이 흩어졌습니다.

(바이는) 말이 하던 이야기를 모두 듣게 된 것입니다.
음식을 조리할 정도의 시간이 흐른 다음에,
바이는 자신이 파묻혀 있던 곳에서 나왔던 것입니다.
〈내가 아무래도 두 발로 움직여야 할 것 같아,
여기서 뛰어가면, 탈출할 수 있을 거야.〉라고 (바이는) 생각했습니다.
〈마침내 내가 자유의 몸이 되는구나.〉라고 (바이는) 생각했습니다.
바이는 사방을 살폈습니다.
자르가크라고 불리는 산세가 험한 계곡에
노새 여섯 마리와 당나귀 네 마리가 있었습니다.
사람들이 혼란스러운 가운데 깜빡하고 그 자리에 놔두고 떠난 것이었습니다.
노새를 붙잡으려고
바이는 조심스럽게 걸음을 옮기기 시작했습니다.
수수밭의 이삭을 하늘로 날리면서
바이는 재빠른 걸음으로 다가갔습니다.
노새 한 마리를
조심스럽게 기회를 포착한 다음, 붙잡을 수 있었습니다.

(그곳에는) 수로를 파던 사람 가운데
마흔다섯 명이 남아있었습니다.
수로가 끝나는 제일 끝부분에서
아래로 내려가는 언덕이 시작되는데, 거기 사람들이 모여 있었습니다.
얼마나 바이가 조심스럽게 접근했는지
아무도 바이가 온 것을 눈치채지 못한 듯했습니다.
바이가 노새를 포획했을 때야 비로소

사람들은 바이가 온 것을 보았습니다.
사람들은 깜짝 놀랐습니다. 〈도대체 어디에서 이 사람이 나타났어?
어디선가 불쑥 나타나서는,
이 짐승 같은 놈이 도둑질을 하고 있는 게 틀림없구먼.〉
〈어서 가서 저놈을 붙잡아야 쓰겠어.〉
일꾼들은 소리를 지르며 달려갔습니다.
(일꾼 나이를 보면) 젊은 친구는 몇 안 되고 대부분 노인이었습니다.

자 (여러분 이제) 놀랄 만한 광경을 한번 보십시오!
일꾼들에게서 달아나면서 (바이는) 순식간에 그들을 따돌렸습니다.
마치 백조처럼 자신의 고개를 앞으로 죽 내밀고
바이는 언덕 위로 올라갔습니다.
(바이가) 언덕 위에서 돌멩이를 던지니,
바이를 쫓던 일꾼 가운데 두세 명이 나가 떨어져 버렸습니다.
(이제 바이가 살던 곳을 향해) 되돌아가는 길은
수로를 파던 일꾼들에 의해 막혀버렸습니다.
그래서 바이는 자신의 의지와 달리 어쩔 수 없이
(네즈카라) 군사들의 뒤를 따라갈 수밖에 없었습니다.
바이는 자신의 운명을 저주하면서 군사들이 간 길을 따라 갔습니다.

〈그래 (집으로 갈 수 없으니) 길을 바꿔 가는 수밖에 다른 도리가 없어,
이 군사들의 뒤를 따라가야겠구먼,
다른 쪽으로 갔다가는(길을 잃을 테니까),
하지만 군사들을 따라잡지는 말고 가다가,
다시 돌아가면 될 거야,

저놈들의 눈에 띄지 않게 움직여야 해,
나쁜 생각으로 가득한 군사들과
내가 부딪혀서 좋을 게 없지.〉
바이는 이렇게 생각했습니다.
이제야 바이의 일이 잘되기 시작했습니다.
노새의 두 귀를 살짝 치면서
나이든 영감은 천천히 앞으로 움직였습니다.

(바로 그때 바이 자큽이 군사를 보며) 생각한 겁니다. 〈누구의 군사가 왜
　오는 걸까?
이 사람들은 어떤 지방에서 오는 걸까?
이 군사들의 (지휘자는) 어떤 한일까 아니면, 어떤 벡²¹⁵일까?〉
자큽이 결심했습니다. 〈내가 한번 알아봐야겠다.〉

바이 자큽은 (군사들을) 유심히 보았습니다.
군사들의 뒤쪽에 무엇인가 분명치 않은 물체가
샤슈켈릭²¹⁶ 정도의 거리에서 (바이 자큽의 눈에) 포착되었습니다.
자큽은 조바심을 느끼며 (그 물체가 가까이 오기를) 기다렸습니다.
(자큽은 더는 기다리지 않고) 투우추낙을 타고 분명치 않은 물체를 향해
　갔습니다.
〈저 사람을 만나서 직접 상세하게 물어봐야겠다.〉라고 생각하면서

---

215 서사시에서 '한'과 '벡'이 비슷한 의미로 사용된다. 둘 다 관직과 신분을 표시한다.
216 '샤슈켈릭'은 서사시에서 사용되는 독특한 시간 단위와 방향이다. 첫 번째 의미가
　　'해가 떠오른 뒤부터 늦은 오전까지의 시간'이고, 두 번째 의미는 '남동쪽'이다.
　　이 장면에서는 첫 번째 의미로 사용되었다.

바이 자쿱은 (말에서 내려) 가벼운 걸음으로 뛰기 시작했습니다.

바이 자쿱은 상대에게 〈몬두[217]!〉라고 인사를 건넸습니다.
그 당시에는 우리에게 〈살람[218]〉이라는 인사말이 없었답니다.
바이 자쿱의 머리카락은 새하얀 색이었고,
분명치 않은 물체 역시 백발을 한 노인이었습니다.
바이 자쿱은 이 사람에게 다가가서는,
지체하지 않고 〈그쪽은 건강하신지요?〉라고 물었습니다.
상대방도 답을 했습니다. 〈살아있고, 건강합니다. 용사님.
그쪽은 어떤 종족 출신입니까?
그쪽은 자신의 출신에 대해서 좀 말해주지 않겠습니까?〉-
바이가 자쿱에게 부탁했습니다.

그러자 자쿱이 대답했습니다.
〈자, (들어보시오) 이게 내 내력이요!
나는 바이구르의 후손이오.
바이구르는 지식이 많은 분이고, 부자였소.
바이구르를 이은 두 번째 할아버지는 바브르 한이셨소,
운명의 굴곡에 대해 생각을 할 때마다,
나는 정말 놀라지 않을 수 없다오!

---

[217] '몬두'는 칼믹 사람들의 인사말이다. 전투에 나설 때 함성으로 지르는 구호로 사용되기도 한다.
[218] '살람'은 아랍어로 된 인사말이다. 평화라는 뜻이 있다. 원래 살람은 '그대에게 평화가 깃들기를 바랍니다.' 정도의 의미가 있는 아랍어 인사 '아스-살람 알레이쿰 (as-salam aleikum = May the peace be with you)'의 준말이다.

바브르 한을 이은 세 번째 할아버지는 투베이셨지요.
투베이 할아버지께는 사람이 많았지요.
투베이 할아버지 다음에는 쿄쿄이가 계셨습니다.
쿄쿄이 할아버지에게서 노고이가 태어나셨고,
내가 노고이의 아들입니다.
열일곱 살 때,
나는 아버지와 어머니를 잃었습니다.
불쌍한 처지가 되어 멀리 쫓겨났습니다.
코톤 (강이)
수우샹 호숫가로 연결되는 바로 그쪽으로
보욘의 아들인 차얀에게로 (가서)
아무런 도움을 받을 곳도 없고 혼자였던
나는 차얀을 찾아간 다음 그에게 빌붙어 살게 되었습니다.
나는 (차얀의) 일꾼이 되었지요.
아주 오랫동안 차얀을 모시고 살았답니다.
수우샹[219] 호숫가에 정착해서,
차얀과 보욘 두 분이 돌아가신 뒤부터(내가 독립을 했으니),
올해 서른 해째입니다.
알타이 산자락에 나는 살 만한 곳을 찾았지요.〉

바이 자큽이 이렇게 이야기를 마치자,
바이는 탄성을 질렀습니다.〈그렇군요!

---

[219] '수우샹'은 '소오샹'으로 표기되는 경우가 더 많다. 마나스 서사시에 등장하는 가공의 지명인 것으로 보인다.

그렇게 그대의 삶이 지나갔었구먼요.
참으로 덧없는 세상입니다! - 바이가 말했습니다. -
(부모 사별 후 홀로 떠나던) 그 당시 그대는 열일곱 살이었어요,
아버지, 어머니와 함께 살 때는
그대는 아무런 염려도 없이 살았지.
그 당시 내 나이는 스무 살이었고,
나는 유복하게 살고 있었어.
내가 꼬랑지라면, 그대는 갈기라고 해야겠어.[220]
참으로 덧없는 것이 인간세상이야!
그대는 당시에 철없는 장난을 즐기던 젊은이였어.
그대는 내 눈을 즐겁게 해주었던 유일한 사람이었지.
그대는 내가 알고 있던 유일한 (나의) 위안이었고.
그대는 내가 위로 올라가기 위한 유일한 버팀목이었어.
그대는 내가 미끄러져 발을 헛디디게 되면 도움을 주었지.
그대는 나와 함께 나란히 (어머니의) 뱃속에 누워있던 사람이야.
우리는 함께 알치키 놀이를 하면서 시간이 가는 줄도 몰랐었지.
지배자가 (우리를) 내쫓았을 때,
우리가 헤어졌고, 나는 그대를 사무치게 그리워하기 시작했어.
(그) 불한당 같은 인간의 뜻에 따라
나의 희망인 자큽, 나의 동생 그대는 떠나갔어.
내 영혼은 번민에 휩싸였지.
투우샹이 지배자였던 그 시절에,

---

[220] 키르기스 사람들에게 전해오는 전통 구비서사시의 한 구절을 마나스 서사시에서 인용하고 있다. 이 구절은 '우리는 한몸인 동지이고, 함께 미래의 희망을 찾아 나아 간다.'라는 의미가 있다.

투우샹은 (사람들을) 각기 다른 방향으로 내쫓았어.
노고이의 아들은 모두 뿔뿔이 흩어졌어.
괴로움에 지친 내 영혼은 죽지도 못했고,
그때부터 지금까지 나는 고통을 겪었어.
내가 그때 그 친구, 내 동생을 보고 있다는 것이 꿈이 아니고 생시가 맞는지?
나는 그대의 형인 바이. 모든 사람 앞에서 그대를 변호해주던 바이야.
우리가 서로 헤어지고 난 다음에,
나는 불행한 조롱거리가 되고 말았어.
열일곱 살 때 아우가 내게서 떠나간 다음,
나는 아우를 생각하면서 눈물을 하염없이 흘렸어.
나의 버팀목이었던 아우와 작별하고 난 뒤에,
나는 참으로 고통스러웠어.

아우는 나의 준마, 언제나 내가 타고 달릴 수 있었던,
아우는 나의 두 발, 험준한 암석 위를 올라갈 수 있었던,
아우는 나의 앞발, 전장에 (나아갈 때) 의지한,
아우는 무척 고초를 많이 겪은 것처럼 보여.
겉으로 보기에 그대는 할아범이 된 것 같아.

오늘 내 심장은 (아우를 보면서) 기쁨에 넘치게 되었어.
그동안 아우를 얼마나 생각하고 그리워했는지 몰라.
그대가 정녕 내가 그토록 기다려온 동생 자큡이란 말이지?
지금 말하는 이가 나의 동생 자큡이 맞단 말이지?!〉
바이는 감격한 나머지 이렇게 큰 소리로 외쳤습니다.

자신의 형님인 바이를 보고서,
(자큽은) 말에서 내려왔습니다.
바이 자큽은 큰 소리로 외쳤습니다.
두 사람이 헤어진 바로 그 후부터
거의 예순 해의 세월이 흐른 것이었습니다.
눈물이 홍수처럼 흐르고,
두 사람 주위를 흘러내렸습니다.

〈(바이 형님은) 우리 집 대문에서 나를 지켜주던 아뮬레트[221]였습니다!
나의 열렬한 소망이 지금에서야 이루어진 것이 틀림없습니다.
난 매일 (우리가 다시 만나도록 해 달라고) 기도했습니다〉

자 (여러분) 보십시오, 예순 해가 지났습니다.
두 사람은 어려운 인생을 살고, 고통을 겪었습니다.
(이제야) 젊어서 헤어진 형제들이 만난 겁니다.
인적이 없는 텅 빈 초원에서 두 사람은 눈물을 흘렸습니다.
두 사람은 살아서, 건강한 모습으로 재회한 겁니다.
이 둘의 재회는 (키르기스인의) 선조들이 예정해 놓은 것입니다.
바이는 질문에 질문을 이어 계속 물었습니다.

〈아우에게는 자식들이 있소?〉- 바이가 물었습니다.
바이는 이 질문을 여러 번 했습니다.

---

[221] "우리 집 대문에서 지켜주는 아뮬레트"라는 표현은 키르기스인들 사이에서 막역한 친구관계나 수호자와 같은 후견인을 부를 때 쓰는 수사이다.

자쿱이 대답했습니다. 〈내겐 아들이 하나 있습니다.
조물주께서 (그 아들을) 보호해주십니다.
내겐 본시 자식이 하나도 없었습니다.
세상만사 아무런 의미도 없었습니다.
형님의 제수가 되는 내 아내 둘이 다
아이를 갖게 되었죠.
형님의 제수들이 둘 다 수태하고,
이제 자식이 더 태어날 전망입니다.〉

이 말을 듣고서 바이는 다시 입을 열었습니다.
아우인 자쿱에게 침착한 어조로 말했습니다.

〈아우는 나이가 들어서까지 자식이 태어나길 참으로 잘 기다렸습니다.
아마도 오랫동안 비탄의 세월을 보냈겠지.
이곳, 넓고 넓은 초원에서,
아우는 (이곳에 있는) 사람들을 어디로 보냈는지?
이곳에 살던 사람들에게는 무슨 일이 생긴 것인지?〉

바이는 이 동네에 온 지 얼마 안 되었지만,
자쿱에게 모든 것을 물어보았습니다.

〈내가 이 땅에 온 이래로,
목초지는 나의 가축으로 가득했습니다.
그때 이후, 정확하게 서른 해가 지났습니다. - 자쿱이 대답했습니다. -
이전에는 이 땅이 황무지였습니다.

들어보십시오. 내가 이 땅에 대해 말씀드리겠습니다.
내가 막 이곳에 왔을 때,
(이곳에는) 야생마들이 자유롭게 질주하고 있었습니다.
여기에는 야트막한 구릉지가 있고,
언덕들과 높은 산맥들이 있습니다…
언덕들에는 풀이 그다지 짙게 자라지는 않습니다.
사막도 있었습니다,
사람들에게 잘 알려지지 않은 사막 말입니다.
들풀들도 운명 탓을 하지 않고 (자유를 누리며) 살았습니다.
눈길 닿는 곳 어디든,
산자락 그 어디에서든,
여기는 사람이 산 흔적이 없었습니다.
야트막한 언덕에는 키 작은 풀들이 자랐고,
사람들에게 알려지지 않은 사막에는 마랄[222]들이 뛰어다녔습니다.
(내가 이곳에 오기 전까지) 마랄들은 사람의 존재를 알지 못했습니다.
가축을 치는 목동들도 (자유를 누리며) 운명 탓을 하지 않았습니다.
바로 이 (자유의) 땅에서 나는 안정을 되찾았습니다.
나는 신께 감사를 드렸고,
모든 것을 가진 부자가 되었습니다.
그런데, 형님, 형님께서는 어떻게 사셨습니까? – 자큽이 물었습니다 –
내게 모두 말씀해주십시오. – 자큽이 말했습니다. –
전능하신 (우리의) 조물주께서,
형님께 자식을 혹시 주지 않으셨는지요? – 자큽이 물었습니다. –

---

[222] 알타이 지역에 서식하는 덩치가 큰 사슴.

혹여 알라께서 자녀를 주지 않으시면,
사람이 무엇을 할 수 있겠습니까?〉

이렇게 자큽은 계속해서 바이에게 물었습니다.

〈내겐 두 아들이 있어. - 바이가 대답했습니다.
내 두 아들은 내게는 든든한 지주들이지. - 바이가 말했습니다.
이미 오래전 우리 (키르기스) 종족 사람들과 헤어졌고,
난 항상 (이민족이 공격할지 모른다는) 두려움 속에서 살았어.
키르기스 열두 부족 가운데,
아무도 내 근처에 사는 이들이 없어 비탄에 잠겼어.
난 울면서 동족을 그리워했어.
내 아우 자큽에 대해 생각하면서,
나는 하루 세 번씩 울었어.
나는 슬픔에 잠겨 거의 죽은 사람이었어.
오로즈두와 함께 살면서,
나는 오로즈두를 모시고 지냈어.
오로즈두는 한이었지만, 건강을 잃었지.
자식들이 일으키는 분쟁으로 고통을 겪고,
자식들이 분열해가면서,
슬픔이 오로즈두에게 찾아왔어.
오로즈두는 벡이었지만, 불행한 사람이 되고 말았어.
자식들이 만들어놓은 불행 때문에 (오로즈두는) 고통스러워했지.
오로즈두는 고통이 무엇인지 아는 사람이 되었어.

오로즈두는 걸어 다닐 때마다 습관적으로 입에 "오이보이!"[223]라는 탄식
을 달고 다녔어.
오로즈두는 생각하곤 했지. "내게 친척이 많을 때,
내가 그때 왜 이 세상을 하직하지 않았던가?"
이미 오로즈두의 나이가 여든에 이르고,
머리카락은 백발이 성성하여,
자신의 처지를 돌아보고, 한탄하면서,
쓰라린 눈물을 하염없이 흘리고, 또, 흘렸어.〉

이렇게 바이는 (자신이 겪은 일들을) 모두 말했습니다.
바이 자큡은 바이가 하는 말을 묵묵히 들었습니다.

〈자, 이제 말씀해 주십시오.
형님 아들들의 이름을 무엇이라 지었습니까?〉
자큡이 말문을 열고, 물었습니다.

〈내 첫째 아들 이름은 바카이,
내 둘째 아들 이름은 타이라크.〉 -
이렇게 바이가 대답했습니다.

〈형님의 아들들이 강성한 모습을 내가 직접 볼 수 있길 바랍니다.〉
바이 자큡은 그들의 미래를 축원했습니다.

---

[223] "오이보이"는 키르기스말로 고통스러운 탄식을 뜻한다. "아이고" 정도의 뜻을 가지기도 하며, 아무런 뜻 없이 근심을 드러내기 위해 사용되기도 한다.

〈불행한 두 늙은이가 이제야 서로 만나,
서로 살아온 바를 물어보게 되었어.
자큽, 너의 유일무이한 아들은
어떤 이름인지 말해줘.〉

자큽은 바이에게 대답했습니다.
〈내게는 유일무이한 아들이 있습니다.
알라께서 아들에게 도움을 주십니다.
이름은 마나스라 합니다.〉- 자큽이 말했습니다.

이 말을 들은 다음, 바이가 말합니다.
〈이름을 부를 때 느낌이 좋은 것을 보면,
아주 좋은 이름이 틀림없어.
선조의 영령들이
마나스를 도와주시기를!〉- 바이는 말을 마친 뒤,
(아무 말도 하지 않고) 두 손을 하늘을 향해 들어올렸습니다.

두 영감은 끊임없이 이야기를 나누었습니다.
불현듯 기억력이 흐린 바이의 머리에
한 가지 기억이 떠올랐습니다.
네즈카라가 이름이 마나스라는
소년을 죽이려 한다는 사실이 떠올랐습니다.
육천 명의 군사를 이끌고,
네즈카라는 (마나스를 죽이는) 길에 나섰던 것입니다.

〈나는 (자쿱) 너를 찾으려고,
너와 만날 수 있을 것이라는 희망을 품고서,
이틀 반 동안 말을 달려,
알타이 쪽을 향해 왔어.
그런데 네즈카라라는 악마를
길에서 만나게 되었지.
내 길 앞에 그자가 갑자기 나타났어.
나는 즉시 내가 불행한 처지가 될 줄 짐작했어.
그자는 나를 보자마자,
나를 불행에 빠뜨렸지.
내가 하는 말을 들으려 하지도 않고,
내 애마를 죽였어.
커다란 불행이 내게 닥쳤어.
내 손에 케트멘[224]을 들려주고서는,
"어서 구덩이를 파!"라고 명령했지.
나를 공포에 휩싸이게 하고, 나를 속였어.
나는 (혹시 살려줄지 모른다 생각하고) 있는 힘을 다해 케트멘을 잡고서,
온종일 땅을 팠어.
다음 날 정오경,
나는 갑자기 기력을 잃고서 쓰러졌어.
거친 목소리로 사내들이 소리쳤어.
"영감이 죽었다." – 그리고 나를 끌고 갔어.

---

[224] 케트멘은 키르기스말로 낫 혹은 곡괭이를 뜻한다. 땅을 파기도 하고, 곡식을 수확하기도 하는 도구이다.

구덩이 근처에 나를,
음습한 곳에 나를 내팽개쳤지.
나는 숨이 멎은 채 누워있었어.
몸이 약해져서 나는 아무런 감각도 느낄 수 없었어.
사람들이 나를 쳐다보면서, "저놈이 죽었다!"라고 말했지. -
그리고 나를 구덩이에 처박고
흙을 덮었어.
하반신이 흙에 덮였지만,
가슴팍부터는 다행히 (대기에) 노출되었어.
반나절이 지나서야 나는 의식을 되찾았고.
사방을 돌아보니,
차브다르 말 주위에
검은 기운이 가득했어.
(차브다르의) 어깨너머로
악마가 있었지. 그리고 샤이탄[225]이 있었는데,
그자의 이름이 바로 네즈카라야.
어떤 인간도 그자에게 대적해서 이길 수 없고,
그자의 심성은 몹시 나빠.
그자가 자신의 애마에게 말을 걸고 있었지.
샤이탄이 네즈카라의 몸에 들어가 있는 것이 틀림없어.
샤이탄이 네즈카라를 장악하고,
악마가 네즈카라의 입을 통해 말을 하는 것이지.
이제 네즈카라는 잠시 쉬던 지역에서 몸을 일으켜,

---

[225] 악령을 뜻한다.

주위도 돌아보지 않고,
육천 명도 더 되는 사람들을 재촉해서,
(마나스를 죽이려는) 길을 떠나는 것이었어.
나는 "도대체 마나스가 누굴까?"하는 생각에 곰곰이 잠겼지.
전에 한 번도 마나스라는 이름을 들은 바 없으니까.
나는 땅에서 몸을 일으킨 다음,
"내 운명은 이들의 뒤를 쫓아가는 것이다."라고 생각했어.

나는 당나귀 (한 마리를) 포획해서,
정확하게 엿새 동안,
이 길을 따라 왔어.
군사들이 가는 길을 뒤쫓아 오면서,
그들의 눈에 띄지 않도록 조심했지.
조금 전까지만 해도 그들이 나를 죽이려 했기 때문이야.
난 생각했어. "아마도 가다가 누구라도 만날 수 있을 거야...
만일 아무도 만나지 못한다면...
난 굶어죽고 말 거야" - 난 이렇게 생각했어.
내가 비탄에 잠겨있던 바로 그때,
나의 든든한 친구, 바로 네가,
네가 내 앞에 나타났어.
(네스카라가) 마나스를 해치려 길을 떠났어.
내가 이 말을 할 수 있어서 다행이야.〉

바이는 자큡에게 이 말을 다 했고,
자큡은 말을 다 들은 다음에,

공포에 사로잡혔습니다.

〈말에 안장을 올린 뒤, 서둘러 달려가야 하겠군.
가능한 한 빨리 아일[226]에 돌아가서,
신속하게 대비책을 마련하고,
사람들도 좀 모아야지〉-
자큽은 속으로 이렇게 생각했습니다.

자, 보십시오, 자큽이 얼마나 서두는지를!
일흔 가구의 키르기스 사람들에게
자큽은 (아일에) 도착하자마자 (모이라고) 기별했습니다.

모든 사람이 흥분한 상태로 모여들었습니다.
사람들은 모두 걱정에 싸이게 되었습니다.

〈자 먼저 길을 떠나시게나!〉-
자큽은 오랫동안 함께 지낸 아크발타 영감에게 먼저 갈 것을 권했습니다.
만주에서 온 칼믹 사람들은
모두 다 해서 이백아흔 가구였는데,
최후의 한 명까지 모두 출정준비를 마쳤습니다.

살라마트와 오슈푸르에게도
소식이 전해졌습니다.

---

[226] 아일은 키르기스말로 마을을 뜻한다.

아크발타 영감은 계속 (소식을 전하러) 말을 달렸습니다.
엿새 동안 전혀 쉬지 않고 말을 달렸습니다,
아크발타 영감은 모든 사람에게 (소식을) 전했습니다.
먼 외곽에 거주하던 카자흐 사람들에게 갔고,
에딜과 자이윽 강가까지 갔고,
바르스칸과 사르칸까지 갔고,
모든 (키르기스) 사람에게 이 소식을 전했습니다.
장사 쿠노스는 불같이 소리를 지르며,
말에 올라타고 길을 나섰고.
캄바르 아이다르칸의 아들은
카자흐 사람들 사이에서 명망이 높은 남성인데,
〈(네스카라에게) 당하게 놔둘 수 없다〉라고 말 한 뒤,
〈우리를 해치러 온 노예 같은 (네스카라) 놈을
용서하지 않을 것이다.〉라고 소리쳤습니다.

(캄바르 아이다르칸의 아들은 네스카라를 응징하는) 큰 길에 나서면서,
팔천 명의 용사를 모았습니다.
나쁜 악의 무리를 응징하려고,
(키르기스 사람들이) 분연히 떨쳐 일어난 것입니다.
닷새 혹은 엿새가 지난 뒤에는,
(팔천의 군사들이) 당도하게 될 것입니다.
네스카라의 군사들은
달리고 또 달렸습니다.
육천 명이나 되었습니다.
바이 자큽이 살았던 켄 아랄 지역을 이미 지나서

육천의 군사가 길을 재촉하면서
(바이 자쿱이 살았던 곳에서) 이틀이나 더 멀리 지나쳐 갔습니다.
군사들은 오랫동안 이동했습니다.
길에서 망굴인들을 만난 뒤
초장에 있던 망굴인들의 말을
죄다 포획한 다음 몰고 갔습니다.
말들을 몰면서 원래 가려 했던 길을 갔습니다.
망굴인들이 이 광경을 보고서
(말했습니다) "엄청난 대군이야,
사람들이 정말 많아.
이 군사들의 공격목표가 된 사람들은 불행이야"
(망굴 사람들 사이에) 이름이 자이산바이라는 사람이 있었습니다.
(자이산바이는) 말 만 필을 소유하고 있었습니다.
적지 않은 재산이었습니다.
군사들은 (자이산바이의) 말을 모두 포획해갔습니다.
자이산바이는 통곡했습니다. "오이보이!"
이 정도의 재산 손실은 적다고 말할 수 없습니다.
군사들은 (자이산바이의 말들을) 모두 앗아간 것입니다.
사방팔방으로 정신없이 말을 달려서 가보았지만
이 군사들이 도대체 어디서 왔는지 누구인지 알 수가 없었습니다.
이들이 누구인지 물어볼 사람들도 주위에 전혀 없었습니다.
"이 군사들이 원하는 것이 도대체 무엇인가?
자 우리 다 함께 그들의 뒤를 조용히 따라서 가보세,
그들이 누구고 어디서 왔고 무엇을 원하는지 알아보세"라고 말을 한 뒤
망굴인은 모두 한곳에 모여들었습니다.

모여든 사람들의 숫자는 오백 명에 이르렀습니다.
사람들은 말에 올라타서는 전속력으로 말을 몰았습니다.
그리고 큰 소리를 지르며 흥분한 듯이 소리를 질러댔습니다.

〈그대들은 도대체 누구요? 어떤 종족 사람이오?
그대 종족 사람은 어디서 살고 있습니까? (우리의 물음에) 답해주시오.
그대들은 누구와 싸우려 하는 것입니까?
제발 빨리 우리에게 대답을 해주십시오.
그대들이 찾고 있는 사람이 도대체 누구입니까?
그대들이 하려는 일이 무엇인지 우리에게 서둘러 말씀해주십시오?!〉
(망굴 사람들은 앞선 무리를 따라잡으며) 큰 소리로 외쳤습니다.

무시무시한 군사들을 이끌고 가는 두목격인 바산쿨은
(말했습니다). 〈우리가 찾는 자는 바이 자큽이란 자의 아들이다.
그자가 어디에 있는가? (내 질문에 어서) 대답하라.
우리는 바이구르의 자손인 마나스를 찾고 있다.
이제 우리가 찾는 자가 누구인지 내가 말했다.
우리 군사들이 마나스를 찾고 있는 것이다.〉라고 말했습니다.

그러자 망굴인들이 말했습니다.
〈쿨란-자일로와 쿠우-테제 인근 지역에 있습니다.
바로 그곳에 지금 마나스와 자큽이 있습니다.
자큽은 마나스의 아비입니다.
그의 아들을 마나스라고 부릅니다.
마나스는 그 일족 가운데 가장 사나운 인물입니다.

"우리에게 마나스가 있으니 감히 우리 말들을 가져갈 생각을 말라.
우리에게 마나스가 있으니 우리에게 나쁜 짓을 할 생각조차 버리라"라고
　합니다.
우리에게 대답을 해주십시오.
누가 당신들의 주인(bek)입니까? 이 군대를 이끄는 대장이 누구입니까?
우리가 받은 고통에 대해서도 (자큡과 마나스에게) 복수를 해주십시오.
만약에 그대들이 오랫동안 자큡과 마나스에게 복수하러 찾아다녔다면
　말입니다.〉
자이산바이가 큰 소리로 외쳤습니다.
자이산바이가 하는 말을 바산쿨이 들었습니다.

바산쿨은 즉시 크타이의 용사인 네스카라에게 달려갔습니다.
바산쿨은 네스카라에게 달려가자마자 자신이 들은 말에 대해 모두 고했
　습니다.
〈우리가 다리아 유역에서 뻗어 나온 길을 따라 나아가고 있었을 때
육천사백 명의 군사를 이끌고 (바이 자큡을 찾아) 나아가고 있었을 때
우리가 본 자가 바로 바이 자큡 본인이었음이 틀림없습니다.
그놈이 우리를 속인 것입니다.
바이 자큡은 자신의 아들인 마나스를 우리에게서 감추고
바이 자큡은 자신의 아들인 마나스를 우리에게서 숨기고
마치 자신이 바이 자큡이 아닌 것처럼 행세하고
그와 같은 대규모의 가축은 (바이 자큡 뿐만 아니라) 그 누구에게도 없다
　했습니다.
이제 가서 말하겠습니다. "너희 말을 돌려주겠다."라고 말입니다.
부드럽고 친절하게 바이 자큡과 대화하며 그에게 접근한 다음

순식간에 바이 자큽의 목에 올가미를 던지겠습니다.
바로 그 뚱뚱하고 키 작은 영감을
우리 손으로 다시 잡아 오겠습니다.
우리가 만났던 그자가 바로 바이 자큽임이 틀림없습니다.
그는 뻔뻔스럽게 말했습니다. "난 자큽이 아니오."라고요.
우리를 기만하려고 바이 자큽이 거짓말을 고한 것입니다.〉
네스카라는 (이 말을 듣고) 생각에 잠겼습니다.
나이가 든 바산쿨이 다시 말을 이어갔습니다.
〈아무도 눈치채지 못하게 꾀를 써서 그 영감을
(꾀가 많은 영감을) 단박에 사로잡아야만 합니다!〉

그때 바산쿨은 사람들이 웅성거리며 다가오는 모습을 보았습니다.
이제 (망굴인들로 구성된) 만주인은 육백여 명에 이르렀습니다.
바산쿨은 이들을 보면서
말을 몰아 군사들에게서 이탈해서 (망굴인들에게로 다가갔습니다.)
바산쿨은 자이산바이에게 곧장 말을 몰아갔습니다.
(바산쿨이 입을 열었습니다.) 〈너희 말들을 빼앗지 않겠다.
너희가 밤에 마음 편하게 발 뻗고 잘 수 있도록 해주겠다.
너희 재산에도 손끝 하나 대지 않고 그대로 놔두겠다.
그러니, 자이산바이, 내게 좀 더 가까이 다가오라.
우리를 도와 한 가지 일을 자이산바이가 좀 해줘야겠다.
지금 가서 자큽의 아들인 마나스가
어디 있는지 수소문한 다음 붙잡아라.〉라고 바산쿨이 말했습니다.

그러자 자이산은 (대경실색한 나머지 얼굴이 흙빛이 되어) 말했습니다.

놀란 목소리로 실성한 듯 거칠게 말했습니다.
〈여러분이 지나온 길의 한쪽 편에 마나스가 남아 있습니다.
육천 명으로 이루어진 대군 가운데 그 누구도
단 한 사람도 마나스를 발견하지 못했다는 말씀입니까?
이 지역 산세를 아는 사람이 (군사들 중) 한 명도 없다는 말입니까?
이제 여러분의 등 뒤에 마나스가 남아있게 되었습니다.
나는 (여러분께 마나스를 잡아 달라 부탁하러 온 것이지) 마나스와 얽히
 기 싫습니다.
마나스가 두렵습니다. 젊은 용사 마나스가 두렵습니다.
(말씀하신 대로 우리 말과 재산을 주신다 해도) 내게는 그를 잡을 힘이
 없습니다.
마나스를 포박해서 끌어오고 싶은 마음은 크지만 내게는 그렇게 할 힘이
 없습니다.
내 말뿐만 아니고 우리 아일 (마을) 전체를
그대의 군대가 아무것도 남지 않을 정도로 약탈한다고 해도
(나로서는 마찬가지입니다) 내게 마나스를 잡을 힘이 전혀 없기 때문입
 니다〉
자이산바이는 그렇게 말했습니다.
자이산바이는 (모든 것을 포기한 사람처럼) 그 자리에 서서 조용히 앞을
 보았습니다.
(바산쿨은) 자이산바이의 말을 다 들었습니다.
〈이쪽으로 더 가까이 다가오라. 말을 이쪽으로 몰아서 다가오라.〉
바산쿨이 자이산바이에게 말했습니다.

〈(바산쿨이시어) 지금이라도 그대의 칸에게 가서

내가 한 말을 고스란히 보고하기 바랍니다.
상세하게 설명 드리기 바랍니다.
그대들은 (내 말을) 빼앗길 원했기에 모두 약탈해갔습니다.
그리고 이제는 내게 가까이 다가오라고 합니다.
나를 냉큼 생포해서 묶어버리려는 것을 내가 모를 정도는 아닙니다.〉
자이산바이는 이렇게 말을 한 뒤
몸을 돌려 물러났습니다.

〈얼른 따라잡아 저자를 생포해야겠다.〉라고 생각하면서
스스로 자신을 과대평가하는 (네스카라의) 노예와 같은 바산쿨은
자신의 말에 세차게 채찍질을 하면서 날듯이 달려나갔습니다.

자이산바이는 뒤로 몸을 돌린 다음에
자신의 군사들이 있는 곳으로 서둘러 달려갔습니다.
(바산쿨이) 거의 자이산바이를 따라잡았을 때
이름이 타노오라는 칼믹 사람이
바산쿨이 달려오는 길을 가로막고서
활을 쏘아 바산쿨에게 명중시켰습니다.
비명을 지르며 온몸을 부르르 떨고서는
바산쿨은 죽은 사람처럼 (말에서) 떨어졌습니다.
바산쿨은 숨을 거두었습니다.
바산쿨의 주인이자 육천 대군의 우두머리인 네스카라는
자신의 두 눈 앞에서 바산쿨이 죽어가는 것을 보았습니다.
네스카라는 자이산바이를 향해 나아갔습니다.
네스카라의 모습을 지켜보던 수없이 많은 네스카라의 군사는

바닥의 모래알보다 더 많아 보였습니다.
사천사백 명의 군사가 미처 앞으로 나아갈 채비를 마치지 못한 가운데
이천 명 군사는 말을 타고 속보로 (자이산바이 쪽으로) 달려갔습니다.
군사들은 모든 힘을 다 모아서 한꺼번에 재빨리 말을 몰아
(자이산바이의 머리 위로) 뛰어오르듯 단번에 달려들었습니다.
하지만 (자이산바이가 이끌던) 육백 명의 군사는 뒤로 물러나지 않고
제자리를 지켰습니다.
그들은 화살을 쏘기에 유리한 지형을 차지하고 있었습니다.
그들은 군사의 숫자에서 비록 소수이긴 했지만 총을 준비했습니다.
수백 개의 총신에서 작은 총구들이 열렸습니다.
우레와 같은 소리를 내면서 총구들은 불을 뿜었습니다.
엄청난 총성이 천지를 진동하자
공격에 나섰던 이천 명의 군사는 자리에 얼어붙은 듯 서서
(두려움에 휩싸여) 몸을 떨었습니다.
이천 명의 군사는 뒤로 후퇴하기 시작했습니다.
이 광경을 보던 네스카라는 분을 참지 못하고
자신의 천리마인 차브다르에게 채찍 세례를 퍼부으며 앞으로 달려나갔
 습니다.
말발굽에서 나온 먼지가 하늘까지 닿았습니다.
육천 군사들은 (네스카라의 뒤를 따라서) 마치 한몸이 된 것과 같이
말을 달려 (자이산바이의 진영으로) 달려들었습니다.
네스카라의 군사들이 자이산바이의 진영에 다다랐을 때
자이산바이는 더는 방어선을 지키지 못하고
도망쳤습니다. 자신의 아일에서 탈출했습니다.
자이산바이는 더는 버틸 수 없어

산속으로 달려가 숨었습니다.
다리아에서 온 수없이 많은 군사는
정신없이 (자이산바이의 마을로) 쳐들어갔습니다.
군사들은 처녀들과 젊은 부인네를 모두 붙잡아갔습니다.
마을에 있던 모든 건물과 재산을 불태우고 약탈했습니다.
전리품을 놓고서 군사들은 이전투구를 했습니다.
(기강이 무너진) 군사들은 자기네끼리 소리를 질렀습니다. "네놈이 더 많이 가졌어."
서로 저주를 퍼붓고 난장판이 되도록 다투었습니다.
전에는 (자이산바이의) 말떼를 노략질했었는데
이제는 마을에 있는 모든 재산을 다 노략질했습니다.
자신이 절반 크타이였던 네스카라는 바로 이렇게
자이산바이와 그의 마을을 노략질하고 폐허로 만들었습니다.
혹여 붙잡힐까 두려워 자이산바이는 걸음아 날 살려라 도망쳐서
산속 깊은 곳으로 달아났습니다.
자이산바이는 숲 속에 몸을 숨겼습니다.
자이산바이는 이를 갈면서 생각했습니다. 〈나를 붙잡아서 찢어죽이지 못한 것을
네스카라는 언젠가 후회하게 될 것이다.〉
여자들이 통곡을 하며 소리를 질렀습니다.
아이들이 울면서 신음했습니다.
적들이 미처 붙잡아가지 못한 사람들은 진저리를 치며 울었습니다.
깊은 계곡들과 험준한 산 속으로
사람들은 도망쳐서 몸을 그곳에 숨기고 나오지 않았습니다.

다리아에서 온 군사들은 아일에 진입한 뒤에
쉰여 명의 사람의 목숨을 앗아갔습니다.
많은 사람을 붙잡아갔고
아일의 재산을 모두 탈취해갔습니다.
바로 그 날 (야만적인 공격을 마친 뒤) 그들은 야간 주둔지에 머물렀습니다.
그들은 머릿속으로 생각할 수 있는 온갖 종류의 악행을 했습니다.
그들은 피로 목욕을 했습니다.
큰 가축들을 도축했습니다.
(한 아일을 멸망시킨 뒤) 그들은 아무 일 없다는 듯 잠을 잤습니다.
그들은 수없이 많은 재산을 빼앗아 갔습니다.

다음 날이 밝아오자 군사들은 말에 안장을 올리고 올라탔습니다.
자신들이 행한 온갖 악행이 주위에 가득했습니다.
아일에서 열다섯 살을 넘은 처녀 가운데
아일에서 길고 풍성한 검은 머리를 한 처녀 가운데
아일에서 가장 아름답고 멋진 의복을 차려입은 처녀 가운데
아일에서 챙이 넓은 모자를 쓴 처녀 가운데
(악마가 된 군사들은) 백서른 명의 처녀를 골라서 끌고 가려 했습니다.

가슴이 오뚝하게 솟은 호리호리한 사람 가운데
눈썹이 검고 키가 중간 정도 되는 사람 가운데
손과 발이 크고 쓸 만한 아이 가운데
(악마가 된 군사들은) 이백 명을 골라서 끌고 가려 했습니다.

한군데 모아놓은 낙타들이 울부짖었습니다.

당나귀들이 요란스럽게 움직였습니다.
암소들은 우울한 듯 낮은 소리를 내었습니다.
양떼들은 평소보다 더 희게 창백하게 보였습니다.
말떼는 구슬픈 소리를 내었습니다.

(악마가 된 군사들은) 산 채로 끌고 가기로 작정한 사람들을 묶고
서두르지 않으면서 가축 떼를 몰아갔습니다.
그들은 천천히 (야영지를 떠나) 큰길로 나아갔습니다.
이제 그들은 갈 길을 찾아
네스카라를 우두머리로 하여 길을 나섰습니다.

바이 자큽은 사람들에게 이 소식을 알렸습니다.
근처에 사는 사람들을 모두 불러 모았습니다.
사백 명의 전사가 모였습니다.
얼룩덜룩한 깃발을 높이 세우고, 백색으로 빛이 나는 창을 높이 세우고
용감한 사람들은 마치 한몸이 된 것처럼
모두가 다 자큽 칸과 한몸이 된 것처럼 모였습니다.
중년이나 노년의 남자들과
아직 연약한 어린아이 가운데에서
이백 명이 (전투에 참가하겠다고) 나섰습니다.
자큽이 불러 모은 전사는 모두 육백 명이 넘었습니다.

아말-크이 지역으로 가는 길목에서
(마나스가 나타났습니다)〈누가 나의 이름 마나스를 모르느냐!
누가 마나스와 대적하려 드는 것이냐?〉

(마나스는) 이렇게 소리를 치고서는
앞서가는 (네스카라의 육천이 넘는) 군사들의 앞길을 가로막았습니다.
마나스는 큰 총을 적들에게 겨누고
큰 총을 (적들을 향해 돌리고)
벽력같은 굉음을 내며 총을 발사했습니다.
(마나스가 쏜 총소리에 놀란) 적군들은 움찔하며 뒤로 물러났습니다.
마나스는 적의 사기를 꺾어 놓고 적에게 손실을 입혔습니다.
네스카라의 군사들 앞에서
자기 자신을 용맹하다고 뽐내온 많은 군사 앞에서
마나스는 길을 가로막고 우뚝 섰습니다.
이제 (네스카라의 군사들에게) 그들이 한 번도 겪지 못한 불행이 찾아온 것입니다.
그들에게는 지나갈 길이 모두 막혔습니다.
뒤를 돌아보아도 그들을 구원하러
보충대가 달려올 가능성은 없었습니다.
네스카라가 이끄는 군사는 모두 합해 육천사백 명이었습니다.
이제 이 군사들이 불행을 겪을 때가 온 것입니다.
아말이라고 불리는 길이 있습니다. (그 길로 군대가 나아가야 했지만)
바로 이 길을 사자 마나스가 가로막은 것입니다.
마나스가 거대한 소리를 내며 일어난 것입니다.

하루의 절반이 지났습니다.
캄바르의 아들 아이다르칸이 (마나스가 가로막은 곳에) 도착했습니다.
(아이다르칸은) 알타이 땅에 거주하고 있던 카자흐인 가운데
진정한 용사입니다.

힘센 장사 큐네케르가 벼락같은 소리를 울리며 당도했습니다.
나이만 사람 가운데 카라벡이 도착했습니다.
카라벡이 말했습니다. 〈쿠라르에서 온 자들이여! 이제 때가 되었다.
전쟁을 원한다면, 얼마든지 대적해주마!〉
날카로운 창의 끝을 서로 부딪치며
서로 머리가 닿을 정도로 가까이 선 채로
마흔 명의 용사들의 지도자 격인
열여섯 살의 젊은이가 앞으로 나왔다.
그의 이름은 콕초였다. 아이다르칸의 아들이었다.
사람들은 콕초를 알름세이트라고 불렀다.
그는 군사들보다 앞에 나가서 당당하게 섰다.
〈내가 사람들이 말하는 바로 그 콕초이다.
너희 모두를 다 죽일 필요는 없다.〉
〈누구든 일대일로 겨루기 원하는 자는 앞으로 나서라!〉
콕초는 일대일 싸움을 청하며 앞으로 나섰다.
누가 콕초를 상대로 나설지 결정되지 않은 가운데
크타이 군사들은
콕초를 응시하며 그 자리에 여전히 서 있었다.
콕초 뒤로
망굴인 용사인
우샹이라는 이름의 사내가 소리를 질렀다.
철갑으로 무장을 한 채
우샹은 거대한 소리를 지르며 앞으로 나왔다.
우샹 뒤로 우샹을 따라온 백오십 명의 사람이 있었다.
무슨 일을 하든 잘하는 우샹이었다.

길에 우묘트가 나타났다.
우묘트는 삼백 명 이상의 전사들을 이끌고 왔다.
그 옆에 나란히 자이산바이가 있었다.
자이산바이와 함께 온 전사의 수는 천오백 명이었다.
그들은 길머리를 막아서며 적들이 움직일 공간을 차단했다.
알타-샤아르 지역에서도 사람들이 왔다.
먼지 구름이 일면서 전사들이 속속 당도했다.
장시 쿠노스가 큰 소리를 내며
거칠게 말을 몰고 왔다.
팔천의 전사들이 모였다.
그리고 계속해서 전사들이 모여들었다.
전사들은 사방에서 (적들을) 에워쌌다.
아말-크이 산의 기슭에서
자신의 부친인 바이 자큽과 함께 살던
열세 살하고도 여섯 달의 나이를 먹고
언제나 바이 자큽을 잘 도와온
마나스는 (적이 도망칠 수 없도록) 길을 가로막았다.

(한편 적 진영에서는) 캄파스 시 출신이며
카라존 초원 출신이며
크타이와 칼믹인들이 사는 지역의 경계에서 산 적이 있는 장사가
소리를 쳤다. 〈네놈이 힘이 충분하지 못하다면
불행을 피해갈 수 없으리라!〉
일대일 싸움에 응한 (네스카라 진영) 장사의 이름은 당당이었습니다.
당당은 자신과 싸움을 한 사람들을 모두 물리친 적이 있습니다.

당당은 자신의 적토마를 타고 싸움준비를 한 뒤
마구에 묶은
쇠로 만든 화살통과 창 거치대를 툭툭 친 뒤
작들을 수없이 저승으로 보냈던
긴 창을 골라 손에 들고서
철퇴를 골라 손에 들고서
거대한 소리를 지르며
뒤도 돌아보지 않고서
싸움에 뛰어들었습니다.
이제 두 장사가 맞붙게 되었습니다.
장시 쿠노스도 앞으로 말을 몰아 나아갔습니다.
소리를 벽력같이 지르며 쿠노스가 나아갔습니다.
그의 모습을 본 사람은 모두 무서워서 벌벌 떨 정도였습니다.
자신의 창을 우뚝 세우고
채찍으로 말의 엉덩이를 힘껏 내리쳤습니다.
〈안장 높이에 맞춰서 가서
심장을 관통해버려야지〉라고 생각했습니다.
두 사람은 창을 부딪치며 싸움을 시작했습니다.
〈툭〉 창이 가슴팍의 철갑에 부딪히는 소리입니다.
〈착〉 창들이 부딪히며 금속성의 소리를 내었습니다.
두 장사가 한 치도 물러서지 않고 사력을 다해 싸웠습니다.
얼마나 엄청난 광경인지 보십시오.
창으로 상대를 제압할 수 없다는 것을 알게 된 두 장사는
철퇴를 사용해서 상대방을 공격했습니다.
철퇴가 상대를 향해 날아갔습니다.

둔탁한 소리를 내면서 상대에게 철퇴를 날렸습니다.
멀리에 있어도 소리가 들렸습니다.
금속성의 둔탁한 소리가
서로의 무기가 방패에 부딪히는 소리가 들렸습니다.
철퇴를 허리춤에서 힘껏 쥐고
무시무시한 소리를 지르면서
두 장사는 서로에게 철퇴를 휘둘렀습니다.
서로의 몸을 붙잡고 철퇴를 휘두르며
두 장사는 목숨을 건 혈투를 이어갔습니다.
타고 있는 말에서 땅으로 끌어 내리려고 힘을 쓰고
전력을 다해 상대방을 잡아당기면서
두 사람의 말 머리가 땅까지
닿을 듯 내려오곤 했습니다.
사악한 힘이 갑자기 들어온 듯
캄파스 출신의 장사는
불행한 장사인 쿠노스를
밀어 말에서 떨어질 듯 몸의 균형을 잃게 했습니다.
사람들은 숨을 죽이고 서서 이 광경을 지켜보았습니다.
당당은 쿠노스를 (철퇴로) 내리쳤습니다.
쿠노스는 말에서 땅으로 떨어졌습니다.
쿠노스는 숨을 거두었습니다. 철퇴에 맞아 몸이 부서져서 죽었습니다.
그가 스러진 자리에서 큰 모래 먼지가 일었습니다.
붉은 피가 솟아나와 땅을 흥건하게 적셨습니다.
바로 이 장소를 사람들이 기리기 위해
쿠노스가 죽은 곳이라 불렀습니다.

당당은 우쭐해져서 〈가장 힘이 센 자를 내가 죽였다.
이제 키르기스인들은 불행을 맞을 것이다.
내가 키르기스인 가운데 가장 용감한 녀석을 끝장냈다.
칼믹인들을 도탄에 빠뜨렸다.
이제야 잘 알겠느냐. 내 이름은 바로 당당이다.
자신의 죽음을 재촉하고 싶은 자들이 있다면
그 녀석들은 앞으로 나서보아라!〉라고 당당은 외쳤습니다.
당당은 큰 소리로 포효했습니다.

이런 당당의 모습을 보고 (참지 못한 채) 누군가 소리를 쳤습니다.
큰 소리가 났습니다. 〈아이다르칸, 아이다르칸〉
적을 향해 콕초가 달려나갔습니다.
〈오이보이! 내 아들아 아서라 멈추어라.
내 머리 위로 불행을 송두리째 올려놓을 셈이야!〉
큰 소리로 외치면서 아이다르칸이 콕초에게 달려갔습니다.
자신의 아들에게 큰 소리로 말했습니다.
(아이다르칸은 자신의 아들이) 당당에게 가지 못하도록 막았습니다.
미르자 콕초는 부친인 아이다르칸에게 말했습니다.
〈어찌하여 아버님께서 제 등 뒤에서 소리지르시며
앞으로 달려오시는 겁니까?〉라고 콕초가 물었습니다.
콕초는 자신의 말을 멈춰 세웠습니다.
일대일 싸움에 나서려는 아들의 길을
아이다르칸이 (바로 그 길을) 막아섰습니다.
〈네 온몸에 있는 근육이 아직 강건해지지 않았다.
아직 네게는 용사로서의 합당한 힘이 생기지 않았다.

네 심장은 아직도 돌처럼 단단해지지 않았다.
아직 네게 싸움에 나설 시간이 성숙하지 않았다.
내 아들아 멈추어라. 이 정도로 그만하여라.
저 녀석과 얽히지 말아라.〉
아이다르칸은 이렇게 말했습니다.
부친이 하는 말을 콕초가 들었습니다.
콕초는 생각에 잠겼습니다. 〈아버지가 하시는 말씀이 현명하다.
사실이 그러한지라. 나는 아버지의 말에 동의한다.〉
콕초는 한쪽 방향으로 몸을 돌리고, 자신의 전사들이 있는 곳을 향해
말을 몰아서 돌아갔습니다.
자신의 아들을 돌려보낸 다음
용사 아이다르칸 자신이 일대일 싸움터에 남았습니다.
자신이 타고 온 말의 안장을 단단히 다시 묶고
무기를 실은 통을 다시 단단히 고정한 뒤
(다시 말에 올라타고) 채찍으로 말을 내리친 뒤
두 손에 창을 단단히 들었습니다.
용맹한 당당은 공격할 준비를 갖춘 다음에
아이다르칸을 향해 말을 몰았습니다.
당당은 악의가 가득한 시선으로 아이다르칸을 노려보았습니다.
당당은 창으로 아이다르칸을 쓰러뜨리려고 냅다 찔렀습니다.
하지만 지혜로운 아이다르칸은
당당의 창을 자신의 창으로 내리쳤습니다.
당당의 창이 땅에 떨어져 나뒹굴었습니다.
흙먼지를 일으키며 땅에 떨어져 버렸습니다.
〈그 정도는 한다는 것이지. 이제는 내가 누구인지 잘 보여주마!〉

화가 머리끝까지 치민 거대한 덩치의 당당은
아이다르칸의 날카로운 창끝을
피하려는 자세를 취했습니다.
(자 보십시오) 우리의 용맹한 아이다르칸이 어떻게 싸우는지를
창으로 단 한 번 찔렀을 뿐입니다.
하지만 단 한 번으로 당당의 숨통을 끊어놓았습니다.
당당의 입에다 날카로운 창끝을 박아 넣었습니다.
그리고 창끝은 목을 뚫고서
당당의 뒷머리로 나왔습니다.

크타이의 군사들 가운데에서 또 한 명의
장사가 일대일 대결을 하러 앞에 나왔습니다. 이름은 쿄둥이었습니다.
쿄둥은 창을 들자마자
아이다르칸을 향해 질주했습니다.
쿄둥의 독기를 품은 공격에 맞서 싸우지 않고
캄바르의 아들 아이다르칸은
뒤로 돌아 후퇴를 했습니다.
이런 상황을 지켜본 뒤
자신의 애마인 아쿨라를 싸움에 나서도록 준비시키고
무시무시한 고함을 지르며 마나스가 자리를 박차고 달려나갔습니다.

마나스는 (일대일 대결의 오랜 전통에 따라 부친의 이름을 외쳤습니다)
〈바이 자큽!〉
(마나스는) 들고 있던 깃발을 땅에 꽂았고 깃발이 바람이 펄럭였습니다.
일대일 대결을 하려고 상대 앞으로 나아갔습니다.

(마나스는) 쿄동의 바로 앞까지 말을 달려 간 다음 (순간 동작으로)
마치 모자를 벗기듯이 쿄동을 쳐서 말에서 떨어뜨렸습니다.
(마나스는) 쿄동에게 창을 찔러 넣었습니다.

(쿄동이 죽자) 그의 뒤를 이어 크타이 진영에서
이름이 으랑쇼오라는 장사가 대결을 이어가려고 말을 타고 나왔습니다.
으랑쇼오는 창을 거머쥐고 (마나스를) 겨누었습니다.

(마나스의 승리를 지켜보던 키르기스인) 전사들은 일제히 환호했습니다.
〈와! 와! 와!〉
〈이 세상에서 가장 용맹한 용사는 다름 아닌 마나스이다!〉
(키르기스인) 전사들은 일제히 목소리를 높여 소리질렀습니다.

마나스는 서둘지 않고 으랑쇼오에게 다가갔습니다.
자신이 타고 있는 애마 아쿨라의 고삐를 틀어쥐고 아쿨라가 달리게 한
  다음
자신이 들고 있던 창으로 단 한 번 찌르기 동작을 했습니다.
그 순간 으랑쇼오는 파멸을 맞았습니다.
으랑쇼오는 부질없이 두 팔을 허공에 휘저었습니다.
그다음 머리를 모래 먼지 위로 떨구었습니다.
으랑쇼오의 머리통은 흙 속에 틀어박혔습니다.
(마나스가) 으랑쇼오의 몸을 관통한 창을 빼내자
창 굵기만큼 큰 구멍이 으랑쇼오의 몸에 생기며 피가 밖으로 뿜어 나왔습
  니다.
마나스의 창은 피로 흠뻑 젖었습니다.

크타이의 군사들은 이 광경을 보고서
완전히 이성과 판단력을 상실한 것처럼 보였습니다.

사람들이 샹무사르라고 부르는 용사가
이전에 단 한 번도 대결에 패배를 맛본 적 없는 무적의 크타이 용사가
이름이 샬탕이라는 준마를 타고 나왔습니다.
샬탕은 몸집이 아주 큰 말이었습니다.
샹무사르는 채찍으로 샬탕을 내리쳤습니다.
유연한 화살과 활을 두 손에 잡고서는
(마나스를 향해 겨냥한 뒤) 화살의 시위를 놓았습니다.
용맹한 마나스는 (화살이 날아오는데도) 샹무사르에게 달려갔습니다.
마나스가 샹무사르 근처까지 가는 사이에
시위를 떠난 화살은 마나스를 향해 날았습니다.
화살은 마나스의 머리 위를 스쳤습니다.
샹무사르가 (재장전을 위해) 손을 화살통에 내려놓는 순간
샹무사르가 화살통에서 화살을 꺼내려는 순간
샹무사르가 화살을 재장전하려는 순간
마나스는 샹무사르를 내리쳐서 그를 죽여 버렸습니다.
이런 마나스를 진정한 용사라 부르지 않는다면 과연 누가 용사라는 말입니까?
마나스는 말에서 훌쩍 뛰어내려 (머리통을 잃은) 샹무사르의 몸을 말에서 밀친 뒤
그의 준마인 샬탕의 고삐를 붙잡았습니다.
〈이 전투에서 저를 축복해 주십시오.〉라고 말한 뒤
마나스는 말을 바이 자큽에게 선물로 드렸습니다.

바이는 말을 기꺼이 받았습니다.
바이 자큽은 〈유일하신 신께서 너를 도울 것이다!〉라고 말했습니다.
바이 자큽은 마나스를 축복했습니다.
알타-샤아르에서 온 사람들은 이 광경을 목격한 뒤
큰 소리를 질렀습니다.

이 광경을 보면서 자신의 참을성을 모두 잃어버린
네스카라는 앞과 뒤를 가리지 않고서
자신의 준마인 차브다르를 채찍으로 내리치면서
마나스를 향해 달려왔습니다.
〈이제 네게 최후의 날이 왔다!
심판의 날이 왔다. 네 머리를 (자를 기회를)
내가 마침내 찾았구나.〉
마나스는 이렇게 소리를 친 뒤
아쿨라를 채찍으로 내리쳤습니다.
두 손에 창을 들고서
큰 소리를 지르며 (적을 향해) 달려들었습니다.
일대일 대결을 하던 두 용사 가운데 한 명이 호랑이로 변하자, 그와 대결
  하던
다른 용사는 울부짖는 용이 되었습니다.
목숨을 건 사투를 벌이던 한 용사가
표범으로 변해 (날카로운 이빨과 발톱을 들어) 위협을 하자
다른 용사는 포효하는 사자가 되었습니다.
하늘에는 네스카라가 요술을 부려 만들어 놓은 짐승들의 발자취가 난무
  하는 가운데
마나스는 적들을 맞아 늠름하게 싸웠습니다.

(네스카라가 변신한) 모든 무시무시한 짐승은
마나스를 사방에서 위협하며 공격을 지속했습니다.
바로 그때 마나스의 보호 신성이 용사의 모습으로 나타나 도움을 주었고
산들과 바위들은 마나스에게 우호적이었습니다.
마나스 자신은 결연한 모습으로
네스카라에 맞서 싸우며 어떤 경우에도 뒤로 물러서지 않았습니다.
마나스의 손에 걸리면 그 누구도 살아남을 수 없었습니다.
준마 아쿨라는 마나스를 태우고 든든하게 움직였습니다.
알프카라쿠슈는 마나스의 머리 위에서 마나스를 보호했습니다.
마나스 자신은 마치 분노하는 용처럼 적을 압도했습니다.
마나스가 적에게 달려들 때는
그 누가 마나스의 앞에서 창피해도 꼬리를 내리려 하지 대적할 생각을
 하겠습니까?
정녕 용기가 충분할까요
노예나 다름없는 네스카라에게 말입니다. 마나스에게 대적할 만한 용기
 가 있을까요?
네스카라는 채찍을 자신의 준마인 차브다르에게 내리쳤습니다.
수없이 많은 자신의 군사들 근처를 스치듯 지나치고
자신의 군사들이 서 있는 곳을 빙글빙글 돌면서 마나스를 피했습니다.
이제 드디어 우리의 마나스가 자신의 적토마 같은 아쿨라의 속도를 높이
 면서
자신의 흰색 창을 적에게 겨누며
사자 마나스 용사는
네스카라의 뒤를 쫓기 시작했습니다.
네스카라의 말은 잠시도 쉬지 않고서 달렸습니다.

네스카라의 말 차브다르의 가슴에는
여든 명의 샤이탄(악마)이 앉아 있었습니다.
(샤이탄의 도움을 받아) 차브다르는 마치 샤이탄과 같이 날았습니다.
육천이나 되는 네스카라 군사들의 주위를
마나스는 네스카라의 뒤를 쫓으며 여섯 번이나 돌았습니다.
마나스는 〈꼭 내가 네스카라를 잡을 것이다!〉라고 생각했습니다.
네스카라의 칠천 명이나 되는 군사들의 주위를
마나스는 네스카라의 뒤를 쫓으며 일곱 번이나 돌았습니다.
마나스는 네스카라를 뒤쫓으며 "내가 네스카라를 곧 따라잡을 것이다!〉
　　라고 생각했습니다.
황량한 거친 초원을 지나서
사람들 주위를 여러 차례 스치듯 지나치면서
네스카라는 자신의 군사들 사이를 다니며 (마나스를) 피하고
자신의 군사들 사이를 이리저리 말을 달려 가면서
자신의 준마인 차브다르에게 계속 채찍질을 했습니다.
아쿨라 위에 우뚝 앉아서
사자 마나스는 네스카라를 공격했습니다.
마나스의 두 눈은 불이 타듯 이글거렸습니다.
마나스는 마치 오리처럼 목을 앞으로 쭉 빼고 달렸습니다.
마나스는 쉬지 않고 네스카라를 추격했습니다.
구름떼처럼 많은 군사를 이끌던
네스카라는 당시에 겨우 나이가
열아홉 살이었습니다.
네스카라는 만구베 종족 출신의 크타이였습니다.
만구베 종족은 투르크 사람들에게 적이었습니다.

네스카라는 점점 지친 기색을 보이며 말했습니다.
네스카라가 도망치는 모습은 네스카라의 군사들을 비탄에 잠기게 했습
    니다.
〈나를 뒤쫓는 인물이 정녕 표범일 듯하구나.
걸리면 내가 갈기갈기 찢겨서 죽겠구나,
이제 내게 불행한 운명이 다가왔구나!〉
나를 추격하는 인물이 정녕 호랑이가 아니더냐?
이렇게 추격하는 사람을 어디에서도 그 언제도 본 바가 없다.
이제 내게 불행한 운명이 다가왔구나!〉
공포에 사로잡힌 네스카라의 두 눈에는 눈물이 가득 고였습니다.
네스카라는 (공포에 질려) 이렇게 말했습니다.
모든 처녀와 아이는
네스카라가 이전에 포로로 잡은 불행한 이들은
〈이제야 네스카라에게서 우리가 벗어날 수 있게 되었다!〉
라고 서로 속삭이듯 말하며 얼굴에 생기를 떠올렸습니다.
포로로 잡혀서 언제 죽을 운명인지 모르던 사람들은
청년 마나스에게 사랑의 마음을 갖고 감탄했습니다.
그들 가운데 어떤 여인들은
거의 목이 빠질 정도로 길게 목을 늘어뜨리고 (마나스를) 바라보았습니다.
이제 드디어 아쿨라를 탄 마나스가 네스카라를 거의 따라잡았습니다.
이제 날카로운 창으로 네스카라를 찌를 상황이 되었습니다.
네스카라는 갑자기 자신의 사람들에게 작별을 고했습니다.
네스카라는 소리를 질렀습니다. 〈내 백성들아 이제 이별이다!〉
네스카라는 채찍으로 자신의 말인 차브다르를 재촉했습니다.
(네스카라는) 카칸친 방향으로 달아나려고

마음속으로 작정했습니다.
아쿨라를 채근하면서
마나스는 네스카라를 따라잡았습니다.
〈이제 네스카라의 윗몸이 보인다.
이제 네스카라의 몸이 눈에 들어온다.〉
마나스는 이렇게 생각하며 창을 들어 네스카라를 내리쳤습니다.
준마 차브다르가 본능적으로 피하면서 네스카라는 공격에서 살아났습니다.
차브다르는 마치 자신의 주인을 내주지 않겠다는 듯이
네스카라를 태우고 몸을 흔들며
질주를 거듭했습니다.
네스카라를 향해 창끝을 겨냥하고서
마나스는 다시 창을 들어올렸습니다.
두 차례 내리치고, 세 차례 찔렀습니다.
네스카라의 두 다리에 힘이 빠진 듯했습니다.
〈이제 이별이다, 나의 백성들아!
나의 등뼈가 모두 부서진 것 같구나.
내가 어찌하여 이런 고통을 겪으려고
이곳으로 왔단 말인가?!〉 네스카라는 한탄했습니다.

(바로 이 순간) 차브다르는 마치 날아가는 총탄과 같이
전력을 다해 질주하기 시작했습니다.
창슈르 도시 출신의 장사는
마나스의 분노 앞에 더는 버티지 못하고
알말의 산맥을 향해
미로처럼 이어진 작은 오솔길을 타고

그 누구도 단 한 번도 들어가지 않은 산의 등성이로
암석들을 타고 뛰어올라 달아났습니다.
아직 완전한 전성시대를 맞지 못한
그래서 아직 연약한 부분이 남아있는
준마 아쿨라는
높은 곳으로 오를 때는 네스카라보다 느렸습니다.
하지만 네스카라의 준마 차브다르는
하늘 바로 아래 구름이 가득한 곳까지 (이르렀고)
지상의 수풀들이 닿을 수 없는 곳으로 나아가서
전력을 다해 날았습니다.
《(하늘이 아니라) 땅 속으로 꺼져서 달아난다 해도
혹여 베이징까지 달아난다 해도
켄-토오까지 달려가 (숨는다 해도)
나는 네스카라를 붙잡을 것이다.
네스카라가 죽든 내가 죽임을 당하든 둘 중 하나다.
그렇지 않으면 나는 (키르기스인들에게) 돌아갈 수 없다.)라고 마나스는
 생각했습니다.
마나스는 아쿨라를 다독이면서
산등성이에 차츰 다가갔습니다.

(바로 그때) 준마 투우추낙을 타고서
마나스의 부친인 바이 자큽이 마나스에게 말을 몰아 왔습니다.
〈말을 멈추어라, 내 아들아!〉 바이 자큽이 말했습니다.
바이 자큽은 마나스의 준마인 아쿨라의 고삐를 손으로 잡았습니다.
〈고삐를 놔 주십시오!〉 마나스는 강철과 같은 결연한 음성으로 말했습니다.

아들이 탄 말의 고삐를 잡아끌면서
바이 자큽은 자신의 전사들이 있는 곳으로 돌아왔습니다.

사람들이 모여들어 바이 자큽과 마나스를 빙 둘러쌌습니다.
(포로가 된 네스카라의 군사들은) 이제 피할 수 없는 불행을 맞게 되었소.
이들을 이곳으로 끌고 온 자는
다름 아닌 용사 네스카라요.
(네스카라의 부관인 용사) 바산쿨은 이미 저승으로 갔소
네스카라와 바산쿨의 용사들과 힘이 센 장사들은
모두 이곳으로 와서 불행한 운명을 만나
저 세상으로 이미 떠나버린 지 벌써 오래요
마나스에게 잔뜩 겁을 집어먹은
네스카라는 꽁지를 빼고 걸음아 날 살려라 달아나버렸소
여기에 남아있는 자는 모두 벌벌 떨면서
자신의 죄를 생각하며 벌을 받을 생각에 두려워하고 있소
용서를 구하며, 울면서 잘못을 빌고 있소
포로가 된 네스카라의 군사는 모두 한몸이 된 것처럼 애원하고 있소
이들 가운데에는 사백서른 명의 사르트 사람들이 있고
나머지는 크타이인들이거나 칼믹인들이라오

자큽은 이렇게 말한 뒤 〈이제 너희를 박해하지 않겠다.〉라고 덧붙였습니다.
(포로들은) 손을 머리 위에 올린 채
양떼와 같이 순순히 움직였습니다.
네스카라가 포로로 잡았던 사람은 모두 풀려났습니다.
우이슌과 우표트 그리고 자이산바이에게

마나스는 (바이 자킵이 한 말을) 추인한다고 말했습니다.
망굴인들은 자신들의 재산과 가축들을 확인하고서
모두 동시에 일어나 잃어버린 것들을 움켜잡았습니다.
망굴인은 다 같이 한목소리로 〈우리 재산은 이리떼가 다 가져간 것입니다〉
망굴인들은 (마나스 앞에) 조심스럽게 나아왔습니다.
망굴인들은 (마나스에게) 〈이 물건들을 가져가세요〉라고 조심스럽게 입
  을 열었습니다.
아이다르칸과 자킵 그리고 도곤의 발 아래
자신들이 빼앗겼다가 다시 찾은 재산들을 내려놓았습니다.

청년 마나스는 이를 보면서 입을 열었습니다.
〈망굴인들이여, 도대체 왜 이런 행동을 하십니까?
놀라서 제정신을 잃어버리기라도 한 것입니까?
우리가 이 재산들을 (적을 물리치고) 확보한 것은 맞습니다.
그러니 우리가 한목소리로 "자 이 재산들은 우리가 전쟁에서 적에게서
  확보했다"
그러니 우리가 이 재산들을 가져가자.
이렇게 하는 것이 정녕 올바른 행동이라는 말씀입니까?
망굴인 그대들이 고초를 겪고 모든 재산을 빼앗긴 것인데
불행에 처해서 신음한 사람들은 바로 망굴인 그대들입니다.
여기 (네스카라 군의) 총 중 제일 좋은 것을 망굴인들이 가져가세요.
그리고 혹여 더 필요하다면 우리가 가진 것들도 가져가세요.
그대들에게 말 구천 마리가 있었습니다.
(무엇을 가져가든 잃어버린) 재물을 보상할 만큼은 가져가십시오.

망굴인 여러분은 지난 사흘 동안 비탄에 잠겨 울었습니다.
이제 여러분의 웃음소리를 듣고 싶습니다.
우리가 모여서 함께 일을 도모하면
우리의 슬픔을 날려버릴 수 있습니다.

우리도 예전 (우리의 조상들처럼) 근심 걱정 없이 (고향에 돌아가) 살 수
　있습니다.
한쪽으로는 우치-아랄이 있습니다.
타르바가타이와 큰그르 지역이 있습니다.
알튼바이 지역에는 타르말-사즈가 있습니다.
아야교즈 지역에는 케르메-사즈가 있습니다.
다른 한쪽에는 카라-쿰 지역이 있습니다.
우리가 모여서 함께 적들을 맞아 싸우고
이곳에서 함께 살면 (안정과 평화를 지킬 수 있습니다.)
오르쿤과 마랄-케초 지역에서부터
그대들의 땅이 시작되도록 하면 됩니다.
한복판에는 안그르트가 있도록 하겠습니다.
카라-에밀과 카즈르트에는
여러 (부족이) 흩어져 살아도 좋습니다.
에센 한이 (오늘과 같은 사건이 벌어진 뒤에) 우리를 그냥 내버려 둘 리
　만무합니다.
에센 한은 우리를 인간으로 간주하지 않는 인물입니다.
에센 한은 헤아릴 수 없이 많은 크타이 사람을 장악하고 있어
다른 종족들은 숫자로는 에센 한을 당할 수 없습니다.
그래서 우리는 지금 준비를 해야 합니다.

만일 이 일이 신의 의지와 부합한다면
이제 박해를 받아온 이 땅에서, 크타이인에게서 벗어나
알트-샤아르로 가야 합니다.
종국에 가서는 우리가 여기에서 평화롭게 앉아있지 못할 것입니다.
(우리가 살 방법은) 그들에게 패배를 맛보게 하는 것입니다!〉
용맹스러운 마나스는 이렇게 말을 마쳤습니다.

마나스의 연설은 노인들의 마음을 심란하게 만들었습니다.
(오늘 마나스의 연설 장면에) 함께 있었던 모든 사람은
당황한 모습을 감출 수 없었습니다.
저녁이 찾아오면서 사람들은 피로감을 느꼈습니다.
이제 모두 흩어질 시간이 되었습니다.
네스카라를 따라온 군사들은 포로가 되어 풀이 죽은 채
마나스가 우리에게 어떤 처분을 내릴지 생각하고 있었습니다.
포로들은 절망을 느끼면서도 혹시나 하는 희망을 갖고 있었습니다.
포로 가운데 도적질을 먼저 시작한 자 가운데
눈물과 피도 없이 잔인하게 행동한 자 가운데
사람들을 비탄에 빠뜨리고 마구 해친 자 가운데
여인들과 처녀들에게 몹쓸 짓을 한 자 가운데
잔혹한 행위를 한 자 가운데
여든일곱 명을 색출하여
그들을 숨통을 모두 끊어놓았습니다.
그들의 의복과 말들을 빼앗아서
도적들에게 강탈을 당한 불행한 사람 모두에게
마나스는 골고루 나누어주었습니다.

빼앗을 재물을 나누어줄 때
모든 사람이 서로 다투지 않고 사이좋게 분배하도록
위엄을 갖춘 마나스가 감독했습니다.
포로가 된 네스카라의 군사 중 이제 육천삼백 명이 남았습니다.
이들의 의복과 무기들과 말들을
마나스는 모두 압수했습니다. 그리고 그들에게 말했습니다.
〈너희 모두를 다 살려 주마,
너희 모두를 육천삼백 명 모두를 살려주겠다.
너희 두목은 (너희를 버리고) 이미 도망쳤다.
너희 목숨을 살려두는 것이 조금이라도 고맙거든
너희 모두는 (내게) 미안한 마음을 갖도록 하라!〉
(여러분 모두) 이 포로들에게 더는 손대지 마시기 바랍니다.

자 이제 노략질을 당한 망굴 사람들에 대해
전해 오는 새로운 소식을 들어보시기 바랍니다.

(망굴 사람 가운데에서) 우이슌과 우묘트라고 불리는 사람들과
용맹스러운 우르와 자이산바이는
모두 한마음으로 다 함께
바이 자큡에게 가서 간청을 드렸습니다.
〈우리 모두 바이 자큡의 보호에 들어갈 수 있도록 받아주십시오.
우리 자신의 소중한 이름을 간직하면서
죽음에 이를 때까지 바이 자큡에게 충성을 다할 것입니다.
평화스럽게 우리의 친척들과 어울려 사는 것보다 더 가치 있는 것은 없기
  때문입니다.

제발 우리를 바이 자큡의 수하로 거두어 주십시오.
우리를 바이 자큡의 백성인 것으로 여겨주십시오.
그 누구라도 영원히 살 수는 없는 법입니다.
만약에 네스카라와 비슷한 악당이 나타난다면
어떤 힘센 용사라도 우리를 향해 달려온다면 우리를 평화롭게 놔두지 않을 것입니다.〉
장사 쿠노스의 손위 형인
자이산 쿨두르는 바이 자큡에게 다가오면서 이렇게 말했습니다.

차간(1월)이 돌아온 날
밝은 달이 비추는 차간이 돌아온 바로 그 날
쿨두르의 아내는 아이를 낳게 되었습니다.
칸가이 사람들과 망굴 사람들이 모두 모였습니다.
(사람들 모두 모여 토이를 하고) 아이 이름을 짓기 시작했습니다.
쿨두르는 사람들에게 아이의 탄생을 말하며 작명을 부탁했습니다.
자 어서들 (좋은) 이름을 말해주시오. 나이든 노인들이 말했습니다.
〈차간의 시기(1월이 돌아온 시기)에 사내아이가 태어났으니〉
그 사내아이의 이름을 차간 바이라 부르는 게 합당합니다.

(바로 이 사내아이인) 차간 바이가 아버지인 쿨두르 옆에 나란히 서 있습니다.
올해 차간 바이는 열네 살이 되었습니다.
쿨두르가 말합니다. 〈이름이 차간 바이인 내 아들이
마나스와 동무가 되기를 바랍니다.

(차간바이가 마나스와 동무가 되는 것은) 우리 두 민족이 하나가 되는
　징표입니다.
내 아들아, 내 유일무이한 독자인 내 아들아,
내게 가까이 다가오너라.
만약에 네가 (이 아비가 말한) 모든 말에 동의한다면 말이다〉

쿨두르가 말을 마치자마자
모든 사람이 다 함께 마지막 한 사람까지
말했습니다.〈쿨두르는 진심을 담아 말했다〉
모두 (기쁨에 들떠) 만족한 웃음보를 터뜨리고 서로 덕담을 주고받았습
　니다.

이곳에 모인 수없이 많은 군사는 여기서 논의가 오래 지속되었고
이미 밤의 어둠이 이슥하게 내리깔린 터라 다 함께 이곳에서 야영을 하기
　로 했습니다.
내일이 되어 아침의 여명이 밝아오게 되면
조금이라도 빛이 비치기 시작하기만 하면
여기 있는 사람은 모두 하나의 무리를 이루며
젊은이와 노인을 가리지 않고
모두 하나의 운명을 향해 함께 나아갈 것입니다.
사람들은 목소리를 높였습니다.〈이제 우리 모두 함께하고 함께 나아가자〉
알타이 사람들이 그 수는 많지 않았지만 이곳에 함께 있었습니다.
칸가이 사람들도 제법 많은 수가 이곳에 함께 있었습니다.
망굴 사람들은 대부분이 이곳에 함께 있었습니다.
망굴 사람들의 무적의 용사인 쿨두르가 함께 했습니다.

알친 사람들과 우이슌 사람들 역시 이곳에 머물러 있었습니다.
아르근 사람 가운데 카라코조가 이곳에 남아 있었습니다.
용사 아이다르칸 역시 이곳에 머물러 있었습니다.
노고이 사람 가운데에는 바이 자큽이 있었습니다.
노이구트 사람 가운데에는 아크발타가 있었습니다.
이 모든 사람이 앞으로 (운명을 함께 해 나가기로) 했습니다.

오르쿤 강 인근 지역의 땅을 그들이 갖고 있었지만
(오르쿤 강 인근 초원을 경계로) 그쪽 방면부터 이들과 영역을 맞대고
칼믹인들이 아주 많이 살고 있었습니다.
쿄케-나아르 호수는 칼믹인의 수중에 있었습니다.
구부 샤무 황무지 역시 그들의 수중에 있었습니다.
텡기스-나아르 호수 역시 그들의 수중에 있었습니다.
테크쉬-아르슈라고 불리는 황무지 역시 그들의 수중에 있었습니다.
가문비나무가 무성하게 자라는 골짜기 역시 그들 수중에 있었습니다.
칸구슈라고 불리는 도시도 그들의 수중에 있었습니다.
베이징이라 불리는 지명이 있었는데
지금까지 그 어떤 사람도 베이징을 정복해 본 적이 없었습니다.
그곳에는 사악한 종족인 크타이 사람들이 살고 있었습니다.
만일 바크부르춘이 힘센 사람이라고 생각한다면
카칸친은 사람들을 벌벌 떨게 하는 (크타이) 사람이었습니다.
(크타이 사람이 사는) 친-마친에는 부도덕한 사람이 가득했습니다.
켄툰이라 불리는 사악한 도시도 있습니다.
탕슈트라 불리는 도시도 있습니다.
그곳에는 (크타이 사람들이) 가득합니다.

카스판이라고 불리는 검은색 산도 있습니다.
사람들 말로는 그곳에 (크타이 사람들이 다른 곳에 비해) 제일 많다고
 합니다.
그리고 더 나아가면 거대한 바다가 나옵니다.
수없이 많은 사람이 그 거대한 바다에 대해서 듣기는 했으나
알타이 땅에 사는 사람 중에는 그 거대한 바다를 본 사람은 없습니다.
위에 언급한 모든 사람이 우리의 적입니다.
알타이 사람인 우리는 다른 이들에 비하면 가장 수가 적습니다.
이곳에서는 어디에 살든 우리를 (먹잇감으로 노리고) 공격할 수 있습니다.
만약 우리가 파멸하는 운명을 타고났다면
그렇다면 우리 모두 한꺼번에 한 구덩이에서 운명하기를 원합니다.
만약 우리가 서로 똘똘 뭉쳐서 죽지 않고 살아나게 된다면
같은 언덕에서 (사이좋게) 살면 좋겠습니다.
이런 언덕이 어디인지 들어본 적이 있습니까?
나이가 조금 더 든 사람이나 나이가 조금 연소한 사람이나 노인이나 모두
 함께〉 이렇게 살면 좋겠다고 말한 뒤
아직 어떻게 자신의 소원을 빌고 이를 마무리해야 하는지 모르는 사람들은
아직 성스러운 신앙을 알지 못하고 있는 사람들은
감격에 겨운 나머지 소리질렀습니다. 〈몬듀(하늘이여 도와주소서), 몬듀,
 몬듀!〉
그리고 머리 위로 두 손을 올리고서는
사람들은 하늘을 향해 기도했습니다.
사람들은 함께 살고 함께 죽기로 맹서를 하고
왔던 곳으로 다들 흩어져 갔습니다.
사람들은 〈이제 떠날 때가 되었다〉라고 말하며

젊은이들과 나이든 사람들이 길을 나서려고 무리를 지으며
〈마나스가 언젠가는 우리를 인도할 것이다〉라고 말했습니다.
사람들은 노소 구분 없이 길 떠나기 전 마나스에게 존경을 표했습니다.
사람들은 흩어져 갔습니다.
사람들은 자신의 집을 향해 길을 떠났습니다.
한곳에 모였던 전사들이 (임무를 마치고) 흩어져 갔습니다.
큰길을 따라 자신의 (집을 향해) 떠나갔습니다.

육천 명이나 되는 네스카라의 군사를
마나스는 해치지 않고 풀어주었습니다.
마나스가 군사들에게 말했습니다. 〈만약 그대들에게 집과 아내가 있다면
자신이 존경을 받는 바로 그곳으로 돌아가시오.
만약 그대들에게 아이들과 가정이 있다면
그대들이 기둥이 되어야 할 바로 그곳으로 돌아가시오.
만약 그대들에게 나이든 형과 나이 어린 동생들이 있다면
어서 가서 그들이 가는 길을 함께 하시오.
여러분이 여기 와서 본 것과 겪은 사실에 대해
그대들이 속한 사람들에게 상세히 이야기하시오.〉

마나스가 놓아준 네스카라의 군사들은
사방을 가득 메우며 흩어져 갔습니다.
얼마 전까지만 해도 (마나스를 적으로 여겼던) 군사들이 친구가 되었습
  니다.
이런 사람의 숫자가 육천 명이나 됩니다.

(자유를 찾은 군사들은) 네스카라와 함께 (마나스를 잡으러 온) 사실을
  후회하며
마나스의 적이 되었던 것을 뉘우쳤습니다.
군사들은 생각했습니다. 〈진정으로 좋은 사람들이다!
청년 마나스는 정녕 용감한 사람이다.
자기 앞에 놓인 죽음의 공포를 두려워하지 않고 용맹하게 맞서는 용사다.
마나스가 나쁜 사람이라고 말하는 사람들은
벌을 받아 마땅하다.〉 이런 생각을 가지고
(다시 살아난 것에) 안도한 군사들은 뿔뿔이 흩어져 갔습니다.

자 이제 또 어떤 일이 벌어지는지 한번 보십시오.
그 사건이 일어난 뒤로 여섯 달이 훌쩍 지났습니다.
마나스는 드디어 열네 살[227]이 되었습니다.
마나스는 열네 살이 되자
집에서 홀연히 떠나갔습니다.
우치-아랄 지역으로 자유로운 새처럼 떠나갔습니다.
우치-아랄 지역의 강들 사이에서
넓은 대지를 집으로 삼고 방랑하며
수없이 많은 마랄 사슴과 뿔 사슴을 보고서
이들과 함께 지내며
그곳에서 어떻게 지내는지 한번 보실까요?
청년 마나스가 황량한 초원에서 어떻게 지내는지를 말입니다.
마나스는 자기 친구들이 자유롭게 가고 싶은 곳에서 지내게 했습니다.

---

[227] 키르기스인들에게 14세는 성인을 뜻한다.

마나스는 자신의 친구들이 각기 원하는 일을 하도록 했습니다.
마나스 친구 중 사냥을 즐긴 이들은 발굽 있는 야생동물을 쫓았습니다.
마나스 친구들은 각자 원하는 곳으로 뿔뿔이 흩어져 가서 지냈습니다.
자신의 길을 따라 삶을 살았습니다.
용맹한 마나스는
에실 지역에서 준마를 타고서 일어났습니다.
마나스는 (준마 위에 올라) 사방을 바라보았습니다.
에밀 땅의 사르-수 강 연안에
마나스는 (눈 깜짝할 순간에 말을 달려) 도착했습니다.
마나스는 사르-수 강 연안에 자신이 기르는 새와 개를 풀어놓았습니다.
마나스가 일곱 명의 친구와 함께 사르-수 강 연안에 왔을 때는
집을 떠난 지 벌써 열하루가 훌쩍 지났습니다.

(바이 자큽이 있는 마을에서는) 아무도 마나스를 보았다는 사람이 없었 습니다.
그 누구도 마나스에 대한 소식을 들었다는 사람이 없었습니다.
바이 자큽의 아들은 어디론가 흔적도 없이 사라진 것이었습니다.
바이 자큽은 크게 걱정이 되었습니다.
〈내가 오늘 직접 초원에 나가봐야 할 것 같아
우츠-아랄 지역으로 가는 길도 한번 살펴보고.
나의 아이가 어째서 아무 소식도 없이 사라졌을까?
도대체 무슨 일이 내 아이에게 생겨난 것일까?
내 아이가 사라진 뒤 벌써 열하루나 지났는데
도대체 나의 마나스에게 무슨 일이 생긴 것일까?
우리가 사는 곳은 사방팔방 모두 적대적인 사람들로 둘러싸여 있는데

우리 주위에는 우리에게 우호적인 사람들이 거의 없어…
혹여 마나스가 먼 길에 나선 것은 아닐까?
혹여 마나스가 알라-콜을 향해 먼 길을 나선 것은 아닐까?
아직 세상을 보는 눈이 다 여물지 않았는데
혹여 바다를 향해 마나스가 길을 나선 것은 아닐까?
사람들 가운데 혹시라도 마나스를 본 사람은 없을까?
사람들 가운데 우연히라도 마나스를 길에서 본 사람은 없을까?
어째서 마나스는 이리 오랫동안 기별도 없이 혼자 있는가?
어쩌면 내가 모르는 장소들이 우리 초원 어디엔가 있는 것은 아닐까?〉
바이 자큡은 즉시 애마 투우추낙에 몸을 실었습니다.
바이 자큡은 제일 빠른 길을 선택해서 말을 달렸습니다.
바이 자큡은 생각했습니다.〈도대체 어디에 있을까? 나의 희망이?〉
바이 자큡은 (마음이 급해져 머리를 쑥 내밀고) 먼 곳을 살폈습니다.
하지만 자신의 아들 모습을 발견할 수 없었습니다.
바리 자큡에게는 큰 슬픔이 몰려왔습니다.
바이 자큡은 점차 자신이 살던 아일에서 멀어졌습니다.
말이 지치지 않고 달릴 만한 거리를 이미 지났습니다.
말 잔등에는 온통 땀이 올랐습니다.
수없이 많은 언덕을 오르고 또 올랐습니다.
날이 퍼렇게 선 칼을 차고서
허리춤에는 비상용의 반월형 검을 단단히 묶었습니다.
손에는 창을 단단히 쥐고서
어깨 뒤로는 소총을 둘렀습니다.

자신감이 가득한

열한 명의 사람이 어디서인가 불현듯 모습을 나타내었습니다.
그들은 바이 자큽에게로 말을 몰아 다가왔습니다.
말 탄 청년 열한 명은 바이 자큽 주위를 에워싸고 말했습니다.

〈마나스에게는 자큽이라는 아비가 있다. 자큽 노인이라고 부른다는데
그 자큽에게는 가축 떼가 많다고 들었다.
바이 자큽의 아들인
마나스를 너는 알고 있느냐?
우리는 여기서 (마나스를 찾아서 붙잡지 못하면) 떠나지 않을 것이다.
영감은 보아하니 평생 좋은 것을 많이 먹어서 배가 불룩 튀어나왔구려.
영감의 이름은 무엇인가?〉

물음을 듣고 정신을 차린 자큽이 대답했습니다.
무슨 말을 할지 망설이면서 큰 소리로 말했습니다.
〈그런데 그대들의 이름은 무엇입니까?
아버지 쪽으로 그대들의 종족은 어떻게 부릅니까?
어머니 쪽으로 그대들의 종족은 어떻게 부릅니까?
그대들은 어느 종족에 속하는 사람들입니까?
이곳에서는 무엇을 하고 있습니까?
그대들이 자큽에 대해 알고 있는 것 같은데
그리고 자큽의 아들인 마나스에 대해서도 알고 있는 것 같은데
자큽과 마나스를 왜 찾으려 하시는 것입니까?〉
바이 자큽은 조금도 흐트러지지 않고 이렇게 말을 하고서는
아무렇지도 않다는 표정으로 제자리를 지키고 섰습니다.

〈엉뚱한 소리 하지 말고, 네 이름부터 어서 말해라!〉
열한 명의 사내는 성을 내면서 더 집요하게 물었습니다.

자쿱은 꾀를 내어서 자신의 이름을 아무렇게나 둘러댔습니다.
자쿱은 대답했습니다. 〈사람들은 나를 베르지케라고 부릅니다.
그대들에게 진실을 감출 이유가 전혀 없습니다. 다 말씀드리겠습니다.
나의 조상은 키르기스에서 온 사람들입니다.
내가 사는 땅은 알타이라고 하는 곳입니다.
나는 투르크에 속하고 우리 마을은 그다지 크지 않습니다.
자쿱의 아들인 마나스는 열네 살 된 소년입니다.
마나스의 아비인 자쿱은 내게 원수나 다름이 없습니다.
내게는 아무런 상관도 없습니다.
그대들이 자쿱의 아들 마나스를 꽁꽁 묶어서 끌고 가시든
아니면 그대들이 자쿱의 아들 마나스를 죽여 버리시든.
제발 이름이 자쿱이라는 자를
어서 잡아가시기 바랍니다.
나의 아이들과 다름없어 보이는 여러분. 뭐든 물어보십시오.〉
바이 자쿱은 열심히 말했습니다.

열한 명 모두 바이 자쿱의 말을 듣고 그를 신뢰했습니다.
〈이 거친 광야에서 혼자 다니다니 이상하구나
만약에 자쿱이 네게 원수라면
우리에게 길을 가르쳐다오. 자쿱이 사는 아일로 가는 길을 말이다.
네가 직접 우리를 자쿱이 사는 아일로 안내하여라.
우리가 자쿱을 어떻게 하는지는

우리와 함께 가서 네 두 눈으로 똑똑히 보아라〉
열한 명의 사람들은 제자리에 서서 이렇게 말했습니다.

다시 자큽이 그들에게 말했습니다.
〈여러분은 자큽이 사는 곳에서 그다지 멀리 있지 않습니다.
그냥 가셔도 될 텐데 공연히 늙은이를 붙잡고
자큽과 그의 백성들이 어디에 사는지를
대라고 말씀하시며, 윽박지르듯 길을 안내하라 하시니...〉

자큽이 말을 채 마치기도 전에 열한 명은 소리를 질렀습니다. 〈그쪽으로
 안내하여라.
더 떠들지 말고
길이 어디 있느냐? 우리를 안내해라!〉
열한 명의 낯선 사내들은 벌컥 화를 냈습니다.

바이 자큽은 완전히 어찌할 바를 모르게 되었습니다.
(그 가운데에서도 침착함을 되찾으며) 바이 자큽이 설명을 했습니다.
〈용감하신 분들이시어! - 바이 자큽이 말했습니다. -
타르바가타이 언덕이 바로 앞에 펼쳐져 있습니다.
이름이 자큽이라는 영감에게 가려면
여가서 이쪽으로 나가셔서
이틀 정도 말을 타고 가시면
이름이 테레크츄인 동네에 이르시게 됩니다.
겨울철이 다가오면 자큽은 그 근처에서 유목을 하곤 합니다.
그곳에 자큽의 겨울 유목지가 있기 때문입니다.

이 늙은이에게 그쪽으로 안내하라고 하지는 말아 주십시오.
제 말을 잘 듣고 가시면 쉽게 찾을 수 있습니다.
그리고 마나스라는 자를 만나게 되면 어떻게 하실 작정이신지
제게도 진실을 좀 알려 주십시오〉
나이가 훌쩍 더 들어 보이는 자큡은 쉬지 않고 계속 물어보았습니다.
바이 자큡은 그들에게서 무엇이라도 더 알아내고 싶었습니다.

그러자 열한 명이 목소리를 높여 말했습니다.
〈이런 수다쟁이 같으니라고!〉
이 일이 쉽지는 않을 것이라고 이미 듣고 왔다.
하지만 이곳에 이미 왔으니
마나스를 붙잡지 않고서는 이곳에서 떠나지 않을 것이다.
(마나스를 우리에게 넘겨주지 않으면) 알타이 땅에 사는 사람들은
절대로 분쟁과 전쟁의 고통에서 벗어날 수 없다.
우리 가운데 한 명은 쿠물 출신이다.
이제 쿠물이 어떤 곳인지 너도 똑똑히 알아야 할 것이다.
우리 가운데 한 명은 캄블 출신이다.
캄블 출신과 대결을 한다면 납작한 빵처럼 되고 말 것이다.
우리 가운데 한 명은 마르라고 불리는 도시 출신이다.
우리는 보름 동안이나 길을 따라 여행하며 이곳으로 왔다.
우리 지배자의 분노가 하늘에 닿아서 우리가 온 것이다.
우리가 온 곳이 어디냐고 물으면
우리 가운데 한 사람은 타를란 땅 출신이라고 말해주마.
우리는 모두 크타이 사람들이다. 탈쿠 민족이다.
이쪽으로 가면 힌디스탄의 국경이 나온다.

우리가 사는 땅의 이름은 콩구이다.
우리는 크타이 사람들이다. 당슈 민족이다.
또 다른 한 사람이 어디 출신이냐고 물으면
그는 코톤 강 인근에 사는 사람이라고 답하겠다.
탕슈라고 불리는 호수 근처에서
그의 종족을 달바라 부른다.
또 한 사람은 어디에서 왔냐고 묻는다면
바로 그곳, 강들과 샘물들이 있는 그곳
특히 물이 많은 그곳에서 왔다.
그곳의 이름은 데르켄이다.
그 어떤 적이라도 그와 대적해 싸워 이긴 적이 없다.
그는 어떤 적이라도 집어던져 버린다.
그들 가운데 대장은 바크부르춘이다.
카칸친이 그들의 칸이다.
우리 모두를 잘 보아야 할 것이다.
우리가 이곳으로 온 이후
여섯 해가 지났다.
하지만 우리에게는 어떤 소식도 없다.
소년 마나스에 대해 말하지만
마나스가 어디에 있는지도 본 적이 없다.
우리는 마나스를 찾고 있다.
이것이 우리에 대한 이야기의 전부다. 알아들었나? 영감〉

이 이야기를 다 듣고서
바이 자쿱은 두려움에 몸서리를 쳤습니다.

〈이제 충분합니다. 내 자식과 같은 여러분. 우리 집에는 양이 있습니다. 늑대들이 양들을 물어간다는 생각이

언제나 내 머릿속에서 떠나지 않습니다.

내 자식 같은 여러분. 내게 소가 남아있으니 이제 돌보러 가겠습니다.

여러분이 여러 지배자께서 보내신 사신이란 것을 이제야 깨닫습니다.

여러분의 모습은 무시무시함 그 자체입니다.

내게 말들과 낙타들이 있습니다.

이제 그 말들과 낙타들을 모으러 가야 합니다.

그러니 자큽이라는 자의 마을까지

여러분을 인도해서 갈 시간이 없습니다.

여러분 스스로 길을 찾아가실 수 있습니다.

저 앞에 있는 것들이 보이지 않습니까?

높은 산이 보이지 않습니까? 바로 이 산의 정상으로 가면 모든 것이 명확
 합니다.〉

바이 자큽은 이렇게 말을 마쳤습니다.

바이 자큽은 그 길로 열한 명의 사내를 떠나보냈습니다.

〈이제 나의 아들은 어떻게 되는 것일까?〉

바이 자큽은 한탄을 하며 고뇌에 잠겼습니다.

바크도요로트가

아들을 낳아준 뒤

두 달 하고도 절반이 지났습니다.

〈정녕 적들이 마나스를 붙잡게 될 것인가? - 바이 자큽은 생각에 잠겼습
 니다. -

정년 바크도요로트가 낳은 나의 아들이

해를 입지 않고 우리 집에 계속 머물게 될 수 있을까?〉

아들이 태어난 것을 축하하는 잔치 토이에서

바이 자큽은 가축을 많이 잡았습니다.

아들의 이름을 아브케라 했습니다.

〈정말 아직은 작은 아이거든… - 자큽이 생각했습니다. -

아직 싸움에 나서기에는 강하지 못해

내 아들은 여전히 요람에 있는 상황인데

내 아들이 정녕 나의 기둥이 될 수 있을까?

베이징 사람들이 공격을 해오게 되면

나의 기둥인 마나스를

해칠 것이 자명한 일인데… 죽이려고 할 것인데,

아직 너무나 어린 아이여서

아직은 어린 마나스에게 (키르기스인을 이끌라는) 짐을 지게 하기가 너무 이른데,

나의 유일한 희망 나의 마나스!

카칸의 한이 오게 되면

마나스에 대한 원한을 다 풀 때까지 마나스를 그냥 두지 않을 것인데,

내게 있는 작은 초원을 적들이 그냥 내버려 두지 않을 것인데,

내게 있는 적은 가축 떼를 적들이 그냥 내버려 두지 않을 것인데,

이제 나의 아들 마나스의 안위에 대해 끊임없이 걱정을 하게 되었구나.

투르키스탄[228] 지역으로 (거처를 옮겨) 가는 것이 더 현명한 일 아닐까?

---

[228] 구 러시아 제국 시절인 19세기에서 20세기 초 중앙아시아의 우즈베키스탄, 키르기

멀리 이주하는 것으로 나의 유일무이한 아들의 생명을
내가 보존할 수 있지 않겠는가?

바이 자큽은 투우추낙에 몸을 날려 올라타고서
속보로 말을 몰아 마을로 돌아가서는 자신의 유르타[229] 안으로 들어갔습니다.

바이 자큽이 설명하는 상황을 모두 듣고 나서
바이 비체는 눈물을 흘렸습니다.

(바이 자큽은) 아일에서 장로 역할을 하는 아크발타에게 비상상황을 알리고
자신에게 충고를 해주는 베르지케에게 문제가 생겼다고 말했습니다.
대략 백 가구 정도가 거주하는 아일의 가가호호를
바이 자큽이 방문하면서 사람들을 불러 모았습니다.
아일에 거주하는 사람들을 모두 청했습니다.
바이 자큽은 마을 사람 모두를 자신에게 오도록 부탁했습니다.

(마을 사람들이 다 모인 뒤) 바이 자큽은 말문을 열었습니다.
〈붉은색 깃털을 머리에 꽂고 그 수가 헤아릴 수 없을 정도로 많은

스스탄, 타지키스탄, 투르크메니스탄 지역을 동 투르키스탄이라 불렀다. 신장위구르와 타클라마칸 사막 지역을 동 투르키스탄이라 불렀다. 서투르키스탄에 속한 4개국과 카자흐스탄 등 5개국을 좁은 의미의 중앙아시아(Soviet Central Asia)라 부른다.
[229] 중앙아시아 유목민 주택

크타이 사람들이 우리에 대한 소식을 들었나 봅니다.
크타이 사람들은 "자큽을 붙잡아다 해치워 버릴 것이다"라고 말하면서
자큽에게 화를 주고 복수를 할 결심을 했습니다.
검은색 깃털을 머리에 꽂고 그 수가 헤아릴 수 없을 정도로 많은
칼믹 사람들이 우리에 대한 소식을 들었나 봅니다.
자큽을 혼내주자고 악의를 드러내며
공격할 태세를 갖추고 (칼믹 사람들이) 다가오고 있습니다.
이제 우리는 어떻게 이 문제에 대비할 수 있겠습니까?

(크타이와 칼믹 사람들이) 노리는 것은 결국 소년 마나스인데,
(우리가 꾀를 내어) 아무 아이나 하나 그들에게 내어주고 그 아이가 마나
   스라 하면 어떻겠습니까?
누구든 (아이를 내어준 대가로) 가축 떼를 원하면
자신의 아이를 내어주고 (가축을 상으로 받은 뒤) 그 아이가 마나스다라
   하면 될 듯합니다만…
누구든 (아이를 하나 내주고) 큰 재물을 받길 원하시는 분이 있습니까?
어떤 이에게는 자식이 한 명밖에 없고
어떤 이에게는 자식이 다섯 명이나 있으니
어떤 이에게는 덩치가 큰 자식 한 명밖에 없고
어떤 이에게는 자식이 열 명이나 있지 않습니까.
어떤 아이든 골라서 그 아이를 마나스라고 부르고
그 아이를 (크타이와 칼믹 사람들에게) 내어주면 어떻겠습니까?
신께서 우리에게 시험을 내리시고
우리를 시험에 들게 하셨습니다.
지금의 어려운 상황을

어떻게든 이겨나가야 하지 않겠습니까?
다행히도 바이 자큽에게는 가축 떼가 많으니
마나스를 위해 (일부를 희생해서)
(아이를 내놓는 분께) 드리면 어떻겠습니까?〉

바이 자큽이 이런 제안을 하면서 말을 마치자
그곳에 앉아있던 사람은 모두
말문이 막혀 아무 말도 하지 못했습니다.
모두 힘든 마음의 갈등을 겪었습니다.

그러자 한 바이가 일어나서 말했습니다.
〈바이 비체와 바이 자큽의 (심정을 잘 이해합니다)
하지만 그런 말을 하지는 마십시오! 현명한 방안이 아닙니다!
어린아이를 한 명 사서 그 아이를 마나스라 하고
그 아이를 적에게 죽도록 넘겨주는 것은 우리로서는 할 수 없는 일입니다.
두 분 가운데 한 분은 여성이시고 (바이 비체)
두 분 가운데 한 분은 이제 나이가 든 노인입니다. (바이 자큽)
(지혜가 부족한) 제가 보기에도
두 분 모두 (감정에 순간적으로 휩쓸려) 잘못하시는 것입니다.
누가 가축 떼를 받자고 자신의 자식을 내어준다는 말입니까?
자신의 아이를 (팔아서) 재화를 얻고자 하는 사람이 우리 가운데 있다는
　　말입니까?
누가 자신의 새끼 낙타를 가축 떼와 바꾸려고 내준단 말씀입니까?
이런 짐승보다 못한 말을 하는 것을(수치로 여겨야 합니다).
바이 자큽이 제안하는 말에 동의하는 사람이 어디에 있겠습니까?

츨란에서 이곳까지 길이 쭉 뻗어 (적이 언제라도 달려온다고 합니까?)
여기에 (적들의) 군사가 (서서 위협이라도 하고 있단) 말씀입니까?
도대체 지금 누가 우리를 포위해서 위협하고 있단 말씀입니까?
쿠물에서 이곳까지 반듯한 길이 있다는 말씀입니까?
여기에 벌써 (적들의) 군사가 당도해서
우리를 포위하고 우리를 불행으로 밀어 넣고 있다는 말씀입니까?
바이 자큽은 도대체 무슨 뜻으로 그런 제안을 하셨습니까?
바이 자큽은 자신이 무슨 말을 하는지 스스로 이해하지 못한다는 말씀인
  가요?
육천오백 명이나 되는 (적들의) 군대가 우리를 공격해왔었습니다.
수를 헤아릴 수 없을 정도로 많은 적이 밀려왔었습니다.
네스카라라는 용맹한 인물이 대장이 되어 이곳에 왔었습니다.
수없이 많은 사람이 여러 곳에서 (우리를 해치려고) 여기 왔었습니다.
바로 바이 자큽 눈앞에서 마나스가 그들을 모두 격멸했습니다!
(그것을 모두가 다 아는데) 바이 자큽은 정말 이해가 되지 않는 일을 하고
  있습니다.
바이 자큽이 스스로 정신줄을 놓은 것 같이 보입니다.
바로 바이 자큽 눈앞에서 마나스가 모든 적을 불행에 빠뜨렸습니다.
(그것을 모두가 다 아는데) 어찌하여 바이 자큽은 아무런 보호자가 없는
  불행한 사람처럼
아무 까닭도 없이 비탄에 잠겨 (이상한 제안을) 하는지 모르겠습니다.〉
바이는 바이 자큽의 제안에 반대했습니다.

(이번에는) 바이 비체가 두 눈에 눈물을 가득 담은 채 말했습니다.
〈나는 유일무이한 독자를 낳았습니다.

모든 사람이 내 아들을 둘러싸고 분란을 일으키고 있습니다.
내 아들 때문에 장차 어떤 (불행한) 일이 생길지 저어됩니다.
힘으로 나의 유일무이한 독자를 해치려 하고 있습니다.
온 세상이 나의 유일무이한 독자를 잡으려고 하고 있습니다.
내 유일무이한 독자 때문에 생기는 이 고통이 언제나 사라지겠습니까?〉
바이 비체는 이렇게 말을 한 뒤
입을 다물었습니다.

자 이제 바이 비체는 이곳에 잠시 남겨두고서
마나스에 대한 소식을 한번 들어보십시다.

마나스는 우츠-아랄 지역으로 간 뒤
초원에서 열하루 밤을 지새웠습니다.
문득 자신의 친구들을 마음속에 떠올리고는
용맹한 마나스는 (친구들을 찾아서) 길을 떠났습니다.
마나스는 주위를 둘러보기도 하고
사방팔방을 주의 깊게 살펴보았습니다.
탈디-수라 불리는 산악 계곡에서
마나스는 자신의 친구들을 발견했습니다.
여섯 마리 늑대와 열 마리 여우의 털가죽을 덮어쓴 사람들이
마나스의 친구들이었습니다.
마랄 사슴 두 마리와 산양 세 마리를
마나스의 친구들이 쏘아서 잡았던 것입니다.
마나스의 친구들은 이곳에서 여섯 밤을 함께 보내고
일곱 번째 동녘이 밝아오자 말에 안장을 얹었습니다.

마나스의 친구들 역시 마나스를 찾아서 길을 떠났던 것입니다.
마나스의 친구들이 생각했습니다. 〈어디서 방랑하는 마나스를 찾을 수
  있을까?
꾀 많은 마나스가 어디로 가버린 것일까?
혹시라도 길을 잃고 헤매지나 않을까?
어쩌면 (마나스 혼자) 아일로 돌아갔을지도 모른다.〉

마나스의 친구들은 다 같이 마나스를 찾아보기로 했습니다.
〈우리가 모든 집을 하나하나 뒤질 수가 없으니
저기 계곡이 훤히 다 내려다보이는
높은 지형으로 올라가서
주위를 살펴보는 게 좋겠다.〉
마나스의 여섯 명의 친구는 이렇게 말을 한 뒤
채찍으로 자신들의 말을 재촉하며 언덕을 올랐습니다.
언덕의 능선 위로 올라가서는 주위를 둘러보았습니다.
주위에는 거대한 강이 흐르고 있었습니다.
그곳의 지명은 쿠르부쿰이라 불렸습니다.
강가에는 산양들이 아주 많았습니다.
강가에는 자작나무와 버드나무 그리고 포플러 나무가 무성하게 자라고
  있었습니다.
야생동물이 강가에 많이 몰려들었습니다.
젊은 마나스는 (그곳에) 서서 주위를 살펴보고 있었습니다.
마나스는 놀라서 (친구들 쪽을) 바라보았습니다.
자신의 친구들이 (언덕 위에) 있었습니다.
마나스의 친구들은 (언덕을 내려가) 숲을 지나서 불쑥 나타났습니다.

마나스는 생각했습니다. 〈바로 여기서 내 친구들이 말을 달리고 있구나!〉
휘파람 소리를 내어 자신의 준마 아쿨라를 부르고
마나스는 친구들에게로 달음질해 가려 했습니다.
하지만 웬일인지 아쿨라는 (벌벌 떨며) 발자국을 좀처럼 떼어놓지 못했
 습니다.
아쿨라는 무엇인가를 보고 놀라서 앞으로 나갈 생각을 하지 않았습니다.
마나스가 생각했습니다. 〈이 녀석이 무엇을 보고 놀란 것일까?〉
앞에 무엇이 있는지
마나스는 유심히 살펴보았습니다.
(앞에는 괴물이 있었습니다) 꼬리를 하늘로 말아 올리고서
가슴팍이 넓었으며
눈에서는 불꽃이 타오르는 듯했고
목소리는 귀를 먹게 할 만큼 컸고
붉은 회색 빛깔의 털이 온몸을 감싸고 있고
머리통은 거대한 가마솥만큼이나 크고
머리카락은 마치 종마의 꼬리 말총처럼 곧게 선
괴물이 문기둥처럼 미동도 없이 앞에 버티고 서 있었습니다.
그의 가슴에 난 털들이 부딪히면서 휘파람 소리를 내었습니다.
망나니처럼 생긴 이 괴물은
뒷모습을 보면 완전한 벌거숭이 형상이었습니다.
송곳니가 입술 밖으로 삐죽 튀어나와 있었습니다.
그의 목덜미는 거대한 나뭇등걸처럼 컸습니다.
그의 송곳니를 자세하게 들여다보면
송곳니가 마치 날카로운 칼과 금속으로 된 검과 같이 보였습니다.
그의 옆구리에는 태어날 때부터 반점이 있었습니다.

굵은 그의 뒷목 너머로
마치 말의 갈기와 같은 긴 머리카락이 늘어뜨려져 있었습니다.
괴물의 키나 몸집은 거대한 황소 같았습니다.
이 괴물은 마치 인간처럼 걸음을 옮겼습니다.
양쪽 옆구리에는 날개가 돋아 있었습니다.
그의 꼬리는 (날카로운) 검과 같았습니다.
그는 이 세상에서 한 번도 본 적이 없을 정도로 신기하게 생겼습니다.
그가 속보로 걸으면 마치 바람처럼 나는 듯했습니다.
그에게는 날카롭고 단단한 발톱이 있었습니다.
입은 흉측하고 거대했습니다.
땅에서 걸음을 옮길 때마다 그의 동작은 짐승과 같았습니다.
그의 두 엉덩짝을 보면
위로 찰싹 올라붙은 거대한 보르조이[230] 종의 개와 같았습니다.
그의 머리통 위로는 뿔이 불쑥 솟아 있었습니다.
누구라도 그의 뿔을 보면 창으로 착각할 정도로 날카롭습니다.
그 괴물은 마나스와 얽힌 일이 전혀 없는데도
어디선가 불쑥 (마나스 앞에) 나타났습니다.
〈도대체 이 괴물의 정체가 무엇인가?〉 이렇게 생각하며
마나스는 그 괴물을 뚫어져라 쳐다보았습니다.
괴물은 언덕 위로 올라가서
단 한 번 외쳤습니다.
그 소리는
닷새 정도 말을 타야 하는 거리에서도 들릴 정도였습니다.

---

[230] 러시아산 사냥개

산양 칠백열네 마리가

모두 한꺼번에 (소리에 놀라) 뻗어버렸습니다.

산양은 모두 죽은 듯 땅에 엎드려 있었습니다.

마나스는 산양들이 쓰러지는 것을 직접 목격했습니다.

마나스는 생각했습니다.〈저 괴물에게 총을 쏘아야겠다!

그렇지 않으면 더 나쁜 일들이 벌어질 것이다.〉

마나스는 자신의 어깨 뒤로 넘겨 걸고 있던 소총 아켈테를 꺼냈습니다.

아켈테는 가까운 곳이나 먼 곳을 가리지 않고 언제나 실수 없이 목표물에 명중하는 명품입니다.

먼 곳과 가까운 곳을 가늠해서 조준할 필요도 없습니다.

총신이 긴 격발장치에 불을 붙이기만 하면

이 소총은 이스파한[231]에서 만든 것입니다. 소총에서 나오는 연기는 마치 안개 같습니다.

소총의 가늠쇠는 무시무시하게 생겼고, 총알은 발사되면 죽음이었습니다.

평화롭게 어깨에 걸쳐져 있을 때는 소총은 아켈테입니다.

하지만 소총이 분노하게 되면 코이차기르[232]가 됩니다.

만약에 신중하게 소총을 겨냥해서 발사하게 되면

우리의 망나니 같은 괴물은 샤이메르덴[233]의 보호조차 받을 수 없는 운명이 됩니다.

(마나스는) 자신의 소총을 두 손에 잡았습니다.

---

[231] 이란의 도시. 중세 시대, 중앙아시아와 카자흐스탄에서 이스파한은 양질의 무기를 제조하는 곳으로 명성을 떨쳤다.
[232] 중앙아시아 지역에서 두려움의 상징으로 소문이 났던 무기
[233] 중동과 중앙아시아 지역의 동화에 등장하는 수호신

마나스는 푸른색 도화선에 불을 붙였습니다.
마나스는 생각했습니다. 〈신께서 이제 도울 것이다!
너무나 명백하게 보이는 목표물이라서
(신께서 도우신다면) 실수 없이 날아가서 명중할 것이다.〉
마나스는 아켈테를 발사했습니다.
회청색의 연기가 (총구에서) 일어나서
하늘을 향해 솟구쳤습니다.
길이가 육 아르칸[234] 정도인 괴물의 몸통이
하늘까지 튀어올랐다가
마나스의 머리 위로 순식간에 떨어졌습니다.
그 괴물이 내는 비명은
마나스의 친구들에게까지 들렸습니다.
마나스의 친구들은 엄청난 비명을 듣고서 소름이 끼쳤습니다.
이 소리를 들으면 귀가 먹먹할 정도였습니다.
무시무시한 소리였습니다.
마나스의 친구들은 아켈테의 발사소리도 들었습니다.
마나스의 친구들은 생각했습니다. 〈누군가 소총을 발사하는가 보다.〉
마나스의 친구들은 공포에 사로잡혔습니다.
그 괴물은 숨을 몰아쉬며
마나스에게 달려들 태세를 취했습니다.
마나스는 그 괴물에게 다가갔습니다.
마나스는 자기 보검 아찰바르스[235]로 괴물을 내리쳐 두 동강 냈습니다.

---

[234] 중앙아시아 지역 동화에 나오는 길이 단위. 1아르칸은 대체로 4~5m 정도이다.
[235] 날카로운 검이라는 의미가 있다. 서사시 마나스에서 마나스가 사용하는 보검이다.

괴물은 숨을 거두고 땅에 뻗었습니다.
산양 칠백열네 마리는
그 괴물이 외치는 소리를 듣고 쓰러져 모두 숨을 거두었습니다.

(마나스가 여섯 명의 친구에게 말했습니다) 〈여기 쓰러져 있는 산양들을 좀 봐!
암컷은 없어. 죄다 수컷이야!
너희는 서둘러서 아일에 가서 이 소식을 전해
마을 사람들이 말과 낙타, 황소들을 있는 대로 다 모아서
이곳으로 급히 와서 원하는 만큼 가져가라고 말해.
정말 놀라운 광경이 아닐 수 없어
괴물이 소리를 한 번 지른 것뿐인데도
산양들이 이렇게 쓰러져 죽어버렸으니 말이야.〉

마나스는 자신의 친구 여섯 명을 마을로 보냈습니다.
알타이에 사는 사람들을 모두 불러 모아
이곳으로 서둘러 오라고 했습니다.
사방에서 사람들이 몰려들었습니다.
이천 명 이상의 마을 사람이 와서
산양 고기를 실어 갔습니다.
그때 이후로 오늘날까지 이곳에 흐르는 강이
쿨자[236]라고 불리게 되었습니다.

---

[236] 쿨자는 '산양 수컷'을 뜻하는 말이다. 현 신장위구르 지역에 실제로 쿨자라는 지명이 있다.

오늘날에도 이 지역은 쿨자라고 불립니다.

크타이 땅에서 (마나스를 죽이러) 열한 명의 장사가 (이곳에) 왔습니다.
사람들이 요란을 떨면서
〈마나스, 마나스〉라 외치며 다닐 때
바로 이 열한 명의 크타이 장사가 사람들의 말을 들었던 것입니다.

〈마나스라고 불리는 사람이 있는 바로 그곳이 바로 여기로구나.
우리는 마나스를 찾아 이곳까지 왔다.
드디어 우리가 마나스를 찾았다.
우리의 명예는 실추되지 않았다.
이제 더 이상 무엇을 기다리며 망설일 것인가?
이제 가서 다 같이 마나스를 잡자!〉
열한 명의 장사는 이렇게 말했습니다.

열한 명의 장사는 크타이 지배자의 명을 받들어 이곳에 왔고
이제 드디어 마나스를 직접 두 눈으로 보게 되었습니다.

여섯 명의 용사가 마나스를 호위하며 함께 있었습니다.
여섯 명의 용사에게 호랑이로 통하는 사자 마나스가 (열한 명의 장사에게) 말했습니다.
〈그대들은 어찌하여 나의 부친에 관해 묻는 거요?
그대들은 (크타이) 지배자가 파견한 이들이 틀림없는 것 같소!
내가 직접 그대들을 내 부친께 안내하겠소.
내가 그렇게 하는 까닭은 그대들에게

자신들이 한 지난번의 잘못을 참회하는 기회를 드리려는 것이오.
그대들 장사 열한 명 모두 나를 따라오시오.
우리 집의 선량한 손님이 되어 주시기를 청하오!〉

집으로 돌아오는 길에 단 하루만 노숙하면서 걸음을 재촉하여
마나스는 그들을 아일로 데려왔습니다.

〈바이 자큽님을 오시라 해 주십시오〉
마나스는 그렇게 말하면서 바이 자큽에게 (손님이 오셨다는) 소식을 전
　하라 했습니다.
바이 자큽에게 이 소식이 당도했습니다.
(전달한 사람에 따르면 크타이의) 칸이 보낸 사신들이 아일에 도착했는데
그 사신들이 마나스를 붙잡아서
마치 마나스가 현재 불행에 빠진 것 같다는 소식이었습니다.
바이 자큽은 이 소식을 듣고 탄식했습니다.
목이 메어 말을 할 수 없었습니다.
바이 자큽은 마을 사람들을 모두 소집했습니다.
바이 자큽은 신께서 내린 벌이라 생각하고
슬피 울며 탄식했습니다.
바이는 아크발타와 함께 달려왔습니다.
나이든 사람들은 자큽과 함께 달려왔습니다.
마을 사람은 모두 베르지케와 함께 달려왔습니다.
모두 (유목지에서 일을 멈추고) 산등성이를 넘어 아일로 마나스에게 왔
　습니다.

사람들이 반가워서 말했습니다. 〈아직 살아있구나 우리의 용사 마나스여, 마나스는 자신의 명예를 저버리지 않고 이렇게 든든하게 서 있구나.〉

(아직 사람들이 오기 전 크타이가 보낸) 사신 열한 명은 험악한 표정을 짓고
〈이것이 바로 우리 주인께서 보낸 명령이다〉라면서
열한 명이 동시에 달려들어 순식간에 마나스를 붙잡았습니다.
(마나스가 사신들의 공격을 미처) 예상하지 못한 바로 그 순간에
바이 자큽이 마나스에게 온 것입니다.

〈네 아비가 누구냐?〉
열한 명의 사신이 마나스에게 물었습니다.
〈바로 이분이 내 부친이오〉
마나스는 그들의 질문에 대답했습니다.
사신들은 주위를 돌아본 다음 바이 자큽을 알아보았습니다.
사신들이 말했습니다. 〈네가 바로 그놈이로구나
네놈이 그때 우리에게 길을 가르쳐주는 척하고
우리를 먼 길로 보냈지?
네놈은 우리 칸의 뜻을 거역한 죄를 지었다.
네놈이 우리에게 거짓으로 잘못된 길을 말해주었다.
우리는 먼 길을 돌아서 이곳에 오게 되었다.
화가 나고 분노를 참을 수 없구나.
네놈이 우리를 속이게 되면 어떤 벌을 받을 것인지 몰랐더냐?
그때 길을 떠난 이후 벌써 이레나 우리는 초원을 헤매고 다녔다.
우리는 네놈이 사는 거처를 알지 못해서

다른 산들과 계곡을 헤매고 다녔다.
네놈이 우리에게 거짓으로 길을 알려주어
우리를 지체하게 만들었으니
네놈의 머리 가죽을 벗겨버리겠다〉
사신들은 이렇게 말했습니다.
사신 가운데 넷은 바이 자큽을 포박하기 위해 싸울 준비를 했습니다.
〈바이 자큽 저놈을 붙잡아라.〉라고 말하면서
사신들이 성큼 자큽에게 다가왔습니다.

그 순간 바이 자큽이 입을 열었습니다.
〈잠깐만 기다리시오, 내 아들 같은 분들이시여,
여보시오, 만약 내게 죄가 있다면
나를 포승줄로 꽁꽁 묶으시오.
여보시오, 만약 내가 일부러 잘못을 한 것이라면
나를 포승줄로 꽁꽁 묶으시오.
친구를 순간적인 오해로 적으로 생각하여
사람들 숫자가 얼마 되지 않는 우리 민족을
대단한 사람들로 잘못 여기고
쓸데없이 힘을 쓰고 잘못을 저지르는 일이 없도록 해야 하오〉

바이 자큽이 이렇게 말했지만
열한 명의 사신은 바이 자큽의 말을 무시했습니다.
그들은 바이 자큽을 사람으로도 여기지 않았습니다.
사신들이 소리질렀습니다. 〈잡아라, 저놈을 잡아서 포승줄로 묶어라!〉
모두 한꺼번에 바이 자큽에게 달려들었습니다.

바이 자큽의 아들이 바로 그 옆에 서 있었습니다.
마나스는 분노로 몸을 떨면서 말했습니다.
〈여보시오, 그대들은 겨우 열한 명밖에 되지 않소.
그리고 우리는 그대들에게 속해있는 손아랫사람이 아니지 않소.
어떻게 이렇게 무례하게 행동한다는 말이오?
내게 설명을 해주시오. 그대들이 이렇게 무도하게 행동하게 된 이유를
 말이오.
어떻게 우리가 바이 자큽을 포승줄로 꽁꽁 묶는 것을
우리 눈으로 보면서 가만히 있을 수 있겠소.
그러니 나이드신 분에게 손을 대지 마시오.
만약에 그대들이 칸의 명을 받고 온 사람들이 맞다면
이렇게 안하무인으로 행동하면 아니 되는 법이오
아무나 마음 내키는 대로 잡아서 묶는다면
이런 무례한 행동은 용서할 수 없소.〉

용맹한 마나스는 이렇게 말한 뒤
열한 명의 사신에게 바짝 다가갔습니다.

〈이 어린 놈도 즉시 포승줄로 꽁꽁 묶어라!〉
열한 명의 사신은 큰 소리로 외쳤습니다.
이런 행동을 보면서
마침내 마나스는 분노를 더 참을 수 없었습니다.
마나스의 입에서는 험상궂은 말이 튀어나왔고
마나스의 두 눈에서는 파란 불꽃이 일었습니다.
사신 가운데 한 놈의 오른팔을 움켜잡고

사신 가운데 다른 놈의 왼팔을 움켜잡고
사신 가운데 세 번째 놈의 옷깃을 붙잡고
사신 가운데 네 번째 놈의 허리춤을 붙잡고
마치 상의를 바람에 털듯 네놈을 한꺼번에
땅바닥에 내다 꽂아 버렸습니다.
아직 사신 일곱 명이 성한 채 남아서 (마나스에게) 덤빌 태세였습니다.
다들 한꺼번에 마나스 한 명을 상대로 덤비려 하는 것입니다.
그들은 마나스에게 일제히 달려들었습니다.
이제 겨우 열네 살하고 여섯 달 된 소년 마나스는
자신의 두 손으로
한꺼번에 사신들을 붙잡았습니다.
네 놈을 땅에 던지고
두 놈을 패대기쳐 버렸습니다.
땅바닥에서는 먼지가 기둥처럼 일어났습니다.
여섯 놈을 해치워버린 땅은 요란한 소리와 함께 진동했습니다.
이제 다섯 놈이 남았습니다.
다섯 놈은 일제히 마나스를 향해 한몸이듯 덤볐습니다.
마나스는 두 놈을 번쩍 들어 다른 두 놈 머리통에 냅다 던졌습니다.
열한 명의 사신 가운데 단 한 명이 벌벌 떨고 있었습니다.

〈네놈들의 피를 내가 충분히 마셨다고 생각하지 않느냐?
네놈의 숨통마저 끊어놓아야 네놈의 속이 후련하겠느냐?
내가 만일 내 손을 허공으로 들어올리게 되면
그 순간 네놈은 이 세상을 하직하게 된다.〉
(목숨은 살려주겠다면서 마나스는) 사신 열한 명의 오른쪽 눈을

뽑았습니다.
마나스를 잡으러 온 열한 명의 사신에게는
제 밝은 빛이 아무런 소용이 없게 되었습니다.
(마나스는) 열한 명 사신의 오른쪽 귀를 죄다 잘랐습니다.
그들의 코를 싹둑 베어버렸습니다.
그들이 턱밑에 자란 수염을 싹둑 잘라버렸습니다.
이제 불구자가 된 열한 명의 사신을 놓아주면서
마나스가 말했습니다. 〈어디에 너희 칸이 살고 있느냐?
어디든 너희 칸이 사는 곳으로
길을 재촉해서 가거라. 그리고 그에게 전하라.
정녕 우리와 싸움을 하길 원한다면
한 놈도 남겨두지 않고 다 죽일 것이라는 내 말을.
너희 모두는 자신들이 출발한 곳으로 떠나라.
너희 칸에게 가거라.
그리고 그에게 너희가 나에 대해 들은 것, 알게 된 것, 모두 고하라.
그리고 원한다면 더 많은 군사를 데리고
나와 전쟁을 하러 오너라.
너희 힘이 충분하다면 나를 가엾게 볼 필요가 없다.
우리 아버지의 유일무이한 자식인 나 마나스를
어떻게 죽일지 잘 궁리한 다음
너희 칸들과 함께 나도 전쟁도 두려워하지 말고 내게 오너라.
만약 너희에게 (전쟁을 할) 힘이 충분하다면 말이다.
누구든 지는 쪽이 이 땅을 하직하는 것이다.
만약에 충분히 준비하지 않고 내게 온다면
너희는 마나스와 대적해서 싸움을 시작조차 하기 어려울 것이다.

이제 가서 군사들을 이끌고 이쪽으로 다시 오너라.
군사들의 말발굽에서 이는 흙먼지가 지상에서 하늘까지 닿을 정도로 많
　이 오거라.
우리는 다른 사람들보다 못하지 않다.
너희 겨우 열한 명이 〈마나스 놈을 잡아서 끌고 가야지〉
라는 생각으로 이곳에 왔다면
네놈들은 정신이 나간 놈들이다.
네놈들을 산 채로 방면해 줄 터이니
아직은 너희 머리통을 내게 바치지 않았고
다만 귀와 코 그리고 눈알만을 바친 것이니
만약에 너희 칸들이 너희를 중하다 여기면
(복수하러라도) 수없이 많은 군사를 이끌고 다시 내게 오도록 하여라.
용맹한 자들을 고향에 남겨두지 말고 모두 데려오너라.
나중에 후회하거나 아쉬워하지 않도록 말이다.
너희 군사 가운데 부족함이 없도록
(전쟁이 시작된 뒤에서야) 비로소 후회를 하지 않도록.
일대일 대결에 능한 용사들을 찾아서 데려오너라.
땅에 귀를 대고 듣는 능력이 있는 염탐꾼을 다 데려오너라.
지혜가 출중한 현명한 참모도 모두 데려오너라.
사람을 미혹하는 요술을 부릴 줄 아는 자도 모두 데려오도록 하라.
자신의 적들에게 창을 꽂고
쓸개를 꺼낼 용기가 있는 자를 모두 데려오너라.
일대일 싸움에 나설 용기가 있는 장사를 모두 데려오너라.
그중 가장 뛰어난 자들을 골라 (나와의) 일대일 대결에 내세우거라.
만일 알라께서 나를 굽어살피지 않으신다면

나는 무기가 없는 외로운 꼴이 되어
너희에게 죽임을 당하는 염소 꼴이 될 것이다.〉

마나스는 이렇게 말을 마친 뒤 열한 명의 장사에게
명령했습니다.〈모두 말 위에 올라라!
어서 가서 (너희를 보낸 지배자에게) 너희가 듣고 본 모든 것을 고하라.
너희 칸들에게 너희가 당한 수모를 갚아 달라고 애원을 하여라!〉
아직 애송이인 마나스 용사에게는
기껏해야 모두 마흔여섯 명 남자가 있을 뿐이었다고 고하거라.
마흔여섯 명의 남자는 마나스가 명령하는 것을 모두 행하더라 전하라.

열한 명의 사절이 탄 말에다가
(마나스가 뽑은) 그들의 눈과 신체 부위들을 싸서 얹으라고
마나스는 명령했습니다. 마나스의 남자들은 마나스가 시키는 대로 했습니다.
열한 명 사절이 탄 말의 꼬리를
무릎 정도의 길이로 잘랐습니다.
〈자 너희는 자신들이 당한 수모와 치욕을
어서 너희 칸들에게 가서 고해바쳐라.
자 서둘러서 너희를 보낸 칸들에게 가거라.
내가 말한 소식을 어서 가서 전하거라.
너희가 겪은 수모와 치욕을
내게 복수하라고 말하거라.
잠시도 길에서 지체하지 말고 서둘러 가도록 하여라.
너희가 나를 쉽게 제압할 수 있다고 판단하거든

내게 많은 군사를 서둘러 보내도록 하여라.〉
용맹스러운 마나스는 이렇게 말을 한 다음
그들을 집으로 가는 길로 떠나보냈습니다.

열한 명의 사신은 자신들이 왔던 도시로 돌아갔습니다.
출신 도시가 가까이 있는 사신은 예순 날 정도 말을 달려서 집으로 돌아
　갔습니다.
가장 멀리서 온 사신들은 말을 여섯 달이나 달려서야 집에 당도했습니다.

자 사신들은 알아서 집을 찾아가라고 내버려 두십시다.
나쁜 마음을 먹고 마나스가 사는 아일에 왔던 자들은 혼비백산하여 돌아
　갑니다.
이제 이들은 스스로 알아서 가도록 잠시 내버려 두고
우리의 사자 마나스 용사에 관해 이야기를 이어가도록 하겠습니다.
이제 마나스가 무엇을 하고 있는지에 대해서
마나스에 대한 최신 소식을 한번 들어보십시오.

마나스의 아버지 바이 자큡이 아들과 나란히 서 있습니다.
마나스의 나이가 이제 열다섯입니다.
그동안 운이 따라서 (큰 변고 없이) 자랐습니다.
알타이에 사는 모든 사람의 우두머리는
이제 바이 자큡이 되었습니다.
그들이 유목을 하는 지역은
마므르[237] 초원이라 불리는 곳입니다.
카라코조를 비롯한 아르근 사람들과

보오벡을 비롯한 알친 사람들과
도곤을 비롯한 만주에서 온 사람들과
쿄곤을 비롯한 나이만 사람들과
살라마트를 비롯한 키르기스 사람들과
오슈푸르를 비롯한 큅착 사람들과
크드르 바이의 아들인 말을 잘하는 타스와
아큰벡을 비롯한 우즈벡 사람들은
모두 아이든 켈 호수의 연안에서 살게 되었습니다.
조금이라도 바이 자쿱이 사는 마을 더 가까이 정착하려 했습니다.
사람들은 (호수에서 멀리 떨어지지 않은) 강들의 연안에도 유목지를 개척했습니다.
사람들은 이제 아무도 두려워하지 않고 스스로 자신이 사는 곳의 주인이 되었습니다.
산들의 능선을 따라 유목지를 옮기며
사람들은 평화롭고 자유스럽게 살게 되었습니다.
저지대에서 방목하는 소들이 큰 울음소리를 내면
산악지대에서는 낙타들이 소리지르며 화답했습니다.
사람들은 저마다 자신들의 종족을 대표하는 우란[238] 소리를 지르며 살았습니다.

---

[237] 서사시 마나스에 등장하는 가상의 지명이다. 키르기스어로 "감사"와 "안정"의 뜻이 있다.

[238] 우란은 중앙아시아 지역 유목민들이 과거 자신들을 상징하며 외쳤던 '외침소리'이다. 각각의 종족은 서로 다른 우란을 갖고 있었고, 이는 전쟁 중에 적과 아군을 구분하는 요소가 되기도 했다. 몽골계 중앙아시아인 중에는 우란으로 '우락샤'라는 외침을 사용하는 경우도 있었다. '전진' 혹은 '앞으로'라는 의미이며, 후퇴할 때도 뒤로 돌아서서 '우락샤'라고 외쳤다.

칸코오 산이 있는 곳으로
거대한 강인 우샤가르의 상류지역으로
차르카스탄 지역으로 사람들은 자유롭게 사냥을 하러 다녔습니다.

알타이는 이 지역에 있는 모든 산들의 중심이었습니다.
알타이의 산들은 거의 하늘에 닿을 정도로 높이 솟아있었습니다.
알타이는 말굽 있는 야생동물을 유목하는 유목민들의 중심지였습니다.
사람들이 말하기를 오르쿤 강 유역은
이 세상에서 가장 살기 좋은 곳입니다.
바르콜 호수는 알타이 사람들이 거주하는 동쪽의 끝자락입니다.
알타이 사람들이 거주하는 지역의 북쪽 경계는 앙기르 언덕입니다.
알타이 지역 복판에는 넓고 평평한 구릉지가 펼쳐져 있습니다.
이곳은 짐승들이 살기에 가장 좋은 곳이라고 사람들이 말합니다.
사냥을 할 생각에 가슴이 부푸는 곳입니다.
탄약과 물자를 (말에다) 많이 싣고서
사냥을 도와줄 매를 친구처럼 함께 데리고서
어깨너머로 조준이 정확한 소총을 메고서
서른 명 혹은 마흔 명씩 무리 지어 사람들이 사냥을 떠나곤 했습니다.
오초고르[239] 소총을 어깨 위로 걸치고서
다섯 명 혹은 열 명씩 무리를 지어 사냥을 나가곤 했습니다.
무기와 화약 등 사냥에 필요한 장비를 갖추고
보르조이 사냥개를 데리고서
서둘러 길을 떠나며 와글와글 떠들고 흥분하면서

---

[239] 중앙아시아 지역 용사들이 사용한 고급 무기

〈자 가자!〉라고 서로에게 소리를 지르면서
말 위에 올라 사냥을 떠나곤 했습니다.
차르카스탄의 계곡으로
사내 여든네 명이 왔습니다.
임시로 머물 숙소를 만들고
여기저기 흩어져서 임시로 거주할 장소를 확보했습니다.
사내 여든네 명은 여섯 밤을 초원에서 보냈습니다.
청년 사자 마나스에 대한 이야기를 들어보시죠.
자신의 부친인 바이 자큡에게
마나스는 집을 떠나던 당일 부친에게 부탁하는 말씀을 드렸습니다.

〈아버님, 만약에 아버님께서 허락해주시면
만약에 아버님께서 저에게 한 말씀 드리도록 허락해주시면
우리가 가지고 있는 종마 가운데
전쟁 때 사용하려고 정해 놓은 종마 가운데
선을 행하려고 사람들에게 베풀려고 정해 놓은 말 가운데
캄바르보즈 말떼 가운데
세 살짜리 준마 세 필을 고르셔서 저에게 주신다면
저는 말에 안장을 얹고
제 친구들을 말 위에 태우고
저와 제 친구들 모두 함께 쭉 뻗은 길로 달려가서
여러 날이 걸리는 먼 사냥 여행을 다녀오고 싶습니다.
원지로 사냥 여행을 가면서
들판에서 노숙하며 사는 데도 적응하고 싶습니다.〉
바이 자큡의 아들이 말을 마쳤습니다.

〈나의 아들이여, 나의 희망이여
네 지혜가 항상 쑥쑥 자라기를 바란다.
캄바르보즈가 네게 필요하다면
말떼와 함께 가져가거라.
얼마든지 필요한 만큼 말을 언제든지 가져가거라.
내 재산은 모두 너를 위해서 모은 것이다. 나의 희망이여〉

바이 자큡은 캄바르보즈 말떼 가운데 다섯 필을 잡아 (마나스에게) 주라
　　고 말했습니다.
마나스는 말 세 필에다 친구들을 태우고
말 두 필에는 안장을 얹지 않고 고삐를 잡고 데려갔습니다.
(말 세 필을 타고 앞서가는) 자신의 친구들의 뒤를 따라서
마나스는 여유 있게 말 두 필을 몰면서 길을 떠났습니다.

마나스와 함께 사냥에 나선 여든네 명의 친구들은
파죽지세로 말을 몰아서 길에 나섰습니다.
여든네 명의 친구들은 말했습니다. 〈차르카스탄의 계곡에서
우리는 오늘 여섯 번째 야영을 했다.
우리는 여기에서 여러 가지 일을 했다.
개들을 풀어놓기도 하고 사냥을 돕는 새도 하늘에 날리기도 했다.
우리 친구 여든네 명이 모두 함께 이곳에 있다.
우리는 이제 우리를 이끌어나갈 추레[240]를 정할 때를 맞았다.

---

[240] 추레(Ture)는 몽고 차가타이 한의 아들을 지칭하는 말로 쓰이기도 했으나 서사시 마나스에서는 지도자, 대장의 의미가 있다.

자신의 말을 죽여 우리를 배불리 먹이는 자가
바로 우리의 추레가 될 자격이 있다.
흰색 펠트 가죽 위에 추레를 좌정하게 하고[241]
추레를 우리의 칸으로 받들어야 한다.
추레를 우리의 지배자로 모셔야 한다.
우리는 추레가 시키는 말은 무엇이든 따를 것이다.
우리 여든네 명 가운데 한 명을
우리의 추레로 한번 선택해보자.
만일 그에게 명예를 존중하는 마음이 있다면
"그가 바로 우리의 추레이다."
우리는 모두 그가 분부하는 일이면 도두 다 실행할 것이다.
우리 가운데 가장 나이가 많은 이는 아마도 스무 살일 것이다.
우리 가운데 가장 나이가 어린 이는 아마도 열다섯 살일 것이다.
여든네 명의 청년은 이렇게 논의를 진행해 나갔습니다.
〈우리는 나중에 우리가 단순히 사냥하러 나온 것뿐이었다고 말하지 않을
 것이다.
우리는 (추레가 베푼) 말을 잡아먹은 뒤 우리의 주인을 배반하지 않을
 것이다.
우리는 나중에 우리가 그냥 초원에 나왔었다고 말하지 않을 것이다.
우리는 (주인이 베푼) 말을 먹은 뒤 우리 주인을 칸으로 인정하지 못하겠
 다고 아니할 것이다.

---

[241] 중앙아시아에서 투르크어를 쓰는 민족들이 자신들을 다스릴 지배자를 선택하는 과정이다. 지배자는 자신을 따르는 무리를 위해 자기희생을 할 준비가 되어 있다는 의미에서 자신의 말을 죽여 고기로 베풀고, 자신의 흰색 펠트 가죽 위에 자리를 잡고 정좌하여 무리에게서 충성서약을 받는다.

우리가 (자신이 속한) 마을에 (종족에게) 돌아가면
'이 분이 우리의 칸입니다.'라고 선포할 것이다.
우리는 우리의 주인에게 합당한 존경을 바칠 것이다.
우리는 우리의 마을로 (종족에게로) 돌아가면 말할 것이다.
"이 분이 우리의 벡이시다"라고.
관대한 분은 자신의 말을 잡아 우리를 배불리 먹인다.
장사하는 사람은 그렇지 않다.
영혼의 기쁨을 아는 분은 자신의 말을 잡아 주위에 베푼다.
인색한 사람은 그렇지 않다.
"농담하려고 우리가 말을 먹은 것이다."라고 말하지 않을 것이다.
"우리 민족 사람들이 참여하지 않은 채 이루어진 일이다"라고 말하지 않
   을 것이다.
우리는 우리가 한 맹서를 저버리지 않을 것이다.
우리는 우리가 한 말을 저버리지 않을 것이다.
누구든 우리의 맹서와 우리가 한 말을 지키지 않는다면
그렇게 한 것을 후회하게 될 것이다!〉

여든네 명의 청년들은 자리에 앉아서 어떤 때는 농담을 하고 어떤 때는
   진지하게 추레를 선임하는 일에 대해 논의했습니다.
몇몇은 임시로 지은 유르타 근처에서 삼삼오오 서서 이야기를 나누고
청년들은 모두 만족한 모습으로 행복한 모습으로 의논했습니다.

우리 가운데에 정녕 자신의 말을 잡아 (주위에 베풀 사람이) 하나도 없다
   는 건가?
존경을 받는 바이들의 자제분들이여!

겨우 말 한 마리가 아까워서
자기 자신을 보여줄 수 없다는 것인가?
큰일을 성취하고자 하는 사람은 누구든
자신의 말을 내어놓는 작은 희생을 거절해서는 아니 된다.
누구든 사람들에게서 선임되기를 원한다면
자신의 말을 잡는 데 게으름을 피우면 아니 된다.
도덕심이 높은 친구 가운데에서
자기 자신에 대해 확신이 있는 친구 가운데에서
가장 나이가 많은 친구들은
스물다섯 살이 되었다.
그대들 가운데에서 가장 나이가 연소한 친구들은
열다섯 살 전후이다.
능력이 출중한 젊은이라면
겨우 말 한 마리 때문에 대의를 펼치지 못하면 아니 된다.〉
청년들은 열 명씩 별도의 모임을 가졌습니다.
임시로 만든 유르타에서 그들 가운데 여덟 명이 모였습니다.

누군가 말했습니다. 〈시간 끌지 말고 각 민족대표로 한 사람씩 나와라! 그 사람이 무엇이라 말하는지 들어보자!〉

제일 먼저 만주 출신의 만지카의 말을 들어봅시다.

〈(만지카여) 우리의 지도자가 되시오!〉 청년들이 말했습니다.
모든 청년이 만지카에게 요청했습니다.
하지만 청년 만지카는 거절합니다.

〈나는 우리 종족의 이름으로 제안을 거절한다.
우리가 알타이 사람들에 의해 둘러싸여 있을 때
나는 마나스에게 시종이 되겠다고 말했다.〉

만주 출신의 만지카는 한마디로 말을 잡으라는 제안을 거절했습니다.
시간이 지체되면서 청년들은
누군가의 말을 잡아야 한다는 열망에 가득 차게 되었습니다.
〈오슈푸르의 아들인 나자르벡이여!〉
그대가 칸의 자리를 차지하면 어떠한가?
그리고 청년들은 그에게 "말을 잡아라"라고 소리쳤습니다.

친구들이 그렇게 제안하자 나자르벡은 대답했습니다.
〈아주 옛날에 내가 여덟 살이었을 때
나는 이미 마나스에게 지도자로서의 지위를 양보했소.〉

여든네 명의 청년이 모인 곳에 알타이 키르기스 출신의 아이나쿨이 있었
 습니다.
아이나쿨의 부친은 살라마트였습니다.

청년들이 큰 소리로 외쳤습니다. 〈아이나쿨 네가 네 말을 잡아라〉

〈나는 마나스를 우러러보는 사람이다.
내가 너희에게 내 마음을 말하겠다.
그의 힘과 용맹스러움을
내 두 눈으로 똑똑히 보았다.

내게도 판단력과 이성이라는 것이 있다!
만일 여러 친구가 모두 내 말에 동의한다면
마나스를 우리의 추레로 선출하자.
나는 지금 마나스를 추레로 선출하고 싶은 소망이 있다.〉

여든네 명의 젊은이는 한목소리로 말했습니다. 〈추레가 되는 것은 단순한
　일이 아니다!
자 이제 아이다르칸의 아들인 용맹스러운 콕초,
콕초 네가 어디 네 말을 잡아보아라.
그렇게 한다면 너를 우리의 추레로 선출하겠다.〉
그러자 콕초는 머뭇거렸습니다.

〈우리 선조의 영령들이 모두 너희를 벌할 것이다!
초원에서 우리가 보낸 시간이 벌써 엿새나 되었다.
너희를 보아하니
이제 슬슬 몸이 근질근질 한 것 같고, 배부르게 고기를 먹고 싶어 하는
　것 같다.
너희 말을 듣고 보면, 정말 어린아이 같은 장난이 묻어난다.
정녕 스스로 타고 다니며 애지중지하는 자신의 말을 죽여서 먹이로 내놓
　으면
너희가 하는 말로 짐작하면, 그렇게만 한다면 추레가 된다는데
정말 바보만이 자신이 타고 다니는 (가족과 같은) 말을 죽여 (지위를 탐낼
　것이다)!
너희가 배가 부르든 고프든
오늘 결정 내리는 것은 피하는 게 좋겠다.

여기에 아주 몸집이 큰 황소 떼가 없으니
(오늘은 그만 논의하고) 야생 거위나 들새라도 사냥해서 허기를 때우자.
만약에 우리가 거위나 들새를 잡지 못한다면
다른 짐승이라도 잡아서 허기를 메우자.
먹을 것을 정녕 아무것도 찾을 수 없게 된다면
각자 마을로 돌아가는 것이 최선일 것이다.〉

콕초가 자신의 말을 마쳤습니다.
콕초의 말을 다 들은 뒤
아스카르의 아들인 자바그는
불현듯 화를 내었습니다.

〈알타이 산들의 자락에 살면서
사르 아르케 초원의 여름 유목지를 갖고 있으며
수없이 많은 카자흐 사람을 통치하는 콕초,
그대의 증조할아버지는 바라크 한이었다.
그대의 할아버지는 캄바르 한이었다.
그대의 생부는 다름 아닌 아이다르칸이시다.
젊은 사람 가운데에서
콕초 그대보다 우리 추레 지위에 더 어울리는 사람이 없다고 생각한다.
콕초 그대는 가난뱅이가 아니다.
다른 사람이라면 콕초 그대가 지금 보여준 행동을 해도 무방하겠지만
그대는 이렇게 행동하면 즉시 체면을 손상하게 된다.
가축 떼의 무리를 불리는 일에서
콕초 그대는 무상한 행복을 찾고 있는 것처럼 보인다.

다른 사람들에게 더 큰 모욕을 느끼게 하기 전에
이런 행동은 그만두길 바란다.〉
자바그는 콕초를 신랄하게 비난하는 말을 했습니다.

〈내가 불화를 일으키는 것은
그대가 먼저 우리 가축을 해하려는 말을 하기 때문이다.
자바그, 만일 네가 내게 나쁜 마음을 먹지 않았다면
차라리 너 스스로 네 말을 잡아보아라.
고상한 말을 쓰는 척하지 마라〉
이렇게 말을 한 뒤 콕초는 입을 닫았습니다.

이제 젊은이들은 콜두르의 아들 찰르에게
말했습니다. 〈이번에는 찰르가 자신의 말을 한번 잡아보아라.〉
젊은이들은 찰르에게 한목소리로 물었습니다.

(찰르가) 대답했습니다. 〈우리에게 네스카라가 왔을 때
내가 극심한 공포에 사로잡혔을 때
바로 그때 마나스를 돕는 사람이 되겠다고 나는 생각했다.
내가 나의 말을 잡아서 (너희에게 먹이고) 난 뒤
갑자기 (적들이) 우리를 공격해오면
나는 현재로서는 (적을 물리칠) 힘이 없다.〉

젊은이들은 (순서에 따라) 모두 한목소리로 또 다른 젊은이에게 물었습니다.
〈트르고오트 출신인 제르켄바이, 네가 한번 해보는 게 어떠냐?

누구에게라도 종마 한 마리 정도는 있지 않겠나?
트르고오트 사람들의 명예를 드높일 기회가 왔다.
트르고오트 사람들 사이에도 용사가 많지 않은가.
네 부친은 칼다이였다.
어떠냐, 네 말을 잡겠느냐?
순서에 따라 네 차례가 되어 물어보는 것이다.
너는 사람들을 통치하는 인물이 되고 싶지 않으냐?〉
모든 사람이 한목소리로 말을 하고, 한목소리로 설득했습니다.
나이가 많거나 적거나 가리지 않고 한목소리로 설득했습니다.

〈지도자가 된다는 것은 내게 불가능한 일이다.
내게는 지도자로서 일할 힘이 없다. 명예를 위해 헌신할 능력이 없다.〉
제르켄바이는 확고하게 말하고 자신의 뜻을 굽히지 않았습니다.

트르고오트 출신의 젊은이가 한 사람 더 있었습니다.
사람들이 그에게 말했습니다. 〈안기르의 아들인 코노이,
그대가 자신의 말을 잡으면 좋을 것 같다!
특히 네게 우리가 고개를 숙여 감사할 것이다.〉
코노이에게까지 차례가 온 것입니다.

〈나는 절대로 내 말을 죽여 (너희에게 주지 않겠다)
사람들이 다시 한 번 코노이에게 재고하라고 요청할 수 없도록 그는 확고
  하게 말했습니다.
여든네 명의 젊은이는 모임에 온 모두에게 같은 질문을 했고, 거절하면
  두 번 다시 요청하지 않았습니다.

이제 드디어 마나스 차례가 되었습니다.
사람들이 마나스에게 말했습니다. 〈여기 모인 젊은이 여든넷 가운데
마나스 네가 나이로 볼 때 제일 어리다.
아직 마나스 네게 상속된 가축 떼도 없다.
하지만 우리 민족의 이름으로 명예를 받을 기회가 왔다.
마나스 네가 명예로운 선택을 하면, 우리는 너를 우리의 지도자로 선택할
  것이다.
우리가 하는 말에 동의하기 바란다.
네 조상은 키르기스 종족에 속한다.
바이 자큽에게 마나스 너는 가장 귀한 존재이다.
나이 어린 마나스, 어떻게 생각하는가?
여기서 네 말을
우리를 위해 잡을 수 있겠나?
네 부친은 큰 부자이다.
너는 우리에게서 영예를 받을 기회를 거부할 까닭이 없다.〉

사람들이 이렇게 하는 말을
용맹스러운 마나스가 듣고서
말하기 시작했습니다.

〈여기에는 여러 민족에서 많은 분이 오셨습니다.
알라치의 아르근 사람이 있고
알친 사람 가운데에는 고조가 있습니다.
수없이 많은 현명하신 분들이 이곳에 와 계십니다.
제가 한이 되려면

여러분께 제 말을 잡는다 해도 (저는 한이 되기) 많이 부족할 것입니다.
여러분을 위해 말을 희생할 수는 있습니다. 하지만 그게 다입니까?
황소 떼를 찾아다니고 야생동물을 사냥하면서
여러분은 차르카스탄의 언덕들을 넘어 여기에 오셨습니다.
여러분께서 (말을 잡도록) 간절히 원하신다면
말고기로 배를 채우십시오.
여러분을 위해 앞으로 저는 차라리 말을 타고 다니지 않겠습니다.
제 말을 데려와서 마음대로 하십시오.
제가 스스로 저의 아쿨라를 잡겠습니다.
아쿨라가 (아무리 중요해도 어디) 사람 목숨보다 가치가 있겠습니까?
만약 여러분이 몹시 시장하시다면 저는 찾을 수 있습니다.
어떻게 여러분께 (힘을 드리고) 여러분을 구원할 수 있는지를.
자 이곳으로 데려오십시오.
나의 아쿨라를 잡도록 하십시오.
"마나스는 (인색해서) 자신의 말을 잡아서(나눠주지 않는다)"는
생각은 부디 하지 마시기 바랍니다.〉
마나스가 말을 마쳤습니다.

체게바이는 마나스의 말을 끝까지 경청한 뒤
자리에서 벌떡 일어났습니다.

〈아쿨라는 **빼빼** 마른 말이다. 아쿨라에게는 먹을 살점이 없다.
이런 아쿨라를 먹는 사람은
정녕 인간이 아니다. 그 사람에게는 양심이 전혀 없는 것이다!
청년 사자 마나스에게는

자기 말을 죽여 (친구들에게 나눠주려는) 기특한 마음이 있다.
자큽 한 자신이 스스로
이 말을 붙잡아서 이 말에 안장을 올렸다.
마침 내게는
네 살 먹은 흰 말 한 마리가 있다.
이제 마나스가 타고 다니는 준마는 건드리지 말자.
먹을 것도 없는 (전투용) 말이다.
여러분의 벡인 마나스가 그런 말이라도 선뜻 내놓았으니
지금까지 (추레를 뽑으려고 한 노력은) 수포로 돌아가지 않았다.
그러니 아쿨라는 손대지 말자.
네 살짜리 흰 말을 잡도록 하자.
흰 말을 붙잡아서 잔치를 열고
그대들 앞에 서 있는 젊은 마나스를
한으로 추대하자.〉

체게는 한마디 덧붙이며 거들었습니다.
〈그렇게 하는 게 좋겠다.〉

사람들은 (기뻐하며) 흰 말을 데려와서는
다 같이 도축하여
고기를 여덟 부분으로 나누었습니다.
젊은이들이 임시로 거주하는 각각의 코슈[242]에
날렵한 이들이 고기를 고루 나눠주라고 마나스가 명령했습니다.

---

[242] 유목민들의 임시 거주지

여든네 명의 젊은이는 자신들이 한 말을 지키기로 하고서
고기를 나누어 잘 다듬은 다음
차가운 가마솥에 고기를 넣었습니다.
모두 실컷 먹고 만족을 느꼈습니다.

(추레가 되는 것이 쑥스러워) 마나스는 몰래 자리에서 벗어날 생각을 했
 습니다.
하지만 어린 호랑이 마나스를
사람들이 에워싸고 붙잡았습니다.
마나스가 계속 〈그냥 가도록 해 달라〉고 말했지만
그들은 마나스를 데리고 가서
흰색 펠트 가죽 위에 좌정하게 했습니다.
사람들은 기쁨에 겨워 소리를 내며 외쳤습니다. 〈우리의 한이시다!〉
사람들은 마나스가 한이 된 것을 선포했습니다.

〈우리는 한의 백성들이다〉라고 말하면서
젊은이들은 마나스의 곁에 서서
큰 소리로 웃으며 기뻐했습니다.
네 살짜리 흰 말을 잡아서
사람들은 희고도 흰 말에서 나온 기름을 실컷 먹었습니다.
여든네 명의 젊은이는 그곳에서 하룻밤을 더 보냈습니다.

다음 날 아침 용맹스러운 마나스가 말했습니다.
〈여러분이 저를 한으로 추대하셨습니다.
제가 한이 되는 것을 비록 원하지 않았으나

여러분께서 완력으로 저를 붙잡아 한을 만드셨습니다.
(하루 저녁 지난 지금에도) 여러분의 결정이 옳다고 생각하신다면
여러분의 결정이 앞으로도 변치 않고 유효하다고 한다면
알타이 산들 가운데 안그르트라는 곳이 있는데
그곳으로 같이 가 봅시다.
그곳에는 오르쿤이라는 강이 흐르는데
거기서 마랄 사슴을 잡아 나눠 먹읍시다.
사전에 면밀하게 정찰하기 위해
저와 함께 날렵한 친구 몇이 먼저 떠나면 좋겠습니다.
제가 직접 우리가 가는 길을 면밀하게 살펴서
도중에 약탈자가 있다면 그를 때려눕히고
도중에 강도가 있다면 때려잡을 것입니다.
만일에 누구든 나쁜 마음을 먹은 자가 있다면
그자가 우리를 먼저 기습하지 못하도록 정찰을 하며 손보겠습니다.
그런 자들은 살려두지 않고 죽여 버릴 것입니다.
혼비백산한 채로 말을 타고서
도망치듯 고향 마을로 돌아가고 있는 크타이 사람들은 지금 어디에 있을
  까요?
번개처럼 빠르게 말을 타고 떠나간
칸가이는 도망쳐서 잘 사는지 모르겠습니다.
이제 마나스가 여러분의 한이 되었으니,
마나스는 (크타이 사람처럼 행동하지 않고) 언제나 앞장서서 우리를 보
  호할 것입니다.〉

마나스는 자신을 추대한 용맹스러운 사람들과 함께 앉아서

자신의 포부를 말했습니다.
용사 마나스카 한 말에 대해
마나스를 추대한 사람 모두 동의했습니다.
모두 (자리에서 일어나) 서둘러 말에 안장을 올렸습니다.
이제는 안장을 올리는 일도 모두 신속하고 절도 있게 했습니다.
그동안 머물렀던 유르타 천막에서 필요한 탄환을 챙기고서
길을 나설 때의 결심을 했습니다.
이때 이후부터 사람들은 마나스를 경외하게 되었습니다.
언제나 마나스는 아주 합리적인 말을 했습니다.
짧은 길과 먼 길을 모두 지난 후에
알타이의 산들이 시작하는 지점에서
다들 힘차게 앞으로 나아갔습니다.
길을 떠난 후 단 1박만 했습니다.
그렇게 해서 권력을 부여받았습니다.
우리의 전사 청년 마나스가.
그들은 점점 가까워졌습니다.
호기 있게 흐르는 오르쿤 강에 말입니다.

〈사람들이 여기 어딘가 마랄 사슴이 많다고 했는데,
곡선으로 휘어진 강줄기를 따라가면 좋은 장소가 나올 거야.
오르쿤 강의 급류가 흐르는 곳에
직접 먼저 도착해서 강을 구경하는 것도
흥미로울 거야.
가까이에서 강을 잘 관찰하고
거기서 다시 돌아 나와서

누군가를 길에서 만나게 되면 같이 붙잡으면 될 것이야.
(마랄을 잡아) 축하연을 크게 열어야지.〉
청년 마나스는 이렇게 생각하면서
먼 길을 앞장서서 나아갔습니다.

(마랄 사냥을 가는 동안) 단 한 차례 길에서 야영을 했습니다.
마침내 예정한 곳에 도착했습니다.
오르쿤 강 인근의 계곡 입구 언저리에서
길이 세 갈래로 나뉘어 있었습니다.
유심히 살펴보니 세 갈래 길 가운데 두 개의 길은 오른편으로 나 있고
길 하나는 왼편으로 나 있었습니다.
한쪽 길에는 버드나무, 다른 쪽은 포플러가 심겨 있었습니다.
나무의 모습이 (좌우가 서로) 달랐습니다.
나무 하나의 가지 위에 천 개의 둥지가 있었습니다.
너도밤나무의 가지와 잎사귀가 풍성하게 자라나 있었습니다.

〈(나무와 둥지들을 보니) 이곳이 좋은 땅이구나.
사람들이 지나가지 못할 정도로 수풀이 무성하게 자랐어.
여러 동물과 식물이 있을 것 같다.
자비르-바얀[243]과 사자도 나올 것 같다.〉

여든네 명의 젊은이는 숲을 보며 의견을 나누었습니다. 〈닷새나 엿새 정도
여기서 머물면서 시간을 보내는 게 좋겠어.

---

[243] 중앙아시아 지역 민담과 전설에 등장하는 세상에서 가장 힘이 센 맹수이다.

우리의 미르자[244]인 사자 마나스가
그렇게 하자고 한다면 말이지.〉 사람들은 이렇게 말을 주고받으며
서로의 의사를 확인했습니다.

짧고 단단한 나뭇등걸에 말을 매어놓고
안장에 묶어두었던 코르포초[245]를 꺼냈습니다.
무성하게 자란 녹색의 긴 풀 위에
코르포초를 민첩하고 능숙하게 깔고서
그 위에 앉아 달콤한 휴식을 취했습니다.
쉬다가 심심하면 지나가는 사슴을 쏘았습니다.
여든네 명의 용사는 그곳에서 충분한 휴식을 취했습니다.
쉬다가 또다시 심심해지면 사슴 사냥을 했습니다.
아무리 쉬어도 심심하지 않으면 여든네 명의 젊은이는 마냥 누워서 쉬었
  습니다.
(적들이 없을 때) 이렇게 충분한 휴식을 취해야 하는 것입니다.
그러니 용사 여든네 명이 숲에서 휴식을 취하도록 잠시 놔두기로 합시다.

앞서 나온 바 있는 에센 한은
낙타 마흔다섯 마리에다 온갖 귀한 재화를 싣고서 (알타이 지역으로) 보
  냈습니다.
재화 가운데에는 순금도 있고
값비싼 중국 비단도 있었습니다.

---

244 중앙아시아 이슬람권에서 신분이 높은 사람을 높이 부르는 말.
245 말에 싣고 다니는 이동용 슬리핑 백의 일종. 솜으로 만든 작은 이불.

(에센 한은) 쉬벤²⁴⁶에서 온 노예 여섯 명과
우이구르 출신의 사르트인 열 명과
칼믹인 열 명을 (오래전에) 낙타가 어디 있는지 찾으러 보냈습니다.
(에센 한은 이들에게) 마나스가 불행의 근본이 될 수 있다고 알려주고
길을 가면서 (마나스가 나타나는지) 면밀하게 관찰하고 경계하도록 알타
이에 보냈습니다.

에센 한이 사람들을 보낸 지도 꽤 오래되어 다시 (사람들을) 보낼 생각을
했습니다.

에센 한은 걱정이 되어 말했습니다. 〈낙타가 모두 사라졌다. 소식이 전혀
없어.
알타이 땅으로 길을 떠난 많은 사람이
어디에서 (무엇을 하고 있는지) 알아보아라.
소식을 듣거든 즉시 내게 돌아와서 보고하거라.
그 누구도 (방해가 되면) 무자비하게 해치우거라,
만일 투르크 사람들을 만나게 되면 말이다.

재화를 가득 실은 낙타 마흔다섯 마리와
내 사람들이 많이 실종되었다.
군사들을 보내 소식을 묻고 그들이 어디에 있는지 알아보아라.
누구든 대항하는 자가 있거들랑
그놈의 머리통을 잘라서 모진 맛을 보여줘 버려라.〉

---

246 중앙아시아 동화에 등장하는 상상의 지명이다.

에센 한은 결연하게 명령했습니다.
에센 한이 얼마나 사람을 많이 보냈는지!
에센 한이 보낸 군대의 대장은 누우케르였습니다.
켄트 시에서 가장 유명한 장수랍니다.

누우케르는 드디어 길을 떠났습니다.
구백 명의 군사를 이끌고 출정한 것입니다.
이들이 (마나스가 있는) 마랄 사냥터로 오고 있는 중입니다.
힘이 장사인 누우케르의 지휘를 받으며 군인들은
(마나스가 있던 마랄 사냥터의) 강 건너편에 당도했습니다.
누우케르는 강 건너편에 있는 (마나스와 그의 백성들을) 보았습니다.
〈알타이의 험한 곳에
그리고 바로 내 앞에 나타난 자들은 도대체 누구일까?〉라고 생각하면서도
누우케르는 속으로 적잖이 기쁘기도 했습니다. (오합지졸로 보였기 때문
  입니다)

〈누구든 죄지은 놈이 있으면 벌을 받을 것이다.
누구든 명부상 수명이 다하게 된 자는 죽게 될 것이다.
죽지 않은 자들을 (내게) 데려오너라.
내 앞에 오면 내가 문초할 것이다.
너희 가운데 백 명이 (강 건너편으로) 가거라.
강 건너편에 있는 자들에게 내게 오도록 이르거라.
혹여 반항을 하면서 "아니 가겠다."라 한다면
비단을 자르듯이 그들의 목을 베어버려라!〉
누우케르가 명을 내렸습니다.

백 명의 군사가 오르쿤 강가에 도착해서
강물이 너무나 세차게 흐르는 것을 보고 깜짝 놀랐습니다.
강물이 솟구치는 곳에는 유빙도 떠다녔습니다.
산등성이의 급격한 비탈지에서
자이산 강이 눈앞에 흐르는 오르쿤 강으로 (마치 폭포수처럼) 합류했습니다.
강물은 너무나 검고 또 검게 보였습니다.
급류와 회오리는 무시무시해 보였습니다.
키 큰 수풀은 (바람이 불면) 요란한 소리를 냈습니다.
높은 산들에서는 메아리가 진동했습니다.
포플러 나무들은 마치 촛불처럼 서 있었습니다.
강물에는 포말과 물결이 일렁였습니다.
버드나무와 자작나무가 빽빽하게 밀림을 이루고 있었습니다.
(숲으로 들어간 사람의 모습이) 나무에 가려 보이지 않았습니다.
강물은 요란한 소리를 내며 거칠게 흘렀습니다.
만일 사람이 강물에 조금이라도 다가가면
세찬 물결은 금방이라도 사람을 삼킬 듯 온몸을 뒤흔들어 놓았습니다.
누우케르가 보낸 백 명의 군사는
강물 가까이 말을 몰아갔습니다.
군사들은 강물을 들여다보았습니다.
군사들 모두 자신감을 잃었습니다.

군사들은 생각에 잠겼습니다. 〈사람은 이런 급류에 발을 담글 수 없어, 만일 누구라도 발을 물속에 넣는 순간
급류는 그를 쓸어가 버리고 그 사람의 생존은 장담할 수 없게 되는 거야.〉

군사들은 생각했습니다. 〈사람은 도보로 건널 수 없는 강이야.
누구든 강을 건널 요량으로 물에 들어가면
그에게는 무시무시한 일이 생기고 말 거야〉

군사들은 서로에게 말했습니다. 〈누우케르에게 돌아가서
그에게 보고하자. "누우케르님이 보내신 백 명의 군사는
(강물을 건너다 급류에 휘말려) 단 한 명도 남지 않고 모두 익사할 것입니
 다."라고.
자 서둘러, 전령이 가서 누우케르님의 대답을 받아와.
그래도 강을 건너라 명령하면 걸어서 건널 것이요
우리의 보고가 받아들여지면 다시 돌아가자.
사실 누구든 자신의 생명이 아깝지 않은 사람이 어디에 있겠어.
어째서 우리가 죽음을 향해 가야 하는 거야?〉
군사들은 이렇게 말하고 (강 건너기를 중단하고) 제자리에 머물러 섰습
 니다.

자신에게 보고하러 온 사람에게
용사 누우케르는 불같이 화를 냈습니다.

〈강물 따위를 무서워할 필요가 어디 있나?
전장의 소용돌이와 굉음보다 더 심하지 않을 거야!〉
그렇게 누우케르는 강을 건너도록 명령을 하달했습니다.

백 명의 군사는 마지막 한 명까지
강물 속으로 들어갔습니다.

급류가 흐르는 대로 군사들은 이리저리 떠밀려 다녔습니다.
군사들은 여기저기에 흩어져 떠내려갔습니다.
마치 물 위에 뜬 오리들 같았습니다.
자신의 옷을 아까워하지 않고 (두 손으로)
말꼬리를 용케 꽉 잡은 군사들은 무사히 강을 건널 수 있었습니다.

군사들 가운데 스무 명은 익사했습니다. 급류가 어디론가 그들을 휩쓸어
  갔습니다.
살아남은 이들은 두 눈으로 스무 명이 어떻게 죽는지 똑똑히 보았습니다.
건너편 강가로 무사히 건넌 사람은 백 명 가운데 여든 명이었습니다.
무사히 강을 건넌 사람들은 마나스와 사람들이 있던 곳으로
버드나무와 투가이를 헤치고
사람들이 있는 곳을 바라보면서 앞으로 나아갔습니다.

군사들은 마나스 일행 쪽으로 더 가까이 다가갔습니다.
강가에는 마나스가 배치한
경계병들이
전투태세를 갖추고서 준마를 타고 있었습니다.
(적을) 발견하고는 (경계병 중) 한 명이 (마나스에게) 돌아왔습니다.
〈백 명 남짓 되는 사람이 도보로 강을 건너고 있어.
 - 그는 마나스에게 다가가면서 보고를 했습니다. -
긴 칼과 소총을 지닌 군사들이
강물로 뛰어들었어.
곧장 우리가 있는 곳으로 오고 있어.
아주 무시무시한 우두머리가 명령을 하지 않았다면

이런 급류에 뛰어들 사람은 없을 거야.
만일 우두머리가 군사들을 완전히 장악하고 있지 않다면
누가 죽을지도 모르는 강물에 뛰어들겠어?
내가 말하는 것을 어서 모두에게 알려야 할 것 같아.
모두 전투준비를 하고 기다릴 수 있도록.
지금이라도 적들이 이곳에 들이닥칠 것 같아.〉
적들이 다가오는 것을 보고 알려주러 온 경계병은
청년 마나스에게, 자신의 한에게
그렇게 상세하게 보고했습니다.

〈자 다들 자신의 말에 안장을 얹어라.
우리에게 오고 있는 사람들은 도대체 어디서 온 거지?
그들이 무슨 이야기를 하는지 유심히 들어봐.
만약에 그들이 우리에게 적으로 판명이 난다면,
우리는 모두 조금의 흔들림도 없이 모두가 다 한 사람처럼
나서서 그들과 치열한 싸움을 벌여야 할 것 같아.〉
마나스는 이렇게 말했습니다.

마나스가 이렇게 말하는 동안
누우케르가 보낸 여든 명의 용사가 (마나스 일행 앞에) 도착했습니다.
그들은 마나스 일행에게 다가와서 물었습니다.

〈너희는 알타이에 사는 종족이냐?
어디에서 이곳으로 온 것이냐?
너희가 유목민이라면 가축 떼가 있을 텐데 너희에겐 가축이 보이지 않고

너희가 농민이라면 씨앗을 뿌릴 밭이 있어야 하는데 그런 밭은 여기에
　없고
너희가 상인이라면 거래할 상품이 있어야 하는데 그런 상품이 보이지
　않고
너희에게는 아무것도 없구나.
장검, 소총 그리고 여타 무기가
너희에게 있는 것이 우리 눈에 보이는구나.
너희가 할 만한 일을 살펴보니
아마도 힘을 써서 하는 일로 보인다.
사냥개와 사냥용 매가 너희에게 있는 것으로 보아
산속에 들어가서 사냥을 하고 사는 게로구나.
여기에 온 목적이 사냥이 아니냐?
행색을 보아하니 다들 한처럼 잘 꾸미긴 했는데
너희는 도대체 누구냐
여행하는 사람들과 비슷하기도 하구나.〉
용맹한 누우케르가 보낸
군사들은 바로 마나스를 보면서 말을 걸며 물어보았습니다.

그러자 이번에는 마나스가 묻기 시작했습니다.
〈그대의 말투가 상당히 고급스러운데
권력자 밑에서 일하는 것 같소,
그대들은 누구인가?
우리는 황소 떼를 찾아다니고 여기서 사냥을 한다.
그대들이 보는 바와 같이.〉
마나스는 대답을 겸해서 물었습니다.

크타이 사람은 대부분 불신자입니다.
신을 숭상하는 사람들이 아닙니다.

군사들이 이어서 말합니다. 〈우리 민족은 카칸친 출신이다.
거기에는 죽음의 신도 감히 다가오지 못한다.
그리고 우리에게는 도망을 친다는 전통이 없다.
누우케르가 우리 군대의 대장이다.
(누우케르가) 강 건너편에서 먼 곳에 있는 너희를 보고
우리에게 명령하셨다. "가서 저자들을 끌어오라,"
말에 안장을 얹고 서둘러 (누우케르에게로) 가자.
만약에 너희가 우리 한에게 가려 하지 않는다면
너희 가운데 한 놈도 성하지 못할 것이다.〉

강의 저쪽 편에는
그들의 한인 용맹한 누우케르가 있었습니다.
그들은 마나스에게 서둘라고 재촉했습니다. 〈어서 말에 안장을 올려라〉
그들은 벌써 다시 돌아가려고 했습니다.
그 순간 청년 마나스는
그들에게 다시 물음을 던졌습니다.

〈좋습니다. 용맹스러운 분들께서는 누우케르가 보내서 오셨군!
이제 그대들의 이야기를 들을 순서요.
그대들은 우리에게 어떤 용무가 있으신지?
그대들이 공격을 하고 싶은 알타이 사람 가운데
누가 구체적으로 그대들의 적인지?〉

마나스는 그들의 정곡을 찌르는 물음을 던졌습니다.

〈우리는 누가 우리의 적인지 모른다.
누우케르라는 지배자에게
우리를 배속시켰다는 것을 알고 있을 뿐이다.
자 이제 강을 건너가자.
누우케르가 너희에게 하고 싶은 이야기를
너희가 누우케르 한에게 직접 들으면 된다.
(이 애송이는) 아주 직설적인 찬투[247]로구먼!
아직 어린 녀석인데
말을 아주 날카롭게 뱉는구먼!〉
(누우케르가 보낸 군사들은) 용맹스러운 청년 마나스에게 이렇게 말을
    한 뒤
서둘러 길에 나서라고 명령했습니다.

〈서둘러 출발해라 죽고 싶지 않거든 말이다.〉
누우케르가 보낸 군사는 마나스에게 거칠게 말했습니다.

〈그대가 나를 재촉해서 가축처럼 몰고 갈 수 있다고?〉라고 말한 뒤
마나스는 허리춤에 차고 있던 보검인
알바르스를 확고한 의지를 보이며 뽑아 들었습니다.

〈내가 너를 뒤쫓은 사람인 것이다!〉라고 마나스가 말을 한 뒤

---

[247] 찬투는 크타이 사람들과 칼믹 사람들이 이슬람교도를 지칭하는 말이다.

누우케르의 군사의 목을 싹둑 잘랐습니다.
누우케르가 보낸 군사 백 명을 이끌던 분견대장의 목이 사라졌습니다.
크타이 사람들 가운데 세찬 급류를 건너온 자는
모두 여든일곱 명이었습니다.
이들 모두를 마지막 한 사람까지 (마나스가) 목을 베었습니다.
그들에게 뜨거운 맛을 보여준 것입니다.
바로 이렇게 마나스는 크타이의 분견대를 처리했습니다.
그들의 말, 의복, 무기들을
여든네 명의 알타이 사람이 전리품으로 취했습니다.
크타이의 정예군에게 대 패배를 안긴 것입니다.
마나스에게 온 백 명의 군사 가운데
열셋은 급류에 휩쓸려 익사하고
여든일곱은 바로 이곳에서 마나스에게 죽임을 당한 것입니다.
생존자는 단 한 명도 없었습니다.

그런 뒤에도 아무런 후속조치를 취하지도 않고서
마나스를 비롯한 알타이 용사 여든네 명은 거기서 밤을 보냈습니다.

〈백 명의 군사에게 도대체 무슨 일이 벌어진 것일까?
그들 가운데 단 한 사람도 돌아오지 않았어.
이들 모두 어디로 사라진 것일까?〉
이렇게 생각하면서 벨리칸 누우케르는 잠자리에 들었습니다...

〈내가 보낸 나의 백성 가운데 단 한 명도 돌아오지 않았어〉
누우케르는 번민을 했습니다.

(오르쿤 강을 중심으로) 한쪽 편에는 마나스와 친구들이 있고
누우케르는 반대편 강가에 군사를 풀어놓고 대치했습니다.
두 진영은 급류가 흐르는 강을 사이에 두고 결전을 기다렸습니다.
급류 덕분에 밤의 평화가 잠시 주어졌습니다.
강 건너편 활짝 열려 있는 대지 위에는 크타이의 군사가 있었습니다.

크타이 군사들이여, 너무 서둘지 마시오! 그대들에게 잔인한 운명이 다가
 오고 있으니!

마나스와 친구들은 숲 속에 몸을 숨기고 있었습니다.
마나스 진영 전사 규모가 얼마나 되는지 도무지 종잡을 수 없었습니다.
눈으로는 마나스의 사람을 모두 볼 수 없었기 때문입니다.
한밤중이 되어 사방이 어두워지면
숲 위로 연기가 솟았습니다.
(숲에서는) 마치 하늘의 별들처럼 불꽃이 아른거렸습니다.
목초지에서는 이곳저곳에
말들이 뛰어다니는 모습이 눈에 들어왔습니다.
적의 수가 얼마나 되는지도 종잡을 수 없었고
적에 대해 아무런 정보도 얻을 수 없었던
벨리칸 누우케르는 비탄에 잠겼습니다.
누우케르는 무엇을 어떻게 해야 할지 도무지 알 수 없었습니다.
누우케르에게는 조그마한 행운도 없었습니다.
슬픔에 잠겨 누우케르는 밤을 뜬눈으로 지새웠습니다.

새벽의 어스름이 눈에 들어오며 날이 밝았습니다.

전투를 알리는 북소리가 울려 퍼졌습니다.
벨리칸 누우케르에게는
이제 팔백 명의 군사가 남아있었습니다.
카르나이[248]가 진격의 트럼펫 소리를 냈습니다.
수르나이[249]는 날카로운 소리를 내며 울어댔습니다.
행군대형 위로 깃발이 높이 솟았습니다.
깃발은 바람결을 타고 휘날렸습니다.
크타이 군사들은 심장을 울리는 거대한 함성을 지르며
번개같이 말을 달려 강물 속으로 뛰어들었습니다.
버드나무를 자르고, 포플러 나무를 잘라서
단단하고 물에 잘 뜨는 뗏목을 만들었습니다.
뗏목 하나에 이백 명 정도가 탈 수 있었고
말들을 물속에 뛰어들게 한 뒤 고삐를 끌고 강을 건너려 했습니다.
크타이 사람들은 네 개의 뗏목을 미리 만들었습니다.
팔백 명이 뗏목을 타게 된 것입니다.
서둘러 뗏목을 강물에 띄웠습니다.
물살을 몰라서
뗏목을 하나씩 물 위로 띄워야 했었습니다.
(마음이 급했던 크타이 사람들은) 뗏목을 모두 한꺼번에 물에 띄웠습니다.
뗏목들은 급류에 휩쓸려 서로 부딪히고
군사들에게 부상을 입히며
뗏목들이 강을 건너는 것을 스스로 방해했습니다.

---

[248] 중앙아시아의 금속악기. 트럼펫 소리와 비슷한 음색이 있다.
[249] 피리와 비슷한 중앙아시아의 악기이다.

뗏목에 걸려 죽은 군사의 수가 백 명이 넘었습니다.
생명을 건진 사람들은 강에서 빠져나왔습니다.
사람들은 목숨을 건졌지만 수없이 많은 말이 급류에 떠내려갔습니다.
말들이 사라지면서 군사들 가운데 일부는 보병이 되어버렸습니다.
이제 육백아흔 명이 살아남았습니다.
누우케르는 군사들에게 전진 신호를 보냈습니다.
목숨을 건진 군사들이 대형을 만들고
(출정을 앞둔 의식으로) 라아나트[250]에 절을 올렸습니다.

누우케르는 혼자 중얼거렸습니다. 〈알타이 놈들 도대체 어디 있는 거야?
내가 저놈들을 해치우지 못하면, 큰 수치다!
여기에는 버드나무와 키 큰 물가의 수초밖에 보이지 않아.
멀리서 봤을 때는 (알타이 놈들) 모두 애송이 어린 녀석들이었는데.
(백 명이나 몰려간 우리 군사 중) 단 한 명도 살아 돌아오지 못했거든.
도대체 백 명이나 되는 내 군사들은 죽었나, 아니면 어디에 있는 거야?
조금 전 강 건너편에 있던
알타이 놈들은 도대체 몇이나 되는 거야?

모두 말에 올라라.
사방을 잘 살펴라.
별 볼 일 없는 적들이 나타나거든
놓치지 말고 생포해라〉

---

[250] 불교의 제신 가운데 하나. 서사시 마나스를 비롯한 구비문학 작품에 자주 등장하는 불교의 신성이다.

누우케르가 군사들에게 이렇게 말했습니다.

(누우케르는) 사방으로 척후병을 보냈습니다.
누우케르의 장사들과 용사들은
사방으로 흩어졌습니다.
칠백 명이나 되는 크타이 군사들은
섬에서 몇 명 되지 않는 적을 발견하고
적들을 둥글게 포위했습니다.

〈너희는 어떤 종족 출신이냐?
어느 지역에서 사는 놈들이냐?
내가 알아야 하니 순순히 말하라〉
이름이 창창이라는 크타이 용사가
아주 빨리 말했습니다.

화가 난 듯 무뚝뚝한 대답이 돌아왔습니다.
〈불신자를 모두 멸하리라!
불신자는 너와 같이 불행한 운명을 타고났다!
네가 들었을지 모르겠다. 내 증조부는 바브르 한이시다.
증조부께서는 죽음에 이르렀을 때 스스로 자결을 택하셨다.
수없이 많은 적이 달려들었지만 적들의 손에 최후를 맞지 않으셨다!
나의 조부는 노고이다.
나의 부친은 바이 자큽이다.
내가 하는 말을 놀라지 말고 다 들어라.
나의 이름은 마나스이다.

만약에 전능하신 알라께서 나를 보호하시면
나는 어떤 역경도 이겨나갈 것이다.
만일 네가 내게 악의가 있다면
스스로의 명예를 위해 나서서 싸우는 것을 마다하지 말라.
너 자신의 영혼에 자비를 베풀 수 없다.
내가 너를 죽여주겠다.
마치 물이 흐르는 것처럼, 내가
네 피를 흘리게 할 것이다. 내 손이 장검을 잡는 바로 그 순간 말이다.〉

마나스는 우렁찬 고함을 질렀습니다.
그 순간 여든네 명의 전사는 자신의 말에 올라탔습니다.
적들로 둘러싸인 들판의 한복판에 몰려서
오직 신께 생명을 의탁한 채
결전을 기다리며 마나스와 친구들은 결연하게 일어났습니다.

크타이 진영에서는
큼카르라는 이름의 장사가
자신의 칼을 휘두르며
일대일 대결을 하기 위해 큰 소리를 지르며 말을 달려 나왔습니다.

콕초가 말했습니다. 〈마나스, 네가 이렇게 일을 크게 만들었어!
이 모든 게 네가 일을 잘 처리하지 못해서 그래, 이 짐승 같은 녀석아.
그러지 않았다면 이렇게 개죽음 당하지는 않았을 거야.
베이징은 다섯 달이면 닿을 수 있는 거리에 있어.
(크타이의) 군대가 이쪽을 향해 진군을 시작했다고 하면

알타이 사람들은 그들에 대항해서 맞서 싸우기보다는
황소 떼를 쏘아서 (양식을 마련한 뒤) 침착하게 후퇴를 하면 그만이야.
(크타이 사람들을) 죽였으니 우리가 바보짓을 한 거야.
네가 적을 만들었으니 절대로 벗어날 수 없게 된 거야.
에센 한을 쉽게 이길 수 있을 거라 생각했을 거야.
네 교만이 너로 하여금 물러서지 않게 했어.
카칸을 이기기가 쉽다고 생각했겠지
너는 내게 남이 아니야. 어머니 쪽으로 이종사촌이니까.
우리가 위험한 적을 깨운 거야.
만일 여기서 우리가 흩어져 달아나면
너는 우리를 원망하겠지.〉
아이다르칸의 아들인 용맹한 콕초가
이렇게 말했습니다.

그러자 마나스가 (콕초를) 설득했습니다.
〈콕초 네게는 생각이란 게 없군. 아무짝에도 쓸모가 없어,
죽도록 운명이 되어 있으면 죽게 되는 거야,
한이 언제나 왕관을 쓴 채 죽음을 맞는 것은 아니야.
적이 많다고 두려워할 필요가 없어.
이런 바보 같은 대화는 더 하지 말자.
적이 너무 많다고 생각하고 두려워하지 마
비열한 말들을 삼가는 게 좋아.
육백 명의 크타이 사람이 몰려와서
콕초 네 혼이 빠져서 바보가 되었어.
정신도 잃어버렸다고.

쓸데없는 말을 하고
그런 말을 계속하면
여기 있는 젊은 사람들이 겁을 집어먹을 수 있어.
서른 살에서 마흔 살 사이의 사람들은
우리 사이에 기껏해야 대여섯 명이야.
나머지는 모두 젊은이야
이 아이들이 두려움에 떨어야 네 속이 시원하겠니?
아직 머리 위의 권력을 겪어본 바가 없는 아이들이야.
전투를 하려는 열망을 아직 잃어버리지 않은 아이들이야
이들의 심장은 아직 적들 앞에서의 공포를 모르고 있어
우리는 모두 (진실로) 용감한 어린 전사들이야!
우리 같은 (죽음을 두려워하지 않는) 젊은이들은
전장에서 기적과 같은 힘을 발휘하거든.
정녕 콕초 너는 보고 싶지 않아?
누가 패해서 땅에 파묻히게 될지를?
감기에 걸려서도 죽는 사람들이 있어.
태어나자마자 죽는 경우도 있어.
아직 어른이 되지 못했는데도 죽임을 당해서
대지가 그를 삼켜버리기도 하지.
적들의 숫자가 칠백 명을 넘고
우리를 한가운데 몰아넣고 둥글게 포위하고 있어.
이런 자들뿐만 아니라
육천 명이나 되는 적과도
큰길에서 조우했었다.
불신자 네스카라가 왔을 때

우리를 알라께서 보호해주셨어.
콕초 너는 나보다 몇 살 더 살았잖아.
네가 그런 공허한 말을 하면
아무런 의미도 없이 스스로를 두려움에 떨게 하는 꼴이야.〉
용맹스러운 마나스는 이렇게 말했습니다.

〈마나스, 너는 한이야, 일대일 전투에 나서지 마라〉
아이나쿨이 마나스에게 말했습니다.

분노에 가득 차서 휘파람 소리를 내며
아이다르칸의 아들, 용맹무쌍한 콕초가
채찍을 말에 휘두르며 달려나갔습니다.
크타이의 장수인 큼카르와
콕초가 일대일 대결을 벌였습니다.
콕초의 창끝이 적을 관통했습니다.
콕초의 창이 적의 가슴에 명중한 것입니다.
회색 당나귀를 타고 있던 큼카르는
안장에서 날듯이 떨어졌습니다.

(이 모습을 보던 크타이 진영에서) 이름이 볼종이라는 장수가
자기 진영을 박차고 앞으로 뛰어나왔습니다.
볼종은 목이 흰 말을 타고 있었습니다.
볼종은 다른 사람과 완전히 구별되는 특징이 있었습니다.
벽력같은 소리를 지르며 볼종이 말을 달려 나왔습니다.
그의 모습을 보는 사람은 누구든 저절로 몸을 떨게 됩니다.

그는 죽음을 부르는 활과 매끈한 화살이 있었습니다.
볼종의 화살통에 화살들이 있었고
푸른 소총은 넓은 총구를 검게 드리우며
격발기에서는 불붙은 심지가 타들어갔습니다.
장수 볼종이 나타나는 것을 보고서
용맹스러운 콕초는
그와 대결하려고 다시 나아갔습니다.

볼종이 말했습니다. 〈네놈이 큼카르를 파멸시켰다.
더러운 찬투[251] 같은 놈!
네놈이 장사라는 것을 어디 한번 보자!〉
볼종은 고함을 치면서 콕초를 향해 말을 달렸습니다.

〈용맹한 콕초에 다가가서는
창을 쓰지 않고 총탄으로
콕초를 죽일 것이다〉라고 생각한 뒤
마나스는 (콕초를 구하려고) 전투를 준비했습니다.
마나스는 자신의 아켈테에서 총탄을 단 한 발 발사했고
볼종은 즉사했습니다.

이 광경을 본 누우케르는
채찍을 휘두르며 말을 달려 나왔습니다.
귀를 먹게 할 정도의 큰 소리를 질렀습니다.

---

[251] 중앙아시아에서 무슬림을 부르는 속어

누우케르는 콕초를 향해 나아갔습니다.
마나스는 이제 자신이 일대일 대결에 나설 때임을 알았습니다.
어릴 때부터 신은 마나스를 보호했습니다.
창으로 찔리게 되어도 신께서 온전하게 해주었습니다.
전능하신 신께서 마나스를 보호해 왔습니다.
사자 마나스, 우리의 장수
아쿨라에게 채찍을 내리치면서
벨리칸 누우케르 쪽으로 말을 달렸습니다.
적장을 만나러 마나스가 나아갔습니다.

콕초가 놀라서 말했습니다. 〈장수 마나스, 무슨 일이야?
무슨 불행이라도 생겼어?
일대일 대결에는 내가 나왔어
너는 어디서 갑자기 나타났어?
무슨 불행이라도 생겼어?
용맹한 콕초는 그렇게 말했습니다.

〈크타이 진영에서 나온 누우케르는
나도 전에 들은 바 있는 장수야.
이 세상에서 가장 힘이 센 자라고들 하거든.
내가 그를 보면서
콕초 네가 염려되었어.
그래서 뛰어나왔어〉
용맹한 마나스가 이렇게 말했습니다.

벨리칸 누우케르가 달려들었기 때문에
두 사람은 더는 대화를 할 수 없었습니다.
벨리칸 누우케르가 가까이 와서
두 젊은이 앞에 버티고 섰습니다.
누우케르는 독기를 품고 노려보고 있었습니다.

(바로 그 순간) 아이다르칸의 아들인 용맹스러운 콕초가
소리를 지르며 누우케르를 향해 날듯이 말을 몰았습니다.
소총을 쏘아보지도 못하고, 활을 들어보지도 못한 채
장검을 꺼내거나 창을 잡지 못한 채 뛰어나갔으니
이런 것을 용기라 하지 않으면 도대체 무엇이 용기란 말입니까?

거대한 누우케르는 큰 소리를 지르며
분노를 삭이고
아이다르칸의 아들 콕초가 사정거리에 들어오기까지 기다린 다음
안장에서
돌멩이를 꺼내 콕초에게 일격을 가했습니다.
누우케르는 이미 만반의 준비를 하고 있었던 겁니다.

이 모습을 본 용맹스러운 마나스는
아쿨라에게 채찍을 내리치면서
큰 소리를 지르며 누우케르를 덮쳤습니다.
누우케르는 말 등에 앉아서
삽을 움켜쥐고 공중으로 들어올렸습니다.
누우케르는 한 손에 콕초를 붙잡고

허리를 내리쳤습니다.
용맹한 우리 마나스는
콕초와 콕초를 붙잡고 있는 누우케르까지 둘 다 붙잡고서
자신의 진영으로 말을 몰았습니다.
자신의 여든 명의 친구들에게로 급히 돌아왔습니다.
여든 명 모두 공포에 질려서
일제히 마나스를 뚫어져라 바라보았습니다.
콕초의 옆구리를
누우케르가 붙잡고 있었습니다.
용맹한 마나스는 누우케르까지 자기 진영에 데려온 다음
벨리칸 누우케르를 손보았습니다.
마나스는 누우케르의 목을 베어버렸습니다.
마나스는 누우케르의 목을 잘랐습니다.

멀리 서 있던 누우케르의 칠백 명 전사는
모두가 한몸인 것처럼 말을 몰아
전투를 하러 달려왔습니다.

옆에 서 있던 여든네 명의 전사 역시
자신의 길을 지키면서
창과 장검을 손에 잡았습니다.

〈바아베딘!〉이라는 소리를 지르며
창을 들고 적들이 달려들었습니다.

여든네 명의 전사는 〈마나스!〉라고 소리를 지르며
적들에 맞서 싸웠습니다.

도끼로 머리통을 내리치고. 샥 – 샥!
창으로 가슴을 찌르고. 착 – 착!
장검으로 머리를 자르고. 직 – 직!
모두 정신이 나간 것처럼 손에 잡히는 무기를 휘둘렀습니다.
머리는 검붉은 피로 범벅이 되었습니다.
옷은 해지고 구멍이 났습니다.
모자를 눌러 쓰고 있는
불행한 둥근 머리통들은
채색된 둥근 통처럼 굴렀습니다.
표범 마나스는 소리를 질렀습니다.
적들을 물리치면서 마나스는 고함을 질렀습니다.
아이다르칸의 아들인 용맹무쌍한 콕초는
크타이 군사들을 공포에 몰아넣고서
한쪽에서 다른 쪽으로 훨훨 날아다니며
적들을 처단했습니다.
화살들이 가까운 곳과 먼 곳의 적을 향해 날았습니다.
가까운 적과 멀리 있는 적을 가리지 않고 총알이 날았습니다.
아켈테는 귀를 먹게 하는 소리를 내며 총알을 발사했습니다.
〈마나스, 마나스, 마나스!〉라는 외침은
귀를 먹게 하는 굉음으로 전장에 울려 퍼졌습니다.
사자 마나스가 어떻게 싸우는지 보십시오.
위중한 순간이 닥치면

마나스를 수호하는 칠텐[252]이 나타났습니다.
용사 여든 명의 외침이 얼마나 컸던지
마치 팔천 명이 외치는 소리 같았습니다.
크타이 군사들은 점차 열세에 몰리며 혼비백산했고
비가 오는 것보다 더 많은 피를 흘렸습니다.
크타이들의 포위망 중앙이 뚫렸습니다.
마치 다른 세계로 나가는 통로가 만들어진 듯했습니다.
마나스의 뒤를 따라서 여든네 명 모두
전투에 돌입했고, 적들과 섞여서 처절한 싸움을 했습니다.
(마나스 진영의) 부상자는 여섯 명인가 일곱 명인가 되었고
이들은 앞에 있는 활에 의지했습니다.
아이나쿨이 말을 몰면서 소리를 질렀습니다.

〈모두 잘 싸웠다.
이제 부상자들을 말에 싣고
우리 임시 거처로 데려가자.
모두 거기서 만나자〉
아이나쿨은 이렇게 말을 한 뒤
숫자가 많은 크타이 군사들을
뒤쫓아 갔습니다.

만주 지역에서 온 마지벡은
말했습니다. 〈불신자들이 어디로 갔지?

---

[252] 마나스를 수호하는 40인의 수호신들이다

추격을 하면 그들을 내쫓을 수 있을 거야.
그들의 피를 물처럼 흘리게 하자〉

마지벡은 장검으로 내리치고 창으로 찌르며
도망치는 불신자들을 추격하고
말을 탄 자들을 말에서 떨어뜨리고 말 마흔 마리를 모았습니다.
찰르바이 역시 적들의 후위를 추격했습니다.
여든 명이 내는 소리를 더는 참지 못하고
전장에 임하는 고막을 찢는 듯한 고함을 견디지 못하고
크타이 군사들은 이를 극복하지 못하고
오르쿤 강에 몸을 던졌습니다.
좋은 말을 탄 군사들은
강물에 떠내려가지 않고
강 건너편에 닿을 수 있었습니다.
약한 말을 타고 있던 크타이 군사들은
등까지 물에 잠겨서
마치 물에서 헤엄을 치는 듯한 모습으로 허우적거리며
생존에 대한 희망을 잃었습니다.
진흙에 빠진 듯 크타이 군사들은 허우적거렸습니다.
머리가 물속에 잠겼습니다.
물의 표면에서 힘을 쓰다가
푸른 점들처럼 물 위에 떠다니다가
마침내 힘이 다 빠지면
약해져서 물속으로 가라앉았습니다.
그들이 썼던 모자는 주인과 분리되어

강의 물결 위에서

둥둥 뜨며 빙글빙글 돌았습니다.

그들의 몸이 물에서 사라져 갔습니다.

운이 좋아 몸이 성한 사람들은

공포를 느끼며 생각했습니다. 〈아, 우리가 패배했다!〉

크타이 사람들은 보았습니다.

강을 건너는 것이 얼마나 어려운지를.

많은 사람이 물에 빠져 죽었습니다.

강 건너편까지 도달한 사람들은

보동 산으로 도망쳤습니다.

제르켄 산 쪽으로 도망쳤습니다.

힘센 장수 누우케르와 함께

온 군사의 수가 구백이었습니다.

이들 대부분이 목숨을 잃었습니다.

이들이 패배하지 않았다면 어떻게 되었을까요?!

전장에 나선 군사 구백 명 가운데

겨우 목숨을 건진 이는 이백여 명이었습니다.

살아난 자들은 에센 한에게 몰려갔습니다.

칠백 명이 죽었습니다.

키르기스인들은 그들의 죽음을 보았습니다.

그들의 말과 옷을

키르기스인들이 노획품으로 확보해서 나눠 가졌습니다.

제일 마지막으로 노획품을 챙긴 친구도

말 열한 필을 차지하고

노획품 때문에 부자가 되었습니다.

노획품을 모아 놓은 곳은 큰 산처럼 보였습니다.
노획품으로 유르타가 가득 찼습니다.
안장을 벗겨서 가졌고
의복과 모자를 차지했습니다.
오늘은 모두 행복했습니다.
최종적으로 적들을 몰아내고
그들의 검은 피를 흘리게 한
호랑이 마나스 장수는
이제 '피에 굶주린'이라는 수식어를 하나 더 갖게 되었습니다.

유르타는 탄약으로 가득 찼습니다.
올가미를 두 개씩 실었습니다.
〈이제 피에 굶주린 마나스〉라고 불러야 한다면서
모두 마나스를 진정한 추레로 인정했습니다.
안그르트 산의 굴곡진 능선을 넘고
알타이 평원을 지나
집으로 돌아왔습니다.
아이든 호숫가에 있는
사르-콜과 마므르로 돌아왔습니다.
바이 자큡이 유목지로 정한 곳으로 돌아왔습니다.
모두 무사히 여행을 마치고 돌아왔습니다.
그들이 본 것을 모두
알리고 이야기했습니다.

사람들에게 이틀간 휴식을 주고

사흘째 되는 날 용맹스러운 마나스는
전쟁에 사용하기 위한
말 가운데에서
선행을 할 때 기부하려고 정해놓은
소 떼 가운데에서
캄바르보즈 황소 떼 가운데에서
일곱 마리를 골라 끌고 온 다음
모두 도축하라고 명했습니다.
땅에 아궁이를 마련하라고 명했습니다.
알타이에 사는 주민 가운데
단 한 사람도 빠뜨리지 않고
모두 마나스에게 오라고 청했습니다.
〈알타이에 사는 사람은 모두
마지막 한 사람까지 모이도록 하세요.
사람들이 얼마나 되는지 내게 말해 주기 바랍니다.〉

알타이 사람들이 모두 모였습니다.
다른 민족 출신인 망굴 사람들도 모였습니다.
지혜로운 자이산 용사도 왔습니다.
쿨두르 벡과 칼다르 벡도 이곳에 왔습니다.
만주 지역에서도 왔습니다.
젊은 벡 마지크도 왔습니다.
항상 참석을 하는 도곤 노인도 왔습니다.
여기에는 이들 이외에도
알타이 사람들도 있습니다.

알친 사람들, 우이슌 사람들 그리고 나이만 사람들도 있습니다.
아르근 사람들 가운데 카라코조가 참석했습니다.
아바크 사람들 가운데에는
아이다르칸 용사가 여기에 있습니다.
키르기스 사람들 가운데에는 살라마트가 있습니다.
큽착 사람들 가운데에는 말을 잘하는 타스가 왔습니다.
노고이의 아들 바이 자큽이 참석했습니다.
토투 사람들 가운데에는 토크토가 왔습니다.
로쿠쉬 사람들 가운데에는 오무르작이 여기에 있습니다.
말을 잘하기로 유명하고 독설가인 아브들다도 참석했습니다.
아브들다의 동향 사람인 아큼벡도 왔습니다.

〈자 다들 한번 상상해 보십시오. 우리의 용감한 젊은이들이
사방에서 이방인들에게 완전히 포위되었는데,
알고 보니 포위한 이방인들이 불신자에다 적이었단 말씀입니다.〉
베르지케는 그 상황을 애써 상상으로 떠올리려 하면서 꿈을 꾸듯 말했습
   니다.

〈훌륭하신 분들이 여기에 오실 겁니다.〉 바이 자큽이 말했습니다.
바이 자큽은 나이든 사람들의 대표자 격입니다.
가장 현명하신 분들은 이미 자리를 잡고
여기 앉아 계십니다.
나이가 지긋한 바이 자큽은 손님들에게 대접할 음식을 내오라 말하고
천천히 입을 열었습니다.

〈우리가 한에게 적대적인 행동을 해왔습니다.
불신자들에게 우호적이지 않았고
칼믹 사람들이 알타이 땅에 다수 거주하는데
그들의 대부분을 우리가 알타이 땅에서 내쫓았습니다.
안기르 강을 따라 살고 있는 종족인 쉬베르츠 사람들이
칸가이에서 우리 아일에 도착했습니다.
여러분 자 주위를 잘 보십시오.
불신자는 모두 우리의 적이 되었습니다.
따라서 (이들의 공격에) 대비하는 것이 필요한 때가 되었습니다.
키르기스 사람들과 카자흐 사람들을 비롯한 모든 투르크의 자손을
제가 생각하기에는 (알타이 땅에서) 그냥 잘 살도록 내버려 두지 않을
  것입니다.
우리를 죽이고 우리의 후손들까지 모두 절멸시키려 들 것입니다.
우리는 이러한 불행이 우리에게 닥치도록 내버려 둘 수는 없습니다!
우리는 스스로 보호할 아무런 준비도 하지 않고 그냥 있을 수는 없습니다.
만일 모두가 말을 질주하며 우리에게 달려들게 되면
우리에게는 큰 불행이 있게 될 것입니다!
이런 일이 일어나지 않도록 우리 아일에는
어린아이조차도 (적에) 저항하는 데 예외가 없도록 조치하고 있습니다.
(우리가 패배하면) 우리의 여성은 모두 노예로 전락할 것입니다.
우리에게는 빛이 없는 암흑이 찾아올 것입니다.
우리의 남자는 모두
계단에 깔아놓는 비단 카펫처럼
마구 짓밟히는 노예가 되고 매매되는 물건이 될 것입니다.
우리를 팔아서 돈을 벌어 그 돈을 궤짝에 가득 넣을 것입니다.

지도자급 인사들은 모두 죽임을 당할 것입니다.
모든 여성을 과부로 만들 것입니다.
값도 치르지 않고 우리의 가축을 (마음대로) 몰고 갈 것입니다.
지식 있는 사람을 모두 학대해서
우리 종족에 지식이 남아있지 않도록 씨를 말릴 것입니다.
우리 모두를 죽이지 않으면 쫓아낼 것입니다.
한곳에 살지 못하게 여러 변방으로 몰아낼 것입니다.
여러분 모두 제가 하는 말에 동의하신다면
만일 여러분의 바이 자큡이 올바른 말을 한다고 생각하신다면
모두 같이 이 일에 대비하십시다.
완력 있는 불신자가 이곳으로 오면
우리가 그 불신자에게 저항할 수 있도록 말입니다.
만일 죽음의 시간이 닥쳐온다면 우리가 무엇을 해야겠습니까?
모두 함께 나가 싸워서 함께 죽도록 합시다.
크타이 사람들이 우리를 살려두지 않듯이
우리도 그들에게 파멸을 맛보도록 합시다.〉

바이 자큡이 이렇게 말을 하자
자리에 앉아있던 사람들은
바이 자큡의 말을 경청한 뒤
서로 의논하기 시작했습니다.
누군가는 (최근의 사건들을) 다시 떠올렸습니다.
네스카라와의 전투가 있었을 때를 돌아보았고,
열한 명의 사신이 아일에 와서
〈너희를 모두 죽여 버리겠다!〉라고 하던 일도 떠올렸습니다.

장사인 누우케르가 지휘하는
구백 명의 군사가
알타이 땅에 들어왔다가
마나스와 친구들의 응전을 받고 패배한 사안까지 떠올렸습니다.
알타이에 거주하는 칼믹 사람들은 적지 않은 수인데
이들 대부분이 크타이 쪽으로 넘어가서
칼믹 사람들의 염원이 그곳의 한에게 전달되었다 하니
이제 그들은 면밀하게 (우리를 공격할) 준비를 할 것이라고 염려했습니다.
바이 자큽은 여기 모인 모두에게 한 가지 제안을 했습니다.

〈만약에 권력이 없으면 일을 조화롭게 할 수 없습니다.
백성들이 알아서 모든 일을 처리할 수는 없기 때문입니다.
지도자가 없으면 좋은 일을 할 수 없는 것과 같은 이치입니다.
질서가 없으면 풍성함도 없습니다.
누구에게든 한이 있으면 불행에 빠지는 일은 없습니다.
만일 어떤 사람이 무장을 잘 한다면 그는 비탄을 겪지 않을 것입니다.
만약에 목초지가 없다면 가축도 존재할 수 없습니다.
만일 크타이 사람들이 순식간에 우리를 공격하면 우리 가운데 생명을
  부지할 사람은 없을 것입니다.
평범한 사람들이 없다면 벡도 존재하지 못하는 이치입니다.
일을 외면하고 누워있어서는 되는 일이 없습니다.
백성들이 없다면 한도 없습니다.
몸이 없으면 정신도 없는 것과 같은 이치입니다.
우리 주위에는 적이 가득합니다.
만일 불시에 적이 들이닥치면 우리 가운데 살아있을 사람이 없습니다.

만일 여러분께서 스스로의 생명을 보존하고자 한다면
자신들의 한을 옹립해야 합니다.
한을 세우지 않으면 아니 됩니다.
(한이 있으면) 적들이 우리를 만만하게 보거나 함부로 공격하지 않을 것
 입니다.
우리는 한을 (머리로) 모신 백성이 되는 것입니다.
만일 불신자들이 우리를 해하려 들면
저항을 하도록 노력해야 합니다.
하지만 만약에 모두 죽게 된다면
하나의 큰 구덩이를 파서
우리 모두 함께 이승을 하직하면 적들이 우리를 모욕할 수 없습니다.
만약에 우리가 생명을 지키게 된다면
그렇다면 한 언덕에서 함께 살면서
여러분 가운데 도덕성이 투철하신 분을
벡으로 선출하고
모든 사람에게 결과를 통지합니다.
여러분 가운데 한 분을 우리의
우리의 한으로 옹립하도록 제안합니다.
그리고 이 사실을 모든 사람에게 고할 것입니다.
만일 불신자들이 우리를 공격한다면
모두가 잘 무장해서
적들을 맞아 싸울 준비를 할 것입니다.〉

바이 자킆이 이렇게 말할 때
바이 자킆의 곁에는 아크발타 노인이 있었습니다.

베르지케도 곁에 있었습니다.
알타이 사람들 가운데 오늘 이 자리에 참석한 사람들은
〈바이 자큽의 제안이 옳은 말인가?〉라는
바이 자큽의 물음에
모두 고개를 끄덕였습니다.
사람들은 웅성거리면서도 〈좋은 말이다!〉라고 답했습니다.
바이 자큽에게 존경을 표하면서
그곳에 모여 있는 사람은 모두
두 손을 모으고 (바이 자큽에게) 허리를 숙였습니다.
바로 그 날 대다수 사람들은
말했습니다. 〈생각을 해보니 그의 말이 옳다.
그를 칭송하자. 모든 것이 다 옳다.
바이 자큽이 한 말이 다 옳다.
모인 사람 가운데에는 알타이 사람들이 적지 않았고
칸가이 사람들도 제법 있었습니다.
만주의 지도자들도 있었습니다.
일천 세대의 트르고오트 사람들과
세 부족으로 구성된 카자흐 사람들은
한 사람도 집에 머물지 않고 이곳에 와 있었습니다.
키르기스의 마흔 부족 역시 모두 이곳에 와 있었습니다.
페르가나 사람들도 모두 이곳에 있었습니다.
그렇다면 이제 우리의 한이 나오도록 해야 할 때입니다.
츠금[253]을 낼 수 있는 사람이 우리의 한이 되어야 합니다.

---

253 일종의 기부이다. 가난한 자들을 구휼하려고 희사하는 돈이나 재물을 츠금이라

모두 (한이 되고 싶은 분은) 손을 들어보시오!
여러분 가운데 정의롭고 거짓말을 하지 않는 분과
원정에 자발적으로 참여하는 분이
한의 지위에 오르기에 합당한 분이오.
적과 일대일 대결에 나서서 밀리지 않는 힘을 가져야 하고
적들과 전장에 나아갈 용맹함이 있어야 하고
문자의 사용이나 아름다운 화법에도 일가견이 있어야 하고
권력이 무엇인지에 대해 고민을 한 분이 한이 되어야 하오!〉
노소를 가리지 않고 모든 사람이
이렇게 말했습니다.

〈내가 우리 백성들을 위한 한이 되겠습니다.
부족함이 많지만 우리 백성이 시키는 일을 열심히 수행할
준비가 되어 있습니다〉라고 말하며
나서는 사람은 단 한 사람도 없었습니다.

그곳에 모인 사람들은
기다리기도 하고 서로 의논을 하기도 했습니다.
그때 마나스와 함께 사냥을 다녀온 여든네 명의 젊은이가
그 자리에 모인 사람들을 바라보며 말했습니다.

〈여러분께서 느끼는 어려운 점이 무엇인지 모르겠습니다.〉

한다. 여기서는 한이 되려면 자신의 재산을 희사해서 모든 사람의 복지를 위해
써야 한다는 서사시 마나스의 기본 생각이 깔려있다.

여든네 명의 젊은이는 이렇게 말했습니다.

〈우리 모두 같이 사냥을 다녀왔습니다.
우리 젊은 사람들 사이에는 여러분만큼
흰 수염이 날 정도로 나이가 든 사람은 없습니다.
우리는 여러분 모두의 의견을 다 잘 알지는 못하지만
우리의 한은 벌써 결정되었습니다!〉
아이나쿨 청년은 이렇게 말했습니다.

〈여러분!-아이나쿨 청년은 말을 계속했습니다.
네 살 된 흰 말 체게를 타고 다니는 분이 우리의 한입니다.
우리는 체게를 초원에서 잡아서 (잔치를 했습니다.)
우리의 한이 된 젊은이의 이름은 마나스입니다.
우리 자신이 마나스를 한으로 선택했습니다.
우리는 우리에게 한이 나오셨다고 선포했습니다.
우리가 선택한 한이
지체 높으신 분이나 그렇지 않으신 분이나
나이드신 분이나 젊으신 분들의
마음에 들지 않으십니까?〉

살라마트의 아들 아이나쿨은
이렇게 그동안 있었던 일을 모두에게 다 이야기해 주었습니다.

말을 잘하고 신랄한 표현을 즐겨 쓰는
우즈벡인의 아들인 아브들다가 말했습니다.

〈사실입니다. 우리가 한을 선출했습니다.
바이 자큡이나 그의 아들 마나스 두 분 모두
우리 사이에서 가장 훌륭하신 분들입니다.
두 분의 재산은 호수를 다 채울 정도로 많습니다.
만일 마나스가 우리 모두의 한이 된다면
마흔 명의 마나스의 수호신도 언제나 마나스와 함께할 것입니다.
마나스는 마흔 명의 수호신의 머리이기도 한 것입니다.〉

아브들다는 열정적으로 이야기를 했고
사람들은 (마나스를 한으로 택한 것이) 바람직한 일이라 생각하는 것 같았습니다.
젊은 사람들과 나이든 사람들에게서 큰 소리가 들렸습니다.

〈마나스가 우리의 한이 되었다!〉라고 하는
사람들의 나직한 말이 여기저기에서 들렸습니다.
모든 사람이 마나스가 한이 되었다는 사실에 만족했습니다.

캄바르는 콕초를 야단쳤습니다.
〈너는 차라리 태어나지 말아야 했어!
그래 네가 태어나서부터
지금까지 정녕 네게 부족한 것이 있었더냐?
겨우 두 살짜리 말 한 마리를 아까워하다니.
우리 사람들 모두에게 즉시 알려져 버렸다.
네가 얼마나 인색한 사람인지 말이다.
한의 권력을 키르기스 사람들이 가져가게 되었구나.

카자흐 사람들에게는 아무것도 남지 않았다.
이제 너는 네 부친과 함께 평생 사람보다
가축을 더 귀하게 여긴 사람이 되었다. 사실 이런 사람들을 짐승이라 부
　른다.
신이 행복을 나누어주는 사람인
마나스는 (아까워하지 않고) 가축인 말을 잡아서(나눠주었다).
그러니 한을 선출하는 데 갈등을 겪던 사람들은
당연히 마나스를 한으로 선출하게 되는 것이야!〉
우리에게도 많은 사람이 있었다고 생각하며
캄바르 한은 상심했습니다.

〈여기 계신 여러분 가운데에서
혹시라도 마나스가 한으로 선출되는 것에 이의가 있으신 분은
혹시라도 마나스가 한으로 선출되는 것을 원하지 않는 분이 계시면
주저 없이 앞으로 나와서 그 사유를 말씀하시기 바랍니다.
나중에 자신의 아일로 돌아가신 뒤에 불만을 말씀하지 마시고요,
마나스를 한으로 선출한 뒤에
말썽이 나는 것은 바람직한 일이 아니니까 드리는 말씀입니다.
여기에 오신 모든 부족의 대표자 여러분께서는
"우리는 마나스를 한으로 세우지 않았다"고 나중에 말씀 마시고
지금 마음속으로 후회가 없는지 잘 살펴보시기 바랍니다.〉
아크발타가 이런 제안을 하며
큰 소리로 사람들에게 말했습니다.

바로 그때 갑자기

청년 사자 마나스가
회의장에 다가왔습니다.

〈저에게는 형이 없습니다.
불현듯 죽음이 다가오면, 죽음에서 벗어날 방법이 없습니다.
저의 동생은 아직은 너무나 어립니다.
여러분 모두 현명하신 용사들이십니다.
제게는 여러분께 드릴 말씀이 있습니다.
풍족하게 살아와서 제게 물질적으로 부족함은 없습니다.
하지만 만일 불행이 제 머리 위로 내려오게 되면
저를 곤궁에서 구출할 사람이
우리 집에는 없습니다.
나이가 연로하신 (부친) 자큡에게는
사태를 해결하실 힘이 없습니다.
카자흐 사람들과 키르기스 사람들은 한 식구입니다.
누구든 한이 되기를 원하시는 분이 있으면
앞으로 나오십시오.
만일 제가 초원에서 말을 잡아 (베풀어서) 한이 된 것이라면
만일 제가 초원에서 사람들이 저를 한으로 추대해서 한이 된 것이라면
저는 저의 유익을 구하지 않겠습니다.
커다란 불명예를 받지 않기 위해서라도
저는 (한의 지위를) 받지 않겠습니다.
여기에는 칼믹 사람들도 있고, 망굴 사람들도 있습니다.
여기에는 카자흐 사람들도 있고, 키르기스 사람들도 있습니다…
트르고오트 사람들 가운데 칸가이 사람들도 있습니다.

그들 가운데 원하시는 분이 한이 되도록 해주십시오.
저는 자유롭게 놔주시길 부탁드립니다.〉
청년 마나스가 이렇게 말했습니다.

사람들은 마나스가 그만두면 아니 된다고 말했습니다.
〈그대가 한 말이 옳습니다.
하지만 그대가 (한의 직위에) 가장 적합한 분입니다.
그대가 한이 되도록 우리 모두 선택한 것입니다.〉

사람들 대부분은 그대로 진행되기를 원했습니다.
나머지 사람들 가운데에는
각각 생각하는 바가 달라서 다른 사람이 한이 되는 것을 원하지 않았습
 니다.
사람들의 생각은 이렇게 다르고 합의에 이르기가 어려운 것입니다.

〈원정을 나가면 용맹한 자에게 행운이 따르는 법입니다.
용맹한 것은 물론이고 바이 자큽은
엄청난 재산을 소유하고 있습니다.
만일 바이 자큽의 아들이 너무 어려서
그래서 마나스가 한이 되기를 원하지 않는다면
비록 바이 자큽이 나이가 들긴 했으나
바이 자큽을 한으로 뽑는 게 어떻겠습니까?
적들 앞에서 용맹을 떨친
젊은 마나스 표범은
용사로 선임하기로 합시다.〉

몇 사람이 생각한 묘안을
모인 사람 모두가 지지했습니다.
바로 이때 미르자 콕초-벡이 다가와서 말했습니다.

〈그렇다면 자큽이 한의 권력을 쥐게 되는 겁니까?
용사의 직분은
마나스에게 가는 것이고요?
여기 계신 분들께서 추인해주시면
가장 중요한 일은
여러분의 의사에 따라 진행하겠습니다.
모든 사람이 동의를 하신다면
그렇다면 제가 추레가 되도록 허락해주십시오.〉

하지만 자신을 추레로 뽑아 달라는 그의 청은 캄바르와 아이다르칸의
분노를 이기지 못하고서
카자흐 사람들의 반대를
이기지 못하고서 무산되었습니다.

용맹한 콕초가
사람들 앞으로 나와서 말했습니다.

〈콕초는 자신이 추레가 되도록 사람들의 동의를 요청했습니다.
만일 대다수가 동의해주시면
그렇다면 "추레가 되었다"라고 선언할 수 있습니다.〉

사람들은 콕초의 요청에 다음과 같이 화답했습니다.
〈카자흐 사람들과 칼믹 사람들이 추레의 칭호를 갖도록 합시다.
누구든 자신이 속한 부족 가운데 선임만 되면
그의 이름에 추레를 붙이기로 합시다.〉

사람들 모두 큰 소리로 동의를 표했습니다.

〈그렇다면 카자흐인들 사이에서 추레가 선임되게 합시다!〉

사람들이 사방에서 큰 소리로 동의했습니다.

〈이제 한을 들고서 모셔 갑시다.
우리가 한으로 모신 분을 들고 갑시다.〉
사방 이 미터 크기의 흰 펠트 가죽을
사람들이 바닥에 깔았습니다.
흰 수염이 무성한 바이 자큽을
아크발타와 베르지케가
두 손으로 겨드랑이를 잡고 이끌어 갔습니다.
모두 자큽을 흰색 펠트 가죽 위로 모셨습니다.

바이 자큽이 말했습니다. 〈나를 데려가지 말고 건드리지 말아 주시게〉
지혜로운 자큽이 입을 열었습니다.
〈아무리 내게 재산이 많으면 뭐하겠는가?
내 영혼에는 언제나 슬픔이 가득한 걸,
여러분, 여러분이 보신 것처럼

나는 자식이 없어 많이 울며 살았다오.
이것이 내게는 제일 중요한 일이었다오.
내게 헤아릴 수 없이 재물이 많다지만
이런 것들이 눈에 들어오지 않았소.
그저 자식이 없다는 사실 때문에 매일 울었다오.
내 이렇게 나이를 먹은 뒤에 여러분이 "한이 되시오"라 말씀하시지만
나를 그냥 놔두시길 바라는 마음이라오.
내게는 의지가 되는 아들이 있는데
그리고 나는 이미 나이가 많이 들었는데
이제 내게 더는 죄를 짓게 하지 마시오.
한에게는 할 일이 많은 법이오.
여러분께서 "아들 대신 한이 되시오"라고 말씀하시는데
이런 상식적이지 않은 말이 어디에 있다는 말씀이오!
진정으로 나를 원한다면
나의 아들을 (한으로) 옹립하시오!〉
바이 자큡은 이렇게 말을 마친 뒤
큰 소리를 내며 울기 시작했습니다.
바이 자큡은 넘치는 눈물을 참을 수 없었습니다.
(젊어서는 자식이 없다고) 사람들의 멸시를 받으며 (눈물을 흘리던) 늙은 이가
이제는 나이가 든 것을 한탄하며 눈물을 흘렸습니다.
카자흐 사람들과 키르기스 사람들이 (바이 자큡) 주위를 둘러쌌습니다.
칼믹 사람들과 망굴 사람들도 다 함께
흰 펠트 가죽 위로
바이 자큡을 모셨습니다.

그의 아들인 용사 마나스도
흰 펠트 가죽 위로
바이 자큽과 함께
모셔다 앉게 했습니다.
많은 사람이 그들을 번쩍 들고서
일곱 걸음을 옮겼습니다.

〈이제 그만 해요, 그만〉이라고 말하면서
존경받는 나이든 자큽은
땅으로 내려왔습니다.
많은 사람은
젊은 마나스만 공중으로 들어올렸습니다.
일곱 번 주위를 둥글게 돈 다음
친척 마을에서 온 사람들은
〈우리의 희망이 이루어졌다〉라고 말했습니다.
모두가 이 말에 동의하고
마나스에게 한의 권력을 건네주었습니다.

〈여기에 한의 왕관이 있습니다.〉라고 말하며 사람들은
용사 마나스의 머리에 유목민의 긴 모자를 씌워주었습니다.
그러자 기분이 풀린 바이 자큽은
암말 아흔 마리를 잡아서
아흐레 동안 토이[254]를 베풀라고 했습니다.

---

[254] 중앙아시아 키르기스인들의 잔치

바이 자큽은 아흐레 동안 토이를 베풀었습니다.
키르기스 사람들과 친척 부족들은
합심하여 손님들을 접대했습니다.
노고이 시절부터 전해져오는 알로에 깃발은
자큽에게 그대로 남았습니다.
키르기스인들의 깃발을 높이 치켜들고서
바이 자큽은 토이를 시작했습니다.
나이든 자큽 영감은
기분이 좋아졌습니다.

아흐레가 흐른 뒤 토이가 끝나고
사람들은 모두 집을 향해 흩어져 갔습니다.
무엇이든 원하는 바는
모두 이루어졌습니다. 끝.

| 해설 1 |

키르기스 민중 서사시 『마나스』

무사예프(S. M. Musaev)

　키르기스 민중이 겪은 역사의 특수성은 구비문학이 발전하는 조건을 만들었다. 키르기스인들의 역사를 대부분 반영하고 있는 서사시『마나스』는 구비문학 작품 가운데 단연 돋보인다. 서사시의 내용에는 일상생활의 세세한 면부터 운명을 바꾼 중요한 역사적 사건에 이르기까지 민중의 삶의 모든 면이 담겨있다. 서사시『마나스』는 여러 세기에 걸쳐 키르기스인들의 영적인 삶에서 독보적인 역할을 해 왔으며 오늘날에도 여전히 키르기스인들의 삶에 큰 영향을 미치고 있다. 불과 얼마 전까지만 해도『마나스』는 키르기스인들에게 신앙(cult)[255]보다 더 고귀한 의미가 있었다. 영웅서사시 주인공의 이름과 삶의 여정은 키르기스인들에게 범상치 않은 특별한 의미로 여겨져 왔다. 키르기스인들이 소중하게 여기는 이상들은 대부분『마나스』와 관련되어 있다. 윤리적인 규범들과 선악의 개념

---

[255] 독자의 이해를 돕기 위한 역자의 말은 괄호 속에 넣었다. 신앙을 지칭하는 원문의 단어는 kul't로 영어의 cult이다. 이후 역자의 말에 대한 각주 생략.

들은 서사시『마나스』에 나오는 다수의 등장인물의 행동 속에 예시되어 있다. 마나스와 동료들이 보여주는 자신의 땅에 대한 사랑, 민중에 대한 헌신적인 봉사, 자유에 대한 갈망, 대범함, 전우애 등과 같은 특성들은 젊은 세대에게 귀감이 되었다.

서사시『마나스』의 분량은 유례를 찾아보기 어렵다. 사야크바이 카랄라예프(Sayakbai Karalaev)라는 저명한 이야기꾼에게서 채록한 하나의 판본에만 50만 행 이상의 시행이 담겨 있다. 서사시『마나스』의 기념비적인 가치는 무엇보다도 서사시의 내용과 예술적인 독창성에 있다고 설명된다. 키르기스인 다수 종족을 하나로 통일하고, 키르기스인들의 땅을 압제자에게서 해방하며, 침략자에게서 키르기스인들을 보호하기 위한 마나스의 영웅적인 업적에 대한 묘사가 서사시 내용의 근간을 형성한다. 여러 세대의 서사시 낭송자들은 수 세기에 걸쳐 서사시『마나스』의 내용을 확장하고 예술적인 기법들을 정교하게 다듬어왔다. 서사시『마나스』에는 키르기스인들의 다양한 민속문학 장르가 복합되어 녹아들어 있다. 죽은 사람들의 영혼을 추도하는 민속문학 장르인 코쇽(Koshok), 탄원하는 내용을 담은 서정적인 노래 장르인 아르만(Arman), 유언을 담은 노래 장르인 케레즈(Kerez), 교훈적인 서사시 장르인 사나트(Sanat)와 (유언 문학 장르에 해당하는) 나시야트(Nasiyat) 등이 서사시『마나스』에 융합되어 있다.

대중을 앞에 두고 서사시『마나스』를 구연하는 모습은 일반적으로 극장에서 이루어지는 공연을 연상시킨다. 이야기꾼이 즉흥시를 구연하면서 보여주는 창조적 영감과 절정(Ekstasy)에 이르는 상황, 그리고 이야기꾼이 연기하는 풍부한 몸짓은 복합적인 예술요소가 융합되어 표출되는 서사시의 특성을 드러낸다. 공연현장에서 서사시『마나스』는 키르기스 민속문학의 다양한 장르를 융합하는 측면뿐만 아니라 다양한 예술 분야의 요소를 포괄하는 면모를 보여준다. 오늘날에도 서사시『마나스』는 사람들에게 미학적인 즐거움을 선사하는 예술작품으로 남아있다. 사실상 키르기스인이라면 누구라도 서사시『마나스』의 근간이 되는 주요한 스토리라인을 잘 알고 있고, 중요한 에피소드들을 자신의 말로 바꿔서 설명할 수 있으며, 서사시『마나스』에 나오는 대표적인 시행들을 기억한다.

* * *

서사시『마나스』의 채록은 19세기 후반부에 시작되었다. 카자흐스탄의 저명한 민속학자 체. 체. 발리하노프(Ch. Ch. Valixanov)는 1856년 키르기스인들의 거주지에 머물면서 키르기스인 서사시 음송가수와 조우하고 그 가수의 서사시『마나스』공연을 관람했다.[256] 당시 발리하노프는 서사시의 여러 에피소드 가운데 하나를 채록했는데, 바로 이 순간이 서사시『마나스』의 텍스트가 채록되기 시작한 때이다. 서사시『마나스』에 대한 발리하노프의 연구저작물들에는 이 작품이 지닌 높은 수준의 가치에 대한 평가[257]가 담겨있으며, 서사시 내용에 등장하는 기본적인 에피소드들[258]에 대한 설명도 부가되어 있다. 발리하노프는 자신이 채록한 서사시의 내용을 부분적으로 러시아어로 번역했다. 〈쾨쾨툐이 추도식〉이라는 제목으로 번역된 부분은 산문형식으로 기술되어 있다.[259]

서사시『마나스』의 전편을 모두 채록하려 시도했고 학문적인 입장에

---

[256] Ch. Valixanov, 연구논저선집, 1958, p. 258
[257] 위의 책, p. 112
[258] 위의 책, pp. 113~114
[259] 위의 책, pp. 114~115, 346~360

서 서사시 『마나스』에 대한 자신의 관점을 밝히려 한 첫 번째 인물은 러시아의 저명한 투르크 연구자이며 한림원 회원인 베. 베. 라들로프(V. V. Radlov)였다. 라들로프는 19세기의 60년대에 여러 차례에 걸쳐 키르기스인들과 함께 거주하면서 서사시의 3부(마나스 서사시, 세메테이 서사시, 세이텍 서사시)를 이루는 에피소드들을 접한 뒤 『마나스』의 이본들을 채록했다. 발리하노프는 1885년 자신의 연구 결과물들을 키르기스어[260]와 독일어[261]로 출간했다.

라들로프가 키르기스어로 출판한 텍스트의 총 분량은 12,453시행이었다. 그 가운데 9,449시행은 서사시의 본편이자 3부작의 제1편으로 마나스에 관한 내용이고, 나머지 3,005시행은 세메테이(마나스의 아들에 관한 서사)와 세이텍(마나스의 손자에 관한 서사)에 관한 내용이다. 라들로프는 서사시 채록과정에서 서사시의 예술작품으로서의 특성보다는 서사시의 언어에 더 큰 관심을 보였다.

라들로프가 채록하고 출간한 자료들은 오늘날까지 학문적인 가치를 잃지 않고 있다.

서사시 『마나스』의 여러 채록 텍스트에 관심을 보인 연구자 가운데 헝가리인 동양학 연구자 쥐. 알마쉬(G. Almash)가 있다. 알마쉬는 1911년 학술지 Keleti Szemle[262]에 〈마나스와 아들 세메네이의 이별〉이라는 에피소드를 자신의 해설을 덧붙여 게재했다. 1920년대 이후 채록된 텍스트에는 이 에피소드가 발견되지 않기에 알마쉬가 게재한 내용은 어느 정도

---

[260] V. V. Radlov, 북방 투르크 제민족 국민문학의 사례, Ch. V. SPb., 1885
[261] W. Radloff, Theil V. Der Dialect der karakirgisen. SPb., 1885
[262] Keleti Szemle (Revue oriental pour les etudes ouralo altaiques). T. XII. Budapest, 1911~1912. 이 글의 러시아어 번역은 다음 책 참조. 『마나스』 - 키르기스 민중 영웅서사시 (프룬제. 1968, pp. 42~48)

학문적인 가치가 있다. 알마쉬가 게재한 내용에서는 마나스와 아들의 이별 장면이 소위 '마나스의 베이징 대원정'이라 불리는 에피소드 이전에 발생한다. 반면 키르기스인들에게 더 많이 알려지고 가장 충실한 채록본으로 여겨지는 사금바이 오로즈바코프와 사야크바이 카랄라예프의 이본들에 따르면 세메테이는 마나스가 베이징 대원정에서 돌아온 다음에 탄생한다.

서사시『마나스』에 대한 본격적인 판본 수집과 연구는 소비에트 시기에 들어서면서 비로소 활발해졌다. 10월 혁명 이전 시기(제정 러시아 시기)에는 마나스 서사시 텍스트 채록과 서사시에 대한 발표는 매우 드문 일이었고 개별 연구자들의 학문적 호기심에 기인했으며 연구결과물들은 좁은 연구자들의 세계(Narrow Auditorium)에 알려졌을 뿐이었다. 제정 러시아 시기에 출간된 서사시『마나스』의 채록판본과 연구내용은 아주 빈약했다. 혁명 이후 시기(소비에트 시기)에 접어들면서 서사시『마나스』텍스트의 채록과 출간작업은 국가적인 사업이 되었다.

페. 아. 팔레프(P. A. Falev)교수의 논문「카라-키르기스 영웅서사시(브일리나)가 어떻게 구성되어 있는가」는 소비에트 시기 서사시『마나스』연구의 시작을 알렸다. 이 논문은 타슈켄트의 학술 저널〈과학과 계몽〉1922년판 제1호에 게재되었다. 팔레프 교수는 라들로프가 채록하고 출간한 서사시『마나스』판본을 토대로 서사시의 예술적인 특성들을 분석했다. 팔레프 교수는 서사시『마나스』의 내용이 8세기 예니세이 지역의 기념비적인 작품인 '쿨-테긴(Kul-Tegin)'과 매우 닮아있다는 사실에 주목했다.

카자흐스탄 출신의 탁월한 작가이며 저명한 민속학자이고 돋보이는 연구자인 엠. 아우에조프(M. Auezov)는 서사시『마나스』연구자 가운데 독보적인 존재이다. 아우에조프는 1920대 후반부터 자신이 눈을 감을 때까지 서사시『마나스』연구를 활발하게 진행했다. 아우에조프의 대표적인 논저인『키르기스 민중 영웅서사시「마나스」』[263]는 오랫동안 연구한 노력의 결정체이며 서사시 마나스에 대한 기본 연구서 가운데 하나로 인정된다.

1930년대 중반에는 서사시『마나스』를 러시아어로 번역하기 위한 이론과 실제에 대한 문제들이 에. 데. 폴리바노프(E. D. Polivanov)[264] 교수에 의해 연구되었다. 아. 엔. 베른슈탐(A. N. Bernshtam)[265]은 서사시『마나스』에 등장하는 사건들과 (실제) 역사와의 관계를 연구했다. 에스. 엠. 아브람존 (S. M. Abramzon)[266]은 민족지학의 원천으로서 서사시 자료들의 중요성에 관심을 기울였다. 페. 엔. 베르코프(P. N. Berkov)[267]는 서사시『마나스』와 알타이 지역 구비서사문학 작품들과의 관계를 연구했다. 엠. 이. 보그다노바 (M. I. Bogdanova)[268]는 서사시『마나스』를 키르기스인들의 민중 서사시로 이

---

[263] M. Auezov, 키르기스 민중 영웅서사시『마나스』- 키르기스 영웅서사시『마나스』, 모스크바, 1961. (아우에조프는 서사시에 해당하는 러시아어로 Poema와 Epos를 함께 사용하고 있다.)

[264] E. Polivanov, 서사시『마나스』의 러시아어 번역과 관련된 원칙들에 대하여 - 키르기스 민중 영웅서사시『마나스』, 프룬제, 1968, pp. 56~74. 이 논문 이외에 키르기스스탄 소비에트 사회주의 공화국 과학 아카데미 산하 문학과 언어 연구소 소장 자료 수기본들에는 폴리바노프 교수가 러시아어로 번역한 서사시 마나스의 추가 내용들이 있다.

[265] A. N. Bernshtam의 다음 저작들을 보라. 키르기스 민중의 역사상 과거, 프룬제, 1942, pp. 11~13. 키르기스 서사시『마나스』의 발생 시기 - 키르기스 민중 영웅서사시『마나스』, 프룬제, 1968, pp. 148~176. 이름 마나스의 기원, 위의 책 pp. 177~191

[266] S. M. Abramzon의 다음 저작들을 보라. 키르기스인의 민족 발생과 역사-문화적인 관계, 레닌그라드, 1971, pp. 340~373. 민족지학의 원천으로서 키르기스 영웅서사시『마나스』, 키르기스 민중 영웅서사시『마나스』, 프룬제, 1968, pp. 203~211.

[267] P. H. Berkov의 다음 저작들을 보라. 알타이 서사시와『마나스』- 키르기스 영웅서사시『마나스』, 모스크바, 1961, pp. 235~256.『마나스』내에서 조국에 대한 관념 - 키르기스 민중 영웅서사시『마나스』, 프룬제, 1968, pp. 192~202.

[268] M. I Bogdanova의 다음 저작들을 보라. 키르기스스탄 문학, 모스크바, 1947, pp. 49~76. 키르기스스탄 민속문학 장르들의 탄생에 대한 제문제, 소비에트 연방 과학

해하고 그 내용을 연구했다. 아. 아. 페트로산(A. A. Petrosyan)[269]은 (마나스학을 주창하고) 마나스학의 과제에 대해 연구했다. 베. 엠. 지르문스키(V. M. Zhirmunsky)[270]는 서사시『마나스』의 주제와 모티프들을 살펴보았다.

키르기스인 연구자 가운데에는 카. 라흐마툴린(K. Rakhmatullin)[271]과 서사시 마나스의 저명한 연구자이며 서사시 마나스 연구를 확산시킨 베. 엠. 유누살리에프(B. M. Yunusaliev)[272]가 서사시『마나스』의 학문적인 제문제에 대해 생산적인 연구를 한 대표적인 학자로 손꼽힌다. 서사시『마나스』를 다양한 측면에서 분석하는 본격적인 논저를 펴낸 유누살리에프는 서사시의 출판 문제를 제기한 대표적인 학자 가운데 한 사람이다. 유누살리에프는 〈소비에트 제민족의 서사시〉라는 시리즈의 일환으로 키르기스 국민 서사시『마나스』를 출간하기 위해 숨을 거두기 직전까지 판본 선택 문제와 출판텍스트 준비에 관련된 문제들을 해결하려고 노력했다. (판본 선택을 위한) 텍스트학과 같은 복잡하고 책임이 따르는 업무를 비롯하여 많은 일이 기본적으로 유누살리에프가 직접 참여하거나 유누살리에프의 지휘로 실현되었다.

아카데미 산하 키르기스스탄 과학 아카데미의 문학과 언어 연구소 논문모음집, 1944, 제1권, pp. 85~96. 키르기스 영웅서사시『마나스』의 특성에 대하여, 키르기스 영웅서사시『마나스』, 모스크바, 1961, pp. 197~234.

[269] A. A. Petrosyan의 다음 저작들을 보라. 서사시『마나스』의 민중성에 대한 제문제, 키르기스 영웅서사시『마나스』, 모스크바, 1961, pp. 5~14.

[270] V. M. Zhirmunsky의 다음 저작을 보라.『마나스』- 서사시의 형성과 발전, 민중영웅서사시, 모스크바-레닌그라드, 1962, pp. 282~329

[271] K. Rakhmatulin의 다음 저작을 보라. 서사시『마나스』의 연행자들, 프룬제, 1942. 위대한 애국자, 전설적인 마나스, 프룬제, 1943. 마나스치의 창작『마나스』, 키르기스 민중 영웅서사시『마나스』, 프룬제, 1968, pp. 75~147.

[272] B. M. Yunusaliev의 다음 저작을 보라. 서문,『마나스』, 제1권, 프룬제, 1958, pp. III~XL. 서사시『마나스』이본 모음집 작성 경험에 대하여 - 키르기스 영웅서사시『마나스』, 모스크바, 1961, pp. 282~297. 키르기스 영웅서사시『마나스』- 키르기스 민중 영웅서사시『마나스』, 프룬제, 1968, pp. 212~231.

1952년 프룬제(현 키르기스스탄 공화국 수도 비슈케크)에서 개최된 소비에트 과학 아카데미 집행위원회 주최 전 연방 과학 컨퍼런스는 서사시 『마나스』의 연구와 출간에 큰 의미가 있다. 이 컨퍼런스에는 키르기스스탄과 모스크바, 레닌그라드(현 상트페테르부르크), 카자흐스탄, 우즈베키스탄을 비롯해서 소비에트 연방 각지의 학자들과 작가들이 참가했다. 키르기스인들의 역사를 고스란히 담고 있는 모순적이면서도 복잡한 기념비적인 구비서사시『마나스』의 역사적 사회적 뿌리를 규명하기 위해 서사시 마나스의 내용을 연구하는 역사적인 접근 방법에 대한 논의가 이 컨퍼런스의 중심 주제가 되었다. 이 컨퍼런스의 참가자들은 서사시『마나스』가 수백 년에 걸쳐 키르기스인들이 낭송하며 오늘날까지 전해져온 키르기스 민중 서사시라는 결론에 도달했다.[273] 이 컨퍼런스에서의 논의된 결과를 종합하면서 소비에트 과학 아카데미 집행부는 1952년 8월 1일 다음과 같은 결정을 내렸다. "컨퍼런스는 서사시『마나스』연구의 초석을 놓았고 다음과 같이 향후 연구방향을 확정했다. 마나스학의 가장 시급한 연구 분야는 '서사시 마나스의 구성요소 확정, 서사시 마나스의 스토리라인 정비, 서사시 마나스를 태동시킨 역사적인 시기에 대한 연구, 현존하는 서사시의 이본들에 대한 채록 작업의 지속'이다."

　소비에트 과학 아카데미 집행위원회의 결정에 따라 키르기스스탄 사회주의 공화국 과학 아카데미 산하의 언어와 문학 연구소는 마나스학을 출범시키기 위한 별도의 연구 분과를 설치했으며 1956년 이후 본격적인 활동을 시작했다.[274]

---

[273] 키르기스스탄 소비에트 사회주의 공화국 과학 아카데미 산하 문학과 언어 연구소 소장 자료 수기본, Inv. No. 1499 v, pp. 2~3.
[274] 키르기스스탄 소비에트 사회주의 공화국 과학 아카데미 산하 문학과 언어 연구소 소장 자료 수기본, Inv. No. 1499 v, p. 3.

현재 서사시의 발생과 시학, 언어 계통상 키르기스어와 밀접한 관련이 있는 이웃 민족들의 민속문학과의 관계 등 서사시 『마나스』에 대한 다양한 주제가 연구되고 있다.[275]

소비에트 시기인 1922년 카윰 미흐타호프(Kayum Mikhtakhov)는 서사시 『마나스』를 예술 문학으로 연구하기 위한 텍스트 선별작업에 착수했다. 카윰 미흐타호프는 저명한 마나스치였던 사금바이 오로즈바코프[276]가 낭송하는 판본을 선택했다. 마나스치 사금바이 오로즈바코프의 낭송현장에서 채록 작업을 직접 수행한 연구자는 이브라임 아브드라흐마노프(Ibraim Abdrakhmanov)였다. 서사시 『마나스』의 여러 이본을 채록하고 이야기의 순서를 정리하며 보존한 분야에 있어서 아브드라흐마노프의 기여는 측량할 수 없을 정도로 크다.

소비에트 시기에 처음으로 출판된 서사시 『마나스』와 관련된 채록 텍스트는 (서사시 본편이 아닌 3부작의) 제2부 「세메테이」의 한 부분이었다. 이 텍스트는 1925년 모스크바에서 아랍어 알파벳으로 출판되었다.[277] 이 텍스트는 마나스치 트느베크(Tynybek)가 구연한 것을 채록한 판본이다.

---

[275] 다음과 같은 논저들을 보라. R. Kydyrbaeva, 서사시 『마나스』에 내재한 전통과 개별성의 문제에 대하여, 프룬제, 1967. S. Begaliev, 서사시 『마나스』의 시학에 관하여, 프룬제, 1968. S. Sarypbekov, 알맘베트 이미지의 변천, 프룬제, 1977. S. Musaev, 서사시 『마나스』, 프룬제, 1979. R. Kydyrbaeva, 서사시 『마나스』의 발생, 프룬제, 1980. O. Soornov, 『마나스』 3부작의 서사시적인 모티프들, 프룬제, 1981. E. Abdyldaev, 서사시 『마나스』의 주요 역사적 발전 단계, 프룬제, 1981. A. Zhainakova, 서사시 세메테이의 역사적 계보적 토대, 프룬제, 1982.
다음과 같은 모음집들도 보라. 키르기스 영웅서사시 『마나스』, 모스크바, 1961. 서사시 『마나스』 연구의 몇 가지 과제, 프룬제, 1967. 키르기스 민중 영웅서사시 『마나스』, 프룬제, 1968.
[276] 『마나스』 텍스트와 서사시의 이본 채록 관련, 이 책의 2부에 상세한 내용이 있다.
[277] (역자 주). 1917년 혁명 이후 키르기스인들은 자신들의 구어를 문자로 표기하는 실험을 진행했으며, 1925년에는 아랍어 알파벳을 활용했다.

당시 출간본의 제목은 『서사시 「세메테이」의 한 부분』이다.

1935년 이후 서사시 『마나스』를 러시아어와 키르기스어로 출간하는 문제가 서사시 연구자들의 관심을 본격적으로 끌기 시작했다. 서사시 출간문제를 다룰 편집위원회가 특별히 구성되어 활동에 들어갔다. 서사시 『마나스』를 러시아어와 키르기스어로 출간하는 방대한 준비과정과 당시 출간의 의미에 대해 짐작해 볼 수 있는 짧은 글이 일간지 프라우다의 1936년 9월 28일 자에 게재된 바 있다.

1940년대에 들어서면서 기 채록된 『마나스』 판본 가운데 양호한 이본들이 〈서사시 『마나스』 시리즈〉라는 통합적인 제하로 출간되기 시작했다. 첫 번째로 1940년 『마나스의 유년시절』[278]이 사금바이 오로즈바코프 낭송 판본으로 출간되었다. 그다지 길지 않은 이 에피소드에는 서사시가 시작하는 부분부터 용사 마나스가 키르기스인들의 칸으로 추대되는 에피소드까지 축약된 형태로 담겨있다. 그 이후 〈서사시 『마나스』 시리즈〉에는 키르기스인들에게 더 사랑을 받는 서사시의 일련의 에피소드가 포함되었다. 1941년에는 6개의 에피소드[279]가 〈서사시 『마나스』 시리즈〉에 들어왔고, 1942년에는 2개의 에피소드[280], 1944년에는 1개의 에피소드[281]가 추가되었다. 1952년 프룬제에서 개최된 전 연방 과학 컨퍼런스의 결

---

[278] Manastyn balalyk chagy(마나스의 유년 시절), 사금바이 오로즈바코프 낭송 채록판본, 프룬제, 1940
[279] Alooke Khan, 사금바이 오로즈바코프 낭송 채록판본, 프룬제, 1941. Kanykkei가 Taitor에게 말을 타고 질주하게 허하다, S. Karalaev 판본, 프룬제, 1941. Velikhan Makel, S. Orozbakov 판본, 프룬제, 1941. Manas의 죽음, S. Karalaev 판본, 프룬제, 1941. 부하라에서 탈라스로 Semetei가 도착하다, Togolok Moldo 판본, 프룬제, 1941. Urgenchi, A. Yrysmendeev 판본, 프룬제, 1941
[280] 베이징 대원정에서 첫 번째 전투, S. Orozbakov 판본, 프룬제, 1941. Semetei의 전투, B. Abdyrakhmanov (Togolok Moldo) 판본, 프룬제, 1942
[281] 첫 번째 원정, S. Orozbakov 판본, 프룬제, 1944

정에 따라 서사시『마나스』의 제1부[282]가 1958년 2권의 책으로 출간[283]되었으며, 1959년과 1960년『세메테이』[284]와『세이텍』[285] 이 각각 출간되었다. 1958년과 1959년에 간행된 3권의 채록본은 마나스치인 사금바이 오로즈바코프와 사야크바이 카랄라예프의 낭송현장을 채록한 판본들을 종합해서 만든 일종의 축약본이었다. 1960년에 간행된 판본은 사야크바이 카랄라예프의 낭송을 유일한 대본으로 하여 이루어졌다.[286] (축약본의 한계에도 불구하고) 이들 네 권의 서사시『마나스』판본 출간은 서사시『마나스』의 내용을 널리 알리고 서사시에 대한 더 폭넓은 관심을 불러일으키는 역할을 했다.

서사시『마나스』가 키르기스어로 프룬제에서 출간되면서 연구자들은 서사시를 다른 언어로 번역하는 문제에 관심을 두게 되었다. 러시아어로 번역하는 일이 긴요한 과제였다. 예. 데. 폴리바노프 교수는 러시아어로 서사시를 번역하는 마나스 예술 번역작업의 초석을 놓은 연구자 가운데 하나로 손꼽힌다. 1935년부터 폴리바노프 교수는 서사시『마나스』를 원문의 의미에 충실하면서 예술적인 문체를 사용하여 러시아어로 번역하는 작업에 능동적으로 참여했으며 번역한 결과물 가운데 선별하여 부분적으로 출간했다.[287]

---

[282] (역자 주) 서사시『마나스』의 제1부는 제2, 3부를 구성하는 세메테이와 세이텍 서사시를 제외한 서사시 마나스의 본편을 의미한다.
[283] 서사시『마나스』, 제1부, 제1권. 서사시『마나스』, 제1부, 제2권, B. M. Yunusaliev 교수가 편집한 축약 전집 형태, 프룬제, 1958.
[284] 세메테이 서사시, 서사시『마나스』의 제2부, 제3권, 프룬제, 1959.
[285] 세이텍 서사시, 서사시『마나스』의 제3부, 제4권, 프룬제, 1960
[286] 역자의 주. 사야크바이 카랄라예프의 낭송 채록본 역시 채록내용을 모두 운문 형태로 펴낸 것이 아니었고, 산문으로 요약한 축약본이었다.
[287] 키르기스 민중 영웅서사시『마나스』, E. D. Polikhanov 번역 및 예술문체 보완, Sovietskaya Kirgiziya, 1935년 12월 24일. 키르기스 민중 영웅서사시『마나스』,

사금바이 오로즈바코프와 사야크바이 카랄라예프의 낭송 채록본을 표준 텍스트로 선정하고 서사시 『마나스』를 키르기스어와 러시아어로 간행하는 사업을 추진하기로 한 키르기스 공화국 정부의 1935년 결정에 따라 서사시 『마나스』 편집위원회는 사금바이 오로즈바코프와 사야크바이 카랄라예프의 낭송 채록본을 표준 텍스트로 선택하고 서사시 편찬사업에 착수했다. 편집위원회는 '서사시의 시작 부분에서 베이징 대원정의 중반부'까지를 사금바이 오로즈바코프 판본에서 번역하기로 하고, '서사시의 베이징 대원정 중반부에서 서사시 1부의 끝까지는 사야크바이 카랄라예프의 낭송 채록본을 표준 텍스트로 삼기로 결정했다. 하지만 편집위원회의 사업은 제대로 추진되지 않고 중단되었다. 비록 편집위원회의 사업이 성공하지 못했지만 당시에 운문 형태로 준비되었던 러시아어 번역 원고 가운데 다수가 1936~1940년 사이에 키르기스 공화국과 소비에트 연방의 중앙 일간지와 저널 등의 지면을 통해 독자들에게 알려졌다. 서사시 『마나스』의 러시아어 번역 에피소드는 여러 차례 러시아어로 출간되었다. 오늘날에는 카자흐스탄[288]과 우즈베키스탄[289] 사람들도 서사시 『마나스』의 축약된 에피소드 모음집을 자국 언어로 읽을 수 있게 되었다.

현재 키르기스스탄에는 사금바이 오로즈바코프[290]가 낭송한 내용을 채

E. D. Polikhanov 번역, Literaturny Uzbekistan, No. 2, 1936. 폴리바노프의 번역은 이외 다수.

[288] 키르기스 영웅서사시 『마나스』 전집(M. Auezov의 서문 및 해설, 제1권, Almaty, 1961. 제2권, Almaty, 1962. 서사시 『마나스』, 『세이텍』, 제3권, Almaty, 1962. 서사시 『마나스』, 『세이텍』, 제4권, Almaty, 1962. Manas, Kyrgyz khalkynyn batyrlyk dactany. Tort kitap (Algy cozin zhazgan M. Auezov. 1-kitap. Almaty, 1961. 2-kitap. Almaty, 1962. Manas. Semetei. Manas epocynyn ekinshi bolygi. 3-kitap. Almaty, 1962. Manas. Semetei. Manas epocynyn yshinshi bolygi. 4-kitap. Almaty, 1962.

[289] 서사시 『마나스』, 제1권, Tashkent, 1964, p. 422. Manas. Kirgiz khalk epoci. Mirtemir terkh. Bul. 1. Kit. 1. Tash., 1964, p. 422.

[290] 서사시 『마나스』, S. Orozbakov 판본, 제1권, 프룬제, 1978. 제2권, 프룬제, 1980.

록한 서사시『마나스』텍스트가 4권으로 편찬되어 발행되었으며 사야크바이 카랄라예프 낭송 채록본을 대본으로 서사시『마나스』의 3부작 전편을 다섯 권의 책으로 편찬하여 출간을 앞두었다.

서사시『마나스』는 소비에트의 영역을 벗어난 외국에도 알려졌고 일련의 해외 연구자들이 서사시에 대한 연구를 하고 있다. 서사시『마나스』의 특정한 주제와 에피소드가 프랑스어[291]와 독일어[292], 헝가리어[293], 영어[294]를 비롯하여 여러 외국어로 번역되었다.

* * *

키르기스인들은 서사시『마나스』의 창조자들과 계승자들을 "마나스치(manaschi)"라 부른다. "마나스치(manaschi)"라는 용어는 소비에트 시기에 만들어졌다. 마나스치는 "마나스(manas)"라는 명사와 통상 직업인을 뜻하는 접미사 "치(-chi)"가 결합하여 생겨난 말이다. 마나스치는 마나스를 낭송하는 직업인을 지칭하는 말로 처음 사용되었다. 소비에트 시기 이전에는 키르기스인들은 자신들의 전통적인 서사시를 모두 "조목(Zhomok)"이라 불렀다. 조목은 '브일리나'(러시아의 고대 영웅서사시)와 '영웅서사시'와 유사한 형태의 키르기스 서사시를 지칭하는 말이다. 따라서 서사시『마

제3권, 프룬제, 1981. 제4권, 프룬제, 1982
[291] Dict Kirghiz. Traduit par B. Bolislavskaia et Roland Marlaukh — 〈Europe. Revue mensuelle〉. P., 1937, 15 Mars, No. 171.
[292] Manas der Hochherzige. Kirgisische Heldenepos. B., 1974
[293] Manasz. Kirgiz Hosenek. Europa Konyvkiado. Budapest, 1979
[294] The Memorial Feast for Kokotoy-khan. A kirghiz Epic Poem. Ox.-L., 1977

나스』의 낭송자와 그 이외의 서사시들을 낭송하는 직업인도 모두 조목추(Zhomokchu)라 불렸다. 서사시『마나스』를 낭송하는 일을 생업으로 하던 직업 낭송가들도 자신들을 스스로 조목추라고 불렀다. 서사시『마나스』를 낭송하는 이야기꾼들 역시 자신들을 조목추라 칭했다.

"마나스치(manaschi)"라는 용어는 예술적인 언어로 창조적인 작업을 하는 전문가들의 차별적인 특징들을 구분하려는 시도에서 발생한 것으로 추정된다. 오늘날 일상생활 구어에서뿐만 아니라 학술연구 결과물에서 일반적으로 나타나는 내용을 보면, 조목추는 '서사시『마나스』를 비롯하여 다양한 구비서사문학 작품을 예술적으로 만들어 내거나 예술적으로 낭송하는 직업인'[295]을 일반적으로 가리키는 말로 쓰이고, 마나스치는 '서사시『마나스』만을 낭송하고 구승하는 직업인'을 분리해서 지칭하게 되었다.[296] 전통적으로 마나스치로 불리는 인물들은 2개의 범주로 구분된다. 1) 서사시『마나스』의 본편인『마나스』부분만 낭송하는 연희자 혹은 3부작 전편을 낭송하는 직업인을 마나스치라 하고. 2) 3부작으로 구성된 서사시『마나스』의 제2부에 해당하는 서사시『세메테이』를 전문적으로 낭송하는 연희자를 세메테이치(Semeteichi)라고 별도로 부른다. 서사시『마나스』전편인 3부작 모두를 일관되게 높은 예술적 수준으로 낭송하는 연희자는 매우 드물다.

키르기스인들 사이에서 구승되는 전설들에 따르면 주인공 마나스의 동료 40인 가운데 한 사람인 으르치-우울(Yrchy-uul)이 서사시『마나스』를 창조한 첫 번째 인물인 것으로 추정된다. 으르치-우울은 으라만(Yraman)의 아들로 알려져 있다. 으르치-우울은 마나스의 장례식에서 마나스의 영웅

---

[295] 다음을 보라. K. K. Yudakhin, 키르기스-러시아어 사전, 모스크바, 1965, p. 259.
[296] 위의 책 p. 515.

적인 업적을 비가 형태로 노래했다. 잘 알려진 전설적인 가수이며 즉흥 음유시인인 토크토굴(Toktogul)은 키르기스인들 사이에서 회자되던 이러한 비가들을 하나로 모아 서사시 형태의 하나의 조목으로 만들었다. 이렇게 사람들에게 들려주는 형식으로 처음 서사시 『마나스』를 창작해서 낭송했을 것으로 이해된다. 마나스 서사시의 내용을 보면 으르치-우울은 마나스와 함께 동고동락한 전사 40인 중 한 명이었으며 서사시의 주요 등장인물 가운데 하나였고 모든 사건에 능동적으로 참여한 인물이었다. 즉흥 음유시인 겸 가수인 토크토굴 역시 제예렌체(Dzheerenche)와 톨루바이(Tolubai)와 같은 전설적인 (이야기꾼의 반열에 있는) 인물들과 필적할 만한 이야기꾼이다. 서사시 『마나스』는 (토크토굴이 낭송한 최초의 에피소드와 같이) 그다지 길지 않은 에피소드들과 개별적인 부분들이 나타나면서 태동했고, 그 후로 연속되는 여러 세대에 속한 이야기꾼들이 공통의 스토리라인들을 중심으로 새로운 디테일을 조금씩 보충하면서 풍부해져 왔을 것으로 확신한다. 그 과정에서 하나의 주요 스토리라인이 낭송자들 사이에 암묵적으로 받아들여지면서 주요 스토리라인을 공유하지만 디테일에서 차별성을 보이는 거대 서사시 『마나스』의 여러 이본이 하나의 서사시 『마나스』라는 이름으로 형성되어 오늘까지 전해지는 것으로 보인다. 따라서 폴리바노프 교수가 다음과 같이 주장하는 것은 바른 접근이라 하겠다. "서사시의 경천동지할 만큼 엄청난 길이는 서사시의 창조자가 단 한 사람이라는 가설을 분명하게 배제할 수 있게 해준다. 게다가 극단적으로 풍부하게 형식적이고 시적인 시행들과 두운과 각운, 시적인 기교들이 엄격하게 사용되는 것으로 볼 때 한 사람의 창작이라는 가설은 제기하기 불가능하다. 이러한 정교함으로 미루어볼 때 서사시 『마나스』를 단일한 천재적 창조자가 만들었다는 가설은 사실로 검증되기 어려우며(서사시 『마나스』는 오랫동안 다수의 전승자에 의해 집단창작된 결과물이다)"라고 했고, 폴리바노프 교수의 주장은 사실일 것으로 추정된다. 페르시아의 호메로스가 샤흐-나메(Shakh-name)[297]라는 이름으로 존재하는 것과 같이 서사시 『마나스』를 창조한 단일한 키르기스의 호메로스가 존재하지 않았다는 것은 자명한 일이다. 그리스의 호메로스가 단 한 명이 아니었던 것과 같은 이치이다."[298]

서사시 『마나스』 자체가 고대에 만들어진 작품인 것처럼 서사시 『마나스』의 이야기꾼이라는 직업 역시 고대 시기부터 존재해왔음을 확증하는 분명한 근거가 있다. 이 사실에 대한 증거는 출중한 능력이 있었던 마니스치-이야기꾼들에 대한 헤아릴 수 없이 많은 전설이 옛날부터 오늘날까지 우리에게 전해져 내려오는 데에서 찾을 수 있다. 또한 키르기스인들 사이에 널리 알려져 있었던 전설적인 마나스치들에 대한 증거가 다수 존재하고 있어 마나스치들이 실재하는 인물이었다는 사실에 의구심을 불러오지 않는다.

최초로 서사시 『마나스』를 낭송한 이야기꾼은 위에서 이름을 언급한 바 있는 토크토굴이다. (키르기스인들 가운데) 나이가 많은 세대의 사람들은 토크토굴이 500년 전에 생존한 인물일 것으로 추정하고 있다.[299] 토크토굴 이외에도 서사시 『마나스』를 낭송한 이야기꾼으로 노오루즈(Nooruz)[300]라는 마나스치가 거명된다. 노오루즈는 18세기에 생존한 인물이다. 19세기 마나스치들의 이름도 다수 알려져 있다. 그 가운데 사람들에게 널리 사랑을 받은 마나스치 가운데 켈지벡 바르보즈-우울루, 발륵

---

[297] (역자 주) Shakh-name는 한 사람의 구체적인 인물을 지칭하는 것이 아니라 서사시를 짓고 음송한 저자들의 총칭으로 이해된다.
[298] E. D. Polikhanov, 서문, Literaturny Uzbekistan, 1936, No. 2, p. 42.
[299] K. Pakhmatullin, 마나스치의 창작, p. 79.
[300] 위의 책.

(벡-무라트) 쿠라므-우울루, 발륵의 아들인 나이만 바이, 트느벡 자프-우울루, 촌바슈(나르만타이), 초유케 오무르-우울루 등을 거명할 만하다. 소비에트 시기에 생존한 저명한 마나스치인 사금바이 오로즈바코프는 위에 거명된 사람 가운데 다수와 동시대인이었고, 그들을 개인적으로 알았고, 그들에게서 가르침을 받기도 했다.

카자흐스탄 출신의 민속학자 엠. 아우에조프(M. Auezov)[301]와 키르기스스탄의 연구자 카. 라흐마툴린(K. Rakhmatullin)[302]의 논저들에는 서사시 『마나스』를 낭송한 여러 이야기꾼-마나스치의 일대기에 대한 정보들과 그들의 예술적인 독창성 등이 심도 있게 논의되어 있다.

키르기스인들은 마나스치의 재능을 기준으로 마나스치를 몇 개의 부류로 나눈다. (최고 등급은) 촌 조목추(chhon zhomokchu)라고 불리는 마나스치로 '서사시의 위대한 창조자이며 이야기꾼'이다. (두 번째 등급은) 츠는기 마니스치(chynyngy manaschi)라 불리는데 '진정한 마나스치'라는 의미가 있다. (세 번째 등급은) 찰라 마나스치(chala manaschi)이다. 찰라 마나스치는 장인 수준의 마나스치를 뜻한다. 마지막으로 우이론축 마나스치(Uironchuk manaschi)가 있다. 우이론축 마나스치는 (이제 낭송 공연을 직업으로) 시작하는 마나스치를 일컫는다. 각각의 명칭은 특별한 의미가 있다.

'서사시의 위대한 창조자이며 이야기꾼'이라는 뜻이 있는 촌 조목추(chon zhomokchu)는 보통 키르기스인들에게 빼어난 재능을 갖고 서사시의 처음부터 끝까지 모든 사건에 관해 이야기를 하며 완창 능력을 갖춘 낭송자에 대한 경칭이다. 위대한 창조자라는 말은 자신의 이본이 있다는 뜻이며, (서사시 이야기꾼이라는 말은) 서사시를 낭송하는 것이 자신의 직업

---

[301] M. Auezov, 키르기스 민중 영웅서사시 『마나스』, p. 33.
[302] K. Rakhmatullin, 마나스치의 창작, pp. 76~98.

이라는 의미이다. 이들은 키르기스인들 사이에서 자신들의 예술적 재능으로 광범위한 인기를 누렸고 존경을 받았다. 키르기스인들은 구세대의 마나스치 가운데 켈디벡, 발륵, 트느벡, 초유케 등의 이야기꾼들에게 이와 같은 칭호를 부여했다. 소비에트 시기에 살았던 마나스치 가운데에는 사금바이 오로즈바코프와 사야크바이 카랄라예프가 이와 같은 칭호를 받았다.

키르기스인들의 일반적인 평가에서 최상위 등급인 '서사시의 위대한 창조자이며 이야기꾼'보다 한 단계 낮은 등급에는 '진정한 마나스치'가 위치한다. '진정한 마나스치' 역시 서사시 낭송이 직업이다. '진정한 마나스치'는 서사시의 시작부터 끝까지 사건들에 대해 상당히 철저하게 알고 있으며, 서사시를 공연할 때 그다지 생략을 많이 하지 않고 완창에 가까운 낭송을 한다. '진정한 마나스치'는 개별 에피소드와 등장인물의 이미지를 자신만의 고유한 방식대로 해석하기도 한다. 자신의 창작 능력에 따라 '위대한 창조자'인 동시에 '서사시 이야기꾼'과 '진정한 마나스치'인 상위 2개 등급 낭송자들은 서사시 내용을 왜곡하지 않으면서 각자 스스로 스타일을 담은 이본이 있다. '진정한 마나스치' 반열에 오른 소비에트 시기의 마나스치 가운데에는 몰도바산, 무술만쿨로프, 바그슈 사자노바, 토골록 몰도, 샤파크 으르스멘디예프, 맘베트 촉모로프 등이 있다.

(세 번째 등급인) '장인 수준의 마나스치'는 서사시의 전편 가운데 키르기스인들에게 널리 알려진 에피소드들을 암기하는 방식으로 익혀서 약간의 변형을 가하고 디테일에서 부분적으로 추가하며 공연하는 마나스치다. 이러한 부류의 낭송자들은 창작의 성격에 따라 음유시인으로 불리기도 한다.

(네 번째 등급인 낭송 공연을 직업으로) 시작하는 마나스치는 통상 서사시 마나스의 공연에 매료된 젊은이 가운데 진정한 마나스치가 되기를

꿈꾸며 수련하는 부류를 지칭한다. 이와 같은 젊은이들은 대체로 유명한 마나스치에게서 도제식으로 마나스 공연 수련을 받으며 스승에게서 서사시 마나스의 내용을 전수받고 스승의 공연 기법을 배우는 단계에 있다. 사실 다른 마나스치에게서 서사시의 사건들에 대한 이야기를 듣지 않거나 비록 짧은 시간이라도 다른 마나스치에게서 공연 기법을 배우지 않고서는 마나스치로 성장하는 것이 불가능하다. 이러한 사실은 거의 모든 마나스치의 이력을 살펴보면 자연스럽게 알 수 있다. 제한된 경우이기는 하지만 서사시 『마나스』를 구송하는 마나스치의 능력을 (가계 내에서) 대를 이어 물려받기도 한다. 마나스치 발륵의 아들인 나이만 바이는 (어려서부터 부친의 공연을 지켜보면서 자연스럽게) 마나스치가 되었다. 저명한 마나스치인 사금바이의 친형인 알리셰르 역시 (동생에게서 낭송을 전수받아) 그다지 손색이 없는 마나스치로 알려졌다. 사금바이 자신은 마나스치가 되려고 마나스치 촌바슈(나르만타이)에게서 사사하고 그의 영향을 받았다. 사야크바이 카랄라예프는 어릴 때부터 할머니에게서 서사시 마나스에 등장하는 사건들의 대부분을 산문 이야기 형식으로 들으며 서사시 마나스에 대한 관심을 두게 되었고, 후일 '서사시의 위대한 창조자이며 이야기꾼' 초유케에게서 배웠다.[303]

하지만 마나스치라는 직업에서 개인의 창작 재능이 큰 역할을 한다는 점은 숨길 수 없다. 서사시 마나스의 낭송 공연은 단순히 잘 알려진 이야기를 단순 반복하는 작업이 아니기 때문이다. 서사시 마나스 낭송을 직업으로 삼는 유명 마나스치들은 수없이 많은 구송자에 의해 전해져온 이미 잘 알려진 에피소드들을 자신들의 말로 바꾸어 낭송하고 개별적인 현상

---

[303] 마나스치가 교육을 받는 과정에서 영향을 받는 모습에 대해서는 M. Auezov의 '키르기스 민중 영웅서사시 『마나스』(pp. 16~33)'를 보라.

들에 대한 자신들의 해석을 내놓기도 한다. 특히 저명한 마나스치들은 서사시 주요 주인공들의 이미지를 자신에게 고유한 방식대로 재해석하기도 한다. 이 과정에서 모두가 지키는 암묵적인 원칙이 있다. 진정한 마나스치가 자신에게 고유한 방식대로 기존의 서사시 내용의 일부분을 바꾸어 노래하게 될 경우 이상적인 측면과 예술적인 측면 모두에서 청중 대다수의 호응을 받아야만 한다. 청중 대다수가 인정하게 되면 서사시 마나스 변이형태는 (또 하나의) 전통이 되면서 그다음 세대에 구승되고 보존되었다.

서사시의 내용을 증보하고 발전시키는 일과 창작 방향을 정하는 일은 마나스치가 하는 것처럼 보이지만 실제로는 키르기스인들의 집단적인 편집이 주요한 역할을 했다. 낭송현장에서 키르기스인들은 수동적인 청중이 아니다. 이들은 능동적으로 마나스치의 서사 내용에 간섭하고, 스토리라인 전개와 구연되는 작품의 예술성에도 영향을 미친다. 엠. 오. 아우에조프는 "서사시 마나스의 모든 구성요소와 이미지적이고 시적인 전개, 텍스트 등이 단 한 사람의 이야기꾼의 전유물이라는 생각은 잘못된 것이며 과학적이지도 않다"라고 말한다.[304]

이제 공연자로 시작하는 마나스치든 혹은 키르기스인들에게 유명세를 탄 마나스치든 마나스치는 누구든 자신이 서사시 마나스에 전념하게 된 까닭과 자신만의 낭송 기법을 얻게 된 것을 꿈에서 보았던 조상들의 영혼의 도움이나 서사시 주인공들의 도움 덕분이라고 설명한다. 한림원 회원인 베. 베. 라들로프는 "키르기스인 이야기꾼들은 자신이 이야기꾼이 된 것이 하늘의 부름을 받은 소명인 것으로 받아들인다."고 말한다. 이야기꾼이라는 직업을 천직으로 여기고 위로부터 내려받은 재능이라고 하는

---

[304] M. Auezov, 다양한 시대의 생각, A., 1959, p. 550.

설명은 최소한 투르크어를 모국어로 하는 제민족들의 민속문학 작품 연희자 사이에 널리 알려진 현상 가운데 하나이다. 예. 베르텔스의 견해에 따르면, 이러한 설명은 기록이 없던 아주 옛날부터 지금까지 지속해서 있었던 일종의 전통적인 현상이다.[305]

공연을 통해 서사시 마나스를 전달할 때 서사시 텍스트의 전달만큼이나 중요한 것이 있다. 멜로디를 실은 마나스치 고유의 창법과 억제하는 듯 표출되는 표정, 팬터마임과 같은 몸동작이 그것이다. 마나스치는 낭송 기법과 함께 이와 같은 공연 기술을 자신의 것으로 만든다. 그렇게 해서 마나스치 공연 기술은 전통적인 특징이면서 동시에 개별 마나스치의 개인적 특성이기도 하다. 양손을 허공으로 들어올리는 동작에서부터 팬터마임에 이르는 공연자의 모든 동작은 자의적이거나 즉흥적인 것이 아니다. 오랜 공연 경험이 있는 진정한 마나스치는 모든 동작 하나하나에 의미를 두며 시적인 텍스트의 내용과 부합되게 한다. 따라서 낭송 공연을 직업으로 시작하는 마나스치는 저명한 전문가에게서 소리를 따라 자연스럽게 나오는 제스처(표정)와 팬터마임을 포함한 특징적인 (공연) 매너를 모방해서 익히게 된다.

* * *

『마나스』의 발생과 서사시로서의 형성에 대한 문제는 오래전부터 학

---

[305] 다음을 보라. E. Bertel's, 알렉산드르에 대한 로만, 모스크바-레닌그라드, 1948, p. 137.

자들의 관심을 끌어왔다. 최근에는 3개의 핵심적인 가설이 존재한다.

1. 서사시는 기원후 7세기에서 9세기 사이 일단의 키르기스인들이 예니세이 강과 오르쿤 강 유역에서 거주하던 시기에 우이구르인들과 상호관계 속에서 발생했다. 엠. 오. 아우에조프와 아. 엔. 베른슈탐은 서사시의 기본적인 스토리라인이 키르기스인들이 여타 투르크어 사용 종족과 벌인 통일전쟁과 연결되어 있을 가능성이 있는 것으로 보고 있다. 그 이후 서사시는 키르기스인들과 우이구르인들과의 전쟁을 담았을 수 있다. 오르쿤 강과 예니세이 강 지역의 서사작품들에는 (서사시『마나스』에 나오는 것과 유사한) 모티프들이 반영되어 있다. 역사적으로 보면 키르기스인들은 10세기에 자신들을 공격한 우이구르인들을 격파한 뒤 키르기스인들이 중심이 된 유목 국가를 건설한 바 있다.[306]

2. 서사시의 중심 사건은 기원후 9세기~11세기 사이 키르기스인과 카라-키타이(kara-kitai)인으로 알려진 거란인(kidan) 사이에 벌어진 전쟁들과 관련 있다. (서사시에 등장하는) 거란인은 몽골어와 유사한 언어를 구사한다. 베. 엠. 유누살리에프는 서사시『마나스』의 내용에 대한 분석을 토대로 개별적인 역사적 사실과 민족지학지적인-언어학적인-지리적인 정보에 의지하여 그와 같은 결론에 도달했다.[307]

3. 작품에 등장하는 역사적인 배경은 기원후 15세기~18세기의 상황과 부합한다. 베. 엠. 지르문스키는 서사시 내부에 키르기스인의 고대 풍습이 포함되어 있음을 인정하면서도 이렇게 주장했다.[308]

---

[306] 다음을 보라. M. Auezov, 키르기스 민중 영웅서사시『마나스』, pp. 51~65. A. N. Bernshtam, 키르기스 민중 영웅서사시『마나스』의 발생 시대, pp. 146~176.

[307] B. M. Yunusaliev,『마나스』, pp. 296~317.

위의 가설들을 내세우는 연구자들은 서사시『마나스』의 내부에서 발견되는 사실에 근거를 두고 있다. 서사시를 접하고 서사시를 연구하게 되면 모든 연구자가 만장일치로 인정하게 되는 한 가지 결론이 있다. 서사시『마나스』의 내용을 구성하는 사건은 여러 층위로 이루어져 있는데, 이들 복수의 층위는 서사시가 오랜 세월에 걸쳐 형성되었음을 뜻한다.

서사시 마나스의 텍스트들에는 키르기스인들이 역사적으로 국가 형태를 형성하지 못한 시대에 키르기스인들의 삶과 연관이 있는 것으로 추정되는 고어적인 층위가 다수 등장한다. 연구자들은 서사시의 주인공 마나스와 적장 졸로이의 형상이 아주 오래된 고대의 요소에 속하는 것으로 이해한다.[309]

연구자들은 서사시 내부에서 발견되는 모계사회의 흔적, 전통적인 용사들의 구혼담 모티프, 여성 용사와의 대결, 주인공의 신이적인 탄생 등의 요소를 고대의 특성으로 이해한다. 성격이 동화적인 비현실적인 에피소드들이 이러한 내용에 해당한다. 거인 마켈과 코쇼이의 일화 등이 그 예라고 할 수 있다. 또한 토테미즘, 페티시즘, 사물-동물 등의 신이적인 성격에 대한 경배, 하늘-땅-강-불-흰색에 대한 경배 등과 같은 고대의 신앙들을 다루는 장면 역시 고대의 요소로 이해되고 있다.

서사시 속에는 고대 키르기스인들이 겪었던 주요한 사건들이 의심할 나위 없이 펼쳐져 있다. 다른 민족들과의 교섭의 역사와 그 역사의 흔적들이 고스란히 담겨서 후대에 전승된다. 서사시 내에는 칼믹 시대에 대한 증거들이 있다는 것도 의심의 여지가 없다. 칼믹 시대는 우리 시대에 더 가까운 시기여서 칼믹 시대에 대한 인상은 더 온전한 형태로 키르기스인

---

[308] V. M. Zhirmunsky, 민중 영웅서사시, pp. 296~317.
[309] V. V. Radlov, 북부 투르크 종족들의 민중 문학에 등장하는 인물 형상들, 제5권. 서문, pp. XI~XII. V. M. Zhirmunsky, 민중 영웅서사시, p. 310.

들의 기억 속에 남아있다.

　이야기꾼들은 실제 서사시에서 펼쳐진 역사적인 상황들과 거리가 먼 다른 시기에 다른 환경에서 생활했지만, 낭송자인 이야기꾼 자신의 세계관이 (서사시의 형태와 내용에) 영향을 준 요소 역시 간과해서는 안 된다. 예를 들어, 마나스치 사금바이 오로즈바코프는 자신의 삶의 대부분을 봉건 질서 속에서 보냈다. 반면 사야크바이 카랄라에프는 삶의 대부분을 사회주의 체제 속에서 보냈다.

　서사시 『마나스』는 호메로스의 『일리아드』나 카렐리아-핀란드의 『칼레발라』, 중세 오구즈인들의 『나의 할아버지 코르쿠트의 책』과 같이 본질적으로 씨족 질서의 단계가 전쟁 민주주의의 단계를 겪던 시기에 속한 사람들의 삶을 반영하고 있다.

　이 시기는 역사 발전 단계에서 자연스럽게 인류가 거쳐 가는 단계이다. 학자들은 이 단계를 "영웅의 시대"라 지칭한다. 이 시기는 새로운 목초지와 전리품을 확보하기 위한 원지로의 군사 원정과 끊임없는 전쟁이 이어지던 때이다.

　서사시 마나스에 묘사되는 전쟁은 두 개의 부류로 나뉜다. 외부의 적들이 침입해 오는 경우 이를 물리치기 위한 방어 형태의 전쟁이 첫 번째 부류이다. 두 번째 부류의 전쟁은 적대적인 세력을 물리치기 위한 원정(공격) 형태의 전쟁이다.

　방어적인 성격이 있는 전쟁에 대한 서사 속에서는 자신들의 고유한 땅을 지키려는 키르기스인들의 숭고한 이데아가 분명하고 인상적으로 표현되어 있다. 외적의 침입을 물리치기 위해 모든 백성이 하나로 단결해야 할 필요성이 구구절절 표현되어 있다. 명예와 당위성, 숭고함에 대한 키르기스인들의 개념이 잘 표출되어 있다.

　서사시 마나스의 낭송자들은 적들을 물리치기 위한 원정(공격적 형태)

을 "카자트(kazat)"라고 부른다. 몇몇 연구자는 카자트를 아랍어 "카자바트(kazavat)"에서 유래한 것이라 본다. 아랍어 카자바트는 종교를 위한 성전을 의미하는 단어이다. 하지만 서사시 마나트에서 카자트라는 단어는 전쟁이나 공격을 뜻하는 용어로 사용되고 있으며 (성스러운 전쟁을 연상시키는 상황과 연결되어) 카자바트의 의미로 사용되는 경우가 발견되지 않는다. 따라서 카자트라는 단어는 이슬람을 신봉하는 키르기스인들이 앞장서는 전쟁들을 포함할 뿐만 아니라 외부의 적들에 대한 공격이라는 의미로 사용되었다.

서사시 마나스에 등장하는 키르기스인들의 경우 삶의 대부분을 전장에서 보내게 된다. 그리고 용사의 업적들이 명예의 상징이자 동족인 키르기스인들에 대한 의무로 받아들여진다. 하지만 서사시 『마나스』는 전체적으로 전쟁이라는 것을 부정적인 현상으로 본다. 서사시 속에서 전쟁은 불행의 원인으로 묘사된다. 모든 사람에게 전쟁은 고통과 슬픔을 겪게 하는 존재로 묘사된다. 피가 강물처럼 흐르며 사람들에게 고통을 주는 전장에 대한 서사시의 묘사는 전쟁 그 자체를 부정적으로 보는 서사시의 시각을 잘 보여준다.

전쟁에 나아가는 주인공들의 행동을 긍정적으로 평가할지 혹은 부정적으로 평가할지에 대한 판단은 이와 같은 행위가 키르기스인들 전체를 위한 것인지 여부에 따라 이루어진다. 용사가 보이는 영웅적인 행동이 높게 평가되는 경우, 용사가 보여주는 무력의 위대함이 평가의 대상이 되기도 하지만, 그보다는 이와 같은 행동이 정당한 일을 수행하기 위해 이루어졌다는 사실이 더 부각된다.

서사시 『마나스』에는 평화로운 삶의 풍경에 대한 묘사 역시 상당한 부분을 차지한다. 평화로운 삶의 풍경에 대한 묘사는 과거에 살았던 키르기스인들의 일상생활에 대한 풍부하고 다양한 정보를 제공한다. 키르기스인들의 세계관과 전통, 의례에 대한 입장도 잘 보여준다. 전쟁과 평화로운 삶에 대한 주제는 전통적인 신화와 동화의 스토리라인들과 독창적인 방법으로 결합하는 모습을 보이며, 여러 민족의 민속문학에서도 폭넓게 발견된다.

비록 서사시 마나스의 내부에서 키르기스인들을 이슬람교도라 부르고 이슬람교 방식의 의례들이 여러 차례 드러나지만, 서사시 『마나스』의 주인공들은 본질적으로 샤머니즘적인 종교의식을 지지한다. 서사시 마나스에 등장하는 키르기스인들은 물과 산의 정령들, 자연의 다양한 현상, 하늘, 불, 태양, 흰색, 우유, 죽은 사람의 영혼 등을 경배한다. 키르기스인들은 유명을 달리한 조상들의 영혼에 대한 공경과 조상들의 영혼을 위해 말을 바치는 희생 제의를 중요시한다. 키르기스인들은 크건 작건 의미있는 일을 시작하기 전에는 발굽이 달 모양인 흰 말 아크 투약(Ak-Tuyak)을 조상들의 영전에 희생 제물로 바치는 의식과 조상들을 기리는 의식을 반드시 거행했다.

서사시 마나스 속에 드러나는 주인공들의 도덕 개념들은 당대의 요구에 부합하는 것으로 판단된다. 하지만 언제나 오늘날의 도덕 개념에 합치하지는 않는다. 에프. 엥겔스(F. Engel's)의 유명한 말이 옳다는 것을 다시 한 번 확인할 수 있다. "선과 악에 대한 관념은 민족마다 크게 다를 수 있고, 시대에 따라 다를 수 있어 종종 하나의 관념이 다른 관념과 서로 모순되는 경우가 종종 발생한다."[310] 예를 들어, 정의로움과 명예로움이라는 범주는 특정한 시대의 영웅적인 전통의 요구에 의해서 측정된다. 교묘한 꾀와 민첩한 판단력 역시 지혜와 사리분별의 증거로 이해된다. 하지만 대체로 교묘한 꾀와 민첩한 판단력은 부정적인 주인공들의 특징

---

[310] F. Engel's, Anti-Dyuring, K. 마르크스와 F. 앵겔스, 전집, 제2편, 20권, p. 94.

으로 묘사되는 경우도 많다. 순박함과 무사태평은 상당히 높은 가치인 것으로 평가된다. 비록 자신의 순박함과 무사태평으로 말미암아 주인공들이 비교적 자주 고통을 겪기는 하지만 말이다. 위에 열거한 이러한 특성들이 긍정적인 주인공들에게 내재한 성격적인 모습이다. 직선적인 바른 성격과 솔직함, 단호한 결의는 무엇보다 더 높은 가치로 여겨진다. 때때로 지나치게 자신의 육체적인 힘을 내세우는 것은 성숙하지 못한 지혜의 상징으로 여겨지며 긍정적인 자질로 받아들여지지 않는다.

서사시『마나스』에서 사건의 전개는 방대한 지역에서 이루어진다. 서사시『마나스』에는 알타이 지방과 현재의 키르기스스탄 공화국 지역과 같이 서사시의 주요한 사건들이 일어나는 장소만 있는 것이 아니라 고비사막에서 티베트 지역까지, 그리고, 우랄 산맥에서 흑해까지의 영역도 다수 등장한다. 현실 속에 존재하는 실제 지명과 함께 전설 속에만 나오는 지명도 다수 등장한다. 지명 이외에도 실제로 존재하는지 여부를 확증할 수 없는 명칭이 서사시에 다수 등장한다. 서사시에는 특히 유목민들의 개념에서 보는 삶의 이상이나 땅, 풍성한 자연, 멋진 풍광 그리고 현대 키르기스인들이 거주하고 있는 지역들이 이미지적인 언어로 아름답게 표현되고 있다.

* * *

서사시『마나스』의 중심적인 아이디어는 이민족과의 전쟁에서 단결하자는 호소와 애국심이다. 바로 서사시의 영웅적인 정신과 애국심에 키르기스인들이 존재하기 위해 수 세기 동안 이어온 투쟁들이 반영되어 있다.

서사시에서는 조국의 자유와 독립을 지키려고 투쟁하는 용사들이 긍정적인 주인공들로 부각된다. 또한 통찰력과 예지력이 있거나 신념과 정의로 키르기스인들에게 봉사하면서 널리 유명해진 사람들이 긍정적인 주인공 상으로 나타난다.

서사시의 중심이 되는 주인공은 마나스이다. 서사시 내의 모든 사건은 마나스를 중심으로 전개된다. 서사시 스토리라인의 전개 역시 마나스가 살아가는 길과 밀접하게 연결되어 있다. 마나스는 키르기스인 민중 영웅 서사시의 가장 중요한 긍정적인 등장인물이며 그에 어울리는 훌륭한 면모들을 갖추고 있다. 무엇보다도 마나스는 사람들에게 공포감을 주지 않는 용사이다. 힘이 장사이며 마음이 넓은 사람이고 정의와 공평함 등을 추구하는 인물이다. 마나스는 지도자이며, 영도자이고, 강력한 적에 의해 자신들의 고향에서 추방되어 뿔뿔이 흩어져 살던 키르기스인들을 하나로 통일시키는 데 결정적인 역할을 하는 역사적 인물이며, 과거 언젠가 강력한 적들에게 빼앗겼던 고향의 땅을 되찾고 키르기스인들을 해방하는 인물이다.

마나스는 서사시 내에 전개되는 다수의 중요한 사건을 조직하고 시작한 역할만 한 것이 아니라 본인 스스로 중요한 사건에 능동적으로 참여했다. 키르기스인들을 단합시키고 이끄는 마나스의 능력은 마나스의 개인적인 탁월성에만 있는 것이 아니다. 무엇보다도 마나스는 자신이 추진하는 일에 대의와 정당성이 있으며 키르기스인들을 위한 것이라는 데 대한 깊은 신념이 있었다.

서사시에서는 마나스를 한(khan)이라 부른다. 하지만 서사시 내에서 마나스는 실제로 한이라기보다는 한 사람의 용사이며, 그 누구보다도 앞장서서 적진을 향해 나아가는 용사의 이미지이다. 어려운 시기가 도래하면 마나스는 스스로 다른 사람들에게 모범이 되었고 다른 사람들이 자신을 따르게 했다. 마나스는 전선의 제일 앞에서 진군했다. 이런 측면에서 보면 마나스는 (정치적인) 한이라기보다는 군사적인 지도자이다. 더 정확하게 표현하면 가장 용맹하게 앞장서 싸우는 용사이다. 따라서 적과 조우하여 일대일로 맞서 싸울 경우가 생기면 마나스는 적들 가운데 가장 무시무시하고 위험한 상대를 대적했다. 전투가 벌어지면 키르기스인 전사들의 앞에서 먼저 나아가 가장 치열한 전장을 찾아 싸웠다.

마나스가 전투에 나아갈 때면 마나스와 함께 얼룩무늬 표범이 한쪽에서 적들을 향해 달려들었다. 반대편에는 꼬리가 짧은 사자가 마나스를 위해 언제든지 뛰어오를 태세를 갖추고 있었다. 마나스의 앞에는 주먹이 60개인 몸길이가 긴 용이 있었다. 마나스의 머리 위에는 동화에 나오는 거대한 새 알프카라쿠슈가 있었다. 마나스의 좌우로 40명에서 80명에 이르는 용사들이 창을 앞을 향해 치켜들고 도열했다. 서사시 마나스를 낭송하는 이야기꾼들의 입을 빌리면 마나스의 물리적인 능력은 힘이 장사인 용사 천 명을 한데 모은 힘의 세기와 맞먹었다.

직선적인 성격과 담백함, 탁월한 명예심, 관대함은 마나스를 서사시에 등장하는 많은 다른 주인공과 구별되게 했다. 키르기스어로 관대함을 뜻하는 단어인 아이켈(aikel)이 마나스를 표현하는 형용사로만 사용되는 점은 당연하다 하겠다. 무시무시한 힘이나 지혜, 먼 곳을 보는 능력 등은 서사시에 등장하는 다른 주인공들에게도 적용되지만 관대함은 마나스만을 설명하는 상징어이다. 예를 들어, 사자, 호랑이, 표범을 비롯한 맹수를 지칭하는 단어들은 마나스의 성격을 표시하기 위해 사용될 뿐만 아니라 때때로 부정적인 주인공을 포함하여 다른 용사들의 성격을 나타내기 위해 사용되는 상징어다. 하지만 마나스의 정의감과 부족한 사람들을 용서하는 능력, 다른 사람들의 선한 일들을 찾아내는 능력은 마나스로 하여금 모래알처럼 서로에게서 뿔뿔이 흩어져서 살던 키르기스인 종족들을 하나로 단결시켜 강건한 민족으로 탄생시켰다. 마나스는 여러 씨족 단위로 나뉘어 있던 키르기스인들을 한데 모아서 하나의 민족으로 만들었다. 마나스는 단일한 민족을 형성한 키르기스인들을 하나의 목적을 향해 나아가도록 이끌었다. 마나스가 사람들을 단합시키는 생생한 예는 여러 지역에서 모인 40인의 용사인 40인의 초로(choro)들을 마나스가 하나의 마음으로 단합시킨 것이다. 40인의 용사들은 마나스가 의지하는 든든한 지주가 되었다.

영웅서사시에서 용사의 영웅적인 풍모를 설명할 때 용사의 말과 갑옷, 무기들을 묘사하는 것은 매우 중요한 부분이다.

별명이 아쿨라인 마나스의 준마는 용사가 태어난 바로 그 날 함께 탄생했다. 전장에서 아쿨라가 흉탄을 맞고 눈을 감을 때 마나스는 마치 어디서도 다시 찾을 수 없는 친구가 유명을 달리한 것처럼 눈물을 보였다.

서사시『마나스』는 마나스가 지닌 물품을 상세하게 묘사한다. 마나스의 의복, 갑옷, 마나스의 부인인 카느케이가 직접 손으로 만들었고 사람들에게 잘 알려진 전투용 철갑, 마나스의 창, 마나스의 총 아켈테, 마나스의 반달형 도끼 아이발타 등이 묘사 대상이다.

마나스의 동료와 최측근 가운데 바카이와 카느케이는 서사시에 등장하는 사건들의 전개과정에서 특히 중요한 위치를 차지한다. 이 두 사람은 마나스와 각별하게 가까운 것으로 나온다. 이 두 사람은 각별한 지혜를 갖추었다는 점에서 닮은꼴이다.

바카이는 마나스의 부계혈통에서 가까운 친척이다. 하지만 서사시는 바카이를 단순히 마나스의 친인척 가운데 한 사람이라는 데 초점을 두지 않는다. 서사시는 바카이를 현자로 묘사하며 마나스의 참모이자 서사시의 주요한 주인공에게 방향을 제시하는 인물로 그리고 있다. 중요한 결정을 내릴 순간이 될 때마다 마나스는 생각에 잠기고 바카이에게서 도움을 받는다. 전사로서 명예를 갖고 선행을 하도록 호소하는 것부터 절도 사건의 재판 등 일상적인 문제까지 중요한 결정은 바카이의 입을 통한 도움을 받아 내려진다.

서사시『마나스』에서 칭송되는 바카이의 장점 가운데 하나는 바카이가 키르기스인들의 전통에 대한 해박한 지식이 있었다는 것이다. 전통에 대한 해박한 지식은 분쟁이 발생할 경우 바카이로 하여금 언제나 중재자가 될 수 있도록 했다. 바카이는 개인 간의 분쟁을 조정할 뿐만 아니라 씨족집단과 부족집단 사이의 불화와 분쟁의 조정자로 큰 역할을 했다.

카느케이는 마나스의 부인으로 가장 가까운 조언자이자 한결같은 마나스의 조력자이다. 카느케이의 이미지는 여러 민족의 구비문학 전통에서 찾을 수 있는 긍정적인 자질들을 갖추었다. 카느케이는 이상적인 아내가 갖추어야 할 자질을 모두 구비했다. 카느케이는 현명하고 마음이 선했으며 손으로 하는 작업에 능해서 장인 수준으로 물품을 만드는 능력이 있었다.

서사시『마나스』의 역사적인 환경은 남성이 주인행세를 하던 때였지만 서사시 내에서 여성들의 역할과 지위는 상당히 높았다고 평가할 수 있다. 카느케이의 이미지는 (서사시 내에서 여성들의 지위와 역할을 잘 드러내는) 대표적인 사례이다. 서사시의 중요한 사건들에서 카느케이는 결정적인 역할을 한다. 특히 마나스가 카느케이에게 장가를 드는 에피소드의 전개와 마나스가 서거한 뒤 마나스의 시신을 부패하지 않는 미라로 만드는 과정이나 마나스의 장례식 진행에서 카느케이가 결정적인 역할을 한다. 카느케이는 다른 많은 사건에도 항상 가장 능동적인 참여자의 모습을 보인다. 코즈카만 가문 사람들과의 에피소드와 쿄쿄툐이에 대한 추도식에서 그리고 베이징 대원정에서 카느케이의 모습을 주목할 만하다. 카느케이가 직접 참여하지 않는 에피소드에서도 카느케이의 이름이 언급되고, 카느케이의 충고와 조력이 사건의 전개와 결말에 지대한 영향을 미치는 것으로 묘사된다. 베이징 대원정을 할 때 카느케이가 직접 전쟁에 나서지는 않았지만 마나스를 호위하는 40인의 초로들은 카느케이의 이름을 자주 입에 올렸다. 어려운 상황에 처할 때면 40인의 초로들은 카느케이가 어떻게 어려움을 헤쳐 나갔을지 생각하고 카느케이의 도움을 받아서 난관에서 벗어나기도 했다. 카느케이는 모든 용사에게 필요한 무기와 총알을 용사들의 생명이 위태로울 때마다 제공하는 인물이었다. 마나스와 바카이, 알맘베트 등 많은 용사는 카느케이의 충고를 자주 회상하곤 했다.

서사시 『마나스』는 카느케이가 지닌 장점 가운데 특히 심오한 지혜를 강조하고 있다. 카느케이의 현명함은 무엇보다도 위기의 순간을 맞았을 때 침착한 그녀의 행동에서 나타나는데, 카느케이는 부차적인 것과 본질적으로 중요한 것을 분명하게 구분해 낼 줄 안다. 코누르 비이와 졸로이와 같은 서사시 내에 나오는 적들조차도 카느케이에 대해서는 좋은 말만 한다. 그리고 이들은 카느케이와 같이 현명한 아내이자 조력자가 있는 마나스를 시기하는 듯한 태도를 취한다. 투시하는 능력과 멀리 내다보는 능력으로 본다면 카느케이보다 더 뛰어난 자질을 갖춘 인물을 서사시 내에서는 찾아볼 수 없다. 바카이와 코쇼이는 키르기스인들이 인정하는 현자이다. 하지만 특정한 사안에서 바카이와 코쇼이의 견해가 카느케이가 보는 입장과 맞지 않을 때, 여성인 카느케이의 의견이 종종 옳은 것으로 판명되곤 한다. 카느케이는 마나스가 베이징 대원정에 나서기 전에 적의 힘과 능력을 정확하게 평가하고서 이 점에 대해 마나스에게 사전경고를 하기도 한다.

서사시 『마나스』에서는 카느케이의 정신적인 특징들에도 많은 관심을 보인다. 카느케이의 인간에 대한 애정, 정당성, 뛰어난 손님맞이 능력,

관대함, 세밀함 등이 잘 드러난다.

남성을 모두 용사로 표현하고 여성을 비교할 수 없는 용모의 미인으로 표현하는 투르크어 사용 민족들의 서사시 전통에도 불구하고 서사시 마나스에서는 카느케이의 외모나 아름다움에 청자들이 주목하게 하는 묘사가 전혀 발견되지 않는다. 카느케이는 서사시에 등장하는 여느 긍정적인 캐릭터의 여인네와 같이 행색이 곱고 사랑스러운 여인이라고 표현된다. 하지만 주인공 마나스의 외모에 대한 이야기가 서사시 마나스의 주요 2대 판본(사금바이 오로즈바코프와 사야크바이 카랄라예프)에서 동일하게 그려지는 반면, 카느케이의 외모에 대한 묘사는 판본별로 조금씩 다르게 나타나기도 한다. 예를 들자면, 사야크바이 카랄라예프는 카느케이의 용사로서의 성격에 더 많은 주의를 기울이며 카느케이를 그리고 있다. 따라서 사자, 호랑이, 늑대 등 남성 용사들의 이름 앞에 나오는 야생동물의 명칭이 종종 카느케이의 이름 앞에 형용사로 등장한다. 반면, 이야기꾼 사금바이 오로즈바코프는 카느케이를 현명하고 세심한 배려를 하는 마나스의 부인으로 묘사하며 카느케이의 영웅적인 특성에 대해서는 거의 언급을 하지 않는다. 사금바이 오로즈바코프 이본에서는 다른 이본들과 달리 카느케이가 자신의 지혜와 지식 덕분에 키르기스인들의 일상생활에 더 적극적으로 참여하고 있다고 기술하고 있다.

카느케이는 이상적인 여성의 이미지로 나타난다. 키르기스인들은 자신들의 도덕적인 이상을 카느케이에게서 찾는다. 카느케이의 도덕성이 실제 사회생활에서 통용되는 것보다 훨씬 더 고상하기 때문이다.[311]

---

[311] (역자 주) 형사취수의 전통이 있는 고대 키르기스 사회에서 마나스가 죽은 뒤 마나스의 동생과 재혼을 하지 않고 아들 세메테이와 함께 키르기스인 거주지역에서 벗어나는 모습은 당대의 도덕 기준을 뛰어넘는 카느케이의 특이한 모습을 잘 보여준다.

서사시 『마나스』에서는 긍정적인 등장인물 가운데 알맘베트를 특이하게 긍정적인 주인공으로 그리고 있다. 알맘베트는 비록 태생이 (키르기스인이 아니라) 크타이였지만 마나스에게 가장 가까운 동료 가운데 한 명이 된다. 알맘베트는 키르기스인들에게 신명을 바쳤으며 누구보다도 더 높게 키르기스인들을 위해 봉사했다. 알맘베트의 공평무사함, 올바름, 명예심은 워낙 깊고 출중해서 키르기스인들은 그를 이방인으로 여기지 않았다. 이에 대한 가장 분명한 증거는 마나스와 바카이를 지도자로 하는 모든 키르기스인 용사가 알맘베트에게 가슴속에서 우러나는 존경심을 보였다는 것에서 찾을 수 있다. 카느케이는 알맘베트가 마나스에게 가장 믿을 만하고 헌신적인 사람이며, 어떤 상황에서도 마나스를 배신하지 않을 인물이라는 확신이 있었다. 카느케이는 알맘베트에 대해 무한히 신뢰하고 있었기에 마나스가 베이징 대원정에 나설 때 알맘베트에게 마나스를 지켜달라고 부탁한다. 알맘베트는 구조적으로 깊은 비극적인 운명을 타고난 사람이다. 알맘베트는 자신의 조국을 버리고 낯선 땅에서 살 운명을 타고났다. 서사시가 만들어지던 역사적인 시기에는 모든 용사가 자신이 육체적으로 속한 씨족이나 민족을 위해 신명을 바치는 것을 당연한 것으로 여겼고 모든 용사는 자신이 속한 씨족의 지지를 받을 때 자신이 진정으로 강한 용사라고 여겼었다. 그러한 상황이 현실인지라 비록 마나스가 자신을 어린 시절부터 절친한 친구로 받아들이고 모든 키르기스인에게 자신이 존경받는 사람이 되었지만 알맘베트는 단 한 순간도 자신의 마음에 떠도는 우울과 고독을 떨쳐낼 수 없었다. 알맘베트는 고향에 대한 그리움으로 번민했다. 마나스를 중심으로 한데 뭉친 키르기스인 용사들은 알맘베트의 이와 같은 우수와 그리움의 감정들을 이해하고 존중하는 입장을 취했다. 자신의 고향에 대한 우수는 알맘베트의 긍정적인 영웅으로서의 면모를 더 심오하게 만들었고, 더 완전하게 드러나도록 만들었다.

알맘베트가 자신이 속한 고향을 떠난 이유를 서사시『마나스』에서는 알맘베트가 자신의 조상들이 믿어온 종교를 거부하고 이슬람교를 받아들였기 때문으로 설명하고 있다. 이슬람으로 개종하면서 고향을 떠나게 되는 주제는 중앙아시아에 거주하는 다수의 민족에게서 공통적으로 발견되는 흔한 테마 가운데 하나이다.

　서사시『마나스』에서는 알맘베트를 묘사하면서 개인과 씨족 간의 관계를 그리고 있으며, 개인은 자신이 태어난 고향과 민족에서 유리되어 존재할 수 없다는 것을 잘 보여준다.

　서사시『마나스』에서는 위에 언급한 것 이외에도 특이한 이미지가 다수 등장한다. 애국심과 자신이 속한 종족을 위한 정직하고 진실한 헌신은 사람들의 마음을 가깝게 만들어 하나로 연결하는 주목할 만한 특징이다. 큰 용기와 비할 바 없는 힘이 있는 용사 중 현명한 노인이며 위대한 칸인 코쇼이가 있다. 코쇼이의 두 귀는 마치 방패와 같이 생겼고, 코쇼이의 두 눈은 금성과 같이 밝게 빛났다. 용사 추작은 신뢰성과 정직함에서 탁월했으며 씨름을 할 때면 추작을 능가하는 인물을 찾아볼 수 없었다. 사자의 날카로운 송곳니도 추작의 몸을 뚫을 수 없을 정도였다. 젊고 명예를 존중하는 스르가크도 있다. 스르가크는 몸이 날렵해서 말을 탈 때면 마치 두 살배기 어린아이가 탄 것처럼 무게가 나가지 않아 스르가크가 탄 말은 주인을 태우지 않고 말이 혼자 달리듯 마음껏 달렸다. 7만 명이나 되는 적군이 몰려와도 스르가크는 그들의 눈에 뜨이지 않게 옷을 입고 바람처럼 날듯이 적을 공격했다. 웅변술이 화려한 아지바이도 등장한다. 아지바이는 60개나 되는 언어를 구사할 줄 아는 천재이다. 말을 할 때면 언제나 적절한 표현을 찾아낼 수 있었다. 독설가로 유명한 세렉도 있다. 세렉은 넘어진 말이 일어나는 사이를 벌기 위한 행동을 할 때 필요한 60가지의 지혜로운 조언을 해 준다. 주인공 마나스 자신도 존경하는 인물이 나온다. 툐슈투크다. 툐슈투크는 마나스에게 '신사'라고 불린다. 그 이외에도 언급해야 마땅한 인물은 많다.

용사 가운데에는 나이가 든 현명한 코쇼이가 두드러져 보인다. 코쇼이는 키르기스인 모두에 의해 종족의 지도자이며 종족의 핵심적인 인물로 받아들여진다. 왜냐하면 키르기스인들이 전쟁에서 패하고 이방의 땅으로 추방되어 유랑하던 시절, 코쇼이는 고향을 버리지 않고 키르기스인들의 고토에 남았다. 적들이 키르기스인들의 고토를 유린할 때 코쇼이는 적에 맞서 키르기스인들을 보호했다. 마나스를 지도자로 하는 키르기스인들이 고토에 돌아오기 전까지 고향을 지키는 역할은 코쇼이의 몫이었다. 코쇼이는 큰 지혜가 있었고 육체적인 힘도 대단했다. 공평무사함, 투명한 지혜, 판단력 등의 자질을 바탕으로 코쇼이는 키르기스인들에게서 존경과 경의를 받았다. 키르기스인들은 코쇼이를 바카이보다 더 높은 인물로 여기기도 한다. 코쇼이의 지혜가 지극히 뛰어나서 키르기스인들은 코쇼이를 지혜로운 성자로 여기고 있을 정도다. 서사시는 코쇼이가 축복하면 키르기스인들이 더 풍요롭게 된다고 믿고 있다. 서사시『마나스』에서 실제로 코쇼이의 축복 덕분에 마나스의 아들 세메테이가 탄생할 수 있었던 것으로 묘사되어 있다. 주인공 마나스가 부족한 면을 보이거나 공공의 목적을 위한 일을 추진할 때 코쇼이는 키르기스인들이 보는 가운데 마나스에게 나아가서 마나스를 질책하거나 진언할 수 있는 유일한 인물인 것으로 서사시에 묘사되어 있다.

마나스의 부친인 자큡에 대한 상반된 이미지들도 흥미를 끈다. 자큡은 시대에 따라 서사시의 내용이 보완되는 가운데 여러 가지 (상반되는) 성격적인 특징을 종합한 인물로 묘사되며 어느 정도 속세의 인간이 가지는 감정이 있는 것으로 그려진다. 자큡은 (서사시의 스토리라인을 이어가는 주요한 캐릭터 가운데 하나이지만) 개인적인 욕심을 버리지 않고 자신에게 과분하게 많은 가축을 소유할 정도로 부를 축적한 조금은 탐욕스러운 바이 가운데 하나로 묘사되기도 한다.

가장 부정적인 인물 가운데 하나로 적장인 코누르 비이가 등장한다. 코누르 비이는 힘으로 따지면 마나스를 위시하여 그 어떤 키르기스인 용사보다 못하지 않다. 코누르 비이는 교활하고, 음흉하며, 잔인하다. 코누르 비이는 정정당당한 대결을 회피하고 꼼수를 쓴다. 코누르 비이는 마나스와의 대결에서 두 번이나 마나스에게 부상을 입히고 승리를 쟁취하기도 한다. 마나스가 무장을 하지 않은 채로 적의 공격을 예상하지 못하고 있을 때 코누르 비이는 기습적으로 마나스를 공격해서 두 번이나 부상을 입혔다. 코누르 비이는 압제자의 형상을 하고 있고, 키르기스인들을 발아래 깔고 신음하게 하는 외적의 모습을 보이고 있으며 마나스의 용사들은 이런 사악한 외적의 억압에서 키르기스인들을 구원하려 떨쳐나선다.

코누르 비이의 측근이자 협력자로서 칼믹인들의 칸인 졸로이가 있다. 서사시 내에서는 졸로이에게 신체적인 힘으로 맞설 수 있는 인물을 찾아보기 어렵다. 키르기스인들 가운데에서 벨리칸 코쇼이 한 명만이 졸로이에 대적할 수 있을 정도이다. 하지만 졸로이가 정의를 위해 힘을 쓰는 것이 아니어서 졸로이의 파멸은 어쩔 수 없다. (졸로이의 예를 통해 볼 수 있듯이) 서사시 『마나스』에서는 아무리 힘이 강한 사람도 자신의 힘을 인간의 선을 위해 사용하지 않고 부정한 목적이나 쓸모없는 데 이용하게 되면 가치가 없고 불필요하며 견고할 수 없음을 보여준다.

서사시 『마나스』에 나오는 부정적인 캐릭터들은 일반적으로 신체적인 힘이 막강한 것으로 묘사된다. 또한 외모도 무시무시하고 힘에서는 긍정적인 캐릭터들에게 전혀 밀리지 않고 오히려 능가하는 모습을 보인다. 하지만 정정당당한 대결에서는 언제나 부정적인 인물들이 긍정적인 인물들에게 패배를 당하게 되는데, 부정적인 인물들은 자신이 하는 일에 대의가 있다고 절대적으로 믿는 긍정적인 인물들보다 정신적인 가치에서 열세를 보인다.

* * *

서사시 『마나스』를 연구하는 학자는 모두 서사시에 내재한 키르기스인들의 다양한 삶의 모습을 언급하고 서사시의 심오한 내용들을 조망하면서 특히 키르기스인들의 예술적인 재능을 높게 평가한다. 서사시 『마나스』가 보여주는 시적인 우아함은 무엇보다도 천 년 이상 수많은 세대를 통해서 서사시를 구송해온 탁월한 이야기꾼들의 미학적인 견해가 녹아들었기 때문에 가능한 것으로 설명된다.

서사시의 방대한 분량은 이야기꾼들에게 고도의 예술적인 구성력을 갖추도록 요구한다. 청중에게 공연을 통해 수없이 많은 캐릭터의 특성을 묘사하면서 끝없이 이어지는 이야기를 전하려면 이야기를 잘 구성하는 능력이 필요하다. 서사시 『마나스』에 나오는 개별 에피소드는 대부분 그 자체로 하나의 독립적인 예술작품이라고 해도 과언이 아닐 정도로 그 자체로 완결되고 예술적인 구성요소를 모두 갖추고 있다. 서사시에 포함되어 있는 이와 같은 독립적인 작품을 모두 모아서 전체적으로 단일한 효과를 주기 위해서는 이야기꾼의 각별한 능력과 함께 이야기를 구술하는 기법이 필요하다. 특히 에피소드를 연속해서 공연하는 경우에는 분량이 방대하다는 점을 고려하여 이야기꾼은 공연을 하면서 이따금 지나온 이야기를 요약해서 청중에게 일깨워 줄 필요가 있다. 이야기꾼들은 이미 공연한 내용 일부를 반복하여 이러한 목적을 달성한다. 이와 같은 반복의 규모는 청중이 이전에 서사시 마나스의 공연을 본 적이 있는지 여부에 따라 달라질 수 있다. 보통은 이야기꾼이 공연형태의 낭송을 시작하기 전에 산문적인 말투로 청중에게 서사시 마나스의 대강의 줄거리를 먼저 설명해준다. 서사시의 스토리라인을 상기시켜주는 이와 같은 설명은 낭송을 시작하기 전에만 하는 것이 아니다. 에피소드를 낭송하는 가운데 하기도 하고, 하나의 에피소드가 끝나고 다른 에피소드가 시작되기 전에 이러한 설명이 반복되기도 한다. 반복의 규모와 빈도는 이야기꾼의 개인 취향에 따라 큰 편차를 보인다. 이야기꾼은 때때로 서사시 『마나스』의 전편에 대해 산문적으로 설명하기도 하고, 앞으로 낭송할 에피소드 한 개 혹은 직전에 낭송한 에피소드들에 대해 반복적으로 설명하기도 한다. 이와 같은 반복적인 설명 기법은 청중에게 수없이 많은 등장인물을 유기적으로 이해하도록 하고 서사시 『마나스』의 흐름을 잘 파악하게 한다.

하나의 에피소드에 대한 낭송을 마치고 다른 에피소드로 나아가기 전에 이와 같은 반복의 기법을 활용할 경우 에피소드의 길이에 따라 반복의 규모가 결정된다. 거대한 에피소드가 이어질 때는 반복의 길이가 상당히 길다. 하지만 비교적 짧은 에피소드가 이어질 때는 단지 몇 줄의 반복 설명으로 족하다. 노래하듯 멜로디를 붙여서 낭송을 하다가 이야기꾼은 갑자기 태도를 바꾸어 산문적인 말투로 서사시의 전개 상황을 설명하거나 장면 변환을 시도한다. 한 사람의 주인공에 대해 말하다가 다른 주인공을 묘사할 때 이런 반복 기법을 활용하기도 한다.

이 이야기는 여기서 잠시 멈추도록 합시다.
마나스에 대한 소식을 들어 봅시다.

이 일은 옆으로 내려놓고
적진을 살펴보러 길을 떠난 쌍둥이 용사들에 대하여
그들에 대한 이야기를 시작해 봅시다.

이러한 예술적인 기법은 (중앙 유라시아 지역에서 거의 발견되지 않으며) 서사시『마나스』에만 등장하는 독특한 특징이다. 마나스치들이 서사시『마나스』이외의 다른 서사시를 연행할 때는 이 기법을 공연에서 사용하지 않는다. 예를 들어, 사야크바이 카랄라에프는 서사시『마나스』연행에서 반복 기법을 누구보다도 자주 활용했지만 서사시 툐슈튜크(Testyuk)를 연행할 때는 이 기법을 단 한 번도 사용한 적이 없다고 한다.[312]

서사시『마나스』에서는 (1인의 이야기꾼이 독백체로 낭송하는) 이야기꾼의 말과 서사시 등장인물의 독백이 널리 활용된다. 서사시『마나스』에서는 묘사의 역할도 지대하다. 등장인물들의 독백체 말에서 등장인물 서로의 관계와 여러 사건에 대한 서로의 평가, 주인공들의 내적인 세계가 드러나며, 그들의 업적과 행동에 대한 설명이 이루어지기도 한다. 주인공들이 서로 충돌하는 경우와 전장에서 겨루는 장면이나 일상생활의 상황은 이야기꾼의 말을 통해서 흔히 드러난다. 이야기꾼의 평가가 포함된 독백이 발생한다. 자연 현상을 묘사할 때와 사람의 외모를 설명할 때는 당연히 묘사의 기법이 활용된다.

주인공들의 (독백체) 말에는 다양한 특징이 포착된다. 엠. 아우에조프는 "서사시『마나스』에는 매우 다양한 형태의 (독백체) 말이 등장한다. 집회나 토론 모임에서는 마나스와 알맘베트가 원정에 나서기 전에 하는

---

[312] (역자 주) '이야기꾼의 개입과 반복'의 기법은 마나스치가 서사시 마나스를 공연할 때 특징적으로 사용하는 기법이다. 키르기스인들의 여타 서사시 연행이나 중앙아시아 지역의 유사 서사시 연행현장에서는 거의 활용되지 않는다.

보고 형식의 말이 있으며, 전쟁에서의 승리를 다짐하는 마나스의 화법이나 마나스가 7인의 칸들에게 보낸 서한에서 드러나는 위협조의 말이 있다. 자신의 잘못에 대해 고백할 때 솔직하게 모든 것을 드러내는 말이 있는데, '촌 카자트(Chon Kazat)'에서 알맘베트가 하는 유명한 말은 고뇌에 싸인 모습을 잘 드러낸다. 알맘베트의 연설은 마지막 부분으로 가면서 개인적인 회상으로 바뀌며 개인사를 드러내는 역할을 하기도 한다. 쿄쿄툐이의 유언이나 바카이와 코쇼이가 종종 마나스에게 하는 위로와 제언의 화법도 독특하다. 위에 언급한 말들 이외의 일상적인 대화체와 농담, 독설 등도 서사시 『마나스』에서 풍부하게 발견된다."라고 서사시 『마나스』의 다양한 말을 요령 있게 설명한 바 있다.[313]

서사시 『마나스』는 등장인물의 성격을 표현할 때는 먼저 해당 인물의 외모를 묘사한 뒤 그 인물의 힘과 특징에 대한 묘사로 진행하는 전통이 있다.

주인공의 초상을 눈에 보이는 것처럼 생생하게 창조하는 특별한 예술적인 기법이 있는데, 이 기법은 거의 모든 이야기꾼에 의해 활용되면서 꾸준하게 구송되었다. 서사시 내에서 한 등장인물의 외모는 통상적으로 다른 등장인물의 입을 통해서 세밀하게 묘사된다. 관찰이나 회상의 방법으로 대상이 되는 인물을 상세히 포착하는 것이다. 하지만 때로는 이야기꾼이 직접 등장인물을 초상화를 보여주듯 묘사하기도 한다. 이러한 경우는 아주 드물다. 등장인물의 내적인 특징은 등장인물의 행동을 통해 묘사하는 것이 일반적이다. 등장인물의 지혜로운 모습이나 집요하게 목적을 추구하는 모습 등은 이야기꾼의 말로 표현되는 경우가 많다. 이야기꾼은 이전에 묘사된 주인공에 대한 묘사를 떠올리며 '용사 마나스'나 '현자

---

[313] M. Auezov, 키르기스 민중 영웅서사시 『마나스』, pp. 68~69.

바카이' 등과 같이 해당 주인공의 이름 앞에 그 인물을 요약해서 표현하는 장식 말을 붙이는 것이 일반적이다.

　서사시『마나스』에서는 이미 준비된 시적인 초상화적인 클리셰를 널리 활용하지만, 이 표현은 정체된 느낌을 주지 않고 주인공의 이미지를 생생하게 드러내는 역할을 한다. 이처럼 반복되는 시적인 클리셰는 드물지 않게 주인공들의 행동의 특성을 설명하거나 그다지 중요하지 않은 사건들을 말할 때도 활용된다. 하지만 이 경우에도 다양한 방법으로 행동과 사건이 묘사되며 이와 같은 기법은 끊임없이 (묘사의 대상을) 새로운 모습으로 보충하고 조망한다. 이렇게 해서 용사들은 단순하게 외모로만 차별성을 보이는 것이 아니라 그들의 행동이나 성격에 대한 묘사에 의해 스스로의 특징을 갖게 된다. 심지어 동일한 주인공일지라도 다른 환경에서 다른 모습으로 묘사되는 일이 흔하다. 예를 들어, 일상생활 속에서의 마나스에 대한 묘사와 행복, 슬픔, 비탄, 분노에 사로잡혀 있는 마나스에 대한 묘사에서 마나스의 모습이 서로 다르게 다양하게 나타난다.

　서사시『마나스』의 주요 이본들은 대부분 시행으로 구성되어 있다. 사금바이 오로즈바코프 이본의 경우에는 산문체가 부분적으로 등장하지만 그 분량이 매우 적다. 사금바이 오로즈바코프 이본의 경우 용사의 출생 계보를 설명하기 위해 서사시의 시작 부분에 산문체로 이루어진 계보가 노출되어 있으며, 이어서 자식이 없어 슬픔에 잠긴 바이 자큽이 목초지에서 집으로 돌아가는 과정을 묘사하는 장면에서 부분적으로 산문체의 말이 사용되고 있다. (이야기꾼의 성향에 따라 차이가 있으나) 모든 마나스치는 (조금씩) 산문체의 표현을 사용한다. 하지만 산문에도 일정한 운율이 들어 있어서 서사시『마나스』의 산문은 운율 있는 산문 문장이라 말하는 것이 정확하다. 마나스치들은 청중에게 낭송되는 에피소드의 이해를 위해 꼭 필요한 정보제공 목적으로 산문체를 사용한다. 바로 직전 에피소드가 어떤 것이었는지에 대한 간략한 요약을 반복과 같은 형태로 들려주거나, 운문으로 전달할 정도로 중요하다고 판단되지 않는 부차적인 스토리라인이나 부차적인 인물에 대한 정보를 단 몇 마디로 청중에게 전달할 필요가 있을 때 산문체 설명을 활용한다.

서사시 『마나스』의 시행들은 대부분 키르기스 구비문학 작품에 전형적인 7~8개의 모음을 가진 음절시로 이루어져 있다. 한 시행의 마지막에 위치한 단어에는 전체 시행과 어울리는 각운이 들어간다. 하지만 이와 같은 작법 상의 배치는 항상 동일한 유형을 갖고 있지는 않다. 예를 들어 사금바이 오로즈바코프 판본에 보면, 4개 또는 5개와 6개의 모음을 가진 음절시행이 나타나는데, 이처럼 모음 수가 적은 시행은 운을 넣은 것과 매우 흡사하게 들린다. 사야크바이 카랄라예프에게서는 서사시 『마나스』의 전형적인 7~8 음절시행 이외에 혼합 형태의 9, 10, 11, 12 음절시행이 등장한다.[314]

서사시 『마나스』에서 발견되는 두운들은 다양한 형태를 보이며 서사시 『마나스』의 운은 작법 상의 엄격한 원칙에 따라 정해진 위치에 있지 않은 경우가 많다. 서사시 내에 있는 시행들은 문단을 형성한다. 문단은 2줄의 시행에서 20줄의 시행으로 형성되기도 한다. 때로는 20줄의 시행보다 더 많은 시행이 하나의 두운 그룹으로 편입되어 있기도 하다. 서사시 마나스에 펼쳐진 시행들은 키르기스 민속문학 작품에서 발견되는 일반적인 2개, 4개, 6개 등의 짝수 행 두운 그룹의 형태를 취할 뿐만 아니라 3개와 5개, 7개 등의 홀수 시행을 연결하기도 한다. 예를 들어,

---

[314] (역자 주) 서사시 『마나스』 연행시 짧은 호흡을 선호하는 사금바이 오로즈바코프와 대조적으로 사야크바이 카랄라예프는 호흡이 긴 장문의 시행을 즐겨 사용했다.

Karmanarga tuyak zhok,
Kanatynan airylgan
Kalkta mendei chunak zhok...

혹은

Azhal anyk, chara zhok,
Aman zhuror sanaa zhok,
Akretke bet alsam
Atakelen artymdan
Naalyp kalar balam zhok...

홀수 행 그룹의 두운이나 각운과 마찬가지로 짝수 행 그룹의 두운 역시 일정한 체계에 속하지 않고 자유로운 성격을 갖고 있다. 즉, 혼합운의 형태를 보인다. 작품 내에서 시행의 수가 일정한 큰 체계가 드러나지 않는 것처럼 마나스 서사시에서는 시행들로 이루어진 그룹의 규모 역시 자의적이다. 서사시 『마나스』에서 다양한 형태의 운율을 적용하는 문제는 대체로 이야기꾼의 재능에 달려 있다. 예를 들어, 사금바이 오로즈바코프와 같이 뛰어나고 재능 있는 마나스치의 판본에는 키르기스 민속문학에 있는 모든 종류의 운율이 발견된다. 특히 aaaa 형태의 두운은 사금바이 오로즈바코프 판본에서 흔히 발견되는 운율이다.

Aily birge akyr dep
Anda bar kyila akyl dep
Aituugal kepke makul dep

Akbalta biidi chakyr dep…

aabbcc와 같이 쌍을 이루는 인접 운율은 드물지 않게 등장한다.

Jana tokolum sonun tush kerup
Jiunde eki kush kerup
Booru kara moinu kez
Bolot tekoor boosu zhez
Kapshytka tuur zhailaptyr
Katynyn ekoon bailaptyr…

서사시 마나스에는 도약 운율이 각운 형태로 넓게 관찰된다. 두 행에 한 번씩 등장하는 동일 운이다. 예를 들어,

Altymysh kulach zhibek boo
Ayaksyz kandai ketem dep
Ai munryn zhem kalyp
Ayabaii syilap bagypmyn…

위에 인용된 도약 운율과 함께 교차운율 (abab)과 반지운 (abba)도 빈도가 높지는 않지만 서사시 『마나스』에서 관찰된다. 하지만 교차운과 반지운의 수는 서사시 마나스 전편에서 도약운에 비해 많지 않은 편이다.

서사시 『마나스』에서 가장 흔히 관찰되는 운은 동일한 단어로 끝나는 각운이 있는 시행이다. 동일한 최종 단어 직전의 단어나 음절에 운율이 떨어지는 경우이다. 예를 들면,

Tukumu zhok onom dep

Tuyaksyz kandai ketem dep

Jalgyz kuu bashym bar

Datym kimge zhetem dep…

때로는 운율 있는 시행들 사이에 2개 혹은 4개의 서로 운이 맞추어지지 않은 시행이 나타난다. 이런 경우에는 이와 같은 시행이 청자의 귀에 더 선명하게 각인되며 리듬이나 두음, 반해음과 같이 들리는 효과를 나타낸다. 서사시 『마나스』에서는 비교적 넓게 내적인 두음과 반해음, 형식적인 두음과 반해음들이 발견된다. 예를 들어,

Kan kylgyn denim kimindi

Kaakadym keldim dinindi.

Erlb kalyn kezu unkur

Er munozu korunot.

서사시 『마나스』에는 시적으로 표현하기 위한 수사법이 풍성하게 활용되고 있다. 이름 앞에 수식하는 형용사가 습관적으로 따라 나오기도 하고 비교와 은유, 과장도 자주 관찰된다.

서사시 『마나스』에는 (등장인물을) 키르기스인들의 일상생활에 자주 등장하는 현상이나 대상물에 비유하는 표현이 흔히 나오는데 이들 대부분은 유목민이라는 삶의 환경과 밀접한 관련이 있다. 따라서 젊은 여성을 종종 마랄 사슴에 비유하거나 여성의 두 눈을 동그랗고 커다란 낙타 새끼의 눈에 비유하는 것이 아주 자연스럽다. 여성의 치아를 진주알을 엮은

목걸이에 비유하기도 하고, 호리호리한 여성의 허리를 버드나무 가지에 비유하기도 한다. 집안에서 기르는 가축과 야생동물의 다양한 이미지에 대한 비유의 표현도 아주 흔히 사용된다. 남성 용사는 무엇보다도 맹수에 비유된다. 용맹함과 두려움을 모르는 당당함 등 용사로서 갖출 덕목을 사나운 야생동물에 비유하여 나타낸다. 이러한 모습은 키르기스인들이 유목을 하면서 사냥을 즐겼던 생활양식을 반영하는 것이기도 하다. 키르기스인들은 사냥을 통해 야생동물의 습성을 관찰했고 그들의 특징과 성격을 파악한 것으로 보인다. 키르기스인들에게 야생동물을 사냥하는 것은 일종의 과격한 스포츠였으며 키르기스인들이 실제 전장에서 승리하기 위해 준비하는 과정으로도 여겨졌다. 사냥은 목축업을 영위하는 유목민 경제에서 추가적인 고기와 모피를 획득하는 수단이기도 했다.

주요 등장인물의 깊은 내면세계를 분명하게 압축적인 성격으로 담고 있는 것이 인물의 이름 앞에 항상 붙는 형용구이다. 이름 앞의 형용구는 서사시『마나스』에서 특히 많이 발견되며 해당 인물이 긍정적인 주인공(관대함, 용사, 위대한 칸, 청년, 용감한 사자 등)인지 혹은 부정적인 주인공(간교함, 탐욕스러움, 신뢰가 없음, 음흉함 등)인지 파악하는 데 도움을 준다.

서사시『마나스』에서 우리는 "위대한 칸 코쇼이", "유려한 화법의 용맹한 우르뷰", "현명한 바카이" 등과 같이 형용구와 등장인물 이름의 조합이 변화하지 않고 지속적으로 작품 내부에 표현되는 것을 볼 수 있다. 이처럼 등장인물 성격의 형용구를 활용한 개별화 작업은 영웅 개인의 풍모와 가계의 역사뿐만 아니라 개인이 속해있는 씨족이나 종족 심지어는 민족의 특성까지 활용하기도 한다. 예를 들어, "에슈텍 종족 출신의 잠그르치"라는 말을 보면 개인의 특성이 아닌 개인이 속한 집단이 표시되고 있다. 형용구의 자질로 종족의 명칭이 활용된 경우이다. "부우다이크 칸의 아들인 무즈부르차크"나 "엘레벤 바이의 아들인 용맹한 툐슈튜크", "젊은 아이다르", "나이든 크르글" 등에서와 같이 (혈연관계나 연령 등을 이용하는 경우도) 다수이다.

서사시 『마나스』에는 형용구가 인간 등장인물의 성격과 행동에만 국한되지 않는다. 등장인물들이 사용하는 무기와 영웅들이 타고 다니는 말을 비롯해서 화살이나 활, 총알 등에도 형용구가 사용된다. "날카로운 창", "날이 시퍼런 칼" 등과 같이 무기를 표현하며 등장인물의 성격까지 유추하게 하는 경우도 다수이다.

서사시 『마나스』에서 아주 많이 사용되는 문학적 기법 가운데 하나로 과장법이 있다. 영웅들의 힘과 능력에 대한 묘사에서부터 외모에 이르기까지 그리고 전투를 위한 탄환과 전투를 위한 무기에서부터 특정한 행동에 이르기까지 과장법의 대상이 아닌 것이 없을 정도이며, 과장법은 특히 서사시 『마나스』의 특징이기도 하다. 하지만 민속문학의 예술 표현 수단으로서 과장법이 아무리 많이 사용된다 하더라도 과장법에는 일정한 한계와 범위가 있는 법이다. 이야기꾼은 아무리 심한 과장을 할 때라도 자신이 말하는 과장이 실제를 반영하거나 은유할 수 없는 경우에는 과장법을 사용하지 않는다. 이야기꾼이 말하는 과장이 터무니없거나 정도를 넘어가게 되면 이야기꾼 자신이 청중에게 자신의 표현이 과하므로 가려서 듣도록 말을 하게 된다. "제가 너무 과장을 많이 해서 실제로는 사실과 거리가 아주 멀고, 무엇이든 볼 수 있는 그런 사람은 존재하지 않습니다. 제가 하는 말의 절반은 거짓말입니다. 나머지 절반은 진실이지요. 당시에 이러한 등장인물들과 함께 있었던 사람이 없어서 아무도 현장을 본 바가 없습니다." 등의 표현을 사용하면서 이야기꾼은 청중에게 자신의 표현이 지나친 과장이라는 점을 상기시키기도 한다.

서사시 마나스의 구성상 기념비적인 측면은 아주 다양한 주제를 작품 내에 포괄하고 있다는 점이다. 다양한 예술적인 기법과 다양한 주제, 자연과 동식물에 대한 다양한 묘사, 사람들에게 감동을 주는 주인공들의 성격과 행동들이 지루하지 않게 그리고 넘치지도 않게 적절하게 서사시 마나스 내부에 자리를 잡고 있다. 다양한 인물과 주제가 등장하며 수 세기에 걸친 문학적인 기법들이 텍스트를 장식하는 점은 민중 구비서사시 마나스의 예술적인 가치를 높여주는 요소이기도 하다. 이러한 점들은 키르기스 예술 문화의 독특한 집대성이라 할 수 있는 마나스의 '불멸의 고대 서사 형태의 비밀'을 보여주며 다시는 유사한 작품이 나오기 어려운 서사시『마나스』의 독특함은 두말할 나위 없이 특별한 연구의 대상이라 하겠다.

| 해설 2 |

서사시 마나스 주요 이본들

공저
A. S. 미르바달레바
N. V. 키다이슈-포크롭스카야
S. M. 무사예프

　이 글에서는 키르기스스탄 공화국 과학 아카데미 산하의 '서사시 마나스 연구소'가 소장하고 있는 서사시 『마나스』의 주요 이본들의 스토리라인을 간추려 설명한다. 이 글에서 다루는 이본들은 (1917년 러시아 볼셰비키) 혁명 이후의 시기에 키르기스스탄 공화국 내에서 채록된 판본들이다. 채록이 이루어진 구체적인 시기와 장소, 이야기꾼에 대한 상세한 정보, 청중에 대한 정보, 채록 필사본의 성격과 분량에 대한 설명을 가능한 범위에서 최대한 제시했다.
　채록본은 문서보관소 내의 분류기호와 제목에 따라 분류된다. 통상 채록본의 제목은 (채록본에 포함되어 있는) 하나의 에피소드 혹은 몇 개의 에피소드로 이루어져 있기 때문에 (문서보관소에서 정해 놓은 제목은 실제) 그 제목으로 보관 중인 서사시의 에피소드 모두를 완전하게 반영하지는 못한다. 채록본은 수집자에 의해 채록된 시간 순서에 따라 분류되고 목록화되어 있다.

  필사본 중에는 서사시의 완결된 내용이 있는 채록본이 있고 각각의 개별 에피소드를 채록한 필사본이 있다. 몇 개의 주제를 중심으로 채록된 판본이 있으며, 이야기꾼 한 사람에게서 여러 차례 반복해서 채록한 결과물도 있다.

  사금바이 오로즈바코프와 사야크바이 카랄라예프에게서 채록된 서사시 마나스 판본 2편은 그 길이와 예술성에서 다른 판본들과 큰 차별성을 보인다. 이 채록본 2편은 고전적인 대표 채록본이라 불린다. 다른 저명한 이야기꾼들에게서 채록된 판본 가운데에는 토골록 몰도(이브라임 아브드라흐마노프 판본), 몰도바산 무술만쿨로프, 샤파크 으르스멘디에프, 바그슈 사자노프, 이브라임 아브드라흐마노프, 맘베트 초크모로프 등의 판본이 있다. 이들 판본은 완결된 서사시 마나스의 이본을 보여주고 있다. 하지만 사금바이 오로즈바코프와 사야크바이 카랄라예프의 판본들과 비교하면 그 길이가 짧고 내용이 풍성하지 못하다.

  그 이외의 모든 채록 판본은 비록 전통적인 서사시 마나스 공연자인 마나스치와 서사시 세메테이의 공연자인 세메테이치의 공연 실황에서 채록한 것이라도 전편이 필사본으로 남은 것이 아니라 특정 부분이 수록되거나 전체 내용이 축약된 것이 대부분이다. 에피소드들이 부분적으로 채록 편집되어 있거나 때로는 운문으로 때로는 산문으로 축약되어 기록되어 있다. 마나스치가 아닌 일반 공연자들이 구승한 서사시 마나스와 서사시 세메테이의 채록본들도 보존되어 있다. 이들 역시 사금바이 오로즈바코프나 사야크바이 카랄라예프의 판본과 달리 부분적인 에피소드 형태나 축약된 형태로 채록되고 보존되어 있다.

  서사시 마나스의 기록적인 엄청난 분량 덕분에 어떤 마나스치라 해도 단숨에 처음부터 끝까지 연행하기는 불가능하다. 그리고 시간순으로 채록된 판본을 스토리라인에 따라 재배열하지 않을 경우 (같은 장소에서 일정 기간 채록된 판본의 경우에도) 에피소드 선후가 뒤바뀌어 나타나는 경우가 많다. (그 까닭은 서사시 마나스의 분량이 너무 길어 마나스치가 공연을 하기 전 청중의 요청을 수용하여 청중이 가장 듣기 원하는 에피소드를 시간 순서나 스토리 전개 순서를 무시하고 며칠에 걸쳐 공연하기 때문이다.) 따라서 고문서보관소에 소장된 서사시 마나스 판본 목록상의 순서는 주제의 논리적인 전개 순서에 따른 배열이 아닌 경우가 다수이다. 문서보관소의 채록 판본들은 한꺼번에 기록된 것이 아니라 상당한 시차를 두고 오랫동안 채록된 것을 집성한 형태이며 (목록은 채록의 시간적 순서에 따른 것이다.) 이 글에서는 (고문서보관소에 있는 목록순서가 아닌) 주제와 에피소드의 논리적인 전개 순서에 따라 개별 이야기꾼이 공연한 내용의 소주제들을 요약해서 살펴보고자 한다.

전통적으로 서사시 『마나스』 판본 가운데 대표 판본으로 이해되는 사금바이 오로즈바코프와 사야크바이 카랄라예프의 이본들에 대한 정밀한 이해를 위해서는 두 판본의 주제 전개 양상과 스토리라인을 면밀하게 대조하고 비교할 필요가 있다. 한 편으로는 두 이본에 공통적으로 나타나는 원칙과 공통적인 스토리라인과 에피소드의 비교가 긴요하다. 동일한 모티프와 주제들을 형성하는 에피소드들과 그 에피소드들의 논리적인 배열에 유의할 필요가 있다. 다른 한편으로는, 이본들에서 서로 다른 모습으로 관찰되는 요소들이 스토리라인에 주는 영향과 상호관계를 살펴볼 필요가 있다. 전통적인 서사시의 모티프와 주제 그리고 에피소드를 해석하는 방식을 눈여겨볼 필요가 있다.

이 리뷰 논문에서는 우선 서사시 『마나스』의 개별 판본들이 서로 이본의 형태로 존재하는 양상을 살펴보기 위해 판본들의 주제와 모티프 그리고 에피소드를 목록화해서 검토한다.

I.
사금바이 오로즈바코프 채록 판본들

(사금바이 오로즈바코프는) 1867년 이식쿨주[315]의 카브르그 마을에서 태어났다. 그의 부친인 오로즈바코프는 사야크 부족 출신이며 전통악기 연주와 이야기 연행에 재능[316]이 있는 사람이었다. 사금바이 오로즈바코프는 청년시절과 장년시절을 나른 주의 코츠코르스크에서 주로 보냈다. 오로즈바코프는 직업 이야기꾼으로서 키르기스스탄의 여러 지역을 떠돌아다니는 유랑생활을 하며 청중에게서 받은 공연수입으로 가족을 부양했다. 사금바이 오로즈바코프는 저명한 마나스치인 발륵, 켈드벡, 촌바슈 나르만타이를 비롯해서 트느벡과 나이만 바이의 제자들과도 동시대인이었다. 사금바이 오로즈바코프는 발륵, 켈드벡, 촌바슈 나르만타이를 비롯해 발륵 촌바슈를 스승으로 자신과 동시대인인 위의 마나스치들에게서 높은 수준의 서사시 『마나스』 공연 기법들을 전수받았다. 사금바이 오로즈바코프는 15세에 마나스치 촌바슈에게서 사사하면서 처음으로 서사시 마나스를 낭송하기 시작했다. 오로즈바코프는 15세 이전에도 해학적인 노래, 교훈적인 노래, 서정적인 시 등을 지어 부르는 전문 서정 가수로 이미 잘 알려진 인물이었다. 사금바이 오로즈바코프는 서사시 『마나스』의 3부작으로 불리는 마나스, 세메테이, 세이텍을 모두 완창했다.

사금바이 오로즈바코프는 가장 긴 마나스 이본을 부르는 명창으로 키르기스인들 사이에서 사랑받았다. 사금바이 오로즈바코프가 낭송하는

---

[315] (역자 주) 키르기스스탄 동부지역 산악지대의 이식쿨 호수 인근 지역이다.
[316] (역자 주) 사금바이 오로즈바코프의 부친은 전통적인 짧은 노래 연주자인 수르나이치(surnaichi)로 활동했다.

서사시 『마나스』 이본은 다른 마나스치의 판본들에 비해 스토리라인의 완결성과 높은 예술적인 수준에서 큰 격차를 보였다. 서사시 『마나스』의 오로즈바코프 판본은 연구자들과 민속학자들 사이에서 가장 고전적인 키르기스 영웅서사시로 인정되고 있다. 사금바이 오로즈바코프는 1930년 코츠코르스크 지역에서 유명을 달리했다.

사금바이 오로즈바코프에게서 채록한 판본 내역은 다음과 같다.

1922년

1. ⟨마나스튼 발라륵 차그⟩, 아랍어 알파벳으로 채록. 채록노트 1권, 노트 규격 및 분량 16×21cm와 305쪽. 채록 서사시를 시행으로 정리한 분량은 11,200시행. 키르기스스탄 과학 아카데미 마나스 연구소 고문서보관소 분류기호는 Inv. No. 201 (1787).
아브드카임 미흐타호프가 채록을 시작했으며 (1~3쪽) 이브라임 아브드라흐마노프가 4쪽 이후 채록했다. 채록 장소는 나른 주이다.

2. ⟨마나스튼 발라륵 우바그⟩, 기 채록된 서사시 마나스 판본 No. 201을 1922년 1월 1일부터 1월 17일 사이에 다시 정서. 아랍어 알파벳으로 채록. 채록노트는 1권, 노트의 규격 및 분량은 16×21cm와 222쪽. 채록된 서사시를 시행으로 정리한 분량은 11,200시행. 키르기스스탄 과학 아카데미 마나스 연구소 고문서보관소 분류기호는 Inv. No. 202 (1787).

3. ⟨마나스튼 발라륵 잔나 지기트치리크 차그⟩, 기 채록된 서사시 마나스 판본 No. 201에 추가 에피소드를 덧붙이고 원본에서 상실되었던 부분을 보충한 재정서 판본. 사파르바이 소론바예프와 아파스 주수포프가 자료를 보충하며 재정서. 재정서한 장소는 키르기스스탄의

수도 프룬제(현 비슈케크). 아랍어 알파벳으로 채록. 채록노트는 1권이며, 노트의 규격 및 분량은 16×22cm와 682쪽. 채록된 서사시를 시행으로 정리한 분량은 28,644시행. 키르기스스탄 과학 아카데미 마나스 연구소 고문서보관소 분류기호는 Inv. No. 203 (1789).

1923년

4. 〈마나스튼 비린치 카자트〉, 아브드카임 미흐타호프가 1923년 2월 19일부터 3월 22일 사이에 원채록본에서 재정서. 공연현장에서 기록한 원채록본은 소실. 아랍어 알파벳으로 채록. 채록노트는 1권이며, 노트의 규격 및 분량은 16×22.5cm와 347쪽. 채록된 서사시를 시행으로 정리한 분량은 17,836시행. 이후 동 채록본은 아랍어 알파벳에서 라틴 알파벳으로 재정서. (라틴 알파벳으로 다시 쓰인 부분은 No. 536, No. 537, No. 538, No. 539 참조) 키르기스스탄 과학 아카데미 마나스 연구소 고문서보관소 분류기호는 Inv. No. 200 (1119-a).

5. 〈마나스 바아티르 테케스, 콜, 추이, 탈라스, 아트-바시, 나른〉, 이브라임 아브드라흐마노프가 채록. 아랍어 알파벳으로 채록. 채록 장소는 나른 주의 각지이며 나른 시와 아트-바쉰스트 지역에서 주로 채록. 채록노트는 1권이며, 노트의 규격 및 분량은 16×22cm와 673쪽. 채록된 서사시를 시행으로 정리한 분량은 24,500시행. 키르기스스탄 과학 아카데미 마나스 연구소 고문서보관소 분류기호는 Inv. No. 204 (1790).

6. 〈크르그즈 다르든 알타이단 알라-토오고 코츠코누〉, 아랍어 알파벳으로 채록. 이브라임 아브드라흐마노프가 나른, 아크탈, 아트-바시에서 채록. 채록노트는 1권이며, 노트의 규격 및 분량은 12×21cm와

393쪽. 채록된 서사시를 시행으로 정리한 분량은 19,840시행. 키르기스스탄 과학 아카데미 마나스 연구소 고문서보관소 분류기호는 Inv. No. 205 (1971).

1924년

7. 〈마나스 바아트르든 알로로케니 카라트카니〉와 〈알맘베트 바아트르든 조모구〉, 아랍어 알파벳으로 채록. 이브라임 아브드라흐마노프가 채록 장소 미상인 곳에서 채록. 채록노트는 1권이며, 노트의 규격 및 분량은 17.5×23cm와 618쪽. 채록된 서사시를 시행으로 정리한 분량은 28,195시행. 키르기스스탄 과학 아카데미 마나스 연구소 고문서보관소 분류기호는 Inv. No. 206 (1792).

8. 〈마나스 바아트르든 아테미르딘 크즈 카느케이디 알가니〉와 〈마나스 튼 코즈카만다르 데프 아탈간 투우간다르느 켈리시〉, 아랍어 알파벳으로 채록. 이브라임 아브드라흐마노프가 나른에서 채록. 채록노트는 1권이며, 노트의 규격 및 분량은 14×22.5cm와 519쪽. 채록된 서사시를 시행으로 정리한 분량은 23,950시행. 키르기스스탄 과학 아카데미 마나스 연구소 고문서보관소 분류기호는 Inv. No. 207 (1793).

9. 〈촌 차부울〉, 아랍어 알파벳으로 채록. 이브라임 아브드라흐마노프가 나른 주의 아차-카은디, 아트-바시에서 채록. 채록노트는 1권이며, 노트의 규격 및 분량은 18×24cm와 419쪽. 채록된 서사시를 시행으로 정리한 분량은 16,384시행. 키르기스스탄 과학 아카데미 마나스 연구소 고문서보관소 분류기호는 Inv. No. 208 (1798).

10. 〈쿄쿄툐이준 아쉬〉, 아랍어 알파벳으로 채록. 이브라임 아브드라흐

마노프가 나른, 아크탈, 아트-바시에서 채록. 채록노트는 1권이며, 노트의 규격 및 분량은 17×22.5cm와 372쪽. 채록된 서사시를 시행으로 정리한 분량은 13,644시행. 키르기스스탄 과학 아카데미 마나스 연구소 고문서보관소 분류기호는 Inv. No. 209 (1795).

1925년

11. 〈촌 차부울〉, 아랍어 알파벳으로 채록. 이브라임 아브드라흐마노프가 키르기스인들의 여름 가축 방목지인 고산지대에서 채록. 채록지는 나른, 아트-바시 지역의 자일로(여름 유목지). 채록노트는 1권이며, 노트의 규격 및 분량은 15×22cm와 545쪽. 채록된 서사시를 시행으로 정리한 분량은 21,640시행. 키르기스스탄 과학 아카데미 마나스 연구소 고문서보관소 분류기호는 Inv. No. 210 (1796).

1926년

12. 〈키치 차부울〉, 아랍어 알파벳으로 채록. 이브라임 아브드라흐마노프가 나른 주의 나른, 코츠코르스크 지역에서 채록. 채록노트는 1권이며, 노트의 규격 및 분량은 17×22.5cm와 312쪽. 채록된 서사시를 시행으로 정리한 분량은 11,507시행. 키르기스스탄 과학 아카데미 마나스 연구소 고문서보관소 분류기호는 Inv. No. 211 (1797).

사금바이 오로즈바코프 판본의 출간

1) 축약된 형태의 에피소드들을 중심으로 하는 서사시 『마나스』 단행본:
   - 키르기스어 출간 단행본

   〈마나스튼 발라륵 차그〉(마나스의 어린 시절). 이브라임 아브드라흐마노프 편집, 프룬제(현 비슈케크), 1940.

   〈알로로케 한〉(알로로케 칸). 이브라임 아브드라흐마노프 편집, 프룬제(현 비슈케크), 1941.

   〈마켈 도오〉(위대한 칸 마켈). 이브라임 아브드라흐마노프 편집, 프룬제(현 비슈케크), 1941.

   〈알가츠크 아이카슈, 촌 카자트탄, 우준두〉(첫 전투. 위대한 원정에서 부분 편집 출간). 베이세케예프 편집, 프룬제(현 비슈케크), 1942.

   〈비린치 카자트〉(첫 출정). 카. 라흐마툴린 편집, 프룬제(현 비슈케크), 1944.

2) 서사시 『마나스』의 일관된 주제와 스토리라인을 유지한 채 축약된 형태로 출간
   - 키르기스어 출간 단행본

   〈마나스〉, 제1권. 에스. 무사예프 편집. 프룬제(현 비슈케크), 1978

   〈마나스〉, 제2권. 카. 크르바셰프, 무사에프, 에르. 사르프베코프, 오. 소로노프 편집, 프룬제(현 비슈케크), 1979

   〈마나스〉, 제3권, 에스. 무사예프 편집, 프룬제(현 비슈케크), 1981

   〈마나스〉, 제4권, 예. 아브들라예프 편집, 프룬제(현 비슈케크), 1982

3) 서사시 『마나스』의 사금바이 오로즈바코프와 사야크바이 카랄라에프 판본의 텍스트를 중심으로 편집자의 의도대로 자유롭게 편집·축약한 출

간 단행본

- 키르기스어 출간 단행본

〈마나스〉, 볼룸 1. 키테프 1~2. 베. 엠. 유누살리에프 교수의 감수 및 서문. 프룬제(현 비슈케크), 1958

- 카자흐스탄어 출간 단행본

〈마나스〉, 제1, 2권, 알마티, 1962

- 러시아어 출간 단행본

〈마나스〉 키르기스인의 서사시, 위대한 원정, 모스크바, 1946

- 러시아어 출간 단행본 (서사시『마나스』에피소드의 개별 장을 분리 출간)

〈마나스〉, 키르기스 국민 서사시의 에피소드들, 모스크바, 1960

- 우즈베키스탄어 출간 단행본 (서사시 마나스 에피소드들의 개별 장을 분리 출간)

〈마나스〉 제1부 제1권, 타슈켄트, 1964

서사시『마나스』의 개별 에피소드를 축약한 출판 형태는 1958년 프룬제(현 비슈케크)에서 다수 출간되었으며 "〈마나스〉 서사시 제1, 2권"의 형태로 출간되었다가 1권의 〈마나스〉로 묶여 아. 베데의 번역으로 헝가리어로 출간. (Manas, A. Bede - Hungarian translation, Europa Konyvkiado, Budapest, 1979 (219쪽))

* * *

사금바이 오로즈바코프 판본의 서사시 마나스는 전편이 한꺼번에 채록되지 않았다. 여러 시기에 걸쳐 부분적으로 채록된 에피소드를 이야기 전개 흐름에 따라 논리적으로 배치해 '사금바이 오로즈바코프 판본'이라는 완결된 서사시 판본이 만들어졌다. 최종 판본은 개별적으로 채록된 에피소드를 용사 마나스의 일생의 흐름에 따라 논리적으로 배열한 것이다.

사금바이 오로즈바코프 판본의 기본적인 이야기 얼개[317]

1. 마나스의 탄생과 어린 시절. 소년 마나스가 처음으로 적들과 충돌. 마나스를 한(khan)으로 선출하다.
2. 마나스와 카타간 출신 용사 코쇼이의 적들과의 전투
3. 키르기스인 조상들의 고토를 해방하기 위한 마나스의 알라-토오(Ala-Too) 원정.
4. 마나스를 지도자로 삼은 키르기스인들은 알타이에서 알라-토오 지역으로 유목지를 이동. 알로로케 한(khan)에 대한 승리. 쇼로루크와의 전투와 승리.
5. 마나스의 절친한 친구 알맘베트의 개인사.
6. 마나스와 카느케이의 혼인
7. 마나스의 친척인 코즈카만 가문 사람들의 음모
8. 마나스보다 나이가 많은 친구 가운데 한 명인 쿄쿄툐이의 추도식.

---

[317] 서사시 마나스의 전체 분량 가운데 이야기 얼개 1에 해당하는 "마나스의 탄생과 어린 시절. 소년 마나스의 적들과의 충돌. 마나스의 지도자 선출"이 전체 분량의 절반 가까이 차지한다. 이후 얼개 2에서 얼개 10에 이르는 내용은 그 분량이 많지 않다.

9. 마나스의 베이징 대(大)원정
10. 마나스의 코누르 비이 소(小)원정. 마나스의 죽음.

이야기 1
마나스의 탄생과 어린 시절
소년 마나스가 처음으로 적들과 충돌
마나스를 한(khan)으로 선출하다

이야기 1에서는 투르크어를 구사하는 민족들의 서사시에서 전형적인 형태인 '인물 이력 묘사'가 이루어진다. 등장인물의 이력을 그릴 때는 관련된 에피소드와 주제, 모티프와 연상이 되는 이력을 중심으로 진행된다. 이야기의 전개는 다음과 같다.

1. 용사의 탄생 이전의 전사

- 용사의 역사적인 가족력을 보여주기 위해 가계도를 제시한다. (주인공 마나스의 부계 혈통 쪽으로 7대 조상들의 이름)
- 용사의 부모는 연로해질 때까지 자식이 생기지 않는다.
- 마나스의 부친인 자큽이 꾸게 되는 여러 개의 꿈에 대한 이야기가 나오고 자큽의 아내 츠으르드와 바크도요로트가 용사가 될 남자아이가 탄생할 것이라는 태몽을 꾼다.
- 자큽은 자신의 말을 찾아 길을 떠난 멘지바이 소년을 찾으러 길을 떠난다.

2. 용사의 탄생

용사의 탄생과 관련된 투르크어 사용 민족들의 일반적인 서사적인 전통에 드러나는 요소가 대부분 관찰된다. 용사의 탄생과 관련된 주제, 상황, 모티프가 전개된다.

- 츠으르드가 임신을 하게 된다. 츠으르드는 호랑이의 심장을 먹고 싶어 한다. 목축지에서 말을 돌보는 발다바이가 호랑이의 심장을 가져온다.
- 자큡은 아내가 출산하기 직전에 자신의 아일(마을)에서 멀리 떨어진 자신의 말 목축지를 방문하기 위해 길을 떠난다. (출산 시 가장이 아일에 머물지 않는 것은 키르기스 전통사회의 오랜 관습이다) 자큡은 아직 태어나지 않은 자신의 아들의 탄생을 망아지의 탄생에 비유해서 말하며 전장에 출정할 말이라 생각한다.
- 츠으르드의 난산. 풍모가 영웅적인 아이의 탄생.
- 아크발타는 수윤치(아들의 탄생 소식)를 전하려고 자큡을 찾는다.
- 자큡은 집으로 돌아온다. 아이의 탄생을 기념하는 토이(큰 잔치)를 개최한다.
- 신비한 노인이 나타나 마나스의 이름을 지으며, 마나스의 미래를 예언한다.

3. 소년 마나스가 처음으로 적들과 충돌하다.

나이가 어린 소년 용사가 적들과 전투를 하는 주제는 고대 영웅서사시에서 전통적으로 흔히 등장하는 주제이다. 중앙아시아의 투르크어계 유목민들의 영웅서사시에서도 이와 같은 주제가 발견된다. 서사시 마나스에서는 소년 용사가 대적하는 적의 모습이 전통적인 영웅서사시와 차별성을 보인다. 일반적으로는 주인공 소년이 괴물과 맞서 싸우는데 서사시 마나스에서는 키르기스인들을 (노예 상태로 빠뜨린) 적들과 전투를 한다. 이를 통해 마나스는 키르기스인들의 (미래의) 보호자로 등장한다.

- 마나스는 목동 오슈푸르에게서 양육을 받는다.
- 마나스는 자신을 지켜줄 기적의 용사들과 최초로 조우한다. 40인의 용사와 크즈르는 앞으로 마나스를 도울 것이라고 약속한다.
- 마나스의 호전성. 마나스는 칼믹인 노인에게 모닥불을 피우고 고기를 삶는 데 부싯돌과 칼이 필요하다고 설명하고 빌려달라고 요청한다. 하지만 (키르기스인들에게 적대감이 있는) 칼믹인 노인은 부싯돌과 칼이 있음에도 빌려주지 않겠다고 한다. 그 결과 마나스는 그 노인을 공격하며 자신의 호전성을 자연스럽게 드러낸다.
- 오슈푸르는 바이 자큡에게 마나스가 매우 장난이 심하고 불손한 면이 있다고 지적한다. 이에 바이 자큡은 마나스를 집으로 다시 데려온다.

어린 마나스가 적들과 여러 차례 충돌하는 주제. 마나스가 적들과 크고 작은 충돌을 하는 과정을 다수의 에피소드로 그리고 있다. 마나스가 적들과 충돌한 사건 가운데 주요한 것을 요약하면 다음과 같다.

- 바이 자큡과 자큡의 목동들을 공격한 칼믹 사람 집단과 그들의 우두머리인 코르투크에 대해 마나스가 징벌을 내린다.
- 바이 자큡의 말떼를 기습 공격한 알타이 거주 칼믹인들에 대항하

여 마나스와 마나스의 친가 부족들이 연합한 전투를 전개한다.
- 크타이 지도자인 에센 한이 상인으로 변장하고 대상들과 함께 알타이 지역으로 들어와서 마나스가 오르도 놀이를 하고 있을 때 마나스를 붙잡으려 했다. 이에 대항해서 마나스가 에센 한 진영의 사람들을 징벌한다. (에센 한과의 첫 번째 조우에 이어 에센 한은 서사시 마나스 전편에 걸쳐 지속적으로 마나스의 적으로 등장한다)
- 마나스는 네스카라 군대를 물리친다. 에센 한의 군대(6천 명 이상의 대군)가 알타이 지역을 침공하자 (바이 자큽은) 키르기스인뿐만 아니라 알타이에 거주하는 다른 부족들이 연합할 것을 호소했다. (키르기스, 카자흐, 망굴, 만주 등 다수의 알타이 거주 부족들이) 연합하여 공동의 적인 에센 한에 대항하여 결국 마나스를 내세운 (알타이 부족 연합군이) 승리하게 된다.
- 마나스는 사냥을 하는 도중에 무시무시한 괴물과 조우하게 된다. 마나스는 자신의 소총 아켈테로 괴물을 제압한다.
- 마나스는 부친인 바이 자큽과 (마나스 자신을 공격하려는) 11명의 (크타이가 보낸) 사절들을 제압한다.
- 마나스는 알타이의 오르쿤 강가에서 에센 한이 (900명의 군사와 함께) 보낸 (크타이 용사) 누우케르를 파멸로 몰아넣는다. 마나스의 승리.

마나스의 전투 장면들 사이에 아주 짧은 이야기 형식으로 마나스가 이슬람을 수용하는 내용이 그려진다. (이슬람 관련 전체 서사 분량은 45시행 정도이다). 이슬람 관련 서사 부분은 (원래 서사시 마나스의 텍스트에는 없었을 것으로 추정되며) 후대에 와서 첨가된 것으로 보인다. 이슬람 관련 내용은 서사시의 전체적인 스토리라인 전개와 무관하다.

4. 마나스를 한(khan)으로 선출하다.

이 에피소드로 (서사시 전체 분량의 절반 정도에 해당하는) 첫 번째 이야기가 종결된다. 키르기스인을 포함한 모든 알타이 거주 부족 대표가 모인 가운데 전투에서 공을 세우고 용맹을 떨친 15세의 청년 마나스를 (알타이에 거주하는 모든 종족 연합체의) 한으로 선출한다.

이야기 2
마나스와 카타간 출신 용사 코쇼이의 적들과의 전투

이야기 2에는 마나스와 그의 친구인 코쇼이 용사가 적들에 대항해서 함께 싸우는 모습과 두 사람의 모험 및 용사로서의 업적 등 독립적인 에피소드가 연결되어 나타난다.

마나스가 적들과 싸우는 영웅적인 출정 에피소드가 서로 논리적 연결 없이 나열되어 있다. 용사 코쇼이가 마나스를 도우면서 동화적이고 환상적인 내용이 있는 에피소드들이 등장한다.

이야기 2에는 다음과 같은 주요 에피소드가 포함되어 있다.

1. 칼믹인 졸로이에게 속한 차(茶)를 실은 대상 행렬을 마나스가 공격한다.
2. 다안게르의 아들인 빌레리크를 구하려고 코쇼이는 크르무스 샤흐에 대항하여 전투를 벌인다. 진단(일종의 감옥)에 빠져 있던 빌레리크를 코쇼이가 해방시킨다. 코쇼이가 크르무스를 죽이게 되고 코쇼이

는 (자신이 죽인 크르무스 대신) 다갈락 지역의 한으로 선출된다.

이 이야기는 몇 개의 단편적인 에피소드를 포함한다. 이 에피소드는 코쇼이가 크르무스 샤흐에게로 가는 여정을 묘사하고 있다.

- 카슈가르 지방에서 코쇼이와 나이자 한의 전투.
- 마법사이며 벨리칸인 쿤게이와 코쇼이의 전투.
- 여성 마법사인 쿠반게르와 코쇼이의 전투, 코쇼이와 쿠반게르의 결혼.

3. 마나스는 11명의 두우-두 군사들이 포위하고 있던 에슈텍의 유목지를 되찾는다. 에슈텍은 마나스의 모계 혈통에서 마나스의 외삼촌에 해당한다.
4. 마나스는 (알타이 연합) 부족 위원회의 결의에 따라 크르무스 한을 물리치려고 다갈락으로 원정을 떠난다. 크르무스 한은 지속적으로 키르기스인들을 괴롭히는 간계를 꾸미는 인물이다. 마나스는 다갈락 도시를 포위한다. 마나스는 적의 용사들과 일대일 대결을 하여 승리한다. 코쇼이는 마나스가 크르무스 한을 물리친 것을 인정하는 내용의 이야기를 자기 백성들에게 한다. 다갈락에 평화가 깃든다.
5. 마나스는 당고 지역으로 원정을 떠난다. (서사시 텍스트에서 '당고'는 적의 도시라는 뜻으로 사용된다) 마나스와 마나스의 동료들이 동화 속에 나오는 환상적인 존재들과 적의 용사들과 함께 모험과 대결을 펼치는 에피소드들이 단편적으로 나온다.

- 마나스의 전쟁에서 친구인 쿠투비이가 이끄는 사냥꾼들과 외눈 괴물의 만남이 그려진다. 쿠투비이의 손에 괴물은 최후를 맞는다.

- 마나스의 용사들은 꼬리가 긴 칼 모양인 신화 속의 괴수인 타이바스와 조우한다.
- 마나스는 장사 마르트크와 대결을 펼치고 승리를 거둔다. 마르트크는 마나스와 마나스의 용사들을 집요하게 뒤쫓던 인물이다. (이 에피소드는 마나스가 자신의 동료들과 함께 사냥을 하는 가운데 발생한다.)
- 마나스와 칼믹인들의 한(khan)인 듀부르와의 전투. 마나스는 전투에서 승리하고 듀부르 한의 도시를 빼앗는다.
- 코쇼이와 코쇼이의 군사들은 칼믹인들의 용사인 보즈케르티크, 여성 용사 오론고와 전투를 벌인다. 코쇼이가 승리한다. 코쇼이와 마나스가 연합을 하게 되며 연합군이 형성된다.
- 코쇼이와 마나스의 연합군은 칼믹인의 용사들인 데겐과 카이읍-당고에 대적해서 함께 싸우려고 당고로 원정을 간다. 카이프-당고의 도시를 쟁취한다.

6. 마나스와 여성 용사 카라뵤르크가 대결을 펼친다. 카라뵤르크는 카이읍-당고의 딸이며 마나스와 결혼한다. 그 결과 키르기스인과 칼믹인은 마침내 화친을 맺게 된다. 마나스는 카라뵤르크를 데리고 자신의 용사들과 함께 부친의 유목지가 있는 알타이 땅으로 복귀한다.

내용이 위와 같은 이야기 2의 종결부는 여러 민족과 여러 지역에서 발견되는 영웅서사시에 흔히 등장하는 '영웅과 여성 용사의 결혼 모티프'와 유사하다. 영웅과 여성 용사는 처음 만나서 서로 대결을 펼친 뒤 하나가 된다. 이 주제는 서사시 마나스의 전편에서 자주 등장한다. 마나스가 여성 용사인 크즈사이칼과 혼인하는 주제를 참고할 수 있다. 세 번째 이야기의 두 번째 에피소드이다. 어떤 경우에도 여성 전사의 용모는 비슷하게 묘사된다. 이는 중앙아시아 영웅서사에 전통적으로 등장하는 아주 오래된 묘사방법이다.

이야기 3
키르기스인 조상들의 고토를 해방하기 위한
마나스의 알라-토오 원정

이야기 3에 나오는 모든 에피소드는 마나스의 원정과 전투에 대한 이야기이다. 마나스와 동료들이 적대적인 용사들과 그들이 지휘하는 많은 군사와 벌이는 전투가 에피소드의 주요 내용을 구성한다.

마나스의 원정들은 각각 개별적인 계획에 따라 추진된다. 이야기 3에 등장하는 원정은 다른 부분에서도 반복된다. 원정을 다루는 이야기에는 변하지 않는 3개의 구성요소가 나온다. 원정의 알림과 원정 추진 과정, 원정의 결말이 바로 그것이다. 원정의 알림은 마나스가 자신의 군사들과 함께 원정에 나서게 될 때 등장하며 원정의 사유와 타당성을 알리는 내용으로 이루어진다. 원정 과정은 원정에 나선 이후의 과정을 모두 그린다. 원정의 결말 부분에서는 원정을 종결한 뒤 마나스와 마나스의 군사들이 고향으로 돌아오는 것으로 막을 내린다.

통상 마나스가 적군들에 맞서 싸우게 되는 크고 작은 전투에 대한 서사는 전통적인 스토리라인 전개 방식에 따라 아래와 같은 한 가지 유형으로 그려진다.

- (알타이의 연합부족) 장로 위원회에서 원정 결정을 내린다. 마나스의 지휘로 원정에 나서는 이유와 원정의 당위성이 서술된다.

- 예정된 지역으로 가는 원정길에서 벌어지는 다양한 형태의 모험들이 그려진다.
- 적 군대와의 조우가 그려진다. 양측 진영을 대표하는 용사들이 일대일 대결을 펼치는 모습이 상세하게 묘사된다.
- 마나스와 적군 진영의 한(khan)들이 벌이는 일대일 대결이 그려진다. 일대일 대결들은 마나스가 승리하는 것으로 끝나며 일대일 대결에 이어 군사들이 격전을 펼친다. (전투가 마무리되는 단계다.)

서사시 내에서 전투 장면에 대한 묘사에는 몇 가지 빠지지 않는 전통적인 구성요소가 등장한다.

- 연합 부족들의 대표자들이 상의하기 위해 만난다.
- 전투준비 묘사와 출전을 위한 군사들의 집결 장면이 나온다.
- 일대일 대결을 하기 전 용사들에 대한 위협적인 언사와 용사들의 능력에 대한 찬사가 수사적인 표현으로 등장한다.
- 피 흘리는 전투가 종결된 후의 전장에 대한 묘사가 이어진다.
- 패배하여 정복당한 군사들에 대한 마나스의 자비심이 표출되는 것에 대한 이야기가 이어진다. (이 모티프는 중앙아시아 영웅서사시의 전통적인 특징이다. 만일 용사가 살아남은 적들을 용서하지 않으면 그는 진정한 용사가 아니다.)
- 전쟁에서 획득한 트로피(전리품)들을 마나스는 자신의 용사들과 연합 키르기스 부족들에게 관대하게 분배한다. (서사시에서 빠지지 않고 등장하는 군사 민주주의의 전통적인 규범이다. 중앙아시아 지역 유목민들에게 최근까지 남아있었던 관습이다.)
- 마나스 혹은 마나스의 용사 가운데 누군가가 정복당한 지역 지배

자의 여식과 결혼을 한다. 정복자에 대한 일종의 선물로 여겨진다. (서사시에 등장하는 이러한 내용은 당시의 관습을 따른 것이다)

이야기 3의 스토리라인은 다음의 에피소드들로 구성된다.

1. 선조들의 고토를 수복하자는 장로 회의의 결정이 난다.
2. 마법을 사용하는 칼믹인들의 한인 테케스를 마나스가 공격하여 승리를 거둔다. 죽은 테케스를 대신하여 마나스를 칼믹인들의 한(khan)으로 선출하고 이를 기념하는 토이(잔치)가 성대하게 개최된다. 토이가 진행되는 동안 마나스는 여성 용사인 크즈사이칼과 일대일 대결을 펼친다. 이 에피소드는 이야기 3에 나오는 다른 에피소드들과 달리 동화적이고 환상적인 색채가 가미되었다.
3. 오르고가 지휘하는 칼믹인들의 군사를 대적해서 마나스가 전투를 수행한다. 이 전투는 이식쿨[318] 인근에서 벌어진다. 마나스는 아훈베쉼의 군대와도 일전을 치른다. 오르고는 전투에서 사망하게 된다.
4. 마나스는 키르기스인들의 조상들이 살던 고토를 수복하기 위해 아훈베쉼을 공격하는 원정에 나선다. 마나스는 군사들을 몇 개의 그룹으로 나눠 여러 경로로 아훈베쉼 진영을 공격한다. 이 에피소드는 여러 개의 개별적인 에피소드로 구성된다.

- 마나스의 동료인 크르글이 이끄는 군사들이 마법사 보온그를 대적해서 싸우는 전투장면이 제일 먼저 묘사된다. 보온그는 아훈베쉼이 파견한 부대이며 보온그는 전투에서 죽게 된다.

---

[318] (역자 주) 현 키르기스스탄에 속하는 거대 산정호수

- 마나스는 아훈베쉼의 주력군대가 주둔하고 있는 도시 불라가슨을 지키는 샤믄그 샤흐 지휘하의 칼믹 군사들과 일전을 펼친다. 샤믄그 샤흐는 후퇴한다.
- 마나스 군대의 일부가 칼믹 군대의 일레빈 한(khan)을 대적해서 싸운 전투를 묘사한다. 이 전투에는 마나스의 전우이며 카자흐인 용사 콕초가 지휘하는 마나스 군대가 나선다. 콕초는 일레빈 한의 도시를 점령한다. 일레빈의 형 츤그슈의 딸 부우다이벡이 콕초에게 선물로 주어지고 콕초는 부우다이벡과 결혼한다.
- 큽착인 우르뷰가 지휘하는 마나스의 부대는 케민에서 케이민 샤(Sha)와 전투를 치르고 승리한다. 우르뷰는 케이민 샤의 딸인 오이살큰과 결혼한다.
- 마나스의 장인인 카이읍 한(khan)이 지휘하는 마나스 군대의 한 부대는 칼믹인들의 한(khan)인 쿨트카를 대적해서 전투를 벌인다. 카이읍 한(khan)은 우르뷰의 도움을 받아 아크 바쉬 지역에서 쿨트카에 승리를 거둔다.

5. 마나스의 모든 부대가 한곳에 집결, 추 강(江)의 계곡에 거처를 둔 아훈베쉼을 겨냥한 연합 공격을 시도한다.
6. 마나스의 군대와 아훈베쉼의 군사들은 마침내 전면전을 시작한다. 키르기스인 군사들에 의해 불라가슨 도시가 점령되고 아훈베쉼이 죽는다. 크타이와 칼믹 군사들은 도주한다.
7. 마나스 군대는 안디잔[319]과 아울리에 아타 지역으로 전진한다. 마나스는 아울리에 아타에서 흉악한 지배자인 메르키, 샤믄그 샤(Sha) 등

---

[319] (역자 주) 현 우즈베키스탄 동부 지역. 키르기스스탄과의 접경지.

에 의해 수탈을 당하고 있는 키르기스인들을 돕는다.
8. 마나스는 타슈켄트 지역의 지배자인 파누스 한(khan)을 대적해서 전투에 나선다. 파누스 한(khan)은 타슈켄트에 거주하는 키르기스인을 모두 죽이려 하며 마나스를 공격하기 위해 군대를 보낸다. 마나스의 연합군은 파누스 한과의 전투에서 승리를 거둔다. 현지에서 살던 쿄쿄토이를 수장으로 하는 지역민들이 마나스와 연합하여 파누스 한(khan)을 물리친다. 크타이와 칼믹 군대는 도주한다.
9. 크이투투추를 우두머리로 하는 칼믹인들이 말떼 사냥을 하던 쿄쿄토이를 납치하려 할 때 마나스가 쿄쿄토이를 구한다.
10. 마나스와 마나스의 군사들은 마나스를 치기 위해 일어난 알로로케 한(khan)의 군사들과 전투를 치른다. 마나스는 알로로케 한(khan)이 지배하던 도시 아라겐트를 점령한다. 아라겐트의 지배자들은 마나스에게 40명의 여인을 바친다. 마나스의 40인 용사들은 이 여인들과 결혼한다. 쿄쿄토이는 자신에게 주어진 여인 쿨리아임과 결혼한다.
11. 마나스는 자신의 군사들과 함께 알타이로 복귀한다.

이야기 4
마나스를 지도자로 삼은 키르기스인들은
알타이에서 알라-토오 지역으로 유목지를 이동
알로로케 한(khan)에 대한 승리, 쇼오루크와의 전투와 승리

이야기 4는 이야기 3의 구조와 유사하게 전개된다. 마나스가 적대적인 군사들과 그들의 우두머리들에 대항해서 벌이는 전투들이 상세하게 묘사된다. 동화적이며 환상적인 요소가 이야기의 중간에 드러나기도 한다. 이야기 4의 스토리라인은 다음과 같이 구성된다.

1. 키르기스인들의 유목지를 알타이에서 적들에게서 해방된 (조상들의 고토인) 땅으로 옮기려는 안건이 장로 회의에서 논의된다.
2. 유목지 사전 배분을 위해 일부 키르기스 부족들의 유목지 변경 (알타이에서 알라-토오로)
3. 카슈가르의 한(khan)인 알라쿤이 마나스에 대항해서 전쟁을 준비한다. 마나스는 알라쿤의 용사 다굴루크에게 승리한다. 마나스는 알라쿤이 거느린 스물여섯 명의 용사와 대결한다. 이들은 마나스가 제안한 평화를 거부하고 전투에 돌입한다. 마나스는 전투에서 승리하고 마침내 카슈가르 지역에 진입한다.
4. 마나스는 (고토를 찾아 알라토오 지역으로) 이주해온 키르기스인들에게 자신을 권력자로 인정하도록 강요하던 알로로케 한(khan)을 상대로 전투를 벌인다. 마나스는 알로로케가 보낸 맹수들을 해치운다. 마나스는 알로로케에게서 알로로케의 형의 아들을 선물로 받아들인다. 그 아들은 마나스의 40인의 초로 가운데 한 명이 된다.
5. 마나스는 마이문 사람들의 한(khan)인 쇼오루크를 물리치기 위한 전쟁을 벌인다. 쇼오루크는 키르기스인 부족인 노이구트 사람들을 공격하고 키르기스인들을 알타이 땅에서 몰아내려 한다. 마나스는 쇼오루크와 그의 용사들을 대적해서 전투를 벌이고 마침내 승리한다.
6. 마나스는 쇼오루크의 딸인 아클라이를 취한다. 아클라이는 쇼오루크가 전쟁에 패해 마나스에게 내놓은 공물이나 아클라이는 실제로 마나스에게 시집가기를 원한다. 마나스의 용사들은 쇼오루크가 바친 여성들과 결혼을 한다.
7. 마나스는 집으로 복귀한다.
8. 마나스가 (마나스에게 적대적인 인물 가운데 하나인 코누르 비이의 아버지인) 알로로케 한과 쇼오루크 등과 전투를 벌이는 동안 키르기

스인들의 일부는 베이징 방향으로 유목지를 옮긴다. 적들에게서 확보한 땅으로 키르기스인들이 이주하여 평화롭게 거주한다.

이야기 5
알맘베트의 개인사
마나스의 동지

이야기 5에서는 중앙아시아 지역의 영웅서사시에서 흔히 발견되는 '타부족 용사의 귀화' 관련 모티프가 전개된다. 이야기 3은 미래 마나스의 동지인 용사 알맘베트의 이력을 소개하면서 시작한다. 전형적으로 용사의 개인사를 서술할 때 쓰는 방식이다. (마나스 서사시에는 이와 같은 서술방식이 흔히 관찰된다)

1. 알맘베트의 탄생 전사

   - 알맘베트의 출생 가계를 설명한다.
   - 크타이 지배자 가운데 한 사람이 오랫동안 자식이 없어 고통을 겪는다. 이 사람은 크타이 군대의 최고사령관이며, 알맘베트의 미래의 부친인 소오론두크다.

2. 알맘베트의 탄생

   - 크타이의 지도자 가운데 한 사람인 소오론두크가 아들을 갖게 된다. 점성술사 흐즈르는 그를 알맘베트라 부른다.
   - 알맘베트는 생모의 젖을 먹지 못한다. 둔간 지역에 거주하는 한 무슬림 남성의 아내가 알맘베트에게 젖을 먹인다.

3. 알맘베트의 소년시절과 청년시절. 아버지의 집에서 도망.

- 알맘베트는 용에게 교육받는다. 알맘베트는 마법을 전수받는다.
- 소오론두크는 알맘베트를 자신이 다스리던 땅의 새로운 지도자로 임명한다. 또한 크타이군의 사령관으로 임명한다.
- 선량한 지배자로서의 알맘베트의 모습이 묘사된다.
- 알맘베트는 사냥을 하던 중 40인의 수호신들과 만나게 되고 알라를 믿게 된다.
- 알맘베트는 에셴 한이 젊어지려고 어린아이의 쓸개를 먹으려 하는 것을 보고 어린아이의 생명을 구해준다.
- 알맘베트는 마나스에게서 도망쳐 목숨을 구한 알로로케 한 사람들과 만난다. 알맘베트는 마나스를 상대로 전쟁을 할 결심을 한다.
- 알맘베트는 사냥을 하던 중 카자흐인 용사 콕초를 만난다. 콕초는 알맘베트의 요청에 따라 이슬람교의 핵심에 관해 이야기를 들려준다.
- 알맘베트는 이슬람교를 받아들이기로 최종 결심한다. 알맘베트는 자신의 부모에게 자신을 따라 이슬람을 받아들이도록 권한다.
- 알맘베트의 부모는 이슬람으로의 개종을 거부한다. 소오론두크는 자식인 알맘베트를 죽이라고 명령한다. 알맘베트는 집에서 도망친다. 알맘베트는 아버지가 보낸 군사들과 전투를 벌인다. 무라들, 졸로이, 코누르 비이는 알맘베트의 길을 막아선다. 알맘베트는 부친을 알아보지 못하고 부친에게 부상을 입힌다.

4. 알맘베트는 카자흐 용사 콕초가 사는 아일[320]로 간다.

- 알맘베트와 콕초가 재회한다. 알맘베트는 콕초의 아버지를 부친

으로 섬기기로 한다.
- 알맘베트는 가난한 카자흐 사람들을 돕는다. 카자흐인 지식인들은 귀화자 알맘베트의 활동을 못마땅하게 여기고 콕초 앞에서 알맘베트의 잘못을 나무란다.
- 콕초는 술에 취한 채 알맘베트에게 카자흐 사람들의 콕초에 대한 불만을 말한다. 알맘베트는 콕초에게서 떠난다.

5. 마나스는 귀화자 알맘베트가 자신에게 오는 꿈을 꾼다. 알맘베트는 마나스의 가장 친한 친구이자 조력자가 된다.

- 사냥을 하면서 마나스와 알맘베트 두 용사가 우연히 만나게 된다.
- 마나스는 예의를 갖추고 알맘베트를 맞는다.
- 마나스는 알맘베트를 결혼시킬 결심을 한다. 알맘베트는 마나스에게 먼저 합당한 처녀를 만나 결혼하라고 충고한다.
- 마나스는 키르기스인들의 전통적인 방식에 따라 결혼을 하기로 결심한다.

이야기 5의 결말은 자연스럽게 서사시 마나스의 스토리라인이 이야기 6으로 전개되도록 한다. 마나스와 사니라비이가(카느케이)와의 결혼식이 이야기 6의 줄거리이다. 카느케이는 타직인의 한(khan)이며 케이읍 출신 아테미르(카라 한)의 딸이다.

---

320 (역자 주) Ail은 중앙아시아 지역에서 마을을 뜻하는 말이다.

이야기 6
마나스와 카느케이의 결혼

이야기 6은 전통방식에 따라 전개되는 결혼식 관련 에피소드들로 구성되었다.

1. 마나스를 위한 신부 찾기

- 마나스는 부친에게 마땅한 처녀를 골라서 결혼을 하고 싶다는 청을 한다.
- 마나스의 부친인 바이 자큽은 마땅한 신부를 찾으려고 오랫동안 여행을 한다.
- 바이 자큽은 케이읍 도시에 도착해서 타직인 한(khan)인 아테미르(카라 한)의 딸인 사니라비이가를 비롯한 그녀의 여자 친구들과 만나게 된다. 자큽은 자신의 마음에 든 처녀 사리나비이가와 마나스를 혼인시킬 결심을 한다.
- 카라 한(khan)은 자신의 딸을 내주는 대신 엄청난 액수의 칼림[321]을 요구한다. 이는 바이 자큽이 자신의 딸을 데려가지 못하게 하려는 뜻이었다. 자큽과 카라 한(khan)은 선물을 교환한 뒤 마나스와 사니라비이가를 혼인시키기로 한다.

2. 마나스의 결혼

- 마나스와 알맘베트는 결혼 관련 꿈을 꾼다. 두 사람이 결혼을 하

---

321 (역자 주) 칼림은 중아아시아 지역에서 결혼을 할 때 신랑 측이 신부 측에 치르는 몸값을 말한다.

는 것은 물론이고 마흔 명의 용사도 결혼을 하게 된다.
- 자큽은 신부 찾기 여행을 마치고 고향으로 돌아온다. 자큽은 칼림에 대해 이야기한다. 키르기스 사람들은 마나스를 도와 아테미르가 요구한 칼림을 마련한다.
- 마나스, 알맘베트, 40인의 초로는 케이읍 도시로 여행을 떠난다.
- 아테미르(카라 한)는 약속된 칼림을 가져온 마나스와 마나스를 수행하는 40인의 용사들을 맞이한다.
- 사니라비이가는 신랑이 신부의 허락 없이 찾아왔다 하며 마나스와 충돌한다. 마나스는 사니라비이가의 칼에 부상을 입는다.
- 분노한 마나스는 40인의 용사들과 함께 카라 한(khan)에 맞선다.
- 사니라비이가는 마나스를 진정시킨다.
- 우여곡절을 거쳐 사니라비이가는 자신의 잘못을 사과하고, 마나스를 남편으로 맞이하기로 결심한다.

3. 마나스와 알맘베트, 40인의 초로는 결혼식을 올린다.

- 사니라비이가를 마나스에게 시집보낸다는 공식적인 발표가 나온다. (그 이후로 그녀의 이름은 카느케이가 된다. 한(khan)에게 시집간 여인이라는 뜻이다)
- 전통 관습에 따라 신랑과 신부가 겪는 3가지 관문이 그려진다.
- 결혼 축하 토이[322]가 개최되고, 마나스와 알맘베트, 40인의 초로는 결혼식을 올린다.
- 마나스는 아내와 함께 자신의 아일로 돌아온다.

---

[322] (역자 주) 중앙아시아의 잔치

이야기 6에는 짧게 〈마나스의 북방 원정〉 에피소드가 포함되어 있다. 이 에피소드는 서사시 전체의 스토리라인과 무관하게 전개되어 주목을 받지 못했다. 이 에피소드에는 (러시아 슬라브인의 전설적인 영웅인) 일리야 무로메츠[323]와의 일대일 대결과 관련된 내용이 나온다. 마나스는 일리야 무로메츠에게 승리한다.

이야기 7
마나스의 친척인 코즈카만 가문 사람들의 음모

이야기 7에는 마나스의 가까운 친척들이 마나스에게 질투하고 적대감을 보이는 갈등 양상이 주로 등장한다. (바이 자큽의 형인) 우숀의 아들들은 마나스를 죽이고 권력을 찬탈하기 위한 음모를 꾸민다. 이야기 6에는 음모 관련 이야기 이외에도 마나스의 원정이 몇 편 포함된다. (오오간 한(khan)인 튤큐에 대한 원정, 서쪽으로의 원정, 켄드주크의 지배자인 아이간 한(khan)을 공격하기 위한 출정 등이 나온다)

원정이 종료된 이후의 토이 잔치에 사용되는 가축의 수, 방문한 손님의 명단과 수를 예지하는 카느케이의 꿈을 비롯한 디테일한 내용들이 이야기의 상당 부분을 구성한다. 투르크 영웅서사시에 일반적인 모티프와 스토리라인도 다수 관찰된다.

1. 마나스와 코즈카만 가문 사람들과의 만남 (코즈카만은 마나스의 부계 혈통에서 삼촌인 우숀의 별칭이다)

---

[323] (역자 주) 일리야 무로메츠는 동슬라브인의 영웅서사시 브일리나에 등장하는 전설적인 러시아인 용사이다.

2. 마나스는 오오간의 한(khan) 튤큐를 상대로 원정에 나선다.
   - 테이트 사람들과 카타간 사람들은 자신들의 한인 튤큐의 압제에 대한 소식을 마나스에게 보낸다. 마나스는 튤큐를 물리치기로 결심하고 원정을 계획한다.
   - 마나스의 군사 가운데 한 명인 보크무룬을 마법사 튤큐가 납치하려 한다. 보크무룬은 쿄쿄툐이의 아들이다. 보크무룬과 카느샤이의 사랑. 카느샤이는 튤큐의 딸이다.
   - 튤큐의 막냇동생 아쿤과 오오간의 용사들은 마법을 쓰며 마나스를 납치하려고 시도한다.
   - 마나스의 군사들과 튤큐의 전투. 용사들 사이의 일대일 대결 등이 펼쳐진다.
   - 아쿤의 요청으로 튤큐는 군사적인 행동을 멈춘다. 아쿤의 도움으로 키르기스인들이 집으로 돌아가며 키르기스인들과 오오간 사람들 사이에 평화가 도래한다.
   - 마나스와 아쿤은 미래의 자손들이 서로 돕고 살도록 하는 협정을 맺는다.
   - 마나스와 튤큐는 보크무룬과 카느샤이가 성인이 되면 맺어주기로 약속한다.
   - 마나스는 자신의 군대를 이끌고 귀환한다.

3. 코즈카만 가문 사람들은 오랫동안 칼믹인들 사이에서 유목하다 키르기스인들의 땅으로 유목지를 옮기고 돌아온다.

   - 카느케이와 마나스는 코즈카만과 그의 아들들을 위해 성대한 토이를 개최하며 정성껏 맞아들인다.

- 코즈카만은 마나스가 자신의 복귀를 칼믹 방식이 아닌 키르기스의 옛 방식으로 한 데 대해 앙심[324]을 품는다. 코즈카만은 마나스를 죽이고 권력을 찬탈할 결심을 한다.
- 코즈카만과 그의 아들의 청에 따라 수사므르 땅이 그들에게 유목지로 주어진다.

4. 마나스의 서쪽 방면 원정

- 마나스와 40인의 초로들은 아아르 사람들과 만난다. 전투가 벌어지지만 마나스가 승리한다.
- 아지레트(카라-토오) 산으로 복귀한다. 마나스는 탈라스 강과 추 강 유역으로 유목지를 옮길 준비를 한다. 코즈카만에게는 아트 바쉬 땅을 떼어준다.

5. 코즈카만 가문 사람들이 마나스를 공격하다.

- 알타이 땅으로 유목지를 옮기기 전 바이지기트는 토이를 개최한다.
- (마나스의 삼촌의 아들인 슈가이) 자팍은 토이가 진행될 때 마나스를 제압하고 권력을 찬탈할 계획을 세운다.
- 자팍과 형제들은 자신들의 아일을 방문한 마나스를 공격한다. 마나스의 용사들은 마나스를 도와 마나스를 구출한다.

---

[324] (역자 주) 코즈카만과 아들들은 오랫동안 몽골계 부족인 칼믹인들과 함께 거주하면서 몽골풍에 익숙했다. 당대 문명으로 여겨졌던 칼믹 몽골 형식의 환대가 아닌 소박한 키르기스식 환대가 코즈카만에게는 마나스가 자신을 홀대하는 것으로 여겨졌다.

6. 마나스는 켄드주크의 지배자인 아이간 한과 결전을 하러 출정한다.

- 알맘베트의 제안에 따라 마나스는 출정을 준비한다.
- 알맘베트는 현지를 살피다가 아이간 한(khan)의 마법사인 마르두바를 해치운다.
- 알맘베트는 마르두바로 변장하여 아이간 한(khan)의 도시로 잠입한다. 알맘베트는 아이간 한(khan)의 딸인 알트나이의 결혼식에 당도한다.
- 마나스는 아이간 한(khan)의 궁전을 점령한다.
- 마나스는 알트나이를 취하며, 알맘베트는 딜리아르와 결혼한다.

7. 코즈카만 가문 사람들은 마나스에 대한 계략을 다시 꾸민다.

- 코즈카만 가문 사람들은 마나스를 자신의 아일에 손님으로 방문하도록 초대한다.
- 코즈카만 가문 사람들은 마나스와 마나스의 동료들에게 독배를 주려 한다. 보즈 우울이 마나스를 구한다. 보즈 우울은 독을 마신 마나스를 코즈카만의 집에서 구출한다. 40인의 초로들은 마나스의 수호신들이 구조한다.
- 코크초코즈가 마나스에게 부상을 입힌다.
- 카느케이는 불행을 예고하는 예지몽을 꾸게 된다.
- 코크초코즈는 자신이 한(khan)이 되었다고 참칭하며 카느케이가 자신의 아내가 되어야 한다고 주장한다. 카느케이는 일곱 달을 기다려 달라고 요청한다.
- 코크초코즈가 카느케이를 신부로 맞이하려는 순간 마나스가 결혼

식 토이가 개최되는 장소에 도착한다.
- 코즈카만 가문의 사람들은 서로 다툼을 벌이며 서로를 죽인다.

이야기 8
마나스보다 나이가 많은 친구 가운데 한 명인
쿄쿄툐이의 추도식

이야기 8은 마나스의 나이 많은 동지인 쿄쿄툐이의 추모식에 대한 묘사로 이루어져 있다. 추도식은 그의 아들 보크무룬이 개최한다. 당시 민속과 민족지학지 자료[325]가 다수 등장한다. 이와 함께 큰 행사가 개최될 때 어떤 요소가 포함되는지를 알 수 있는 내용을 담고 있다.

- 추도식[326] 초청장을 지닌 전령들 파송.
- 전령들이 파송된 국가들에 대한 언급.
- 초청손님 도착 광경에 대한 상세한 묘사.
- 손님 접대를 준비하는 과정 묘사.
- 토이를 준비하는 과정에서 준수할 사안들 묘사.
- 초청손님들에게 선물할 선물 목록이 등장.
- 축제형식으로 진행되는 추도식에서 말달리기, 씨름, 창 겨루기가 개최.
- 토이가 마무리되는 모습과 초청손님의 출발에 대한 상세한 묘사.

---

[325] (역자 주) 쿄쿄툐이 추도식은 키르기스인들의 민속이 상세하게 설명되어 있어 중앙아시아를 연구하는 민속학자들에게 매우 유용한 자료이다.
[326] (역자 주) 추도식은 중앙아시아에서 ash라 부른다.

사슴놀이와 관련된 에피소드가 다수 관찰되며 마나스는 여러 경기에 참가하며 승자가 된다.

이야기 8에서는 다음과 같은 내용이 다루어진다. 1) 쿄쿄툐이의 장례식과 쿄쿄툐이에 대한 추도식들 묘사. 2) 쿄쿄툐이가 죽은 후 40일째에 개최되는 쿄쿄툐이의 추도식에 대한 묘사. 3) 쿄쿄툐이가 죽은 후 3년째 되던 해에 개최되는 쿄쿄툐이에 대한 추도식 묘사. 앞선 이야기들과 달리 장례식과 추도식에서 해학적인 요소가 다수 관찰된다.

1. 쿄쿄툐이의 장례식과 쿄쿄툐이에 대한 추도식

- 쿄쿄툐이는 임종하기 전에 자신의 아들인 보크무룬에게 자신의 장례식과 추도식에 대한 유언을 남긴다.
- 쿄쿄툐이의 운명
- 마나스는 보크무룬에게 부친의 유지를 따라 장례식을 거행하고 성대한 추도식을 개최하라고 충고한다.
- 장례식과 추도식 묘사 (손님 접대, 추도식에 온 것으로 믿어지는 영령들에게 주는 선물, 말달리기 대회 개최)

2. 쿄쿄툐이가 죽은 후 40일째에 개최되는 쿄쿄툐이의 추도식

- 손님들이 도착하는 광경, 각종 놀이, 시상품을 걸고 행하는 말달리기에 대한 묘사가 이어진다.
- 보크무룬은 카르크르 지역에서 부친의 사망 이후 3년이 되는 기일에 성대한 추도식 행사를 개최할 결심을 한다.

3. 쿄쿄툐이가 운명한 후 3년째 되던 해에 개최되는 쿄쿄툐이에 대한 추도식

- 손님들과 마나스가 추도식에 도착하는 광경을 묘사한다.
- 손님에게 내놓을 가축들을 준비한다. 졸로이 이야기가 등장한다.
- 마나스와 코누르 비이가 충돌한다. 코누르 비이는 보크무룬에게 마아니케르 말을 내놓으라고 협박한다.
- 말달리기 대회를 개최. 상품이 준비된다.
- 활쏘기 대회가 개최된다. 마나스는 우승을 한 뒤 상품을 코쇼이에게 선물한다.
- 힘이 센 장사들 사이에 씨름경기가 펼쳐진다. 코쇼이와 졸로이의 일대일 대결이 펼쳐진다. 코쇼이가 승리하고 카느케이가 손수 지은 가죽바지를 선물로 받는다.
- 마나스와 코누르 비이의 창 겨루기 경기가 펼쳐지고 마나스가 승리한다.
- 추도식에 사용되는 음식들이 상세하게 묘사된다.
- 말달리기 경기에 대한 묘사가 이어진다. 코누르 비이는 마나스의 말인 아쿨라를 쓰러뜨리려고 노력하지만 실패한다. 아쿨라는 첫 번째로 결승선을 통과해서 1등을 차지한다.
- 코누르 비이는 우승자에게 수여될 시상품인 말들을 내보내라고 명령한다. 시상품을 놓고 키르기스인 군사들과 크타이 군사들 사이에 전투가 벌어진다. 보크무룬과 코누르 비이의 일대일 대결이 펼쳐지고 코누르 비이는 부상을 입는다. 전투에서 패배한 크타이 군사들은 도망을 친다. 마나스는 네스카라의 40인의 초로를 포로로 잡는다.

- 마나스는 아내 앞에서 키르기스인들에게 승리한 이야기를 장황하게 늘어놓고 있던 졸로이에게 부상을 입힌다.
- 키르기스인 용사들은 추도식을 마치고 집으로 돌아간다.

이야기 8은 독특한 내용과 구성으로 주목을 받는다. 마나스를 해치기 위한 7인의 한들이 꾸미는 계략과 마나스가 베이징 대원정에 나설 결심을 하는 계기가 드러난다.

이야기 9
마나스의 베이징 대(**大**)원정

마나스가 행한 수없이 많은 원정 가운데 '베이징 대원정'은 서사시 전체에서 중심을 차지한다. 베이징 대원정은 용사들의 전투 원정 에피소드 가운데 그 규모와 표현에 있어서 단연 걸작이다. 내용이 매우 구체적이고 상세하며 마나스가 베이징을 향해 가는 모습이 격정적으로 그려진다. 원정길에서 마나스와 용사들이 겪는 어려움과 마나스와 적들이 격전을 펼치는 순간은 이야기 9의 절정을 형성한다.

 이야기 9는 영웅들로 가득하다. 영웅의 풍모를 나타내지 않는 3개의 작은 에피소드를 제외하면 모두 영웅적인 기상으로 가득하다. 일곱 명의 한(khan)이 마나스를 위해하려는 계략을 꾸미는 것과 마나스의 동료인 추바크와 알맘베트의 갈등, 외눈박이 벨리칸 마켈과 알맘베트-추바크와의 싸움 등이 그러한 부분이다. (이 부분들에서는 동화적이고 환상적인 내용들이 출현한다)

 스토리라인은 다음과 같이 전개된다.

1. 키르기스인들에게 가까운 종족 출신인 7인의 한들은 마나스에게 위해를 입힐 계략을 세운다. (우르뷰, 잠그르치 등이 7인의 한이다)
    - 쿄쿄툐이 추도식에서 마나스가 각광을 받은 데 원한을 가지게 된 일곱 한(khan)들은 툐슈튜크의 토이에서 마나스를 음해할 결심을 한다. 코쇼이는 일곱 한(khan)들에게 마나스와 다투지 말라고 충고한다.
    - 일곱 한(khan)들은 마나스에게 전령을 보내 마나스를 초청하는 의사를 전했다. 마나스가 초청에 응하지 못할 경우 자신들을 마나스에게 초청하라고 요청했다. (일곱 한(khan)은 마나스가 자신들의 아일로 오게 되면 의도적으로 홀대해서 마나스의 위신을 깎아내릴 궁리를 했다.[327]) 마나스는 일곱 한(khan)들에게 자신들의 군사를 이끌고 마나스에게 오라고 초청한다.
    - 마나스는 정중하게 일곱 한(khan)들을 맞이한다. 마나스는 일곱 한(khan)들에게 합심해서 적에 공동대응하자고 제안한다. 일곱 한(khan)들은 마나스에게 베이징을 공격하는 원정을 제안한다.
    - 마나스의 제안으로 (베이징으로 가는) 연합군의 한(khan)으로 바카이를 선임하고 알맘베트를 사령관으로 임명한다.
    - 원정에 나서기를 원하지 않는 사람들을 고향으로 돌아가도록 마나스가 허락하지만 모든 군사는 마나스를 따라 원정에 오르겠다고 결의한다.

---

[327] (역자 주) 반면, 마나스가 자신들을 초청하면 여러 꼬투리를 잡아서 손님 환대의 전통을 마나스가 위반했다고 지적하며 문제를 일으킬 작정이었다.

2. 위대한 원정

1) 출정준비
- 알맘베트는 출정에 앞서 카느케이에게 가서 그녀의 축복을 받자고 제안한다.
- 마나스와 40인의 초로는 카느케이에게 간다. 카느케이는 마나스와 40인의 초로에게 자신이 만든 전투복과 탄환을 주고 축복한다. 카느케이는 아직 자식이 없음을 한탄한다. 카느케이가 아이를 기대한다는 소식이 알맘베트에게 전해진다.
- 마나스와 40인의 초로들은 군사들에게 도착한다.
- 알맘베트는 군사조직의 문제점을 지적한다. 알맘베트를 군사들을 이끌 한(khan)으로 선임한다.

2) 베이징으로 향하는 대원정의 시작
- 오랜 기간 이동해야 하는 키르기스 군사들의 어려운 상황이 묘사된다. 알맘베트가 휴식 없이 군사를 이끈다는 사실에 불만을 가지는 병사들이 늘어난다. 병사들의 휴식.
- 키르기스 군사들은 오르쿤 강을 건넌다. 알맘베트는 마법을 부려 오르쿤 강의 수위가 낮아지도록 한다.
- 마나스의 제안에 따라 알맘베트와 스르가크는 적진을 정찰하기로 한다.

3) 추바크와 알맘베트의 다툼
- 마나스가 알맘베트를 믿고 척후로 적의 영역으로 나아가게 된 것에 대해 추바크가 불만을 품는다. 추바크는 알맘베트와 담판을 짓기로 결심한다.

- 마나스와 추바크는 알맘베트에게 달려간다. 알맘베트와 스르가크의 척후 부대에 추바크를 추가로 배속하기 위해서였다. (바카이는 추바크에게 알맘베트에게 적대적이기를 그만두라고 설득하지만 무위로 끝난다.)
- 마나스, 추바크, 알맘베트, 스르가크가 만난다. 추바크와 알맘베트는 서로 화해한다.

4) 마나스, 알맘베트, 스르가크, 추바크는 적진을 살피러 떠난다.
- 척후부대는 사야스 산에서 베이징의 상황을 관찰한다.
- 추바크와 알맘베트는 외눈박이 벨리칸 마켈과 싸움을 벌인다. 에센 한은 마나스와의 전쟁에서 도움을 받기 위해 마켈을 불렀다. 알맘베트와 추바크는 마켈을 이긴다. 알맘베트가 발사한 총알이 마켈의 눈을 뽑아버린다.
- 알맘베트는 크타이 군사들이 사용할 군마가 어떤 수준인지 알려고 베이징으로 잠입할 결심을 한다.
- 알맘베트와 스르가크는 변장을 하고 베이징으로 비밀스럽게 진입한다. 알맘베트는 자신이 집을 뛰쳐나오던 시절을 기억한다.
- 알맘베트와 스르가크는 카라 수[328]를 건너서 크타이의 말 목동인 카라굴을 만나 속임수를 써서 군마들이 멀리 가도록 한다. 알맘베트와 스르가크는 크타이의 군마들을 사라지게 한 것이다.
- 크타이의 군사들이 추격해온다. 알맘베트와 스르가크는 크타이 군사들과 일전을 벌인다. 알맘베트는 코누르 비이에게 부상을 입힌다.

---

[328] (역자 주) Kara Su는 '검은 물'이란 의미가 있는 강을 뜻한다.

5) 마나스, 알맘베트, 스르가크, 추바크는 적의 용사들과 일전을 벌인다.
- 마나스와 추바크는 알맘베트와 스르가크가 위기에 처해있음을 꿈을 통해 알게 된다.
- 알맘베트의 명령에 따라 스르가크는 바카이 진영을 강화하러 떠난다.
- 마나스와 추바크는 크타이의 적들과 전투를 벌인다. 알맘베트와 추바크는 크타이의 졸로이와 우숀과 대결을 펼친다. 알맘베트와 추바크는 대결에서 승리한다.
- 마나스, 알맘베트, 추바크는 부상에서 회복한 코누르 비이와 전투를 치른다.
- 켈 케츄 코누르 비이는 마나스를 공격한다. 위기에 처한 마나스를 알맘베트가 구한다.

6) 마나스와 키르기스 군대는 크타이의 군사와 대전을 치르게 된다.
- 마나스, 알맘베트, 스르가크, 추바크를 도우러 바카이가 군대를 이끌고 당도한다.

이야기 9의 서술은 완전한 승리가 아닌 애매한 결말[329]을 보여준다. 이야기 9의 종결 부분은 다음과 같이 전개된다.

- 대전이 벌어진다. 마나스는 코누르 비이에게 부상을 입힌다. 코누르 비이는 도망을 친다.

---

[329] (역자 주) 화친은 수세에 몰린 코누르 비이와 에센 한(khna)의 전략적인 선택이었고 미래의 화근을 남겨두었다.

- 크타이 군은 퇴각한다. 키르기스 군사들은 베이징을 공격한다.
- 코누르 비이는 에센 한에게 현재의 크타이 군이 열세를 보이고 있다 보고하고 즉시 마나스와 화친하라고 보고한다.
- 화친이 성립된다. 키르기스 군사들은 큰 노획물을 들고 복귀한다.

이야기 10
마나스의 코누르 비이 소(小)원정
마나스의 죽음

이야기 10은 서사시의 마지막으로 두 부분으로 구성된다. 마나스의 아들인 세메테이의 탄생과 마나스가 크타이 군사들과 전투를 벌이면서 죽음에 이르는 부분이다. 첫 번째 부분은 용사의 이력이 드러나는 서술 형태를 취한다. 두 번째 부분은 용사로서의 풍모를 드러내는 전투장면의 묘사로 이루어진다.

마나스의 마지막 전투와 죽음의 에피소드는 마나스의 서사적인 개인사를 완성한다. 이로써 서사시의 본편이자 제1부에 해당하는 『마나스』가 종결되고 서사시 3부작의 두 번째인 서사시 세메테이가 시작된다.[330]
이야기 10은 다음과 같은 에피소드로 구성된다.

1. 세메테이 탄생 전사

- 베이징 대(大)원정 이후 평화를 회복한 키르기스인들은 평안한

---

[330] 마나스치 사금바이 오로즈바코프의 심한 병환과 죽음으로 마나스의 아들인 세메테이와 손자 세이텍 대한 서사시는 오로즈바코프 낭송 판본으로 채록되지 못했다. 세메테이와 세이텍 서사시는 다른 이야기꾼의 낭송 판본으로 존재한다.

나날을 보낸다.
- 예순 살의 마나스에게는 자식이 없었다. 마나스는 메카로 가서 신께 자식을 점지해 주도록 기도를 올리려고 순례 결심을 한다.
- 마나스가 메카로 갈 결심을 말한 직후 카느케이가 임신해서 아이를 기다리고 있다는 소식을 아클라이가 장로 회의에 보고한다.

2. 세메테이의 탄생

- 마나스와 카느케이 사이에 아들이 태어난다.
- 아들의 탄생을 기념하는 토이를 마나스가 베푼다. 아이코조 영감은 아이의 이름을 세메테이라고 지으라 한다. 크타이 용사 코누르 비이는 마나스를 공격하기 위한 원정을 준비한다. 코누르 비이는 쿄쿄툐이의 추도식에서 마나스에게 패배한 기억을 잊지 못하는 자이다. 한편 마나스와의 화친을 지속하려는 크타이 사람들은 에센 한(khan)의 여식인 미스칼을 데려온다. 알맘베트는 미스칼을 사랑하게 된다. 코쇼이는 알맘베트를 위해 크타이 사람들에게 미스칼에 대한 엄청난 규모의 칼림을 지급한다.

3. 아들이 태어난 이후 3년째 되던 해 마나스는 성대한 토이를 개최한다,

- 세메테이와 아쿤 한의 여식을 (미래에) 결혼시키기로 정혼한다. 마나스는 이전에 아쿤 한과 이와 같은 약속을 한 적이 있다.
- 키르기스인들은 마나스의 충고에 따라 알타이 지방으로 다시 유목지를 옮긴다.

4. 마나스는 알맘베트, 스르가크, 토크토와 함께 메카로 순례를 떠난다. 토크토는 마나스의 40인의 초로 가운데 한 명이다.

- 코누르 비이와 졸로이는 마나스가 없는 동안 키르기스인들을 공격할 계획을 세운다.
- 마나스와 그의 일행들은 메카로 가는 도중에 도적들과 싸우며 가는 길을 막아서는 신화 속의 존재들과 싸운다.
- 마나스는 메카에서 아이코조를 만난다. 메디나에 있는 무하마드의 묘소를 방문한다.

5. 크타이 사람들이 키르기스인들의 유목지를 공격하다.

- 미스칼은 바카이에게 크타이의 공격이 임박했으니 가능한 한 유목지를 크타이와의 국경에서 먼 곳으로 옮기라고 충고한다.
- 마나스가 집으로 돌아온다. 마나스는 키르기스의 부족들에게 전령을 띄워 군사를 이끌고 자신에게 오도록 요청한다.
- 마나스는 대군을 이끌고 키르기스인들의 유목지에 접근하는 크타이 군사들과 조우한다.

6. 대전. 알맘베트, 스르가크, 추바크, 마나스의 애마 아쿨라의 죽음. 코누르 비이는 마나스에게 부상을 입힌다. 마나스도 코누르 비이에게 부상을 입힌다. 두 진영 사이의 전투는 장수들의 부상으로 중단된다.

- 마나스는 중상을 입고 집으로 돌아간다.

7. 마나스의 죽음

- 죽어가는 마나스는 자신의 부족 사람들과 이별한다.
- 마나스의 죽음과 카느케이의 통곡.
- 마나스의 장례식. 바얀다 초원에 마나스 기념비 건설.

II.
사야크바이 카랄라예프 채록 판본들

사야크바이 카랄라에프는 1894년 이식쿨 주의 세민 벨 마을에서 부구 부족의 가난한 카랄 가문에서 태어났다. 어릴 때부터 사야크바이 카랄라에프는 품삯을 받고 일을 해야 했다. 1916년 제정 러시아의 황제에 항거하는 봉기에 동료들과 함께 참가했다. 사야크바이 카랄라예프는 1918년 (러시아 혁명 이후 내전이 발생하자) 자발적으로 (혁명의 대의를 지지하는) 적위군에 입대했다. 사야크바이 카랄라예프는 1922년까지 중앙아시아 일대에서 백위군 기병대에 맞서 싸웠다. 군대에서 제대하고 고향에 돌아온 뒤 프르제발스크 도시 인근의 농촌 마을에서 농촌 소비에트 위원장으로 6년간 근무했다.

사야크바이 카랄라예프의 시적 언어에 대한 탁월한 재능은 어릴 때부터 발현되었다. 서사시 마나스를 부분적으로 낭송하는 일은 사야크바이 카랄라예프가 적위군에 복무하던 시절부터 시작되었다. 사야크바이 카랄라예프는 민속에 해박한 지식이 있었던 할머니에게서 서사시 『마나스』를 전수받았다. 사야크바이 카랄라예프는 자신이 농촌 소비에트 위원장으로 일하던 마만 마을에서 유명하던 마나스치 초유크 오무로프를 만나면서 그로부터 직업적인 마나스치 교육을 받았다. 사야크바이 카랄라예프는 1930년 직업 마나스치로서 프룬제(현 키르기스스탄의 수도인 비슈케크)로 초대되었다. 사야크바이 카랄라예프는 프룬제에서 높은 수준의 마나스치 수련을 쌓을 수 있었다.

사야크바이 카랄라예프는 천부적으로 기억력이 좋았고 어릴 때부터 서사시 마나스의 많은 내용을 알고 있었다. 사야크바이 카랄라예프는 즉흥시에 재능을 보였고 예술적인 기법도 가다듬으며 전통 영웅서사시 낭송을 하는 연희에 가장 적합한 천재성을 보였다. 민속학자인 이브라임 아브드라흐마노프와 주누슈 이리소프, 케림 주마바예프, 쿠르만 크드르바에프는 1930년대와 1940년대에 사야크바이 카랄라예프가 낭송하는 서사시 『마나스』 완창을 비롯해서 서사시 『세메테이』와 『세이텍』을 채록했다. 이들은 사야크바이 카랄라예프가 완창을 한 영웅서사시 『툐슈튜크』의 전편도 채록했다.

사야크바이 카랄라예프는 1939년 키르기스 사회주의 공화국의 인민배우 칭호를 받았다. 사야크바이 카랄라예프는 붉은 영웅 훈장, 명예 훈장 등 다수의 훈장과 키르기스 사회주의 공화국 최고회의 표창장을 받았다.

사야크바이 카랄라예프는 1971년 프룬제에서 운명했다.

사야크바이 카랄라예프의 (공연 상황에서의) 녹취 내역은 다음과 같다.

1936년

1. 〈마나스튼 발라 차그〉 케름 주마바이가 프룬제 시에서 채록. 라틴 알파벳으로 기록. 노트 No. 1, 형식 16×21cm, 294쪽, 5082시행. Inv. No. 90 (911)
2. 〈마나스튼 발랄륵 차그〉 이브라임 아브드라흐마노프가 프룬제에서 채록한 내용의 속편, 라틴 알파벳으로 기록. 노트 No. 2, 형식 20×30cm, 198쪽, 5250시행. Inv. No. 91 (912)
3. 〈마나스튼 지기트틱 차그〉 이브라임 아브드라흐마노프가 프룬제에서 채록, 라틴 알파벳으로 기록. 노트 No. 3, 형식 20×30cm, 152쪽, 4256시행. Inv. No. 92 (913)

1937년

4. 〈마나스튼 치기트틱 차그〉 이브라임 아브드라흐마노프가 채록. 채록

장소는 불명. 라틴 알파벳으로 기록. 노트 No. 4, 형식 20×30cm, 153쪽, 4000시행. Inv. No. 93 (914)

5. 〈마나스튼 지기트틱 차그〉 이브라임 아브드라흐마노프가 프룬제에서 채록한 내용의 속편, 라틴 알파벳으로 기록. 노트 No. 5, 형식 20×30cm, 191쪽, 5900시행. Inv. No. 94 (915)

6. 〈마나스튼 지기트틱 차그〉 이브라임 아브드라흐마노프가 프룬제에서 채록한 내용의 속편, 라틴 알파벳으로 기록. 노트 No. 6, 형식 20×30cm, 167쪽, 5244시행. Inv. No. 95 (916)

7. 〈마나스튼 지기트틱 차그〉 이브라임 아브드라흐마노프가 프룬제에서 채록한 내용의 속편, 라틴 알파벳으로 기록. 노트 No. 7, 형식 20×30cm, 157쪽, 4024시행. Inv. No. 96 (918[331])

8. 〈마나스튼 지기트틱 차그〉 이브라임 아브드라흐마노프가 프룬제에서 채록한 내용의 속편, 라틴 알파벳으로 기록. 노트 No. 8, 형식 20×30cm, 176쪽, 5808시행. Inv. No. 97 (918)
채록 원본(노트 No. 9~22)은 소실되었다. 타자로 친 카피본이 보관되어 있다. 1947년 원본을 타자로 친 것이며 현대 알파벳으로 기록되어 있다.

9. 〈촌 카자트〉 채록 시기, 채록 장소, 채록자 관련 정보 없음. 노트 No. 9, 형식 17.5×28.5cm, 342쪽, 10602시행. (원고는 표지에 다음 기호로 표시됨: 〈원본과 상응 - 노트 No. 9, 10, 11〉) Inv. No. 98 (920)

10. 〈촌 카자트〉 속편. 채록 시기, 채록 장소, 채록자 관련 정보 없음. 노트 No. 10, 형식 17.5×28.5cm, 358쪽, 11000시행. (원고는 표지에

---

[331] (역자 주) 원본의 오류일 수 있다. 원본에는 918이나 판본 순서가 중복될 수 없어 실제는 917일 가능성이 있다.

다음 기호로 표시됨:〈원본과 상응 - 노트 No. 9, 10, 11〉) Inv. No. 99 (921)

11. 〈촌 카자트〉속편. 채록 시기, 채록 장소, 채록자 관련 정보 없음. 노트 No. 10, 형식 17.5×28.5cm, 358쪽, 9600시행. (원고는 표지에 다음 기호로 표시됨:〈원본과 상응 - 노트 No. 15, 16, 17〉) Inv. No. 100 (922)

12. 〈촌 카자트〉속편. 채록 시기, 채록 장소, 채록자 관련 정보 없음. 노트 No. 12, 형식 17.5×28.5cm, 311쪽, 9641시행. (원고는 표지에 다음 기호로 표시됨:〈원본과 상응 - 노트 No. 18, 19, 20〉) Inv. No. 101 (923)

13. 〈촌 카자트〉속편. 채록 시기, 채록 장소, 채록자 관련 정보 없음. 노트 No. 13, 형식 17.5×28.5cm, 160쪽, 4960시행. (원고는 표지에 다음 기호로 표시됨:〈원본과 상응 - 노트 No. 21, 22〉) Inv. No. 102 (924)

14. 〈촌 카자트〉종결. 주누슈 채록. 채록 시기와 장소 미상. 라틴 알파벳으로 채록노트 No. 23, 형식 14.5×20cm, 100쪽, 3200시행. Inv. No. 103 (923)

사야크바이 카랄라예프의 반복 채록 판본

1952년

1. 〈마나스〉(시작). 카슴 이스마일로프, 바이들다 말레노프, 자키 타슈테미로프 채록, 프룬제, 현대 키르기스어 알파벳, 노트 No. 1, 형식 19×29cm, 351쪽, 16385시행, Inv. No. 151-B (1415)

2. 〈마나스〉 (계속). 카슴 이스마일로프 채록, 프룬제, 현대 키르기스어 알파벳, 노트 No. 2, 형식 19×29cm, 610쪽, 19413시행, Inv. No. 151-V (1415)

채록본 Inv. No. 151-B와 Inv. No. 151-V는 마나스의 탄생에서 사망에 이르는 서사시 마나스 전편의 내용이 포함되어 있음. 축약된 형태로 이야기꾼에 의해 공연된 내용을 채록한 것임.

1956년

녹음기로 채록함

사마르 무사예프와 사파르 베갈리예프가 이식쿨 주의 '울라콜' 협동농장에서 채록. (카세트 11개, 2750미터, Inv. No. 4061~4061a)

동 녹음내용을 바탕으로 1969년 녹취록 작성

  서류 파일 No. 1: 노트 6권. (카세트 No. 1~7), 형식 17×20cm, 572쪽, 11371시행, Inv. No. 151 (4066)

  서류 파일 No. 2: 노트 4권. (카세트 No. 8~11), 형식 17×20.5cm, 379쪽, 7619시행, Inv. No. 151 (4066)

이 채록본은 서사시의 전편을 축약 없이 수록함. 주인공의 탄생에서 주인공의 죽음에 이르기까지. 1930년대에 채록된 첫 번째 판본과 비교할 때 이번 판본은 스토리라인이 더 논리적으로 연결되어 있음.

사야크바이 카랄라예프의 판본을 기반으로 〈마나스튼 올루무〉(마나스의 죽음)과 같은 부분적인 에피소드를 담은 내용이 출간됨. 이브라임 아브드라흐마노프 편집으로 1941년 프룬제에서 출판됨.

사야크바이 카랄라예프의 판본은 사금바이 오로즈바코프의 판본과 함께 다양한 축약 출판물의 원본 역할을 하고 있음 (사금바이 오로즈바코프 관련 내용 참조)

* * *

사야크바이 카랄라예프 이본은 사금바이 오로즈바코프 이본과 대체로 동일한 스토리라인을 공유하고 있다. 다양한 모티프와 이미지가 두 이본에서 동일하게 표현된다. 서사시에 펼쳐지는 여러 에피소드와 모티프, 모티프의 구성방법들이 두 이본에서 유사한 모습을 보이나 논리적으로 스토리라인을 형성하는 부분에서는 각각의 개성이 표출된다.

사야크바이 카랄라예프의 이야기에서는 사금바이 오로즈바코프의 이본과 달리 몇몇 에피소드의 독창적인 스토리라인 구성이 관찰된다. 사야크바이 카랄라예프 이본의 주요 구성 내용은 다음과 같다.

1. 마나스의 탄생과 어린 시절. 청년 마나스의 적들과의 첫 번째 충돌.
2. 마나스의 전쟁을 위한 원정과 마나스가 참여하는 전투들.
3. 마나스와 카느케이의 결혼식
4. 마나스의 베이징 대(大)원정 ('알맘베트의 개인사'는 여기에 포함된다). 마나스의 죽음.[332]

---

[332] 사야크바이 카랄라예프 이본에는 전통적으로 서사시 마나스에서 다루어지는 〈코즈카만의 간계〉와 〈쿄쿄툐이 추도식〉이 없다. 이들은 카랄라예프가 낭송하는 서사시 〈세메테이〉에 포함되어 있다.

이야기 1
마나스의 탄생과 어린 시절
청년 마나스의 적들과의 첫 번째 충돌

이야기 1은 영웅서사시의 전통에 따라 주인공 용사의 이력을 설명하는 것으로 시작한다.

1. 영웅 탄생의 전사

- 마나스의 출생 계보 (부계의 직계 가계가 설명된다. 투골 한(khan), 바브르 한, 보욘 한, 차얀 한, 노고이, 발라 한, 카라 한, 자큽)

사금바이 오로즈바코프의 이본에서와 달리 마나스의 할아버지로 카라 한이 나오고, 보욘 한과 차얀 한이 용사 마나스의 직계 선조로 설명된다.
크타이 사람들의 한(khan)인 몰토 한과 알로로케 한이 키르기스인들과 카라 한의 여덟 아들들을 붙잡는 에피소드가 상세하게 묘사되며, 자큽과 아크발타, 추바크의 부친이 40개의 키르기스 부족들과 함께 알타이 땅으로 이주하는 과정과 키르기스인들이 알타이 땅에 도착하는 에피소드가 관찰된다.[333]

- 연로한 용사의 부모가 오랫동안 무자식의 상황에 있었다.

에센 한 휘하의 예언가들은 얼마 지나지 않아서 마나스가 탄생할 것으로

---

[333] (역자 주) 키르기스인들이 고토인 중앙아시아의 알라토오 지역을 버리고 알타이 산악지역으로 이주하게 되는 역사적인 배경이 상세하게 드러난다.

예언하는데 이와 관련된 짧은 이야기가 서사시에 포함되어 있다. (에센 한의) 예언자는 마나스가 키르기스인들을 고향(알라-토오 지역)에서 낯선 곳(알타이 지역)으로 강제 이주시킨 자들(크타이와 칼믹 사람들)에게 복수를 할 것이라고 예언한다. 에센 한은 (미래의 화근을 없애려고) 사마르칸트 출신 이샨[334]의 아들인 자르-마나스를 붙잡아서 감금하라 명한다. 크타이 사람들이 자르-마나스를 진짜 마나스로 착각했다.

- 사내아이의 탄생을 예견하는 자큡의 예지몽

2. 용사의 탄생

이 에피소드는 사금바이 오로즈바코프 이본과 거의 같은 내용을 담고 있다. 투르크어를 사용하는 중앙아시아 제민족의 영웅서사시에 나오는 내용과 주제 및 모티프 측면에서 크게 다르지 않다. 전형적인 용사의 탄생 문법을 취하고 있다.

- 츠으르드의 임신. 츠으르드는 입덧을 하며 사자의 고기를 먹고 싶어 한다. 청동 화살을 쓰는 코츠쿠가 사자 고기를 가져온다.
- 부인이 아이를 낳기 전 (부족 전통에 따라) 자큡은 아일을 떠나 말떼가 있는 곳으로 간다. 미래에 탄생할 자신의 아들이 전쟁에 나갈 때 탈 말이 태어나는 바로 그 순간 용사가 탄생한다.
- 난산이 지속된다. 마침내 풍모가 용사와 같은 아이가 태어난다.

---

[334] (역자 주) 이샨은 중앙아시아 무슬림 가운데 지도자급 역할을 하는 이를 일컫는 말이다. 서사시 마나스에서는 정신적인 지도자로 이해된다.

어린아이의 미래를 점지하는 나이든 사람이 등장한다.
- 아크발타는 아들이 탄생했다는 소식을 담은 수윤치를 자큽에게 전달한다. 이 대목에서 (사금바이 오로즈바코프 이본에 없는) 새로운 디테일이 관찰된다. 아크발타는 자큽이 꿈에서 본 노인과 같이 아이가 성인이 될 때까지 (마나스라고 부르지 말고) 촌진지라 부르라고 충고를 한다.
- 자큽이 집으로 돌아온다. 사내아이의 탄생을 축하하는 토이가 개최된다.
- (바이 자큽은) 아크발타의 충고를 받아들여 아이의 이름을 촌진지라 짓는다.[335]

3. 젊은 마나스가 적들과 처음으로 충돌하게 된다.

- 어린 시절 마나스의 호전성이 관찰된다.
- 목동 오슈푸르가 마나스를 양육한다.
- 마나스가 40명의 친구들과 오르도 경기를 하고 있을 때 칸자르콜 용사가 마나스를 공격한다. 칸자르콜은 칼믹인이며 (키르기스인들의) 말떼를 노략질하는 인물이다. 마나스는 칸자르콜을 혼내준다.
- 마나스는 칼믹인 노인 즈륵을 공격한다. 마나스가 모닥불을 피우고 고기를 삶으려고 즈륵에게 부싯돌과 칼을 빌려달라 하자 즈륵

---

[335] (역자 주) 마나스의 어린 시절 이름을 촌진지로 짓게 되면서 크타이의 왕인 에센한은 이름이 마나스라는 다른 사내아이를 진짜 마나스로 착각하게 제거하게 된다. 중앙아시아 설화에 따르면 사내아이가 태어나면 성인이 되기 전까지 아이에게 화가 미치지 않게 하려고 정식 이름이 아닌 별명을 붙이는 게 일반적이다.

은 마나스의 요청을 거절했고(이는 마나스의 공격을 불러왔다). 오슈푸르는 마나스의 공격성에 대해 바이 자큽에게 보고하고, 자큽은 마나스를 집으로 데려간다.
- 마나스와 40명의 친구들은 칼믹인 장사 코츠쿠와 대결한다. 코츠쿠는 자큽의 말떼를 공격했다. 아크발타는 자큽에게 유목지를 알타이에서 알라-토오로 잠시 옮기라고 충고한다. 마나스가 코츠쿠를 죽였기 때문에 칼믹인들의 보복을 피하기 위한 조처였다.
- 마나스는 에센 한의 수하들이 대상의 모습으로 위장해서 알타이 땅으로 와서 마나스가 오르도 놀이를 하는 것을 보고 붙잡으려 하자 이들을 물리친다.

이야기 2
마나스의 원정과 마나스가 참여하는 전투들

이야기 2에서는 사금바이 오로즈바코프의 이본과 다른 형태로 스토리라인이 전개된다. 이야기꾼은 (사금바이 오로즈바코프 이본에 없는) 새로운 에피소드들을 추가한다. 사금바이 오로즈바코프 이본에 나오는 것과 같은 에피소드의 경우에도 해석과 평가에서 사뭇 다른 방향으로 나아가는 경우가 많다. 이야기 1이 사금바이 오로즈바코프 이본과 유사했다면, 이야기 2, 3, 4는 다른 느낌을 주게 된다.
   이야기 2에 나오는 마나스의 원정은 다음과 같은 에피소드를 포함한다.

1. 마나스는 에센 한이 보낸 1만 명의 대군을 상대로 전투를 치른다. 에센 한의 1만 대군은 졸로이와 벨리칸 동고가 지휘한다. 마나스가

완승을 거둔다.
2. 마나스는 용사 도오두르와 전투를 벌인다. 패배한 도오두르는 도망을 친다.
3. 마나스는 장사 졸로이와 충돌을 한다. 졸로이는 마나스가 차를 실은 카라반을 탈취했다고 의심한다. 졸로이는 패배하고 도주한다. (사금바이 오로즈바코프 이본의 이야기 2의 에피소드 1과 비교해보라)[336]
4. 마나스는 선조들의 고향인 알라-토오로 여행을 떠난다. 미래에 마나스와 함께 적들을 물리치게 될 40인의 친구이자 조력자를 구하기 위한 여행이다. (사금바이 오로즈바코프 이본에서는 이 상황이 구체화되어 있지 않으며 여러 에피소드 사이에 삽입되어 있다)
5. 카타간 출신의 용사 코쇼이의 예지몽. 코쇼이는 꿈에서 마나스가 자신에게 오는 것을 미리 보게 된다. 코쇼이는 마나스에게 알타이로 돌아가서 아무런 보호를 받지 못하고 사는 키르기스 40부족들을 탈라스 지역으로 귀환시키라고 충고한다. 코쇼이는 에센 한에게 포로로 잡혀 있는 아이코조의 아들 빌레리크(자르-마나스)를 구출한 뒤에 마나스가 적들과 싸울 때 조력자가 되겠다고 약속한다. (사금바이 오로즈바코프 이본의 이야기 2, 에피소드 2를 보라)
6. 코쇼이는 네스카라가 빌레리크를 포로로 붙잡고 있다는 이야기를 한다. 마나스의 조상들을 알타-토오 지역에서 몰아낸 장본인 알로로케 한에 대한 이야기도 한다. (알로로케 한에 대해서는 사금바이 오

---

[336] 이후에 전개되는 이야기는 일반적으로 투르크어를 사용하는 제민족의 전설에서 발견되는 것과 유사한 모티프들을 보인다. 우선 용사가 자신을 기적과 같이 지켜줄 40인의 용사들과 처음으로 만나는 모습이 나오고, 용사에게 이슬람교로 개종을 권하는 흐즈르(Khyzr)와의 만남이 이어진다. (사금바이 오로즈바코프, 이본의 이야기 1, 에피소드 3을 보라.) 이들 주제는 용사의 전투 원정 주제를 잠시나마 다른 방향으로 바꾸는 역할을 하기도 한다.

로즈바코프 이본의 이야기 3, 에피소드 10과 이야기 4, 에피소드 4를 보라)

7. 마나스와 에센 한 군사들의 전투. 에센 한은 용사 네스카라와 졸로이를 지휘관으로 파견했다. (네스카라에 대해서는 사금바이 오로즈바코프 이본의 이야기 1, 에피소드 3을 보라. 졸로이에 대해서는 이야기 2, 에피소드 1을 보라) 이 에피소드는 다음과 같이 전개된다.

- 에센 한의 군사들은 바이 자큡의 유목지를 공격한다.
- 마나스와 친구들(쿠투비이와 아크발타)은 졸로이의 군사들과 전투를 벌인다.
- 마나스와 졸로이, 네스카라와의 전투. 졸로이와 네스카라, 적군들이 수세에 몰리자 네스카라는 (마나스에게) 3일간의 휴전을 요청한다. 졸로이와 네스카라, 군사들은 도망친다.

8. 코쇼이는 12000명의 대군을 이끌고 베이징으로 가서 빌레리크와 자르-마나스를 구출한다. (사금바이 오로즈바코프 이본의 이야기 2, 에피소드 2를 보라) 코쇼이는 이어서 알타이로 달려와 마나스의 조력자가 된다.

9. 마나스는 에센 한의 군사들과 전투를 계속한다. 에센 한 군대는 용사 동고와 오르고가 지휘한다. 3일간의 휴전이 끝난 뒤 전투가 재개된다. (사금바이 오로즈바코프 이본의 이야기 3, 에피소드 3을 보라) 에피소드는 다음과 같이 전개된다.

- 마나스의 40인의 친구들과 마나스의 준마 토루차아르가 전사.
- 적들은 마나스를 포위 공격한다.

- 코쇼이가 마나스를 도우러 당도한다.
- 졸로이와 네스카라는 도주한다.
- 에센 한은 (크타이 최고의 한(khan)인) 카라 한에게 패전에 대해 보고한다.
- 에센 한은 키르기스인들과의 국경을 강화한다. 마나스 군대의 공격을 막으려고 코누르 비이를 국경에 배치한다. 코누르 비이는 알로로케의 막내아들이다. 또한 외눈박이 벨리칸 마므트벡, 여성 용사 카느샤이, 요술 오리, 여우, 쿨자 등을 배치한다.

위의 9개 에피소드는 비록 사금바이 오로즈바코프 이본과 이야기 구성과 해석에서 차이를 보이지만 기본적인 전통 서사시 마나스의 얼개와 부합한다.

이야기 2에 나오는 에피소드 10부터는 사금바이 오로즈바코프 이본과 확연하게 다른 사야크바이 카랄라예프의 특성을 드러낸다. 사야크바이 카랄라예프는 더 후대에 만들어진 에피소드들을 활용하고 있다. 마나스가 애마 아쿨라를 얻게 되는 이야기, 마나스의 전투용 무기, 칼, 전설적인 소총 아켈테, 마나스와 미래의 친구들(40인의 초로)과의 만남. 이와 같은 에피소드들은 사금바이 오로즈바코프의 이본들에서는 발견되지 않는다. 이 에피소드들의 내용은 다음과 같다.

10. 마나스는 부친인 바이 자큽과 40개의 키르기스 부족들과 함께 유목지를 알타이에서 탈라스[337]로 옮긴다. 마나스는 부친의 집을 잠시

---

[337] (역자 주) 현 카자흐스탄 영토. 키르기스스탄과의 접경지이다.

떠난다.
11. 마나스는 땅과 농민의 수호신 데흐칸 바바드이칸(Dekhkan Babaidyikan) 과 만난다. 그는 마나스에게 밀 농사를 권한다.
12. 마나스는 카라치 한에게 곡식을 주고 준마 아쿨라를 받는다. 나나스는 예언자 크즈르(흐즈르)와 만난다. 예언자 크즈르는 마나스에게 하늘에서 내려온 6개의 날카로운 보검을 준다.
13. 마나스는 집이 있는 탈라스로 돌아간다. 마나스는 자신의 친척들을 찾아서 집을 나선다. 마나스는 바카이와 만난다. 바카이는 마나스에게 신비한 소총 아켈테를 선물하기로 결심한다. 아켈테는 도오투의 장인이 만든 것으로 오랫동안 바카이가 감춰둔 무기이다.
14. 러시아인 측량사들이 아켈테 소총을 발견한 뒤 케르케 한에게 선물로 진상한다. 마나스와 바케이는 아지바이와 함께 그들을 만나고, 마나스와 바카이, 아지바이는 무력으로 케르케 한에게서 아켈테를 빼앗는다.
15. 마나스는 수우투와 으르츠 우울을 만난다. 마나스는 자신의 4명의 친구들과 함께 집으로 돌아간다.
16. 마나스와 40인의 초로는 알로로케 한을 대적하기 위한 원정에 나선다.

- 안디잔[338]의 아이코조가 마나스에게 온다. 아이코조는 알로로케 한의 압제에 대해 마나스에게 보고한다.
- 마나스는 알로로케 한을 무찌르려고 출정한다. 마나스에게서 겁을 집어먹은 알로로케 한은 도주한다. 마나스는 알로로케 한을 추

---

[338] (역자 주) 현 우즈베키스탄에 있는 지역, 키르기스스탄과의 접경지이다.

적하고 악수 인근 지역에서 전투를 벌인다. 마나스가 승리하고 알
로로케 한은 죽는다. (사금바이 오로즈바코프 이본의 이야기 3,
에피소드 10 그리고 이야기 4, 에피소드 4에 나오는 알로로케 한
과의 전투를 보라)
- 알로로케 한의 재물을 나누려고 부족 사람들을 초청.

17. 코쇼이의 제안에 따라 마나스를 한으로 선출한다. (사금바이 오로
즈바코프 이본의 이야기 1, 에피소드 4를 보라)
18. 오오간의 한인 쇼오루크를 대적하기 위한 마나스의 원정. (사금바
이 오로즈바코프 이본의 이야기 4, 에피소드 5의 쇼오루크와 마나스
의 전투를 보라)

- 마나스는 40인의 초로와 함께 쇼오루크를 징벌하기 위한 출정을
결행한다. 쇼오루크는 노이구트 부족의 키르기스인들을 박해한
인물이다. 마나스와 쇼우루크의 용사인 조오젤데트와의 전투. 쇼
오루크 군대의 철수. 마나스는 쇼오루크 한의 도시를 포위했다.
- 아지바이는 쇼오루크에게 가서 마나스에게 항복하라고 권한다.
(쇼오루크는) 정복자에게 자신의 딸 아클라이를 비롯해서 아름다
운 처녀들을 내놓는다.
- 쇼오루크는 마나스에게 80명의 처녀를 바친다. 또한 자신의 딸 아
클라이를 정복자에게 선물로 준다. 마나스는 아클라이를 취한다.
40명의 초로와 선물로 주어진 40인의 여성들과의 결혼.

19. 마나스는 탈라스로 복귀할 결심을 한다.

- 바카이는 탈라스로 복귀하는 길에 마나스에게 자날과 카라치 형제에 대한 이야기를 한다. 바카이는 카라치 한의 딸인 코르페얀이 바카이와 사랑에 빠져 카라치 한에게 코르페얀과의 결혼을 승낙해주도록 요청한다. 하지만 카라치 한은 이를 거절한다.
- 마나스와 바카이, 40명의 초로들은 자날과 카라치 형제에게로 간다. (마나스 일행은) 찬블빌 지역에서 사냥을 하던 형제들과 마주친다.
- 바카이가 이끄는 40명의 초로는 자날과 카라치 형제 및 카라치의 군사들과 전투를 벌인다. 바카이가 승리를 얻는다.
- 바카이는 코르페얀을 승리의 보답으로 받고 그녀와 결혼한다.
- 마나스는 탈라스로 복귀한다.

20. 자신의 부친인 알로로케 한의 죽음에 대한 소식을 들은 코누르 비이는 군대를 모아 마나스를 공격할 결심을 한다. 카라 한은 서로 힘의 균형이 맞지 않는다는 사실을 지적하며 코루르바이에게 출정을 하지 말라고 설득한다.

21. 마나스의 40인의 친구 가운데 일원인 추바크의 개인사.
이 에피소드는 중앙아시아 영웅서사시의 전통적인 서술방법에 따라 전개된다. 중간에 이슬람교를 받아들이는 부분이 추가되었다. (사금바이 오로즈바코프 이본에는 이슬람교에 귀의하는 내용은 없다)

- 추바크 탄생의 전사. 84세의 노이구트 부족의 한(khan) 아크발타에게 자식이 없었다. 아크발타는 신에게서 자식을 점지받으려고 메카로 순례에 나선다.
- 아크발타는 초원에서 별명이 쿠우카이말이라는 낙타를 찾는다.

- 낙타에게서 사내아이가 발견된다.
- 초원에서 발견한 사내아이를 아들로 받아들이고 이를 기념하려고 아크발타는 토이를 개최한다.
- 현명한 노인 크즈르는 아이의 이름을 추바크라 하라 한다. 크즈르는 추바크가 20세가 되면 마나스의 친구가 될 것이라 예언한다.
- 추바크는 메카에서 공부를 한다.
- 추바크는 마나스에 대한 예지몽을 꾸게 된다.
- 예언자 크즈르는 추바크에게 군마 콕툴파르를 선물로 준다.
- 추바크와 카느케이의 일대일 대결. 카느케이는 부하르(현 우즈베키스탄 지역의 옛 도시)의 한(khan)인 카라 한(테미르)의 딸이다. 전투능력으로 보아 카느케이는 아버지 한과 필적할 만하다. 따라서 그녀의 이름도 카느케이라 지었다.
- 마나스는 꿈에서 추바크와 만난다. 바카이에게 해몽을 듣는다. 해몽에 따르면 추바크가 마나스의 전우가 되고 카느케이는 (마나스의) 아내가 된다.

이야기 3
마나스와 카느케이의 결혼식

이야기 3의 스토리라인은 중앙아시아 영웅서사시에서 유사한 영웅의 결혼식으로 구성된다. 사야크바이 카랄라예프의 이본에 나오는 결혼식 에피소드는 사금바이 오로즈바코프 이본과 달리 결혼식에 대한 완전한 묘사나 다양한 이야기가 생략되어 있다.

1. 마나스는 사냥을 하던 차에 추바크와 만난다.

2. 바카이는 마나스에게 부하라의 한에게 딸 카느케이를 아내로 달라고 요청하라고 권한다.
3. 마나스는 젤마얀 낙타를 발견한다. (낙타에는 무기를 실을 수 있다)
4. 자큽은 카라 한의 딸 카느케이를 데려오기 위한 칼림으로 소떼를 내어줄 수는 없다고 말한다.
5. 바카이는 중매쟁이 역할로 부하라의 카라 한에게 선물을 가지고 간다.
6. 카라 한은 예지몽을 꾼다. 꿈에서 바카이가 오고 있고, 자신의 딸이 마나스와 결혼한다.
   - 카라 한은 열두 살 된 딸을 마나스에게 시집보내는 데 동의한다. 다만 칼림을 많이 요구한다.
7. 마나스와 40인의 초로는 부하라에 도착한다.
8. 카느케이는 마나스에게 시집가겠다고 승낙한다.
9. 마나스와 카느케이는 결혼을 약속한다.

이야기 4
마나스의 베이징 대(大)원정
마나스의 죽음

이야기 4의 스토리라인은 사금바이 오로즈바코프 이본과 유사한 내용을 담고 있다. 사금바이 오로즈바코프 이본과 동일한 에피소드는 다음과 같다. '한(khan)의 계략', '마나스가 베이징으로 원정에 나서다', '크타이 군사들과 크타이 용사들과 마나스의 크고 작은 여러 개의 전투', '알맘베트와 추바크와의 갈등'. 하지만 사야크바이 카랄라예프의 이본에는 위와 같은 에피소드들이 다른 모티프나 주제들과 연결되어 이야기 내용이 확장되는 모습을 보인다. 사야크바이 카랄라예프는 이야기 4에 마나스와 알맘베트의 우정과 용사 마나스의 죽음, 마나스의 장례식까지 넣었다. 하지만 사금바이 오로즈바코프는 마나스의 죽음과 장례식을 별도의 이야기로 분리하고 있다. 사금바이 오로즈바코프는 베이징에서의 전투 모티프만 모아서 〈베이징 대(大)원정〉이라는 이야기로 독립시켰다.

이야기 4의 스토리라인 전개는 사금바이 오로즈바코프의 이본과 유사하다. 두 이본의 차이점은 내용상 드러난다. 관련된 내용은 아래에 구체적으로 언급한다.

이야기 4의 스토리라인은 다음과 같은 에피소드들을 포함하고 있다.

1. 한들의 계략. 사금바이 오로즈바코프 이본의 얼개와 유사하다. 다만 개별적인 디테일에서 차이를 보인다. (사금바이 오로즈바코프의 이본 이야기 9, 에피소드 1을 보라)

- 툐슈튜크가 초청한 토이에 참가한 12명의 한(khan)은 마나스를 공격하기로 결정한다. (한(khan)들은 마나스가 자신들을 40인의 초로보다 낮게 대우하는 데 불만을 갖게 되었다)
- 12명의 한(khan)(우르뷰, 카즈벡, 말라벡, 슨츠벡, 잠그르츠 등)은 군대를 이끌고 마나스에 대항한다. 추바크와 알맘베트, 40인의 초로들은 한(khan)들을 사로잡아 마나스에게로 끌고 온다.
- 12명의 한(khan)은 자신들이 완전하게 마나스에게 복종하겠다고 다짐하고 마나스를 도와 크타이의 코누르 비이 용사와의 전투에 나서겠다고 다짐한다. 마나스는 툐슈튜크와 코쇼이에게 전령을 보내 군사를 이끌고 자신에게 오도록 요청한다.
- 마나스는 12명의 한(khan)이 군사를 이끌고 탈라스로 오자 이들을

성대하게 맞아들이고 80일간 머물게 한다.
- 베이징으로 향하는 원정대의 총대장으로 마나스가 선임되었고 군사책임자로 알맘베트가 선임된다.

2. 베이징으로의 원정 (사금바이 오로즈바코프 이본 이야기 9를 보라)

- 베이징을 공략하려고 키르기스인 군사들을 훈련한다. 원정에 나서기 전 마나스의 아내 카느케이는 용사들에게 선물을 주고 축복을 한다.
- 카느케이의 요청에 따라 코쇼이는 갓 태어난 마나스의 아들 세메테이에게 축복을 한다. 카느케이는 불길한 예감을 느낀다. (사금바이 오로즈바코프 이본에는 세메테이가 이야기 10, 에피소드 1~3에 등장한다. 마나스가 코누르 비이와 대적하려고 떠나는 소(小)원정을 앞두고 세메테이 관련 서사가 나타난다)
- 베이징 원정의 시작
- 추바크의 불만. 추바크는 자신을 알맘베트와 함께 척후로 적진에 보내지 않은 사실에 불만을 말한다.
- 마나스와 알맘베트, 스르가크, 추바크는 적진을 살피러 간다.

이 부분에 다양한 에피소드가 첨가된다. 자큽의 두 번째 부인 바크도요로트가 낳은 마나스의 동생들인 아브케와 쿄뵤슈는 카느케이의 손을 놓고 경쟁[339]을 벌인다. (이 에피소드는 사금바이 오로즈바코프 이본에는 없다)

---

[339] (역자 주) 키르기스인들에게 형사취수의 전통이 있었다. '손을 두고 경쟁을 한다'는 것은 '아내로 취하기 위해 경쟁한다'는 의미이다.

마나스는 탈라스에서 벌어지는 일들을 관찰하려고 탈초크 산에서 망원경을 통해 본다. 아브케와 쿄뵤슈는 이제 마나스가 힘든 원정에서 살아서 돌아오지 못할 것으로 짐작하고 카느케이를 차지할 경쟁을 벌인다.

여성 전사와의 일대일 대결의 모티프가 상세하게 묘사되어 있다. (사금바이 오로즈바코프 이본의 이야기 3, 에피소드 2를 보라)

3. 알맘베트의 개인사, 알맘베트는 자신에 대해 마나스에게 이야기한다.

이 부분은 매우 분량이 많은 독립적인 에피소드이다. 알맘베트 자신이 독백하듯 자신의 이력에 관해 서술하는 내용이다. (사금바이 오로즈바코프 이본에는 이야기 5 전편이 이 에피소드에 할애되어 있다.) 알맘베트 한 사람의 이야기에 서사의 초점이 맞춰지면서 베이징 원정이라는 이야기 얼개의 진행이 잠시 중단되는 느낌이다. 알맘베트 개인사 부분은 중앙아시아 영웅서사시의 기본적인 패턴에 따라 그려지나 사금바이 오로즈바코프 이본과는 다른 모습으로 개인사가 묘사되며 알맘베트 개인사에 대한 해석도 달라진다.

사야크바이 카랄라예프 이본에 등장하는 알맘베트 개인사는 다음과 같이 전개된다.

- 알맘베트 탄생의 전사. 알맘베트의 부모인 아지즈 한(khan)과 알트나이에 대한 간략한 이야기가 나온다.
- 알맘베트의 탄생, 어린 시절, 작명에 대한 설명이 이어진다. 알맘베트와 동시에 태어난 알맘베트의 전투용 말 사랄에 대한 이야기도 나온다.

- (아지즈 한과 알트나이는) 알맘베트를 머리가 60개인 용에게서 수련을 쌓도록 한다. 알맘베트는 학문과 함께 마법을 익힌다.
- 알맘베트는 열 살 때 코누르 비이와 대결을 펼친다. 알맘베트는 에센 한에게 한의 지위를 달라고 요청하나 에센 한은 거절한다.
- 알맘베트는 에센 한의 딸인 부우룰차를 사랑한다. 부우룰차는 알맘베트에게 이슬람교도가 되어 이슬람의 법도를 구하라고 충고한다. 부우룰차는 알맘베트를 기다리겠다고 약속한다.
- 카라 한(khan)은 (이슬람으로 개종한) 알맘베트를 잡아들이라고 에센 한과 코누르 비이에게 명하고, 알맘베트는 카라 한에게 감금된 신세로 전락한다. 알맘베트는 돌멩이를 던져 날씨를 흐리게 만든 다음 카라 한에게서 탈출에 성공한다.
- 알맘베트는 꿈속에서 자신이 이슬람교도가 되는 것을 예지한다.
- 알맘베트는 부친에게 이슬람을 믿어보라고 권한다. 아버지는 거절한다. 알맘베트는 아버지와 아버지가 부리던 1000명의 장사를 죽인다.
- 알맘베트는 고향인 베이징을 버리고 도망친다. 코누르 비이는 군사를 데리고 알맘베트를 추격한다. 알맘베트는 부상을 입는다. 알트나이가 알맘베트에게 도움을 준다. 알트나이는 죽게 된다.
- 알맘베트는 콕초의 아일에 도착한다. 알맘베트와 콕초는 의형제가 된다. 콕초는 근거 없이 알맘베트가 자신의 아내인 아케르케이와 관계가 있을 것으로 의심한다. 콕초는 알맘베트에게 질투심을 갖는다. 콕초는 알맘베트를 독살하기로 결심한다. 하지만 아케르케이가 알맘베트에게 위험을 미리 알린다. 아케르케이는 알맘베트에게 콕초에게서 벗어나 탈라스로 가서 마나스를 만나라고 충고한다.

- 알맘베트는 콕초의 아일에서 떠난다. 알맘베트는 메카를 방문한다. 돌아오는 길에 알맘베트는 부하라에서 바카이를 만난다. 바카이는 알맘베트를 카느케이에게 이끌어 간다. 알맘베트는 아루우케와 결혼한다.

그다음에 전개되는 베이징으로의 출정은 사금바이 오로즈바코프의 이본과 거의 비슷하다. 몇 부분의 디테일에서 차별성을 보이며 새로운 에피소드가 몇 개 부가된다. (여성 용사와 외눈박이 벨리칸과의 대결, 알맘베트와 여성 전사와의 대결)

4. 마나스, 추바크, 스르가크, 알맘베트 등 4인은 누가 베이징에 척후를 하러 먼저 갈 것인지를 상의한다.
5. 알맘베트와 스르가크는 베이징으로 들어가는 입구에서 경비병들과 싸움을 벌인다.

- 알맘베트는 마법을 사용하여 베이징 성문을 지키는 경비병 일부를 제거한다.
- 알맘베트와 스르가크는 외눈박이 벨리칸 말쿤과 대적해 함께 싸운다. 말쿤의 죽음. 스르가크가 말쿤의 시선을 요술로 흐릴 때 알맘베트가 말쿤의 목을 벤다. (사금바이 오로즈바코프 이본에는 외눈박이 벨리칸 마켈과의 대결이 이야기 9, 에피소드 2에 나온다)
- 알맘베트와 여성 전사 카느샤이 및 그녀의 전사들과의 대결. 카느샤이의 죽음. 카느샤이는 베이징 성문을 수비하는 경비병 가운데 마지막 전사였다. (사금바이 오로즈바코프 이본에는 이 에피소드가 없다)

- 알맘베트는 자신이 집에서 도망칠 때를 회상하고 길에서 황금 담뱃대를 잃어버린 것이 생각났다. (사금바이 오로즈바코프 이본 이야기 9, 에피소드 2를 보라)

6. 알맘베트는 거짓으로 계략을 세워 크타이의 장수들인 네스카라와 졸로이의 군사들을 엉뚱한 곳인 수우크테르로 가도록 유인한다. 수우크테르는 마나스와 군사들이 주둔하고 있는 곳의 반대방향에 있다. 알맘베트는 베이징에서 부우룰차와 재회한다. (사금바이 오로즈바코프 이본에는 이 에피소드가 발견되지 않는다)
7. 알맘베트와 스르가크는 카라 수 강 건너편에 있는 크타이인들의 말떼를 발견한다. 알맘베트와 스르가크는 크타이 사람들의 말떼를 먼 곳으로 쫓아 버린다. 코누르 비이는 알맘베트와 스르가크를 추격한다. (사금바이 오로즈바코프 이본의 이야기 9, 에피소드 2를 보라)
8. 마나스와 알맘베트, 스르가크, 추바크는 적들의 용사들에 맞서 싸운다. (사금바이 오로즈바코프 이본의 이야기 9, 에피소드 2를 보라)

- 알맘베트와 스르가크는 추바크의 도움을 받아 크타이 군사들과 그들의 지휘관들(무라들, 네스카라)과 대결을 펼친다. 알맘베트는 코누르 비이에게 부상을 입힌다.
- 잠이 들었다가 추바크에 의해 깨어난 마나스는 크타이 군사들과의 싸움에 합류한다. 알맘베트와 스르가크는 크타이 군사에 의해 포위된 채 어려운 상황에 있었다.
- 알맘베트와 스르가크, 추바크, 마나스는 카라 한이 내세운 코누르 비이, 네스카라, 졸로이, 수샨그, 카라조이 등과 사투를 한다. 외눈 벨리칸의 군사도 가세한다. (이와 관련된 에피소드는 사금바이 오

로즈바코프 이본에 없다.)
- 진영을 보강하려고 스르가크와 바카이를 보낸다.
- 마나스와 코누르 비이의 일대일 대결이 벌어진다. 카라 수 강가에서 크타이 군사들은 마나스를 포위한다. 마나스의 말은 힘을 잃어 간다. 알맘베트가 마나스를 구한다.

9. 마나스를 위시한 키르기스 군대는 크타이 군대와 지휘관들과 대전을 펼친다. (이 에피소드는 사금바이 오로즈바코프 이본 이야기 9, 에피소드 2를 보라)

- 바카이, 코쇼이, 툐슈튜크 등의 용사들이 이끄는 키르기스 군대가 도착해서 적들과 전투를 치르게 된다.
- 마나스와 키르기스 용사들은 벨리칸 마드칸과 전투를 벌인다. 마드칸은 외뿔의 푸른 황소를 타고 다닌다. 마드칸의 죽음. (사금바이 오로즈바코프 이본에는 이와 같은 에피소드가 없다)
- 크타이 군대의 퇴각. 코누르 비이는 도망친다. 알맘베트의 도움으로 마나스는 코누르 비이의 간교를 파악하고 베이징으로 진격한다.
- 추바크는 네스카라와 크타이 진영의 용사들을 포로로 붙잡는다.
- 마나스는 전령 아지바이와 우르뷰를 베이징의 에센 한에게 보낸다. 에센 한의 딸 부우룰차와 다른 어여쁜 여인들을 공물로 정복자에게 내어놓으라고 요구한다. 에센 한은 자신의 딸 부우룰차와 아이잔준의 딸 비르미스칼을 정복자에게 공물로 드리겠다는 전갈을 보내온다. 이제 두 쌍이 탄생한다. 알맘베트와 부우룰차, 추바크와 비르미스칼. 에센 한은 자신의 한(khan)의 권능을 마나스에게

양도한다. (사금바이 오로즈바코프 이본에는 이와 같은 내용이 없다.)

사금바이 오로즈바코프 판본과 달리 베이징 대(大)원정은 마나스와 마나스의 군사들의 승리로 끝나지 않는다. 마나스의 귀향도 실현되지 않는다. 사금바이 오로즈바코프가 개발한 스토리라인은 사야크바이 카랄라예프의 이본에서 사라진다. 사금바이 오로즈바코프의 이본에 따르면, 마나스가 고향으로 돌아가서 아들을 얻기 위한 메카 순례에 나서게 되며, 마침내 아들 세메테이를 얻는 것으로 에피소드가 종결된다.

사야크바이 카랄라예프의 이본에서는 마나스가 코누르 비이를 위시한 크타이 군대와 마지막 전투를 치르게 되고, 이 전투에서 마나스가 죽음에 이르는 것으로 묘사한다. 베이징 대(大)원정은 마나스의 죽음과 장례식으로 이어지게 된다.

두 마나스치의 이본들은 부분적으로 겹치는 스토리라인(마나스와 코누르 비이 및 크타이 군대와의 대결, 코누르 비이가 마나스에게 부상을 입히는 에피소드, 전투 중에 마나스의 절친한 동료 알맘베트, 스르가크, 콕초 등이 사망하는 에피소드, 마나스의 죽음, 카느케이의 통곡)이 있기는 하지만 각각의 에피소드를 해석하는 방법에서 현격한 차이를 보인다. 사야크바이 카랄라예프 이본에 등장하는 베이징 대(大)원정의 결말 부분은 다음과 같다.

10. 이슬람의 정시기도 시간에 도끼로 마나스를 죽이려는 코누르 비이의 간교한 생각. (사금바이 오로즈바코프 이본에는 이와 같은 에피소드가 발견되지 않는다)

- 카느케이는 불길한 징조를 보여주는 예지몽을 꾸게 된다.
- 카느케이가 슈우트를 통해 마나스에게 전달하려던 편지가 코누르 비이에 의해 중간에 차단된다. 카느케이는 아직 일이 벌어지지 않았을 때 마나스에게 집으로 돌아오라고 편지에서 청하고 있다.
- 베이징에서 마나스 군대의 용사들이 집으로 떠난다. 코누르 비이는 슈이쿠우차에게서 마나스를 공격할 최적의 시간과 장소를 알아낸다. (이와 같은 모티프는 서사시와 동화의 모티프 가운데 널리 확산된 형태이다)
- 정시기도 시간에 마나스는 코누르 비이의 공격을 받고 치명상을 입는다. 알맘베트, 추바크, 스르가크는 코누르 비이를 뒤쫓는다.
- 마나스를 치료하려고 알맘베트는 마나스를 베이징에서 탈라스로 보낸다.

11. 코누르 비이가 베이징을 공격하다. 거대한 전투가 종결되는 사건이다. (사금바이 오로즈바코프 이본에는 이 에피소드가 없다.)

- 알맘베트, 스르가크, 추바크를 중심으로 하는 키르기스 군대는 크타이 군대와 격전을 치른다.
- 마나스는 군대를 이끌고 다시 베이징으로 향한다. 마나스와 알맘베트, 스르가크, 추바크는 네스카라 및 코누르 비이와 전투를 하고, 40초로들은 눈이 하나밖에 없는 사람들과 싸운다.
- 7일간 휴전을 한 뒤 거대한 전투는 재개된다. 무즈부르차크, 콕초, 스르가크 그리고 마나스의 애마 아쿨라가 사망한다.
- 카느케이는 꿈을 통해 불행이 이미 발생했음을 감지한다. 카느케이는 바카이에게 마나스를 위한 새로운 말 타이부룰을 갖고 마나

스에게 가도록 요청한다.
- 마나스는 베이징으로 가는 길목에서 크타이의 군사들과 전투를 벌인다. 베이징으로 진입할 수 없는 것을 알고 마나스는 집으로 돌아갈 결심을 한다.
- 집으로 돌아가는 길에 코누르 비이에게 입은 마나스의 부상이 악화된다.
- 심각한 상태의 마나스가 집으로 돌아온다. 준마 사랄은 알맘베트의 시신을 싣고 도착한다.

12. 마나스의 죽음과 장례식 (사금바이 오로즈바코프 이본 이야기 10, 에피소드 6을 보라)

- 마나스의 사망한 동료들의 아내들이 통곡한다. 마나스는 알맘베트의 시신을 보며 눈물을 흘린다. 죽어가는 마나스는 아내 카느케이에게 유언을 남긴다. (사금바이 오로즈바코프 이본에는 이와 같은 내용이 없다)
- 카느케이는 키르기스인들에게 우호적인 부족들의 한(khan)들에게 전령을 보내 마나스의 임종이 임박했음을 알리고 마나스와 작별하기 위해 방문해달라고 요청한다.
- 카느케이는 거짓으로 마나스의 묘를 탈라스에 설치한다. (사금바이 오로즈바코프 이본에는 이와 같은 내용이 없다.)
- 마나스는 자신을 따르던 초로와 그리고 친구들과 작별을 고한다.
- 마나스의 죽음. 카느케이의 통곡.
- 코쇼이, 툐슈튜크, 카느케이는 은밀하게 에츠킬리크타슈에 마나스를 매장한다. 코욘날은 갑작스럽게 죽고 크즈사이칼이 사라진

다. 이들은 마나스가 죽은 뒤 저승으로 마나스를 인도해서 가는 임무가 있었다. (사금바이 오로즈바코프 이본에는 이런 내용이 없다.)

이야기 4에서 사야크바이 카랄라예프는 통곡(코쇼키)이나 유언(케레즈) 장르의 서정적인 서사 장르를 많이 활용하고 있다. 이와 같은 장르는 키르기스 민중의 노래에서 흔히 사용되는 형태이다. 사금바이 오로즈바코프 이본에서와 달리 사야크바이 카랄라예프는 이야기 4의 결말에 감정의 과잉을 불러오고 서사적인 절정이 드러나도록 했다.

III.
이야기꾼 토골록 몰도 채록 판본들

토골록 몰도 판본들은 앞서 사금바이 오로즈바코프와 사야크바이 카랄라예프에서 보았던 완창을 위한 텍스트들과 달리 많은 에피소드가 빠져있거나 단편적인 서사 형태에 그치는 경우가 많다.

토골록 몰도

토골록 몰도는 1860년 나른 주 아크 탈린 현의 쿠르트크 마을에서 태어났다. 원래 이름은 베. 아브드라흐마노프이며 명창으로서 토골록 몰도라는 애칭을 사용했다. 몰도는 마나스치 트느벡에게서 사사한 뒤 직업적인 이야기꾼으로 성장했다. 친할아버지인 무조오케에게서 기본적인 소리꾼의 자질을 전수받았다. 무조오케는 이름이 잘 알려진 아큰(서정시인)이자 음악가였다. 몰도는 전통적인 소학교에서 초급 교육을 받았다. 몰도는 어릴 때부터 민요와 동화 등을 친할아버지에게서 배웠다. 몰도는 어릴 때부터 자신이 연주하는 서사시의 목록을 스스로 기록하곤 했다. 『마나스』 서사시는 트느벡에게서 전수받았다. 몰도는 트느벡을 따라 이 마을에서 저 마을로 유랑하면서 연행현장에서 트느벡이 낭송하는 모습을 흉내 내며 서사시를 익혔다. 하지만 몰도는 서사시 『마나스』의 완창 능력은 없다. 몰도는 『세메테이』 서사시 낭송에 특기가 있어 전형적인 세메테이치로 불리기도 한다. (몰도가 공연하는 현장에서 1930년대와 1940년대에 토골록 몰도 이본의 『마나스』와 『세메테이』가 채록되었다.) 몰도는 사금바이 오로즈바코프의 서사시 『마나스』 연행현장에 여러 차례 가서 배우기도 했다. 사금바이 오로즈바코프도 트느벡 마나스치에게서 사사하며 소리를 익힌 바 있다.

토골록 몰도는 서사시『마나스』이외에도 다양한 장르의 민속시와 노래에 능했다. 키르기스스탄 과학 아카데미 마나스 연구소에는 몰도가 공연한 다양한 내용의 낭송 판본이 보존되어 있다. 토골록 몰도는 다양한 노래를 작사 작곡하고 이야기를 지어낸 인물로 잘 알려져 있다. 토골록 몰도가 지은 서사시 〈케데이레르게 나시야트〉(가난의 교훈)은 키르기스스탄의 대표적인 전통시로 평가받는다. 이 서사시는 1925년에 모스크바에서 첫 출판 되었다. 초판본은 아랍 알파벳을 활용한 키르기스어로 기록되어 있다. (〈Nasiyat〉. M. 1925)

토골록 몰도는 1938년 이후 소비에트 작가동맹 회원이 되었으며 1939년 〈명예훈장〉을 서훈 받았다. 1942년 고향인 쿠르트크에서 운명했다. 토골록 몰도에게서 채록한 판본은 다음과 같다.

1. 〈촌 카자트〉. 공연자가 1928년 채록. 채록 장소 불명. 아랍어 알파벳 사용. 노트 1권, 형태 20×32cm, 215쪽, 15480시행, Inv. No. 16 (1025)
2. 〈키치 카자트〉. 부분. 공연자가 1928년 채록. 채록 장소 불명. 아랍어 알파벳 사용. 노트 1권, 형태 14×20cm, 8쪽, 420시행, Inv. No. 15 (1032)
3. 〈마나스튼 투울가느〉. 공연자가 1937년 3월 채록. 채록 장소 불명. 아랍어 및 라틴 알파벳 사용. 노트 1권, 형태 20×28cm, 367쪽, 7318시행, Inv. No. 16 (829a)
4. 〈촌 카자트〉. 공연자가 채록. 채록 장소 및 시간 불명. 아랍어 알파벳 사용. 노트 1권, 형태 13.5×20.5cm, 111쪽, 4718시행, Inv. No. 2 (830)
5. 〈촌 카자트〉. 공연자가 채록. 채록 장소 및 시간 불명. 아랍어 알파벳 사용. 노트 2권, 형태 17×21cm, 384쪽, 11750시행, Inv. No. 3 (831)

6. 〈촌 카자트〉. 공연자가 채록. 채록 장소 및 시간 불명. 아랍어 알파벳 사용. 노트 3권, 형태 21×35cm, 330쪽, 22204시행, Inv. No. 4 (832)
7. 〈키치 카자트〉. 공연자가 1939년 채록. 채록 장소 불명. 아랍어 알파벳 사용. 노트 1권, 형태 16×21cm, 386쪽, 12000시행, Inv. No. 8 (836)
8. 〈마나스 올곤돈 키으인 아슈 베르게니〉. 공연자가 채록. 채록 장소 및 시간 불명. 아랍어 알파벳 사용. 노트 2권, 형태 35×10cm, 169쪽, 6273시행, Inv. No. 9 (837)

토골록 몰도의 이본들에서 보이는 스토리라인은 다음과 같다.

이야기 1
마나스의 탄생과 어린 시절
마나스의 적들과의 첫 번째 충돌
마나스를 한으로 선출하다

1. 마나스 탄생의 전사

- 키르기스인들은 6개의 부족으로 구분된다. 에세트, 도소트, 에슈테크, 큽착, 카타간, 누르구난(마나스의 부족)
- 에센 한에 의해 키르기스 마나스 부족은 사마르칸트 지역에서 알타이 지역으로 추방된다. 코쇼이와 카타간 부족의 수장들은 쿤두즈 지역으로 추방된다.
- 나이가 많은 바이 자큽은 오랫동안 자식 없는 상태로 있었다.
- 바이 자큽과 그 아내 츠으르드와 바크도요로트의 꿈은 일종의 예지몽으로 자큽에게 용사가 될 사내아이가 탄생할 것을 예고한다.

- 바이 자큽은 달아난 자신의 말을 찾아 나섰다가 소식이 끊어진 멘지바이의 아들을 찾아 나선다.

2. 용사의 탄생

- 츠으르드의 수태
- 바이 자큽은 아내가 출산하기 직전에 아일을 떠나 말떼가 있는 초원으로 간다. 자큽은 사내아이가 탄생했다는 소식을 기다린다. 종마의 탄생. 자큽은 마나스와 동시에 태어난 종마를 마나스에게 줄 계획이다.
- 츠으르드의 난산. 용사의 풍모를 지닌 사내아이의 탄생
- 아크발타는 아들이 태어났다는 수윤치[340]를 바이 자큽에게 전한다.
- 자큽은 집으로 돌아가서 아들의 탄생을 축하하는 성대한 토이를 개최한다.
- 신비한 노인이 아이의 이름을 마나스라 지으라 한다.

3. 어린 마나스는 적들과 처음으로 충돌한다.

- 마나스는 목동 오슈푸르에게서 교육을 받는다.
- 마나스의 호전성. 마나스가 모닥불을 피우고 고기를 삶으려고 칼 믹인 노인에게 부싯돌을 빌려달라고 했으나 거절을 당한다.
- 마나스는 기적의 보호자들인 40인의 초로들을 처음으로 만난다. 이들은 언제나 마나스를 돕겠다고 약속한다.

---

[340] (역자 주) 수윤치는 키르기스어로 기쁜 소식을 뜻한다.

- 오슈푸르는 자큽에게 마나스의 공격성에 대해 상담을 하고 자큽은 결국 마나스를 집으로 돌려보낸다.
- 마나스는 바이 자큽과 그의 목초지를 수시로 침탈한 칼믹인들의 한 그룹과 그들의 지배자인 코르투크를 징벌한다.
- 마나스는 바이 자큽의 말떼를 공격한 알타이 칼믹 사람들과 다툰다.
- 마나스는 크타이 사람들의 지도자인 에센 한이 보낸 사람들을 징벌한다. 이들은 대상 행렬과 함께 상인으로 가장하고 와서 오르도 놀이를 하고 있던 마나스를 붙잡으려 했다.
- 마나스와 네스카라의 싸움. 마나스의 승리로 끝난다.
- 마나스는 사냥 중에 우연히 만난 괴물과 전투를 벌인다. 마나스는 괴물을 아이코조에게서 받은 자신의 소총 아켈테와 보검 아찰바르스로 죽인다.
- 마나스는 11명의 장사를 징벌한다.
- 마나스는 사냥을 하면서 만난 적 800명을 물리친다.

4. 마나스를 한(khan)으로 선출하다.

이야기 2
마나스의 베이징 대(大)원정

1. 키르기스인 부족 등 마나스에 가까운 부족에 속한 6인의 한(khan)들이 마나스를 위해하려는 음모를 꾸민다.

- 6인의 한(khan)(아지바이, 툐슈튜크, 콕초 등)과 14명의 키르기스인,

카자흐인, 우즈벡인 벡[341]들은 툐슈튜크의 토이에서 마나스에 대적해 싸우기로 결심한다. 코쇼이는 (그들에게) 마나스와 다투지 말도록 충고를 한다.
- 6인의 한(khan)들은 자신들의 대표자 6인을 탈라스로 보내서 탈라스에 머물고 있던 마나스에게 자신들의 유목지로 초대하는 초청장을 전달한다. 마나스는 이에 대한 답신으로 6인의 한들이 마나스가 있는 곳으로 군사를 이끌고 오라고 했다.
- 마나스는 6인의 한들을 맞이하는 성대한 행사를 개최했다. 마나스는 한들에게 공동의 힘으로 적들에 맞서고 동맹을 형성하여 베이징으로 가는 대(大)원정에 함께 나서자고 제안한다.
- 마나스는 바카이 한(khan)을 키르기스 군대의 한(khan)으로 정하고 알맘베트를 야전사령관으로 임명한다.
- 마나스와 마나스의 40인의 동료들은 군대가 있는 곳에 도착한다.

2. 베이징 원정

1) 출정 준비

- 키르기스 병사들에게 베이징 공격을 위한 훈련을 실시한다.
- 카느케이는 마나스와 40인의 초로가 원정을 떠나기 전 탄환을 채워준다.
- 마나스와 40인의 초로는 군사들이 머물고 있는 곳에 도착한다.
- 알맘베트는 군대의 무질서함에 불만을 갖고 변화를 모색한다. 알

---

[341] (역자 주) 벡(bek)은 중앙아시아에서 관리 혹은 지식인 지도자를 뜻하는 말이다.

맘베트를 원정군의 한(khan)으로 임명한다.

2) 베이징으로 출정

- 알맘베트가 수장인 키르기스인 군대는 베이징으로의 출정을 준비한 뒤 90일의 행군 끝에 크타이와의 국경인 카라 수 지역에 도착한다. 군대는 4개월간 휴식한다.
- 알맘베트와 스르가크는 적진으로 정찰을 떠난다.
- 알맘베트와 스르가크는 베이징의 관문에서 성을 지키는 경비병인 마법의 짐승들(흰색 산양, 흰 오리)과 전투를 벌인다.

3) 추바크와 알맘베트의 언쟁

- 마나스는 추바크와 알맘베트를 화해시키려고 추바크와 함께 알맘베트에게로 간다.
- 마나스와 추바크는 알맘베트, 스르가크와 만난다. 추바크와 알맘베트는 서로 화해한다.

4) 알맘베트의 개인사. 알맘베트는 자신의 입으로 개인사를 마나스에게 들려준다.

5) 알맘베트, 추바크, 스르가크는 정찰을 떠난다.

- 알맘베트와 추바크는 벨리칸 마켈을 죽이고 그의 목을 마나스에게 가져온다.
- 알맘베트와 스르가크는 코누르 비이가 보낸 벨리칸 차발라를 비롯한 여섯 명의 장사와 싸움을 벌인다.

- 크타이의 군 지휘자(코누르 비이, 무라들, 소오론두크, 카탈의 알로로케, 솔론구르의 네스카라, 보즈케르티크, 초르노그리프 보오론추, 칸가이의 오론고, 카트크란의 딸 사이칼, 코나이, 졸로이, 우샹고)들은 군대를 키르기스인들에게 보내기로 결심하고, 알맘베트는 (마법으로) 그들에게 추위를 보낸다.
- 알맘베트와 스르가크는 변장을 하고 크타이 사람들의 도시 방방에 있는 아지스 한(khan)의 궁전에 잠입한다.
- 알맘베트와 스르가크는 코누르 비이의 말떼를 멀리 쫓아 보내고 말 목동 대장 카라굴을 포로로 잡아간다.

6) 마나스와 알맘베트, 추바크, 스르가크는 적의 군사들과 용사들과 대적해서 싸운다.

- 마나스는 대군을 이끌고 온 코누르 비이와 창을 무기로 하는 일대일 싸움을 한다. 알맘베트와 추바크는 크타이의 군사들과 전투를 한다. 코누르 비이는 베이징 도시의 요새 안으로 도망친다.

7) 마나스와 키르기스 군사들은 크타이의 군사들과 그들의 지휘관들에 맞서 큰 전투를 치른다.

- 키르기스 군대는 5개월 동안 베이징 성을 포위한다.
- 키르기스 군대는 코누르 비이의 군대와 격전을 치른다. 마나스는 코누르 비이와의 일대일 대결에서 승리를 거둔다. 크타이 군대 지휘관인 졸로이, 네스카라, 보오론추, 보즈케르트크 등이 사망한다.
- 코누르 비이는 마나스를 베이징으로 초청하여 화친을 시도한다.

알맘베트는 베이징의 한 지역의 한(khan)으로 임명되고 가족들과 화해한다. 마나스의 코누르 비이 방문. 마나스는 알맘베트를 베이징 전체의 한(khan)으로 6년간 임명. 알맘베트는 처녀 비르미스칼과 결혼한다.

- 키르기스 군대는 고향 탈라스로 귀환한다. 알맘베트는 자신을 대신할 왕으로 자신의 형제인 샤이를 임명한다. 마나스는 탈라스로 귀환한다. 가난한 사람들에게 원정에서 확보한 전리품들을 나눠 준다.

이야기 3
코누르 비이를 대적하기 위한 마나스의 소(小)원정
마나스의 죽음

1. 코누르 비이는 이슬람교도들의 정시기도 시간에 화살을 쏘아 마나스를 죽이기 위한 계략을 세운다.

   - 카느케이는 불행을 암시하는 꿈을 꾼다. 카느케이는 마나스에게 베이징에 입성하지 말라고 요청한다.
   - 마나스는 코누르 비이의 요청에 응해 베이징에 입성한다.
   - 마나스는 정시기도 시간에 코누르 비이의 공격을 받고 부상을 당한다. 코누르 비이는 베이징에서 도망친다.

2. 코누르 비이는 베이징을 공격한다. 거대한 전투가 마침내 종결된다.

   - 마나스 군대와 크타이 군대의 최후의 결전이 벌어진다. 알맘베트

는 코즈카만의 손자인 코조자슈에 의해 죽음을 맞는다. 마나스의 애마 아쿨라가 최후를 맞이한다. 스르가크는 코조자슈와 싸움을 벌이고 코조자슈를 죽인다. 스르가크는 크타이 용사 도코조에게 부상을 입고 죽음에 이른다.
- 추바크는 코누르 비이에 의해 부상을 입는다. 바카이의 요청에 따른 열흘간 휴전.
- 부상당한 추바크는 쿠물에 있는 집으로 후송된다. 추바크는 운명한다.
- 마나스와 바카이는 남아있는 군사들과 함께 탈라스로 복귀한다.

3. 마나스의 죽음과 장례식

- 마나스는 임종 직전 유언을 남긴다. 마나스가 서거한다.
- 마나스의 부인들이 통곡을 한다. 탈라스에서 마나스의 장례식을 거행한다.
- 카느케이는 안디잔과 타슈켄트에서 장인들을 초청하여 마나스의 묘비를 건립한다.
- 마나스의 막냇동생인 쿄뵤슈는 과부가 된 아클라이에게 장가를 든다. (형사취수의 전통에 따른다)
- 마나스를 위한 비석이 완성된 후 카느케이는 추도식을 준비한다. 추도식에 코쇼이, 툐슈튜크, 잠그르츠, 우르뷰, 콕초와 여러 키르기스 한(khan)을 초청한다.
- 추도식과 함께 전통적인 겨루기(말달리기, 씨름, 마상 창 겨루기, 활쏘기, 낙타 풀어놓기)가 벌어진다.
- 추도식 종료 이후 손님들은 집으로 돌아간다.

- 쿄묘슈는 자신의 막냇동생인 아브케를 카느케이에게 장가들게 하려고 결심한다. 카느케이는 바카이의 도움을 받아 아들 세메테이와 츠으르드와 함께 자신의 부친이 있는 부하라로 간다.